# कथक

## सौन्दर्यात्मक शास्त्रीय नृत्य

# कथक

## सौन्दर्यात्मक शास्त्रीय नृत्य

### गहन अध्ययन एवं चिन्तन

शिखा खरे

कनिष्क पब्लिशर्स, डिस्ट्रीब्यूटर्स
नई दिल्ली-110 002

**कनिष्क पब्लिशर्स, डिस्ट्रीब्यूटर्स**
4697/5-21 A, अंसारी रोड, दरियागंज
नई दिल्ली-110002
फोन : 2327 0497, 2328 8285
फैक्स : 011-328 8285

कथक
**सौन्दर्यात्मक शास्त्रीय नृत्य**



प्रथम संस्करण : 2005
ISBN 81-7391-733-7

भारत में मुद्रित

कनिष्क पब्लिशर्स, डिस्ट्रीब्यूटर्स, 4697/5-21 A, अंसारी रोड, दरियागंज, नई दिल्ली-110002 से मदन सचदेवा द्वारा प्रकाशित; क्वालिटी प्रिंटर्स, दिल्ली द्वारा शब्द-संयोजन तथा नाइस प्रिंटिंग प्रेस, दिल्ली द्वारा मुद्रित।

समर्पण

*स्वर्गीय गुरू विक्रम सिंह जी*

# भूमिका
# PREFACE

मैंने नवीन व पुरातन (Recent and Ancient) तथ्यों तथा अपने अनुभवों द्वारा कथक नृत्य के विभिन्न पहलुओं को मंच प्रस्तुति के आधार पर सरलता एवं सहजता के साथ इस पुस्तक के माध्यम से सम्प्रेषित (Communication) करने का प्रयत्न किया है; और इन अनुभवों से यह पाया है कि कथक नृत्य के प्रस्तुतीकरण में नृत्य की शास्त्रीयता (Scientifically) तो नाट्यशास्त्र एवं अभिनय दर्पण जैसे शास्त्रों पर ही आधारित है लेकिन इसके प्रयोग करने का ढंग या बर्ताव (Application) अलग है। इस नृत्य की मंच प्रस्तुति में शास्त्रीयता के साथ प्रस्तुतीकरण तो शास्त्रों के आधार पर ही किया जाता है लेकिन केवल शास्त्र का अनुसरण करने मात्र से ही यह नृत्य पूर्णता को प्राप्त नहीं होता। प्रवाह (Effluency), कलात्मक सौन्दर्य (Artistic Beauty), लालित्य (Grace and Elegance), चमक (Spark) इत्यादि विशेषताओं द्वारा सम्भव है। एक शिष्य, एक कलाकार (Stage Performer) तथा एक गुरु, इन तीनों परिस्थितियों में मैंने यह महसूस किया कि कथक नृत्य एक ऐसी नृत्य-कला (Dance Form) है जो कि अनुशासित (Disciplined) होते हुए भी नहीं है अर्थात् इसकी प्रकृति (Nature) स्वच्छन्द है। यह केवल शारीरिक परिश्रम (Physical Labour) नहीं है। परिश्रम के साथ यदि सुन्दरता मिल जाए तो वह कलात्मक बन जाता है। इस नृत्य की प्रकृति के अनुसार इसमें बहुत अधिक परिश्रम व इस परिश्रम को सहने के लिए सहनशक्ति की आवश्यकता होती है, जिसे साधना द्वारा हठयोग (जिसे हठ या जिद से प्राप्त किया जाए) से प्राप्त किया जा सकता है।

इस नृत्य का नृत्त-पक्ष (Technical Aspect) बहुत ही सशक्त (Solid) व समृद्ध (Rich and Exuberant) है। **नृत्त-पक्ष** में प्रवाहपूर्ण संचालन (हस्तक, पद, भ्रमरी इत्यादि) व नृत्य-पक्ष का प्रवाहपूर्ण अभिनय शास्त्रीयता में रहकर भी कलाकार को कलात्मक सौन्दर्य व स्वछन्दता प्रदान करता है।

सौन्दर्य (Beauty) व आध्यात्म (Spirituality) कथक नृत्य की धरोहर है जो कथक को समृद्ध बनाता है। इसकी विशेषता यह है कि इसका नृत्त-पक्ष प्रबल है जिसकी वजह से नर्तक या नर्तकी स्वयं बिना किसी साहित्य और भाषा का सहारा लिये एक आध्यात्मिक आनन्द (Spiritual Pleasure) का अनुभव करते हैं तथा जिससे दर्शकगण को कलात्मक अनुभूति (Aesthetic Experience) होती है। कुछ लोगों की ऐसी धारणा है कि कथक नृत्य किसी शास्त्र का अनुसरण नहीं करता जिसकी वजह से विद्वान-वर्ग इसकी महत्ता को नहीं स्वीकारते हैं, लेकिन ऐसी धारणा बनाना गलत है।

अपने पूजनीय गुरु **पं. बिरजू महाराज जी,** जिनको कथक का पर्याय माना जाता है, को नृत्य करते हुए, प्रशिक्षण देते हुए तथा व्याख्या-प्रदर्शन (Lecture-Demonstration) में जन-साधारण को कथक नृत्य के विषय में समझाते हुए देखा, सुना व जाना है और यह पाया है कि यह नृत्य किसी शास्त्र का अनुसरण न करते

हुए भी अपने आप में परिपूर्ण है। कथक नृत्य में इतने उच्चकोटि के कलाकार व गुरु हुए हैं जो किसी भी शास्त्र से नहीं बँधे हैं, बल्कि उनको देखकर बहुत ही विस्तृत रूप से शास्त्र तैयार किया जा सकता है। जहाँ तक इसके स्तर (Standard) का सवाल है तथा लोगों की ऐसी धारणा है कि कथक नृत्य में कोई नियम नहीं हैं तो मन में एक जिज्ञासा (Inquisitiveness) सी जागृत हुई कि **नाट्यशास्त्र** और **अभिनय दर्पण** जैसे ग्रन्थों से **कथक** कितना भिन्न है, इसकी जानकारी हासिल करूँ। जब मैंने इन ग्रन्थों का ध्यान से अध्ययन किया तो मुझे यह पता चला कि इन ग्रन्थों में दिए गए अंग-प्रत्यंग (Major and Other Limbs of the Body), गति, भ्रमरी (चक्र) इत्यादि (कुछ एक को छोड़कर) के विभिन्न प्रकार लगभग वही हैं जो कथक नृत्य में प्रयोग किए जाते हैं, केवल उनका प्रयोग (Application) अन्य शास्त्रीय नृत्यों की अपेक्षा भिन्न है। जिसका वर्णन मैंने इस पुस्तक में किया है।

कथक नृत्य के विषय में अनेक पुस्तकें लिखी गई हैं परन्तु लेखकों के अलग-अलग दृष्टिकोण (Point of View) होने की वजह से प्रायः विद्यार्थीगण व इस क्षेत्र से सम्बन्धित लोग भ्रमित (Misconception or Delusion) हो जाते हैं।

साहित्य (Literature) व व्यावहारिक प्रशिक्षण (Practical Training) दोनों का सौन्दर्यपूर्ण मिश्रण ही मंच प्रस्तुति (Stage Presentation) में सहायक होता है। केवल शास्त्र जानने व पढ़ने से ही सफल कलाकार नहीं बन सकते। **इसीलिए** इस नृत्य कला में **साधना** व **गुरु-शिष्य परम्परा** बहुत ही महत्त्वपूर्ण है **क्योंकि** ''नृत्य को रियाज़ द्वारा साधा जा सकता है''–यह एक बात है और **''नृत्य को साधने के लिए सही ढंग से रियाज़ करना''**–यह दूसरी बात है और उचित तरह से रियाज़ (Way of Application in Practice) करना गुरु ही बता सकता है।

कथक नृत्य प्रकृति से सम्बन्धित है इसलिए यह प्राकृतिक सहजता के बहुत ही समीप है।

जिस प्रकार भगवान द्वारा निर्मित पंचतत्त्वों से मानव-शरीर बना है–(1) पार्थिव अथवा ठोस, (2) जल, (3) वायु, (4) अग्नि, (5) आकाश। उसी प्रकार इस कथक नृत्य में भी ये पाँच प्राकृतिक विशेषताएँ पाई जाती हैं–

(1) यह नृत्य ठोस है, सशक्त है, समृद्ध है व सृष्टि करने में सक्षम है।
(2) यह (बहते हुए जल की तरह) प्रवाहपूर्ण है।
(3) (वायु की तरह) गतिशील है।
(4) (अग्नि की तरह) इसमें चमक है।
(5) (आकाश की तरह) इसका क्षेत्र बहुत ही विस्तृत व व्यापक है।

कथक नृत्य के प्रस्तुतीकरण (Presentation) के दृष्टिकोण को ध्यान में रखते हुए इस नृत्य की शास्त्रीयता के सम्बन्ध में सकारात्मक पहलुओं (Positive Aspects) को पाठकगण तक पहुँचाने का यह मेरा पहला प्रयास है।

**लेखिका**

# अनुक्रम
# Contents

# 1

# कथक नृत्य का इतिहास एवं विकास
# HISTORY AND DEVELOPMENT OF KATHAK NRITYA

कथक शब्द भारत की शास्त्रीय नृत्य शैलियों में से एक है। यह उत्तर-भारतीय नृत्य शैली है।

'कथक' शब्द के विषय में यह कहावत प्रचलित है कि **'कथा कहे सो कथिक कहावे'** अर्थात् पौराणिक कथाओं को मंदिरों में, नृत्य व संगीत के माध्यम से सुनाने वाले **'कथिक'** कहलाते थे।

## प्राचीन काल (Ancient Period)

कथक का आरम्भ मंदिरों से माना जाता है। मुख्यतः इसका स्वरूप 'कथा वाचन' जैसा था, जिसमें कथिक (अपभ्रंश रूप 'कथक') जाति के कलाकार पौराणिक कथाओं को आंगिक अभिनय (शारीरिक क्रियाओं द्वारा) एवं वाचिक अभिनय (मुख से उच्चारण किया गया) द्वारा प्रस्तुत करते थे। कथा वाचन के अभिनयात्मक प्रस्तुतीकरण के बीच-बीच में कथक का नृत्त-पक्ष प्रयुक्त होता था। इस काल में कथक का नृत्त-पक्ष बहुत जटिल न होकर साधारण था जैसे—छोटे-छोटे तोड़े, साधारण चालें (गत), कम भ्रमरी का प्रयोग और हल्का-फुल्का पद-संचालन।

## मध्यकाल या मुगल काल (Medieval or Mughal Period)

मंदिरों के बाद हिन्दू व मुस्लिम दरबारों में कथक को संरक्षण व प्रोत्साहन मिला और उसका चहुँमुखी विकास हुआ। इसके नृत्त एवं अभिनय, दोनों ही पक्षों में सूक्ष्मता, जटिलता और कलात्मक सौन्दर्य की वृद्धि हुई। नृत्त-पक्ष में फरमाइशी बंदिशें, भ्रमरी का तेज़ और अधिक प्रयोग, विभिन्न प्रकार के पद-संचालन व गतें प्रयोग की जाने लगीं तथा अभिनय-पक्ष में गायन की विविध शैलियों जैसे—ठुमरी, भजन, ग़ज़ल, दादरा इत्यादि पर अभिनय को बारीक़ी (सूक्ष्मता) से प्रस्तुत किया जाने लगा।

नृत्य की महफ़िलों में कलाकार व रसिक जनों के बीच फ़ासला (दूरी) कम होने से **बैठकर 'भाव-बताना'** जैसी अभिनय की विधा प्रारम्भ हुई। दोनों ही पक्षों में कसक-मसक, ग्रीवा-संचालन, हस्त मुद्राओं व संचालन का कलात्मकता से प्रयोग होने लगा।

## आधुनिक काल (Modern Period)

इस काल को 'रंगमंच काल' भी कहा जा सकता है क्योंकि अब कथक महफ़िलों के बजाय रंगमंच पर प्रस्तुत होने लगा। इसमें प्रस्तुतीकरण का महत्त्व दिनों-दिन अधिक होता जा रहा है। महफ़िलों की नज़दीकी तथा जो नृत्त की सूक्ष्मताएँ पनपी थीं, उन्हें अब मंच पर कलाकार और दर्शकगणों की दूरी के कारण से बड़े रूप में प्रस्तुत करना आवश्यक हो गया है। आहार्य अभिनय या रूप सज्जा, मंच सज्जा, प्रकाश व ध्वनि व्यवस्था भी प्रस्तुतीकरण को कलात्मक और नवीन रूप देने में सहायक हुए हैं।

कथक मुख्यतः एकल नृत्य हुआ करता था किन्तु आधुनिक काल में इसमें युगल नृत्य व सामूहिक नृत्य संरचनाओं का भी समावेश हुआ है।

कथक नृत्य के चार (Four) प्रमुख घराने हैं–

(1) लखनऊ घराना (Lucknow Gharana)

(2) जयपुर घराना (Jaipur Gharana)

(3) बनारस घराना (Banaras Gharana)

(4) रायगढ़ घराना (Raigadh Gharana)

पं० बिरजू महाराज

मुन्ना लाल शुक्ला

राममोहन मिश्र

जय किशन महाराज

दीपक महाराज

## लखनऊ घराना (Lucknow Gharana)

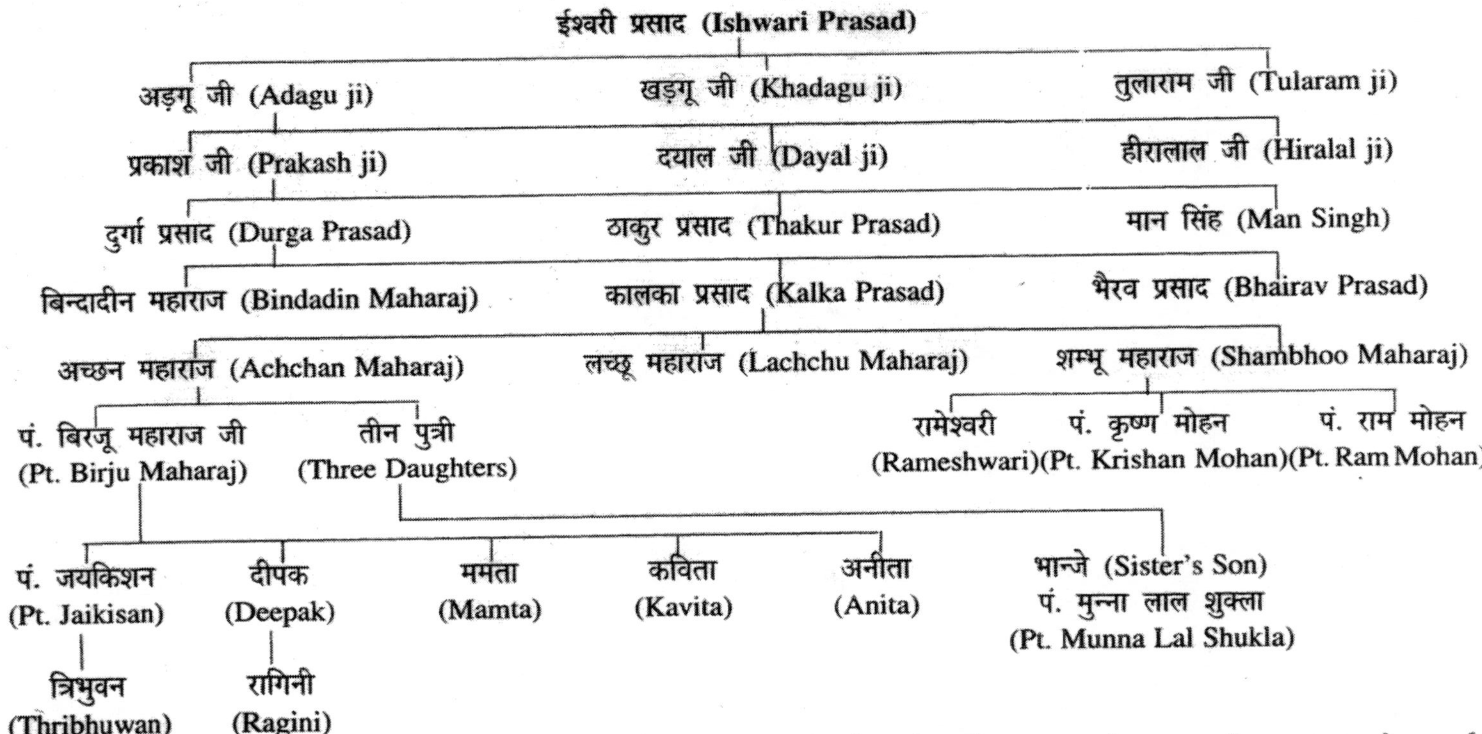


इन घरानों से सम्बन्धित प्रमुख युवा गुरु व कलाकारों के नाम—जो अमुक घराने की तालीम को कायम रखते हुए गुरु-शिष्य परम्परा के अन्तर्गत इस नृत्य की शास्त्रीयता व परम्परा को क़ायम रखते हुए कार्यरत हैं—

### गुरु एवं कलाकार (Guru and Performer)

पं. मुन्ना लाल शुक्ला, पं. कृष्ण मोहन मिश्र, पं. राममोहन मिश्र, पं. जयकिशन महाराज, श्रीमती कपिला राज, भाश्वती मिश्रा, अर्जुन मिश्रा, सुरेन्द्र सैकिया, आशा सक्सेना, चेतना जालान इत्यादि।

दुर्गा आर्या, शाश्वती सेन, रानी ख़ानम, वेरौनिक अज़ान, मालती श्याम, दीपक महाराज, परवीन गंगानी, अभय शंकर मिश्र इत्यादि।

गीतांजली लाल

उर्मिला नागर

## जयपुर घराना (Jaipur Gharana) पहली शाखा

- भानू जी (Bhanooji)
  - मालू जी (Malooji)
    - लालू जी (Lalooji)
    - कानू जी (Kanooji)
      - गिरधारी जी (Girdhariji)
        - दूल्हाजी (Dulhaji)
        - हरिप्रसाद जी (Hari Prasadji)
        - हनुमान प्रसाद जी (Hanuman Prasadji)
          - मोहन लाल (Mohan Lal)
          - चिरौंजी लाल (Chiraunji Lal)
          - नारायण प्रसाद जी (Narayan Prasad ji)
            - चरण गिरधर चाँद (Charan Girdhar Chaand)
            - स्व. तेज प्रकाश तुलसी (Late Tej Prakash Tulsi)
        - ज्ञात नहीं (Unknown)
        - ज्ञात नहीं (Unknown)
      - सेषा जी (Seshaji)

## दूसरी शाखा

- नाम ज्ञात नहीं (Uncle of Hanuman Prasad Ji) (Unknown)
  - चुन्नी लाल जी (Chunni Lal Ji)
    - जय लाल (Jai Lal)
      - राम गोपाल (Ram Gopal)
        - बेटा (तबलावादक) नाम ज्ञात नहीं
        - बेटी काजल मिश्रा (Daughter Kajal Mishra)
      - बेटी जय कुमारी (Daughter Jai Kumari)
    - सुन्दर प्रसाद (Sunder Prasad)
    - मालू लाल (Maloo Lal)
  - दुर्गा प्रसाद (Durga Prasad)

पं० राजेन्द्र गंगानी

स्व० कुन्दन लाल गंगानी

**तीसरी शाखा**

हुड़ताराम जी (Hudtaram Ji)

गणेशी लाल गंगानी (Ganeshi Lal Gangani) | बिहारी लाल गंगानी (Bihari Lal Gangani) | लक्ष्मण लाल गंगानी (Laxman Lal Gangani) | सत्तू लाल गंगानी (Sattu Lal Gangani) | श्वनाथ लाल गंगानी (Shwanath Lal Gangani) | हरजाई लाल गंगानी (Harjai Lal Gangani) | शोली या शिवली (बेटी) (Sholi)

स्व. कुन्दन लाल गंगानी (Late Kunden Lal Gangani) | रतन लाल गंगानी (Ratan Lal Gangani) | सोहन लाल गंगानी (Sohan Lal Gangani) | ज्ञात नहीं (Unknown)

मनमोहन गंगानी (Manmohan Gangani) | किशन गंगानी (Kishan Gangani) | राजेन्द्र गंगानी (Rajendra Gangani) | फतेह सिंह गंगानी (Fateh Singh Gangani) (Tabla Player) | गोविन्द गंगानी (Govind Gangani) | हरीश गंगानी (Harish Gangani) | योगेश गंगानी (Yogesh Gangani) (Tabla Player)

संजीत गंगानी (Sanjeet Gangani) | मोहित गंगानी (Mohit Gangani) | निशीथ गंगानी

**जयपुर घराने के प्रमुख (युवा) गुरु व कलाकारों के नाम**

**गुरु एवं मंच कलाकार (Guru and Performer) :** उर्मिला नागर, गीतांजली लाल, शशि सांखला, नन्दिनी सिंह, प्रेरणा श्रीमाली, पं. राजेन्द्र गंगानी, हरीश गंगानी, रवि गंगानी, मनीष गंगानी, राजकुमार जाबड़ा, रीमा गोयल।

## बनारस घराना (Banaras Gharana)
## या Or
## जानकी प्रसाद घराना (Janaki Prasad Gharana)

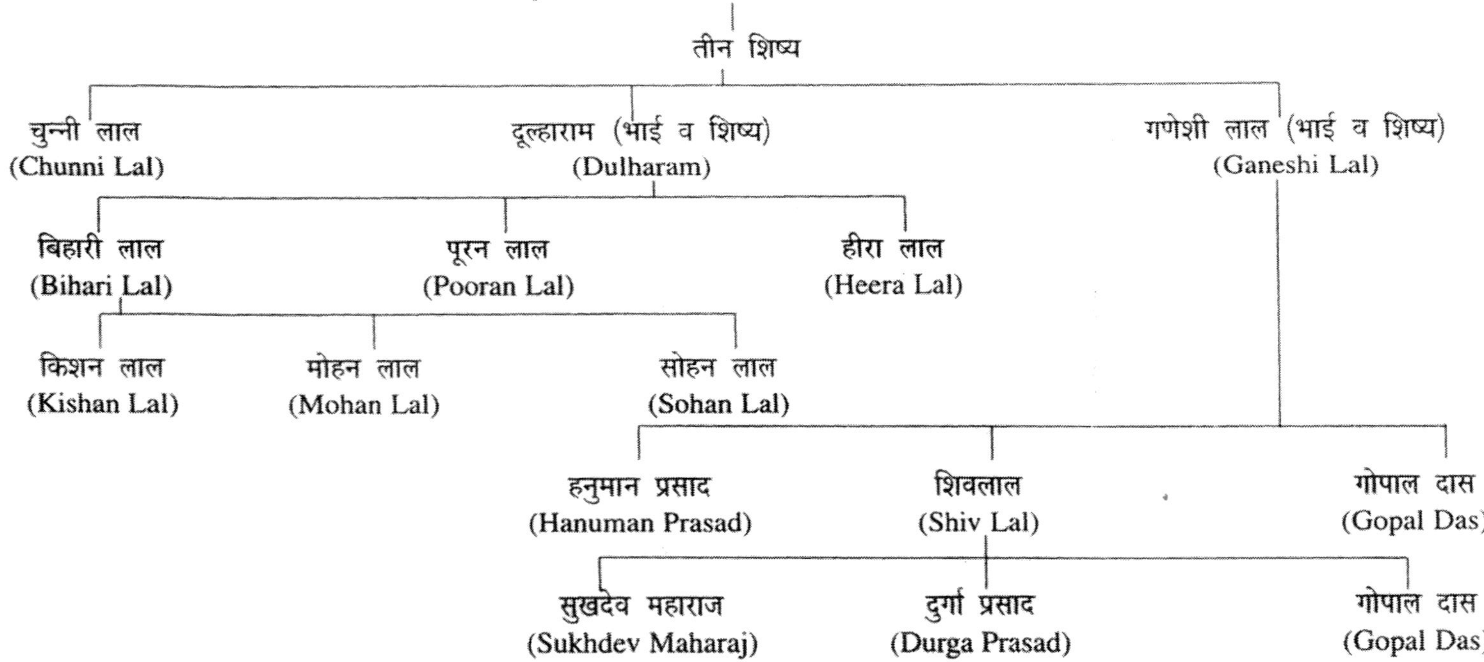


**बनारस घराने के प्रमुख गुरु व कलाकारों के नाम**

चौबे महाराज, स्व. गोपी कृष्ण, स्व. कृष्ण कुमार, स्व. अलखनन्दा देवी, सितारा देवी, तारा देवी, सुनयना हजारीलाल।

## रायगढ़ घराना (Raigadh Gharana)

मदन सिंह (Madan Singh)
|
तखत सिंह (Takhat Singh)
|
बेट सिंह (Bet Singh)
|
दिलीप सिंह (Dilip Singh)
|
जुझार सिंह (Jujhar Singh)
|
देवनाथ सिंह (Devnath Singh)
|
घनश्याम सिंह (Ghanshyam Singh)

- पील लाल (Peel Lal)
- भूपदेव सिंह (Bhoopdev Singh)
  - नटवर सिंह (Natwar Singh)
  - चक्रधर सिंह (Chakradhar Singh)
  - बलभद्र सिंह (Balbhadra Singh)
- लाल नारायण सिंह (Lal Narayan Singh)

### रायगढ़ घराने के प्रमुख गुरु व कलाकारों के नाम

स्व. अनुज राम, स्न. कार्तिक राम, स्व. फिरतू दास, स्व. कल्याण दास महन्त, स्व. बर्मन दास, रामलालजी।

**युवा कलाकार**–बासन्ती वैष्णवी, अल्पना सिंह, विजया पाण्डे इत्यादि।

# 2

# गुरु-शिष्य परम्परा

# RELATION BETWEEN GURU-SHISHYA

भारतीय संस्कृति का मूल स्रोत **'वेद'** है वेद बहुमुखी ज्ञान के अक्षय भण्डार हैं। वैदिक संस्कृति में गुरु अर्थात् आचार्य को अत्यन्त महत्त्वपूर्ण स्थान दिया गया है।

ऋग्वेद का मण्डल 10 सूक्त 167 गुरु के प्रति निर्धारित गुणों से सम्बन्धित है।

**तुभ्येदमिन्द्र परिषिच्यते मधुत्वं सुतस्य कलशस्य राजसि।**
**त्वं रयिं पुरुवीराभु नस्कृधि त्वं तपः परितप्याजयः स्वः।।**

''हे आचार्य ! आप इन्द्र हैं, आप देवों के देव हैं, गुरुओं के गुरु हैं। आपके लिए सदा ही ज्ञान रस का झरना झर-झर करता हुआ आपके अन्तस्तल में प्रवाहित होता रहता है और आप नित्य नये-नये ज्ञान से समृद्ध होते रहते हैं। आपने अपने स्वाध्याय से ज्ञान-रस का संचय किया हुआ है, साथ ही, आपने तपस्या करके 'स्वः' अर्थात् आध्यात्मिक प्रकाश को भी प्राप्त कर लिया है। इस प्रकार **ज्ञान, तपश्चर्या, अध्यात्म ज्योति** का सुन्दर समन्वय आपके अन्दर विद्यमान है। अपरा एवं परा दोनों विद्याओं में आप निष्णात हैं। ऐसे विलक्षण प्रतिभावान एवं ज्ञानवान आचार्य को पाकर हम ब्रह्मचारी भी अपने आपको धन्य मानते हैं और आपसे प्रार्थना करते हैं कि जिस ज्ञान रस का आपने आस्वादन किया है उसका हमें भी आस्वादन कराइए और अपनी आत्मज्योति की एक झाँकी हमें भी कराइए।''

गुरु के सान्निध्य रहकर जो ज्ञानार्जन शिष्यों को होता है उसका श्रेय गुरु को है।

गुरु-शिष्य के मध्य आत्मीयता एवं सौम्यभाव की प्रगाढ़ता व निष्ठा होना आवश्यक है।

'विद्या' शब्द 'विद' धातु से बना है–'विद-ज्ञाने' जिसका अर्थ है ज्ञान प्राप्त करना (अर्थात् मानव की सर्वांगीण उन्नति हेतु ज्ञान अर्जन करना) कवि तुलसीदासजी की पंक्तियों में गुरु की चरणरज का सुन्दर फल प्राप्ति का सरल उपाय है। 'गु' शब्द का अर्थ है **अंधकार** और 'रु' शब्द का अर्थ है **तेज प्रकाश**। गुरु ही **अज्ञान** का नाश करने वाले ब्रह्म हैं। गुरु शब्द का प्रथम वर्ण 'गु' **माया** आदि गुणों को प्रकट करने वाला है और दूसरा वर्ण 'रु' **ब्रह्म** का द्योतक है जो माया की भ्रान्ति का विनाश करने वाला है। कबीर दास जी ने कहा है–

**सतगुरु की महिमा अनंत**
**अनंत किया उपकार।**
**लोचन अनंत उघाड़िया,**
**अनंत दिखावणहार।।**

सतगुरु की महिमा तो अनंत है, असीम है। वे अपने शिष्य के लिए **'जो'** कुछ भी करते हैं वह भी अनंत है अर्थात् वे अपने शिष्य के हृदय के अज्ञान सम्पन्न नेत्र खोलते हैं और उस अनंत असीम तत्त्व अर्थात् परमात्मा से साक्षात्कार कराते हैं। ऐसे महिमावान और उपकारी होते हैं गुरु। गुरु ही ज्ञान द्रष्टि देते हैं और परमात्मा के दर्शन कराते हैं।

चाणक्य नीति के अनुसार–

**एकमेवाक्षरं यस्तु गुरुशिष्यं प्रबोधयेत।**
**पृथिव्यां नास्ति तद् द्रव्यं यद् दत्वा चानृणी भवेत्।।**

अर्थात् यदि गुरु एक अक्षर भी बोलकर शिष्य को उपदेश दे देता है, तो पृथ्वी पर कोई ऐसा द्रव्य ही नहीं है जिसे देकर गुरु से उऋण हुआ जा सके।

भारतीय संस्कृति में भारतीय शास्त्रीय संगीत व नृत्य किसी कक्षा में सिखाए या समझाए नहीं जा सकते हैं। मूलतः भारतीय शिक्षा पद्धति (Teaching Methodology) को दो भागों में बाँटा गया है–

(1) व्यावहारिक (Impersonalized)
(2) व्यक्तिगत (Personalized)

यदि इस संस्कृति को उपर्युक्त भावना रहित (Without the Spirit Behind It) आगे बढ़ाया जाए तो शिक्षा में हल्कापन आ जाएगा और वह मशीनी (Mechanical) हो जाएगी।

**व्यावहारिक (Impersonalized)**–शिक्षा पद्धति के अन्तर्गत **शिक्षक-विद्यार्थी** वर्ग आता है। इसमें एक शिक्षक का कर्त्तव्य होता है कि वह यह ध्यान रखे कि वह जो ज्ञान विद्यार्थी को दे रहा है उसे विद्यार्थी ग्रहण कर रहा है या नहीं।

**व्यक्तिगत (Personalized)**–शिक्षा पद्धति के अन्तर्गत गुरु-शिष्य परम्परा आती है। यहाँ शिक्षक की अपेक्षा गुरु की जिम्मेदारी और भी बढ़ जाती है। क्योंकि गुरु सम्बन्धित विषय का ज्ञान देने के साथ-साथ विद्यार्थी का व्यक्तित्व निर्माण भी करता है जो गुरु का धर्म है। यहाँ धर्म का मतलब समुदाय से नहीं बल्कि उनकी (गुरु की) प्रवृत्ति तथा क्षमता (स्वाभाविक गुण) से है।

'गुरु' का शाब्दिक अर्थ–अन्धकार से प्रकाश की ओर ले जाने वाला।

**गुरुर्ब्रह्मा गुरुर्विष्णुः गुरुर्देवो महेश्वरः**
**गुरुर्रसाक्षात् परंब्रह्म तस्मै श्रीगुरुवे नमः।।**

अर्थात् गुरु ब्रह्मा है, गुरु विष्णु है, गुरु महेश्वरा है। ऐसे गुरु, जो परमब्रह्म की मूर्ति हैं, को हम नमन करते हैं।

**इसका प्रतीकात्मक अर्थ निम्न प्रकार से है–**

भारतीय पुराण में **ब्रह्मा सृष्टिकर्ता** हैं। **गुरु** भी सृष्टिकर्ता हैं जो अपने विद्यार्थी के नए **व्यक्तित्व का निर्माण** करते हैं।

**विष्णु** उसको **सँभाल कर रखते हैं। गुरु** भी वही काम करते हैं। वह इस बात का ध्यान रखते हैं कि जिस व्यक्तित्व का निर्माण उन्होंने अपने शागि़र्द (शिष्य) में किया है, वह उसमें विद्यमान है और वह नष्ट तो नहीं हो रहा है।

**महेश्वरा रूपान्तरित (Transform)** करते हैं। यह समझना गलत है कि महेश्वरा सदैव विनाशकर्ता हैं। पारम्परिक भारतीय विचारधारा के अनुसार यह निश्चित है कि कुछ भी नष्ट नहीं होता है बल्कि एक रूप

से दूसरे रूप में परिवर्तित हो जाता है। महेश्वरा उन सब चीजों को, जो लौकिक (Undivine) हैं उन्हें अलौकिक (Divine) में बदल देते हैं। इसी प्रकार **गुरु** अपने शिष्य की बुराइयों को अच्छाई में (रूपान्तरित) कर उसे (शागिर्द) मूल्यवान बना देते हैं।

परब्रह्म का मूल अर्थ बहुत ही जटिल माना गया है। यह काल, जगह व किसी रूप से परे (Beyond) है, फिर भी हर जगह व अंश में व्याप्त है। उसी प्रकार गुरु के सन्दर्भ में यह माना गया है कि गुरु एक ऐसा सक्षम व गुणी व्यक्तित्व है जो शारीरिक रूप से अपने शिष्य से दूर रहने पर भी शिष्य के अन्तर्मन में सदैव विराजमान रहता है अर्थात् गुरु के पास न रहने पर भी शिष्य हमेशा उनकी उपस्थिति महसूस करता है।

भारतीय दर्शन में मनुष्य को कर्म और ज्ञान के समन्वित रूप में स्वीकार किया गया है। मनुष्य के ये दोनों रूप उसके दो विभिन्न माध्यमों के द्वारा सम्भव हो पाते हैं।

माता-पिता बालक को जन्म देते हैं, उसका पालन-पोषण करते हैं, बीज को वृक्ष बनाते हैं किन्तु वृक्ष में फल लगना गुरु के द्वारा ही सम्भव हो पाता है। अर्थात् गुरु अपने विद्यार्थी के व्यक्तित्व में उन सद्गुणों का विकास करता है जो उसे उन्नति के रास्ते पर अग्रसर करते हैं। गुरु, शिष्य की बुद्धि को खोलता है तथा उसे ज्ञान के प्रकाश से आलोकित करता है।

गुरु की कभी उपेक्षा या अवहेलना न हो इस बात को ध्यान में रखते हुए 'गुरु-पूर्णिमा' का एक दिन विशेष रूप से निश्चित किया गया है। आज भी शिष्य गण 'गुरु-पूर्णिमा' वाले दिन बड़ी श्रद्धा से गुरु-पूजन करते हैं। शिष्य अपनी इच्छा और शक्ति (सामर्थ्य) के अनुसार गुरु-पूजन सम्पन्न करते हैं।

यह सब इसलिए नहीं किया जाता कि गुरु को व्यावहारिक रूप से कुछ (उपहार या रुपये) प्राप्त होता है या गुरु को इससे तृप्ति होती है बल्कि यह दिन इसलिए **महत्त्वपूर्ण है** कि इस दिन शिष्य का **गुरु के साथ कर्म क्षेत्र का सम्बन्ध और दृढ़ हो जाता है** और क्रमशः बढ़ता ही जाता है यदि शिष्य गुरु के बताए रास्ते पर चलता है तो।

## गुरु-शिष्य परम्परा में गंडा बाँधने का नियम

गंडा-बन्धन का यह अर्थ है कि शिष्य जीवन भर गुरु के पद्चिह्नों पर चलेगा तथा उस परम्परा को आगे बढ़ाएगा।

गुरु योग्य शिष्य को परखकर उसे गंडा (Thread) बाँधते हैं, एक विशेष उद्देश्य (Aim) या मक़सद के लिए, इसमें शिष्य अपने को पूर्णरूप से समर्पित कर गुरु सेवा में तत्पर रहता है। **वह इस बन्धन द्वारा कर्म क्षेत्र से और भी गहरे रूप से बँध जाता है।**

यदि शिष्य कभी अपनी राह (कर्म) से भटक जाता है तो उसे इस विशेष दिन अपने गुरु से मिलकर पुनः कर्म की ओर जाने की प्रेरणा प्राप्त होती है क्योंकि **गुरु ही एक ऐसा व्यक्तित्व है जिससे मिलकर शिष्य कभी भी गलत रास्ते पर नहीं चल सकता या कर्म के रास्ते में भटक नहीं सकता** बल्कि गुरु को देखकर, उनसे मिलकर, शिष्य में एक अलग सी शक्ति का संचार होता है जो सदैव कर्म के रास्ते पर चलने के लिए प्रेरणा देती है। ऐसा तब होता है जब शिष्य के मन में किसी भी तरह का छल-कपट नहीं होता।

यदि शिष्य का मन बिलकुल साफ है अर्थात् पानी जैसा (Transparent) तरल और पारदर्शी है तभी वह पूरा ज्ञान प्राप्त कर सकता है—विशेष रूप से संगीत के क्षेत्र में (Specially in the Field of Sangeet)

आजकल ज्यादातर शिष्य कला सीखने के बाद (अपना स्वार्थ पूरा हो जाने के बाद) गुरु की बुराई करना प्रारम्भ कर देते हैं। उन्हें अपने कर्म में विश्वास नहीं होता। यदि वे कर्म करने में बाधा अनुभव करते हैं तो सीधा दोषी गुरु को मानते हैं। शागिर्द को लगता है कि गुरु किसी को ज़्यादा सिखाते हैं किसी को कम लेकिन शिष्य एक रहस्य नहीं जानते कि जो विद्यार्थी मन को पवित्र रखकर गुरु के सामने नहीं आते हैं वह कभी भी सही ज्ञान नहीं प्राप्त कर पाते हैं क्योंकि गुरु तो सभी शागिर्दों को एक बराबर से ज्ञान देता है लेकिन **कला का ज्ञान केवल वही शिष्य ग्रहण कर पाते हैं जो बिना पाप, छल-कपट के गुरु के सामने तत्पर हैं।** जो शिष्य गुरु के गुरुत्व को नहीं जान पाते उनसे ज़्यादा दुर्भाग्यपूर्ण जीवन किसी अन्य का नहीं होता है।

## गुरुस्तोत्रम्
## (GURU-STOTRAM)

**अखण्डमण्डलाकारं व्याप्तं येन चराचरम्**
**तत्पदं दर्शितं येन तस्मै श्रीगुरुवे नमः।। 1।।**

**अज्ञानतिमिरान्धस्य ज्ञानाञ्जनशलाकया**
**चक्षुरून्मीलितं येन तस्मै श्रीगुरुवे नमः।। 2।।**

**गुरुर्ब्रह्मा गुरुर्विष्णुः गुरुर्देवो महेश्वरः**
**गुरुर्रसाक्षात् परंब्रह्म तस्मै श्रीगुरुवे नमः।। 3।।**

**स्थावरं जंगमं व्याप्तं यत्किंचित्सचराचरम्**
**तत्पदं दर्शितं येन तस्मै श्रीगुरवे नमः।। 4।।**

**चिन्मयं व्यापियत्सर्वं त्रैलोक्यं सचराचरम्**
**तत्पदं दर्शितं येन तस्मै श्रीगुरुवे नमः।। 5।।**

**सर्वश्रुतिशिरोरत्नविराजित पदाम्बुजः**
**वेदान्ताम्बुजसूर्योयः तस्मै श्रीगुरुवे नमः।। 6।।**

**चैतन्यः शाश्वतः शानतो व्योमातीतो निरंजन**
**बिन्दुनाद कलातीत तस्मै श्रीगुरुवे नमः।। 7।।**

**ज्ञानशक्तिसमारूढः तत्त्वमालाविभूषितः**
**भुक्तिमुक्तिप्रदाता च तस्मै श्रीगुरुवे नमः।। 8।।**

अनेकजन्मसंप्राप्त कर्मबन्धविदाहिने
आत्मज्ञान प्रदानेन तस्मै श्रीगुरुवे नमः।। 9।।

शोषणं भवसिन्धोश्च ज्ञापणं सारसंपदः
गुरोः पादोदकं सम्यक् तस्मै श्रीगुरुवे नमः।। 10।।

न गुरोरधिकं तत्त्वं न गुरोरधिकं तपः
तत्त्वज्ञानात्परं नास्ति तस्मै श्रीगुरवे नमः।। 11।।

मन्नाथः श्रीजगन्नाथः मद्गुरुः श्रीजगद्गुरुः
मदात्मा सर्वभूतात्मा तस्मै श्रीगुरुवे नमः।। 12।।

गुरुरादिरनादिश्च गुरुः परमदैवतम्
गुरोः परतरं नास्ति तस्मै श्रीगुरुवे नमः।। 13।।

त्वमेव माता च पिता त्वमेव, त्वमेव बन्धुश्च सखा त्वमेव
त्वमेव विद्या द्रविणं त्वमेव, त्वमेव सर्वं मम देव देव।।

नोट :

(1) अखण्ड—the entire, मण्डलाकारं—Cosmos, चराचरम्—the animate and the inanimate, व्याप्तं—is pervaded, येन—by whom, तत्पदं—that state or that goal, दर्शितं—is indicated, तस्मै—to that, श्री गुरवे—noble teacher, नमः—prostrations.

(2) येन—by whom, ज्ञानाञ्जनशलाकया—with the collyriumstick of knowledge, अज्ञानतिमरान्धस्य—of the one blinded by the delusion of ignorance, चक्षुः—the eye, उन्मीलितं—is opened.

(3) गुरुः—(Spiritual) Teacher, ब्रह्मा—is Brahma, विष्णुः—is Lord Vishnu, देवो महेश्वराः—Lord Parameshwara (Shiva), एव—alone, परंब्रह्म—is the Supreme Brahman, नमः—salutations.

(4) स्थावरं—immovable, जंगमं—movable, सचराचरं—both-sentient and insentient, यत् किंचित्—whatever, व्याप्तं—is pervaded, तत पदं—that Supreme state.

(5) चिन्मयं—absolute, conciousness, व्यापितं यत्—that which pervades, सर्वं—everything, त्रैलोक्य—the three worlds, सचराचरम्—sentient and insentient, तत् पदं—that state, दर्शितं—is shown.

(6) सर्वश्रुति—all scriptures, शिरोरत्न—crest jewel, विराजित पदाम्बुजः—the lotus feet (being radiant), यः—he (who), वेदान्ताम्बुजसूर्यः—is the sun that causes the Vedanta Lotus to blossom forth.

(7) चैतन्यः—Effulgent (consciousness), शाश्वतः—eternal, शान्तः—peaceful, व्योमातीतः—beyond the space, निरञ्जनः—pure, immaculate, बिन्दु नाद कलातीतः—Beyond the manifestations such as Bindu, Nada, Kala etc.

(8) ज्ञानशक्ति समारूढ़ः—established in knowledge and power, तत्त्वमाला विभूषितः—adorned by the garland of various principles, भुक्तिमुक्तिप्रदात्ता च—(who is) the bestower of (wordly) prosperity and liberation (therefrom).

(9) आत्मज्ञानप्रदानेन—by bestowing the knowledge of the self, अनेक जन्मसंप्राप्त कर्मवन्धविदाहिने—(to him) who burns up the bondage created by the accumulated actions during innumerable births.

(10) गुरोः पादोदकं—water with which the feet of Guru are washed, भवसिन्धोः—of the ocean of transmigration, सम्यक्—completely, शोषणं—drying up, सारसंपदः—the essence—which is the wealth, ज्ञापणं च—revealing factor.

(11) अधिकं तत्त्वं—greater reality, गुरोः—(than) the teacher, न (अस्ति)—there is none, अधिकं तपः—greater tapas (penance-austerity), गुरोः—(than), the teacher, न (अस्ति)—there is none, तत्त्वज्ञानात् (यस्य)—than whose realisation of the true nature, परं—greater, नास्ति—there is not.

(12) (यः) मन्नाथः—(He who is) my Lord, श्री जगन्नाथः—(is) the noble Lord of the Universe, मग्दुरुः—(He) who is my preceptor, श्रीजगद्गुरुः—is the teacher of the Universe, मदात्मा—the self in me, सर्वभूतात्मा—(is) the self of all beings.

(13) गुरुः—the teacher, आदिः—the beginning, अनादिः च—the beginningless, (यः) गुरुः—that teacher who is, परमदैवतं—the supreme deity, गुरोः—then that teacher, परतरं—another superior, नास्ति—there is not.

त्वमेव—you alone (oh guru), माता—(is the) Mother, च पिता—and Father, बन्धुश्च—and brother, सखा—friend, विद्या—knowledge, द्रविणं—wealth, सर्वं—everything, मम देव देव—my God of all Gods.

## गुरु-शिष्य लक्षण
## (CHARACTERISTICS OF GURU AND SHISHYA)

### गुरु के लक्षण

(1) स्मृति (Memory)
(2) मेधा (Intellect)
(3) अपोह (Determination)
(4) मति (Knowledge)
(5) ऊहा (Reasonableness)
(6) शिष्यनिष्पादन (Ability to Bring Out a Good Disciple)

## शिष्य

**शिष्य**

| उत्तम | मध्यम | अधम | अधमाधम |
|---|---|---|---|
| (Superior) | (Mediocre) | (Below Average) | (Inferior) |

## शिष्य-लक्षण

(1) मेधा (Intelligence)
(2) स्मृति (Memory)
(3) श्लाघ्न (Praise-worthiness)
(4) राग (Devotion and Dedication)
(5) संघर्ष (Ability to Struggle and Do Hard Work)
(6) उत्साह (Enthusiasm)

# 3

# कथक नृत्य की विशेषताएँ
# SPECIALITIES OF KATHAK

## 1. कथक एक ताल प्रधान नृत्य (Tala-Oriented Dance Form)

किसी भी नृत्य में ताल की बहुत ही महत्त्वपूर्ण भूमिका होती है। राग संगीत तथा वाद्य संगीत इन दोनों से ही भरतनाट्यम, ओडिसी आदि नृत्य प्रेरणा लेते हैं परन्तु **कथक** का नृत्त-पक्ष बहुत प्रबल और समृद्ध (Powerful and Rich) है। कथक नृत्य के इस पक्ष में सारी प्रेरणा **ताल संगीत** से मिलती है। नगमा या लहरा की संगत भी ताल का आवर्त्तन (Rotation) दिखाने के लिए की जाती है। इसका **नृत्य पक्ष** राग-संगीत व ताल संगीत से प्रेरणा लेता है। कथक के **नृत्त-पक्ष** में नर्तक या नर्तकी जो बंदिशें (Composition) करते हैं जैसे कि टुकड़ा, परन, परमेलु इत्यादि–वे अपने आप में एक वाक्यखण्ड (Phrase) न होकर एक पूर्ण वाक्य (Sentence) हैं जो अपने आप में पूर्ण हैं।

## 2. घुंघरू की प्रधानता (Supremacy or Excellence of Ghoonghroo)

कथक नृत्य में जो पद-संचालन किया जाता है वह घुंघरू पर निर्भर करता है। घुँघरू की ध्वनि को **शृंजन** कहते हैं।

पद-संचालन (जैसे लड़ी, बाँट, चाला या चलन इत्यादि या वह पद-संचालन जो टुकड़े, परन इत्यादि (बन्दिशों) के साथ किया जाता है), द्वारा नर्तक या नर्तकी उस उमुक (Particular) ताल का शृंजन रूप प्रस्तुत करते हैं वे तबले या पखावज के बोलों पर आधारित तथा नृत्य के बोलों से बनाई गई बन्दिशों का शृंजन रूप प्रस्तुत करते हैं, जबकि अन्य शास्त्रीय नृत्यों में छन्द रूप प्रस्तुत किया जाता है।

बन्दिशों की बारीकियों को पद-संचालन द्वारा ही सुना जा सकता है और इतनी बारीक ध्वनि को सुनाने के लिए एक विशेष प्रकार के घुंघरू अत्यन्त आवश्यक हैं जिन्हें सूत से बनाई गई डोरी में पिरोया जाता है।

## 3. नृत्त-पक्ष साहित्यापेक्षी नहीं (Nritta-Paksha is Based on Tala-Laya Only)

अन्य शास्त्रीय नृत्यों में जो अभिनय करते हैं वह सदैव साहित्यिक होता है। बिना साहित्य या बिना गाने के कोई अभिनय नहीं होता, सभी नृत्यों में शुरू से लेकर अन्त तक साहित्य होता है, परन्तु कथक नृत्य के नृत्त-पक्ष में जैसे गतभाव या गत निकास अभिनयात्मक प्रस्तुति (Theatrical Presentation) है लेकिन यह साहित्य पर निर्भर नहीं करते हैं। केवल नृत्य पक्ष ही साहित्यापेक्षी (Interdepending Means Depends on Sahitya) है।

## 4. (अ) भाव बताना (To Express or To Communicate Bhava)

कथक नृत्य में **'भाव बताना'** एक विशेष प्रकार का पहलू है जिसमें नर्तक या नर्तकी बैठकर भाव बताते हैं। यह अत्यन्त खास बात है जो केवल इस नृत्य में ही पाई जाती है।

इसमें नर्तक किसी ठुमरी, भजन या पद पर भाव व गायन साथ-साथ करते थे। आजकल भी कुछ गुणी नर्तक या नर्तकी इस प्रकार की शैली अपनाते हैं तथा कुछ कलाकार पहले ठुमरी या पद गाते हैं तत्पश्चात् उसी पर अभिनय प्रस्तुत करते हैं। इसमें आंगिक, आहार्य, वाचिक और सात्विक अभिनय द्वारा भाव प्रस्तुत किया जाता है। इसमें संचारी का प्रयोग अधिकता से किया जाता है।

## (ब) अभिनय (A Theatrical Performance)

कथक में उपज अंग बहुतायत में प्रयोग होता है। कथक नृत्य के नृत्त-पक्ष में तो उपज (To Produce or to Originate) होती ही है लेकिन इस नृत्य की ख़ासियत यह है कि इसके भाव पक्ष में भी उपज होती थी और आज भी जो सक्षम कलाकार हैं वे ऐसा करते हैं। जैसे—स्व. पं. शम्भू महाराज जी (पं. बिरजू महाराज जी के चाचा) की अभिनय पर इतनी अच्छी पकड़ थी कि अभिनय प्रस्तुत करते समय एक आँख से हास्य व दूसरे आँख से करुण रस दिखाते थे।

## 5. तेज गति की भ्रमरी का प्रयोग (Use of Speedy Circles)

इसका कलात्मक प्रयोग (न कि कलाबाजी ढंग से) बहुत ही चमत्कारिक (Astonishing) होता है। इतने तेज़ भ्रमरी का प्रयोग अन्य किसी नृत्य में नहीं होता।

## 6. तेजगति का पद-संचालन (स्वतन्त्र पद-संचालन) (Foot-Work in Very Fast Laya)

नर्तक या नर्तकी तबले व कथक नृत्य के तत्कार के बोलों को पद-संचालन द्वारा तैयारी से प्रस्तुत करते हैं। यह कलाकार की क्षमता पर निर्भर करता है।

पद-संचालन विलम्बित, मध्य और द्रुतलय में से किसी में भी किया जा सकता है।

पद-संचालन के कई प्रकार हैं, जैसे—उपज, चलन या चाला, लड़ी, लयबांट, बोलबांट, कायदा इत्यादि।

## 7. पढ़न्त (To Recite)

कथक में कलाकार वाद्य रूप को कण्ठ से स्वयं प्रस्तुत करता है जिसे पढ़न्त कहते हैं, बाद में इसका दृश्य रूप प्रस्तुत करता है। अर्थात् पहले कलाकार उस अमुक ताल का ठेका पढ़ते हैं तत्पश्चात् उस ताल में निबद्ध टुकड़े या परण या तिहाई इत्यादि की पढ़न्त करते हैं और उसके बाद उसी टुकड़े या बन्दिशों को हस्त-संचालन व पद-संचालन द्वारा दिखाकर उसका दृश्य रूप प्रस्तुत करते हैं। कथक नृत्य में पढ़न्त करने के ढंग पर बहुत ध्यान दिया जाता है। पढ़न्त करते समय भिन्न-भिन्न बोलों या शब्दों पर जो वज़न (जोर देना) देते हैं उससे एक कलात्मकता उभर कर सामने आती है। किस बोल पर ज़्यादा जोर देकर बोलना है और किस पर कम वज़न देकर—यह नृत्य, तबले व पखावज के बोलों या अलग-अलग ध्वनियों पर निर्भर करता है व किस बोल की कैसी प्रवृत्ति है इस पर निर्भर करता है।

## 8. नर्तकी या नर्तक व तबलावादक के बीच जुगलबन्दी (A Healthy Competition Between the Dancer and the Tabla Player)

कथक नृत्य में नर्तक या नर्तकी तथा तबलावादक के बीच प्रतियोगिता होती है जिसे जुगलबन्दी कहते हैं। कलाकार तथा तबलावादक के बीच सवाल-जवाब रूपी सम्वाद चलता है। पहले पद-संचालन द्वारा नर्तक या नर्तकी सवाल करते हैं तथा उसी स्वरूप को तबलावादक तबले पर बजाकर जवाब देता है।

## 9. उपज (Spontaneous Production Through Footwork)

इस कलात्मक नृत्य के नृत्त-पक्ष में यह खासियत (Speciality) है कि नर्तक या नर्तकी नृत्य करते समय तत्काल (On the Spot) उपज करते हैं। अर्थात् कथक नृत्य के नृत्य-पक्ष में पद-संचालन द्वारा भिन्न-भिन्न तरीके की लयकारी व भिन्न-भिन्न तरीके के बोलों का प्रयोग करते हैं जो पहले से निश्चित नहीं होता है। वह केवल नर्तक या नर्तकी की तत्काल उपज (On the Spot the Dancer can Create) होती है।

## 10. कथक नृत्य के प्रस्तुतीकरण का क्रम (Mannerism in Presentation of Kathak)

कथक नृत्य करते समय जो क्रम प्रस्तुत करते हैं वह बँधा हुआ नहीं होता है। कभी नर्तक प्रारम्भ से ही इस नृत्य का नृत्त-पक्ष प्रस्तुत करता है। उनका आगमन (Entry on the Stage) ही किसी उठान या परन या तेज भ्रमरी से होता है, या वन्दना से इस नृत्य का आरम्भ करते हैं तत्पश्चात् नृत्त-पक्ष प्रस्तुत किया जाता है, उसके बाद अभिनयात्मक पक्ष (Theatrical Aspect) होता है। लेकिन कभी-कभी नृत्त-पक्ष के बीच में (ज्यादातर मध्यलय और द्रुतलय के बीच में) अभिनयात्मक प्रस्तुति की जा सकती है।

## 11. कथक नृत्य के नृत्त-पक्ष का पारम्परिक क्रम : (Traditional Sequence of Nritta-Paksha in Kathak)

चूँकि यह नृत्य पारम्परिक नृत्य है इसलिए इसका क्रम बँधा हुआ है जैसे--वन्दना के बाद थाट से इस नृत्य की शुरूआत होती है फिर उठान, आमद, परन आमद, परण इत्यादि एक के बाद एक बन्दिशों की प्रस्तुति की जाती है। कभी-कभी मिजाज़दारी (Mood) के अनुसार क्रम में थोड़ा फेर-बदल भी हो जाता है। यह नर्तक या नर्तकी के ऊपर निर्भर करता है। आरम्भ में विलंबित लय में नृत्य की शुरूआत होती है तत्पश्चात् मध्य व द्रुत लय में बंदिशें प्रस्तुत की जाती हैं।

## 12. कथक नृत्य का स्वच्छन्द स्वरूप (Free Model of Kathak Nritya)

ताल ब्रह्म दिव्य शरीरधारी एक शाश्वत सत्य है। संगीत का आधार ताल है। संगीत नैसर्गिक (Natural) कला है जिसकी सीमाएँ सीमित करने पर भी उनमें रिसाव (To Ooze or to Flow Out Slowly) होना स्वाभाविक है। इन्हें चाहकर भी नहीं बाँधा जा सकता है। जैसे पीढ़ी-दर-पीढ़ी गाते-बजाते व नृत्य करते हुए और इनकी सीमाएँ स्वीकार करते हुए भी पाया जाता है कि स्वर लगाव, हाथों के रख-रखाव, नृत्य के क्षेत्र में भावभंगिमाएँ, पद-संचालन की क्रियाएँ, नेत्र-संचालन, रूप-लावण्य आदि में समानान्तर (Parallel) होना स्वाभाविक हो जाता है इसलिए इनकी अच्छाइयों को ग्रहण करना ठीक पाया जाता है। संगीत में सम्भावनाएँ असीमित हैं अर्थात् यह कहा जा सकता है कि नृत्य की सम्भावनाएँ असीमित हैं। नृत्य में भी यदि कथक नृत्य के बारे में सोचा

जाए तो कथक नृत्य की यह बहुत ही बड़ी व सौन्दर्यपूर्ण ख़ासियत (Speciality) है कि इस नृत्य का क्षेत्र बहुत ही असीमित है। इसकी तासीर में बँधापन होते हुए भी एक स्वच्छन्दता (खुलापन) है।

## 13. सहजता इस नृत्य की खासियत है (Naturality is the Speciality of This Dance Form)

यह नृत्य प्रकृति के साथ जुड़ा हुआ है। जैसे ईश्वर ने प्रकृति (Nature) को सुन्दर, तरल, बहावपूर्ण, एवं सौम्य बनाया है उसी प्रकार इस नृत्य में भी ये खूबियाँ (गुण) पाई जाती हैं। इसमें हस्तकों का संचालन खण्ड-खण्ड न होकर सुन्दरतापूर्वक (Gracefully) तथा गोलाकृति के साथ जाता है।

पद-संचालन में एक के बाद एक पैरों के रखाव में निरन्तरता (Continuity) होती है जैसे किसी परण या टुकड़े के बोलों पर, हर एक बोल के हर-एक वर्ण (अक्षर) पर, पदाघात से पाद-भेद दिखाते हैं। जैसे—तकिट

त = दायें पैर से सम पाद

कि = बायें पैर से उद्‌घट्टित

ट = दायें पैर से अंचित

इस प्रकार अनेक बोलों से युक्त कोई भी बन्दिश की जाती है। पद-संचालन, हस्त-संचालन, तथा भ्रमरी की जटिल क्रिया किसी बन्दिश (परन या तोड़ा या टुकड़ा इत्यादि) के सम पर आने पर ही खत्म होती है तथा नर्तक सम से आधा या एक आवर्त्तन रुकने के बाद पुनः अगली बन्दिश प्रारम्भ कर देता है।

## 14. नृत्य के साथ गायन-वादन के प्रस्तुतीकरण की क्षमता (Adeptness in Singing and Playing the Instruments)

कुशल नर्तक-नर्तकी अच्छे गायक व वादक भी होते हैं। अपने नृत्य प्रदर्शन के अलावा मंच पर एकल गायन व एकल वादन की प्रस्तुतीकरण की क्षमता होती है। ऐसे बहुत से कलाकार हुए हैं, जैसे—पं. बिरजू महाराज जी, श्रीमती उर्मिला नागर जी, स्व. पं. दुर्गालालजी, श्रीमती उमा शर्मा जी।

## 15. कथक नृत्य में गुरु-शिष्य परम्परा (Relation Between Guru and Shishya in a Very Traditional Manner)

भारतीय संस्कृति के अनुसार इस नृत्य क्षेत्र में अभी तक गुरु-शिष्य परम्परा कायम है। पहले के गुरु तथा वर्तमान गुरु किसी स्वार्थवश नृत्य की तालीम (शिक्षा) नहीं देते अपितु पूरी ईमानदारी से शिष्य को सिखाते हैं। यदि कोई शागिर्द अपनी आर्थिक या सामाजिक परिस्थिति की वजह से शिक्षा ग्रहण करने में असहाय होता है तो गुरु न केवल आर्थिक सहायता देता है बल्कि उसे अपनी शरण में रखकर तालीम देते हैं। इस नृत्य के गुरुजन न केवल नृत्य की शिक्षा देते हैं बल्कि नैतिक मूल्यों की शिक्षा भी देते हैं।

# 4

# कथक नृत्य के नृत्त-पक्ष के अंग

# KINDS OF NARTAN

## 1. थाट (That)

नृत्त के आरंभ में सर्वप्रथम थाट प्रस्तुत किया जाता है किसी भी ताल की विलम्बित लय में किसी भी मात्रा से उठकर सम पर आकर खड़े होने के अन्दाज़ (स्थिति) को थाट कहा जाता है। थाट अंग नृत्त के प्रारम्भ का अंग है इसमें उत्पत्ति हस्त से आरम्भ होकर लय का संचार धीरे-धीरे शरीर के विभिन्न अंग-प्रत्यंग में होता है। इसमें कलाकार (Dancer) सम पर आने पर कुछ-एक-क्षण स्थिर रहता है तत्पश्चात् लय के साथ शरीर के अंग-प्रत्यंग का सन्तुलनपूर्ण संचालन करता है (जिसे लय के साथ शरीर का अति धीमी गति में झूमना कहते हैं) जिसे कसक-मसक कहते हैं इसमें कलास (कलाई का संचालन), भृकुटि-भेद, ग्रीवा-भेद व दृष्टि-भेद का सुन्दरतापूर्ण प्रयोग होता है। अधिकांशतः अंग-प्रत्यंग के संचालन के बाद कलाकार विलंबित लय में ही चाल चलता है।

थाट बनाकर सम पर खड़े होने में सीमित हस्त-संचालन का ही प्रयोग होता है जिसमें उत्पत्ति हस्त व निकास की मुद्रा में खड़े होना प्रमुख है। इसके अलावा अलग-अलग अंदाज़ में (जो कि 'समय' के आधार पर बदलता रहा है) थाट की स्थिति को दर्शाया जाता है, कभी-कभी (व्यभिचारी भाव की तरह) थाट में नवीनता या बदलाव लाने के लिए बैठकर भी थाट किया जाता है। थाट के बोल नृत्य के मूल बोल ता, थेई, तत पर आधारित होते हैं।

## 2. आमद (Amad)

यह विलंबित लय तथा मध्य लय में नाची जाती है। इसमें भी नृत्य के मूल बोल ही प्रयोग में लाए जाते हैं जैसे—ता, थेई, तत। विलंबित लय की आमद में थाट की अपेक्षा आंगिक संचालन अधिक विस्तृत रूप से लेकिन सुन्दरतापूर्वक व लास्य अंग से किया जाता है।

## 3. परन-आमद (Paran-Amad)

परन जुड़ी आमद को **'परन-आमद'** कहते हैं। इस बंदिश में पहले परन के बोल तत्पश्चात् आमद के बोल प्रस्तुत किए जाते हैं। यह विलंबित तथा मध्य दोनों लयों में प्रस्तुत की जाती है।

## 4. तोड़े-टुकड़े (Tode-Tukde)

नृत्त व तबले के बोलों पर आधारित लयबद्ध बंदिशों को तोड़े और टुकड़े कहा जाता है। ये सम से सम तक अर्थात् एक आवर्त्तन या एक से अधिक आवर्त्तनों के होते हैं। एक या दो आवर्त्तन में प्रस्तुत किए जाने वाले

लयबद्ध बोलों के समूह को **'टुकड़े'** कहते हैं तथा दो से अधिक आवर्त्तनों में प्रस्तुत किए जाने वाले लयबद्ध बोल समूह **'तोड़े'** कहलाते हैं।

### 5. परन (Paran)

पखावज के बोलों पर आधारित लयबद्ध बंदिश या रचना को **'परन'** कहते हैं। जैसे–धा, धातिट, धेधे, तिट, किड़धातिट, धेत्ता आदि।

### 6. गत-निकास (Gat-Nikas)

नर्तकी या नर्तक (Dancer) का सम से 'पल्टा' लेकर चमक के साथ व तेज़ी (Fast) के साथ निकल कर सम पर या ख़ाली पर **'निकास की मुद्रा'** (Special kind of status or position of body with hasta-movements in 'Kathak') में खड़ा होना **'निकास'** कहलाता है। निकास की मुद्रा में कुछ क्षण स्थिर रहने के पश्चात् नर्तक या नर्तकी (Dancer) पीछे (in backward direction) आते हैं तथा विशिष्ट प्रकार की चालें (गति) प्रस्तुत करते हैं। उसके बाद 'पल्टा' लेकर खड़े पैर से (Special kind of foot movement in Kathak in which one feet is kept in **'Samapada'** and Other is in **'Udghattita Pada'**) तेज गति में चाल चलकर छोटी तिहाई लगाते हैं। तब ये पूरी क्रिया **'गत-निकास'** कहलाती है।

### 7. गत-भाव (Gat-Bhava)

यह अंग इस नृत्य की ख़ासियत (Speciality) है कि बिना साहित्य के केवल लय व ताल का सहारा लेकर भाव प्रदर्शित किया जाता है।

इसमें कलाकार किसी कथानक (Episode) पर भाव प्रस्तुत करता है इसकी शुरूआत भी गत-निकास से मिलती-जुलती होती है अर्थात् **'पल्टे'** से इसका आरम्भ करते हैं तथा विभिन्न चालों व आंगिक क्रियाओं द्वारा कथानक के लिए आवश्यक क्रियाओं को किया जाता है। एक से अधिक पात्रों को दिखाने के लिए या पात्र-परिवर्तन के लिए पल्टे या भ्रमरी का सहारा लिया जाता है।

### 8. परमेलु (Parmelu or Pramelu)

जिन परनों में साहित्यिक, भाषिक, मृदंगिक एवं नृत्यांगी बोलों का समावेश रहता है उन्हें कथक विद्वान् **'प्रमिलु'** कहकर सम्बोधित करते हैं। इनमें तबला, पखावज, मंजीरा, पशु-पक्षी इत्यादि पर आधारित बोलों को प्रस्तुत किया जाता है।

### 9. कवित्त (Kavitta)

साहित्य व नृत्त के बोलों पर आधारित बंदिश **'कवित्त'** कहलाता है इसमें छन्द व लय की प्रमुखता होती है तथा साहित्य किसी देवी-देवताओं या उनसे सम्बन्धित होता है या (संक्षेप में) पौराणिक कथाओं पर या प्रसंग पर आधारित होता है।

## 10. गणेश-परन (Ganesha-Paran)

यह पखावज पर बजाई जाने वाली बोल-परन का एक रूप है इसमें गणेशजी से सम्बन्धित प्रसंग या वर्णन होता है। इसमें साहित्य, नृत्य के बोल व पखावज के बोलों का सामंजस्य होता है तथा इसे विलंबित लय में प्रस्तुत किया जाता है।

## 11. लड़ी (Ladi)

जब लग्गी (Laggi) के ही किसी बोल को तैयारी के साथ कुछ देर तक लगातार बजाया या पद-संचालन द्वारा प्रस्तुत किया जाए तो उसे **'लड़ी'** कहते हैं। कुछ विद्वान् इस प्रकार कहते हैं–''कि जो बोल शुरू से अन्त तक (लड़ी की तरह–Like a Chain) आपस में गुँथे हुए हों तो उसे लड़ी कहते हैं।''

## 12. बाँट (Bant)

कहरवा छन्द के पलटों को बाँट कहते हैं। जिस प्रकार तीन ताल में कायदे के बाद पलटे होते हैं उसी प्रकार कहरवा में लग्गी के बाद बाँट होते हैं। लग्गी के साथ बजाए जाने के अलावा बाँट स्वतंत्र रूप से भी किए जाते हैं। कथक नृत्य के गुणीजनों के अनुसार–किसी भी ताल में जब कुछ बोलों को लयबद्ध तरीके से खाली व भरी दिखाते हुए पद-संचालन द्वारा प्रस्तुत किया जाए तो उसे **'बाँट'** कहते हैं। जब इनमें बोलों का विभाजन या उलट-पुलट की जाए तो इसे **'बोल-बाँट'** कहते हैं तथा जब लय का विभाजन या परिवर्तन किया जाए तो उसे **'लय बाँट'** कहते हैं। लय बाँट में बोलों की स्थिति एक-सी रहती है।

## 13. चलन या चाला (Chalan or Chala)

तबला-वादक पेशकार को अलग-अलग घराने के अनुसार भिन्न-भिन्न तरीके से बजाते हैं इस विभिन्नता को ही चलन या चाला कहते हैं। एक स्थान से दूसरे स्थान पर जाने के लिए **'चलने की क्रिया' 'चलन'** कहलाती है। अर्थात् कथक नृत्य में अधिकतर पेशकार के बोलों को लेकर (नृत्त के बोल भी इसमें सम्मिलित होते हैं) बोल या लय को भिन्न-भिन्न तरीके से प्रस्तुत करना **'चलन या चाला'** कहलाता है जिसे विलंबित लय में प्रस्तुत किया जाता है।

## 14. उपज (Upaja)

कथक नृत्य का यह बहुत ही विशेष अंग है। यह केवल **गुणी कलाकारों** द्वारा ही सम्भव है। यह थाट के पहले पद-संचालन द्वारा प्रस्तुत किया जाता है। इसमें किसी भी ताल की विलंबित लय में भिन्न-भिन्न लयकारी द्वारा पद-संचालन किया जाता है तथा **कम बोलों** को लेकर लयकारी जैसे (आड़, कुआड़, वियाड़, महाआड़ी इत्यादि) की जाती है। इसमें **विशेष बात** यह है कि इसे स्मरण करके नहीं किया जाता यह उसी समय (On the Spot) नगमे व तबले के ठेके पर तुरंत (Spontaneous) उपजती है इसीलिए इसे **'उपज'** कहते हैं जिन कलाकारों का लय पर अधिकार होता है वे ही उपज कर सकते हैं।

# पारिभाषिक शब्द
# (EXPLAINED WORDS)

## कथक नृत्य के नृत्त-पक्ष से सम्बन्धित पारिभाषिक शब्द और उनका स्पष्टीकरण

1. **मात्रा (Matra)** – ताल को जिस 'इकाई' के द्वारा नापा जाता है, उसे 'मात्रा' कहते हैं।
2. **सम (Sama)** – किसी भी ताल की पहली मात्रा को सम कहते हैं जिस स्थान से तबले का ठेका या पखावज का ठेका प्रारम्भ होता है। गायक, नर्तक या नर्तकी या वादक उस स्थान पर एक विशेष प्रकार का विशेष जोर देते हैं।
3. **ठेका (Theka)** – तबले या पखावज के बोलों के आधार से ताल के रूप को स्पष्ट करने वाली रचना ठेका कहलाती है।
4. **ताली या भरी (Tali or Bhari)** – ठेकों में जिस स्थान पर हाथों से ताली लगाई जाती है उसे 'ताली' या 'भरी' कहते हैं।
5. **खाली (Khali)** – जब किसी भी ताल के ठेके में ताल का स्वरूप दिखाने के लिए ताली न लगाकर हवा में हाथ लहराकर उस मात्रा को इशारे से बताया जाता है तब उसे खाली कहते हैं।
6. **आवृत्ति या आवर्त्तन (Avartana)** – किसी ताल के ठेके को प्रारम्भ से अन्त तक एक बार बजा देने या बोल देने को आवृत्ति कहते हैं। यदि एक बार ऐसा करेंगे तो उसे एक आवृत्ति कहेंगे। जिस ताल को जितनी बार बोलेंगे, उसे उतनी आवृत्तियाँ बोलना कहेंगे।
7. **लय (Laya)** – दो क्रियाओं के मध्य में रहने वाली विश्रान्ति या अवकाश या पहली क्रिया का विस्तार 'लय' कहलाता है। यह विश्रान्ति अधिक या कम होने पर लय भी धीमी या तेज़ हो जाती है। ये मुख्यतः तीन प्रकार की होती हैं–विलंबित लय, मध्य लय, द्रुत लय।
8. **विलम्बित लय (Vilambit Laya)** – मध्य लय की ठीक दुगुनी **विश्रान्तिवाली लय विलम्बित लय** कहलाती है। यह लय धीमी गति की होती है।
9. **मध्य लय (Madhya Laya)** – मध्य लय में विलम्बित लय की ठीक आधी विश्रान्ति होती है। यह लय विलम्बित लय से तेज़ होती है।
10. **द्रुत लय (Drut Laya)** – इस लय में मध्य लय की भी ठीक **आधी विश्रान्ति** रह जाती है। इसकी गति मध्य लय की दुगुनी (या उससे तेज़) होती है।
11. **महाआड़ी (Maha-Adi)** – जब आड़ी लय की दुगुन कर दी जाती है, तो उसे महाआड़ी कहते हैं।
12. **महाकुआड़ी (Maha-Kuadi)** – जब कुआड़ी लय की दुगुन कर दी जाती है, तो उसे महाकुआड़ी कहते हैं।

| | |
|---|---|
| 13. **महाबिआड़ी (Maha-Biadi)** | – जब बिआड़ी लय की दुगुन कर दी जाती है, तो उसे महाबिआड़ी कहते हैं। |
| 14. **दुगुन (Dugun)** | – जब किसी ताल के बोल एक आवृत्ति के काल में ही दो बार बजा दिए जाएँ, तो उसे दुगुन कहते हैं। |
| 15. **तिगुन (Tigun)** | – जब किसी ताल के बोल एक आवृत्ति के काल में ही तीन बार बजा दिए जाएँ, तो उसे तिगुन कहते हैं। |
| 16. **चौगुन (Chaugun)** | – जब किसी ताल के बोल एक आवृत्ति के काल में ही चार बार बजा दिए जाएँ, तो उसे चौगुन कहते हैं। |
| 17. **विभाग (Vibhag)** | – ताल के पूरे ठेके को विभाजित करने वाले खंडों को 'विभाग' कहते हैं। |
| 18. **बोल (Bola)** | – तबले या पखावज पर बजने वाले शब्द समूहों को 'बोल' कहते हैं। |
| 19. **मुखड़ा (Mukhada)** | – ठेके के किसी भी भाग से उठकर सम पर आकर मिलने के लिए जो बोल बजाए जाते हैं उन्हें मुखड़ा कहते हैं। |
| 20. **अति-विलम्बित (Ati-Vilambit)** | – जिसकी लय अत्यन्त धीमी हो। |
| 21. **अतीत (Ateet)** | – अर्थात् बीता हुआ। सम निकल जाने के बाद गीत या बोल प्रारम्भ किया जाए या सम के बाद किसी बंदिश का सम आए। |
| 22. **अधगुन (Adhaguna)** | – एक मात्रा में आधा बोल या दो मात्रा में एक बोल। |
| 23. **अनागत (Anagata)** | – अर्थात् आने वाला। मुख्य सम आने के पूर्व जब गीत या बोल प्रारम्भ हो या मुख्य सम आने के पूर्व नृत्य या तबले की बंदिश का सम आए। |
| 24. **अवनद्ध (Avanadhdha)** | – लय प्रधान वाद्य जो संगीत में लय कायम रखने तथा ताल दिखलाने के काम में आता है। इस प्रकार के वाद्यों के मुँह पर चमड़ा मढ़ा होता है जैसे–तबला, पखावज, नाल, नगाड़ा, खोल आदि। |
| 25. **आड़ (Ada)** | – अर्थात् डेढ़ गुना : एक मात्रा में डेढ़ मात्रा बोलना। |
| 26. **कुआड़ (Kuada)** | – चार मात्रा में पाँच मात्रा बोलना या सवागुन की लयकारी। कुछ विद्वान् आड़ की आड़ को कुआड़ कहते हैं जैसे–चार मात्रा में नौ मात्रा बोलना। |
| 27. **बिआड़ (Biada)** | – अर्थात् पौने दो गुन की लयकारी। चार मात्रा में सात मात्रा बोलना। |
| 28. **एक हत्थी परन (Eka-Hatthi Paran)** | – ऐसी परन जिसमें क, त्र, घ तथा धा वर्ण न हों। सिर्फ दाहिने पर बजने वाले बोल। |
| 29. **फरद (Farad)** | – जिस बोल के जोड़ का दूसरा बोल तैयार न हो सके। |
| 30. **कमाली परन (Kamali Paran)** | – जो परन साधारण परन न होकर कुछ विचित्रता लिये हुए हो (पूरब बाज खासतौर से बनारस घराने में कमाली परन का प्रयोग होता है।) |
| 31. **जवाबी परन (Jawabi Paran)** | – इस प्रकार की परनों में जो बोल बजाए जाते हैं, उनसे अगले बोल पहले बोलों के उलटे होते हैं जैसे–धागे तिरकिट तूना का जवाब तूना तिरकिट धागे। |

32. **दोहत्थी परन** **(Do-Hatthi Paran)** – दोनों हाथों के समान प्रयोग से बजने वाली परन। जैसे–

| | | | |
|---|---|---|---|
| दिंगनाना | तिटतिट | कताऽन | कतृतिट |
| x | | | |
| तिट तागे | तिटकता | घेघेतिट | घेघेतिट |
| 2 | | | |
| घेघेधिंऽ | ऽनकिटतक | धिंऽऽन | ऽकिटतक |
| 0 | | | |
| दिंगनाना | तिटऽ ऽ | केतकतकतक | धाऽऽऽ |
| 3 | | | |

33. **सार्थक परन** **(Sarthaka Paran)** – इसमें आने वाले वर्णों का चुनाव इस प्रकार से होता है कि वाक्य बन जाने पर इसका अर्थ स्पष्ट निकल आए।

34. **फरमाइशी परन** **(Fermayeshi Paran)** – जब कोई परन फरमाइश पर सुनाई जाए, तो उसे **'फरमाइशी'** परन कहते हैं। इसके अन्तर्गत एकहत्थी परन, लोम-विलोम का बोल, तोप का बोल, बिजली का बोल, रेल का बोल, जानवरों की बोली की ध्वनि, देवस्तुति, जय शब्द की ध्वनि आदि आते हैं (परन्तु फरमाइशी चक्करदार अलग होती है।)

35. **चक्करदार परन** **(Chakkardar Paran)** – जब किसी तीयेयुक्त (पखावज के) बोल को तीन बार इस प्रकार बजाया या किया जाए कि अंतिम **'धा'** सम पर आए तो उसे **'चक्करदार परन'** कहते हैं। ये क्रम से साधारण, फरमाइशी तथा कमाली चक्करदार कहलाती हैं।

36. **फरमाइशी चक्करदार परन** **(Fermayeshi Chakkardar Paran)** –जब पहले पल्ले में मुखड़े के पहले 'धा' पर, दूसरे पल्ले में दूसरे मुखड़े के दूसरे 'धा' पर और तीसरे पल्ले या चक्र में तीसरे मुखड़े के तीसरे 'धा' पर सम आए तो उसे फरमाइशी चक्करदार परन कहेंगे।

37. **कमाली चक्करदार परन** **(Kamali Chakkardar Paran)** – इन चक्करदारों में अन्त में मुखड़े के साथ कम-से-कम तीन 'धा' आते हैं। पहले पल्ले में **सम** तीनों 'धा' में से पहले 'धा' पर दूसरे चक्र में तीनों 'धा' में से दूसरे 'धा' पर (या बीच वाले 'धा' पर) और अन्तिम पल्ले में तीनों 'धा' में से अन्तिम 'धा' पर आता है।

38. **कायदा** **(Kayada)** – जब कुछ ऐसे बोलों को (जो तबले पर बजाए जाते हों) जिनका ताल के विभागों के अनुसार खाली, भरी दिखाते हुए प्रस्तार भी किया जा सके, बजाया जाए तो उसे कायदा कहते हैं। इसे हम कथक नृत्य के नृत्त-पक्ष में पैरों के संचालन द्वारा दिखाते हैं।

39. **तिहाई** **(Tihai)** – जब किसी स्थान से उठकर तीन बार बजाने या पैरों के संचालन द्वारा करने से अन्तिम 'धा' सम पर आए तो उसे तिहाई या तीया कहते हैं।

40. **दमदार तिहाई** **(Damdar Tihai)** – जिस तिहाई में तीनों पल्लों के बीच में एक या दो मात्रा ठहरना पड़े, उसे 'दमदार' तिहाई कहते हैं।

41. **बेदम तिहाई (Bedam Tihai)** — जब तीनों पल्लों या चक्रों के बीच में बिलकुल भी दम न हो, तो उसे 'बेदम तिहाई' कहते हैं।

42. **नवहक्का तिहाई (Navahakka Tihai)** — जब किसी तिहाई को तीन बार बजाकर सम पर आएँ तथा उसमें नौं धा बजाने पर ही सम आए तो उसे 'नवहक्का' तिहाई कहते हैं (इसका प्रयोग प्रायः पूरब-बाज में अधिक होता है।) इसे 'नौ धा की तिहाई भी कहते हैं।

43. **दोपल्ली (Dopalli)** — जब किसी टुकड़े या परन में ऐसे दो भाग हों जिनकी लय पृथक्-पृथक् हो तो ऐसी बंदिश को 'दोपल्ली' कहते हैं।

44. **त्रिपल्ली (Tripalli)** — जब किसी बंदिश में तीन लय आएँ तो उसे 'त्रिपल्ली' कहते हैं।

45. **चौपल्ली (Chaupalli)** — जब किसी बंदिश में किसी बोलों का समूह जिसे चार प्रकार की लय द्वारा बजाया या दिखाया जाए तो उसे चौपल्ली कहते हैं। ये लय गति, ठाह, दुगुन, तिगुन और चौगुन या ठाह, दुगुन, चौगुन, छःगुन हो सकती है।
चौपल्ली का एक और प्रकार होता है जिसमें एक ही बोल को इस प्रकार बजाया जाए कि उसके चार खंड प्रतीत होने लगें।

46. **लोम-विलोम का बोल (Lom-Vilom Ka Bol)** — इसमें यह विशेषता होती है कि इस बोल को चाहे सीधा पढ़ो या उल्टा, एक समान ही होगा। इसलिए ये भी एक प्रकार का फरमाइशी बोल है।

47. **लग्गी (Laggi)** — कहरवा, रूपक, दादरा आदि तालों में तीन ताल के कायदे की भाँति बजने वाले भेद को लग्गी कहते हैं। इसका विस्तार भी हो सकता है। परन्तु 'लग्गी' एकाकी वादन में प्रयुक्त न होकर गायक के बोलों की चाल के अनुसार ही रूप देकर संगति करते समय बजाई जाती है। भजन, ठुमरी आदि में बहुतायत से प्रयोग की जाती है।

**–लग्गी का दूसरा अर्थ** — कुछ विद्वान् लग्गी के शब्दार्थ उस बाँस की लकड़ी से लगाते हैं, जो नीचे से मोटी होती है और ऊपर की ओर क्रमशः पतली होती जाती है और छप्पर के नीचे लगाई जाती है।
इसके अनुसार **लग्गी में प्रारम्भ के बोल छोटे होते हैं** और ज्यों-ज्यों आगे चलते रहते हैं बोलों की संख्या प्रत्येक मात्रा में बढ़ती जाती है।

48. **लाल किला परन (Lal Quila Paran)** — लाल किला, दिल्ली पर जो नगाड़े बजाने वाले वादक थे, उनके (नगाड़े) बोलों के आधार पर इस नाम की परन को बनाया गया।

49. **चारबाग परन (Charbag Paran)** — जिस प्रकार आपको चार गुलदस्तों में अलग-अलग प्रकार के सुन्दर पुष्प दिखाई देंगे, उसी प्रकार 'चारबाग' की गतों में भी अनेक प्रकार की सुन्दरता दिखाई देगी। कभी-कभी चारबाग परण में चार सम्बद्ध बंदिशे प्रस्तुत की जाती हैं इसलिए इन्हें 'चारबागपरन' कहते हैं।

50. **अणुद्रुत (Anudruta)** — विष्णुदिगम्बरताललिपि पद्धति में '1/4' मात्रा की लयकारी। (चिह्न = ˘) (4 अक्षर काल = 1 मात्रा) अणुद्रुत का अक्षर काल=1।

51. **द्रुत (Druta)** — विष्णुदिगम्बर ताललिपि पद्धति में '1/2' मात्रा (का चिह्न ='0') की लयकारी। द्रुत का अक्षर काल=2

**52. लघु (Laghu)** – विष्णुदिगम्बरताललिपि पद्धति में 1 मात्रा की लयकारी (चिह्न = 'I') या जिन अक्षरों का उच्चारण-काल एक निमेष (पलक लगना) होता है, वे 'लघु' या एक मात्रिक कहलाते हैं। इनका अक्षर-काल '4' होता है।

**53. गुरु (Guru)** – विष्णुदिगम्बर ताललिपि पद्धति में '2' मात्रा की लयकारी (चिह्न = 8) या जिन अक्षरों का उच्चारण काल 2 निमेष होता है। उसे 'गुरु' कहते हैं। इनका अक्षरकाल '8' होता है।

**54. प्लुत (Pluta)** – विष्णुदिगम्बर ताललिपि पद्धति में '3' मात्रा की लयकारी (चिह्न = 8) या जिन अक्षरों का उच्चारण काल 'तीन' निमेष का हो तो वे 'प्लुत' कहलाते हैं। ये इस पद्धति का पाँचवाँ अंग हैं। इसका अक्षरकाल 12 होता है।

**55. काकपद (Kakapada)** – विष्णुदिगम्बर ताललिपि पद्धति का छठा अंग है। इसका प्रयोग आजकल नहीं होता है। इसकी मात्रा 4 होती हैं या जिन अक्षरों का उच्चारण काल 'चार' निमेष का हो, वे काकपद कहलाते हैं। ये सोलह (16) अक्षर-काल का होता है। इसका चिह्न (+) होता है।

[निमेष का अर्थ पलक लगना है]

# 5

# नर्तन के भेद

# KINDS OF DANCING

नन्दिकेश्वर के अनुसार अभिनय शब्द **नर्तन** शब्द के समानार्थक शब्द है। उनके अनुसार नर्तन तीन प्रकार का होता **है–ताल-लय-प्रधान, भाव-प्रधान और रस-प्रधान**। इन्हें ही अभिनयदर्पण में क्रमशः नृत्त, नृत्य और नाट्य कहा गया है।

अङ्ग-संचालन ऐसे भी होते हैं, जो भाव विशेष को अभिव्यक्त नहीं करता, केवल ताल एवं लय का अनुसरण करता है इस प्रकार के अभिनय या नर्तन को **'नृत्त'** कहते हैं।

कुछ अङ्ग-संचालन ऐसे होते हैं जो भाव विशेष को अभिव्यक्त करते हैं, इसमें केवल पदार्थ का अभिनय किया जाता है। इस प्रकार के अभिनय को **'नृत्य'** कहते हैं।

कुछ अङ्ग-संचालन ऐसे होते हैं जो रस की पूरी सामग्री प्रस्तुत करते हैं जिसमें रस की प्रधानता होती है। इस प्रकार के अभिनय या नर्तन को **'नाट्य'** कहते हैं।

## नृत्त (Nritta)

इस प्रकार नर्तन की प्रथम विधा 'नृत्त' है। इसमें ताल एवं लय के अनुसार हस्त-पदादि अंगों का प्रक्षेपण (नर्तन) होता है। यह किसी अर्थ की अपेक्षा नहीं करता और न ही भावों का अनुसरण करता है। केवल ताल एवं लय पर आश्रित रहता है।

**'भावाभिनयहीनन्तु नृत्तमित्यभिधीयते।'** (A.D.)

इसमें भावप्रदर्शन का कोई स्थान नहीं है। नन्दिकेश्वर का कहना है कि जिस अभिनय में भावों का प्रदर्शन नहीं होता, उसे **'नृत्त'** कहते हैं।

लेकिन कथक नृत्य में वरिष्ठ गुरु व कलाकार अपने अनुभवों के द्वारा यह मानते हैं कि इस नृत्य के नृत्त-पक्ष का प्रदर्शन करते समय एक अलौकिक (Supernatural or Rare) प्रकार का भाव महसूस होता है। किसी भी टुकड़े, परन या अन्य बन्दिशों में हस्त-संचालन व पद-संचालन (Foot-work) द्वारा नर्तन या नर्तकी लय व ताल के अथाह सागर में डूबकर एक अमरत्व (Immortality) का आस्वादन करते हैं और उसी से ओत-प्रोत होकर आयाम (Extension or Enlargement) एवं काल (Time) का सृजन (Create) करते हैं।

कथक नृत्य के नृत्त-पक्ष में नर्तक या नर्तकी आंगिक संचालन द्वारा 'शून्य' (Space) में **नए-नए आयाम का सृजन करते हैं या शून्य (Space) में नई-नई आकृतियाँ बनाते हैं**–जैसे : **तीन ताल** में एक विशेष प्रकार से समय या काल की सृष्टि करते हैं और **धमार ताल** में अलग प्रकार से समय (Time) की सृष्टि करते

हैं। जब नर्तक इन तालों में **'लयकारी'** करता है तो **भिन्न-भिन्न तालों में अलग-अलग काल (Time) को दिखाता है। कथक नृत्य केवल छन्दमय अंग-संचालन नहीं है क्योंकि इसमें एक पवित्र भाव है जो अमरत्व का आस्वादन देता है। इसमें कलाकार समय व आयाम का सृजन करते हैं।** इसके नृत्त-पक्ष में चमत्कार पर अधिक बल दिया जाता है। नृत्त में ताल व लय के सहारे अङ्ग-संचालन होता है। इसमें आंगिक अभिनय, वाचिक अभिनय (जैसे-पढ़न्त) होता है।

## नृत्य (Nritya)

नर्तन की दूसरी विधा 'नृत्य' है।

**'पदार्थाभिनयमावाश्रयं नृत्यम्।'**

इसमें भाव-प्रदर्शन के साथ अङ्ग-संचालन होता है और पदार्थ का अभिनय किया जाता है। ताल, लय, भाव और रसाश्रित अङ्ग-विक्षेप का नाम 'नृत्य' है। नृत्य में अनेक हाव-भाव, रस, भाव व व्यंजना के सहारे नर्तन किया जाता है। कथक नृत्य के नृत्य पक्ष में आंगिक अभिनय, वाचिक अभिनय, अहार्य अभिनय व सात्त्विक अभिनय ये चारों प्रकार के अभिनय होते हैं। इसमें कलाकार अभिनय करते समय स्वयं ही गायन करता है और साथ-साथ अभिनय भी दर्शाता है। **'नन्दिकेश्वर'** के अनुसार–गीत व सम्वाद इत्यादि के द्वारा वाचिक अभिनय माना गया है। इसमें संचारीभाव अधिकता में प्रयोग किया जाता है। यह कथक नृत्य की बहुत ही प्राचीन विधा है।

## नाट्य (Natya)

नर्तन की तीसरी विधा है नाट्य। इसमें सम्पूर्ण अभिनय होता है और रस की पूरी सामग्री प्रस्तुत की जाती है। इसमें सङ्गीतमयता या तालबद्ध होना आवश्यक नहीं है। नाट्य का मुख्य उद्देश्य रसानुभूति है। इसीलिए नाट्यशास्त्र में नाट्य को रसाश्रय कहा गया है। भरत मुनि के अनुसार जिसमें सम्पूर्ण वाक्य के अर्थ को अभिनय के द्वारा प्रदर्शित करके सहृदय के मन में रस उत्पन्न किया जाता है उसे 'नाट्य' कहा जाता है–

**वाक्यार्थभिनयरसाक्षयं नाट्यम्। (N.S.)**

नन्दिकेश्वर की परिभाषा में एक विशेषता उल्लेखनीय है कि उन्होंने पूर्वकथाभिनय के साथ लोकरुचि पर भी बल दिया है–

**'नाट्यं तन्नाटकं चैव पूज्यं पूर्वकथायुतम्।' (A.D.)**

**'द्रष्टव्ये नाट्यनृत्ते च पर्वकाले विशेषतः।' (A.D.)**

भरत मुनि ने कहा है–

**योऽयं स्वभावो लोकस्य सुखदुःखसमन्वितः।**
**सोऽङ्गाद्यभिनयोपेतो नाट्यभित्यभिधीयते।। (N.S.)**

अर्थात् सुख-दुःख से समन्वित लोक-स्वभाव ही आंगिक आदि अभिनय से युक्त 'नाट्य' कहा जाता है।

इस प्रकार अभिनय-प्रधान प्राचीन कथावस्तु का आश्रय लेकर नर्तन द्वारा दर्शकों (सामाजिकों) के चित्त के अनुकूल रस का संचार करना 'नाट्य' है।

# 6

# अभिनय

# EXPRESSION

'अभिनय' एक संस्कृत शब्द है जो कि उपसर्ग **'अभि'** जिसका अर्थ है **'की ओर'** तथा **'नय'** धातु जिसका अर्थ है **'ले जाना'** से मिलकर बना है अर्थात् 'यह मुख्य प्रयोजन की ओर प्रयोग को ले जाता है' अतएव इसे अभिनय कहते हैं।

## अभिनय का अर्थ

**विभावयति यस्माञ्च नानार्थान् हि प्रयोगतः**
**शाखाङ्गोपाङ्ग संयुक्तस्तरस्मादिभिनयः स्मृतः।।** **[(7) N.S.]**

इसे अभिनय इसीलिए कहा गया है क्योंकि यह अनेक अर्थों को नाट्य-प्रयोग द्वारा अपने शाखा, अंग तथा उपांग से युक्त होकर बतलाता है। (निर्दिष्ट करता है।)

कथक नृत्य में कलाकार (Dancer) अपना अभिनय किसी कविता या कथानक को गायन शैली (ठुमरी, दादरा, गीत, ग़ज़ल, भजन पद इत्यादि) में निबद्ध करके या किसी संगीत संरचना (Musical Composition) के माध्यम से प्रस्तुत करते हैं।

**आङ्गिको वाचिकश्चैव ह्याहार्यः सात्विकस्तथा।**
**ज्ञेयस्त्वभिनयो विप्राचतुर्द्धा परिकीर्तितः।।** **[(9) N.S.]**

अभिनय के जो चार प्रकार बतलाए गए हैं वे हैं–

1. आंगिक अभिनय (Through Limbs of the Body)
2. वाचिक अभिनय (Through Song and Dialogue)
3. आहार्य अभिनय (Through Stage-setting, Costume, Jewellery, Make-up, Lighting etc.)
4. सात्विक अभिनय (Through the State of the Mind of the Character)

## आंगिक अभिनय
## (ANGIK ABHINAYA)

वह अभिनय जिसमें भाव (Expressions) शरीर के विभिन्न अंगों की चेष्टाओं द्वारा दिखाया जाए उसे **'आंगिक अभिनय'** कहते हैं।

## आंगिक अभिनय

**त्रिविधस्त्वाङ्गिको ज्ञेयः शारीरो मुखजस्तथा ।**
**तथा चेष्टाकृतश्च शाखाङ्गोपाङ्गसंयतः ।।** (N.S.)

आंगिक अभिनय तीन प्रकार के होते हैं–

- **शरीरज (Through the Limbs)**
  - **अंग (Major Limbs of the Body)**
    1. मस्तक (Head)
    2. हस्त (Hasta)
    3. वक्षःस्थल (Chest)
    4. कटि प्रदेश (Waist)
    5. पार्श्व (Side)
    6. पैर (Feet)
  - **शाखा (Branch Limbs of the Body)**
    1. एड़ी (Heal)
    2. टखने (Ankle)
    3. तलवे (Sole)
    4. पंजे (Toes)
    5. अंगुलियाँ (Fingers)
  - **प्रत्यांग (Other Limbs of the Body)**
    1. कंधे (Shoulder)
    2. बाँहें (Arms)
    3. पीठ (Back)
    4. उदर (Belly)
    5. पिण्डली, टाँग (Shanks)
    6. जंघा (Thigh)
    7. कलाई (Wrists)
    8. कोहनी (Elbows)
    9. घुटने (Knees)
    10. गर्दन (Neck)
- **मुखज (Through the Facial Features)**
  1. दृष्टि (Glance)
  2. भौंहें (Eyebrows)
  3. पलकें (Eyelids)
  4. गाल (Cheek)
  5. नाक (Nose)
  6. होंठ (Lips)
  7. जीभ (Tongue)
  8. दाँत, ठोढ़ी, जबड़ा (Teeth, Chin, Jaw)
  9. मुँह (Mouth)
- **चेष्टाकृत (Through the Movements of the Entire Body)**
  1. मण्डल (Mandal)
  2. भंग (Bhanga)
  3. स्थानक (Sthanaka)
  4. उत्प्लवन (Utplavana)
  5. भ्रमरी (Bhramari)
  6. चारी (Chari)
     - भूमिचारी (Bhomichari)
     - आकाशिकी (Akashiki)
  7. गति (Gati)

## शरीरजः (SHAREERAJ)

| अंग | शाखा | प्रत्यांग |
|---|---|---|
| (Major Limbs) | (Branch Limbs of the Body) | (Other Limbs of the Body) |

### अंग (Major Limbs of the Body)

**तस्य शिरोहस्तोरः पार्श्वकटीपादतः षडङ्गानि। (N.S.)**

इस अभिनय के मस्तक या सिर (Head), हस्त (Hand), वक्ष (Chest), पार्श्व (Side), कटि (Waist) तथा पैर (Feet) ये छः **'अंग'** होते हैं।

### शाखा (Branch Limbs of the Body)

**पार्ष्णिगुल्फौ तथांगुलयः करयोःपादयोस्तले।**
**एतानि पूर्वशास्त्रानुसारेणोक्तानि वे मया।।**
**नृत्यमात्रोपयोगीनि कथ्यन्ते लक्षणैःक्रमात्। (A. D.)**

**'शाखा'** के अन्तर्गत पार्ष्णिनी (Heel), गुल्फ (Ankle), तल (Sole), पदांगुलि (Toes), तथा करांगुलि (Finger), ये पाँच प्रकार आते हैं।

### प्रत्यांग (Other Limbs of the Body)

**प्रत्यंगान्यथ च स्कन्धौ बाहु पृष्ठंतयोदरम्।।**
**ऊरू जंघे षडित्या हुरपरे मणिबन्धकौ।**
**जानुनी कूर्परावेतत्त्रयमप्यधिकं जगुः।।**
**ग्रीवा स्यादप्यू................................ (A. D.)**

**'प्रत्यांग'** के अन्तर्गत शरीर के दस अंग स्कन्ध (Shoulders), बाहु (Arms), पृष्ठ (Back), उदर (Belly), जंघा (Thighs), उरू (Shank—from Knee to Ankle), मणिबन्ध (Wrists), जागु (Elbows), जानु (Knees) तथा ग्रीवा (Neck) आते हैं।

## मुखज
## (MUKHAJA)

### उपांग (Facial and Other Minor Features)

**उपांगन्तु स्कन्ध एव जगुर्बुधाः।**
**दृष्टि भ्रूपुटतारश्च कपोलौ नासिका हनू।।**
**अधरो दशना जिह्वा चिबुकं वदनं तथा।**
**उपांगानि द्वादशैव शिरस्यंगान्तरेषु च।। (A. D.)**

**नेत्र भ्रू नासाधर कपोलचिबुकान्युपांगनि।। (N. S.)**

नेत्र या दृष्टि (Glance), भ्रू (Eyebrow), पुट (Eyelid), तारा (Eyeball), कपोल (Cheek), नासा (Nose), अधर (Lips), जिह्वा (Tongue), दशन, चिबुक एवं हनु (Teeth, Chin and Jaw), मुँह (Mouth) ये **'उपांग'** के अन्तर्गत आते हैं।

## चेष्टाकृत
## (MOVEMENTS OF THE ENTIRE BODY)

चेष्टाकृत के अन्तर्गत मण्डल (Static Posture), भंग (Bending Postures of the Entire Body), स्थानक (Positions of the Feet in Standing Posture), उत्प्लवन (Leap), भ्रमरी (Whirling Movements), चारी (The Movements of the Feet) तथा गति (Way of Walking) ये सात प्रकार आते हैं जो पूरे शरीर के संचालन को स्पष्ट करते हैं।

# 7

# अंग

# MAJOR LIMBS OF THE BODY

## मस्तक भेद या शिर भेद
## (KINDS OF HEAD GESTURES)

### मस्तकाभिनय–(भेद एवं लक्षण) (Expression of Head)

**आकम्पितं कम्पितञ्च धुतं विधुतमेव च।**
**परिवाहितमाधूतमवधूतं तथाञ्चितम्।। (N.S.)**
**निहञ्चितं परावृत्तभुत्क्षिप्तञ्चाप्यधोगतम्।**
**लोलितञ्चेति विज्ञेयं त्रयोदशविधं शिरः।। (N.S.)**

नाट्यशास्त्र के अनुसार शिर की मुद्राएँ 13 हैं। इनके नाम हैं–अकम्पित, कम्पित, धुत, विधुत, परिवाहित, आधूत, अवधूत, अञ्चित, परावृत्त, निहञ्चित, उत्क्षिप्त, अधोगत, लोलित।

(A.D.) के अनुसार 9 हैं–सम, उद्वाहित, अधोमुख, आलोलित, धुत, कम्पित, परावृत्त, उत्क्षिप्त, परिवाहित–

### (क) अकम्पित एवं कम्पित (Akampita and Kampita)

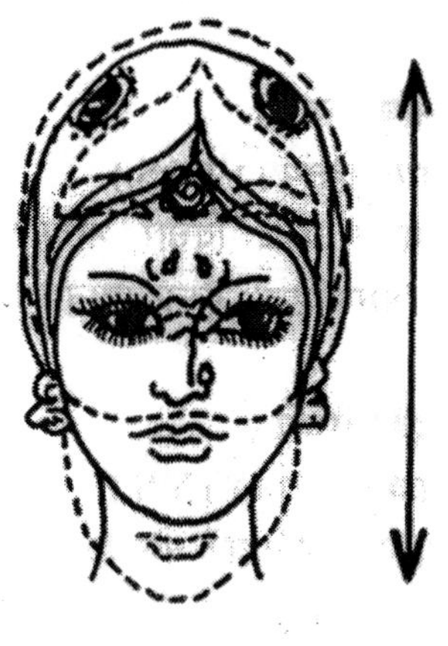

**शनैराकम्पनादूर्ध्वमधश्चाकम्पितं भवेत्।**
**द्रुतन्तदेव बहुशः कम्पितं कम्पितं शिरः।। (N.S.)**

ऊपर तथा नीचे की ओर धीरे-धीरे मस्तक हिलाने को **'अकम्पित'** तथा उसी को यदि अनेक बार द्रुतगति में हिलाया जाए तो **'कम्पित'** कहते हैं।

**संज्ञोपलम्भप्रश्नेषु स्वभावाभाषणे तथा।**
**निर्देशावाहने चैव भवेदाकम्पितं शिरः।। (N.S.)**

इशारा करने, उपदेश देने, प्रश्न करने, दैनिक सम्भाषण में सम्बोधित करने, आज्ञा प्रदान करने तथा बुलाने में **'अकम्पित'** मस्तक का प्रयोग करना चाहिए।

**रोषे वितर्के विज्ञाने प्रतिज्ञानेऽय तर्जने।**
**प्रश्नातिशयवाक्येषु शिरः कम्पितभिष्यते।। (N.S.)**

क्रोध, वितर्क, विज्ञान के समझने, प्रतिज्ञा करने, तर्जन करने, अतिशय प्रश्न करने में **'कम्पित'** मस्तक का प्रयोग करना चाहिए।

## (ख) धुत एवं विधुत (Dhuta and Vidhuta)

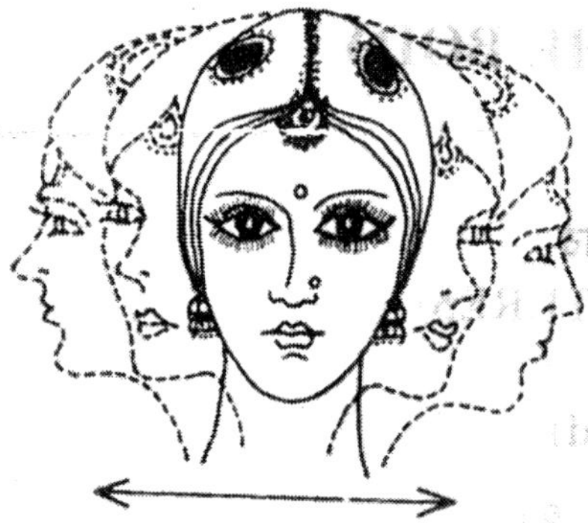

**शिरसो रेचनं रम्यक्छनैस्तद्धुतमिष्यते।**
**द्रुतयारेचनादेतद्विधुतं तु भवेच्छिरः।। (N.S.)**

मस्तक का धीर-धीरे इधर-उधर हिलना **'धुत'** तथा इसे ही यदि तीव्रता से हिलाया जाए तो **'विधुत'** कहलाता है।

**अनीप्सिते विषादे च विस्मये प्रत्यये तदा।**
**पार्श्वावलोकने शून्ये प्रतिषेधे धुतं शिरः।।**

अनिच्छा, विषाद, विस्मय, विश्वास, कोखों के अवलोकन, शून्यता तथा प्रतिशोध में **'धुत'** का विनियोजन करना चाहिए।

**शीतग्रस्ते भयार्त्ते च त्रासिते ज्वरिते तथा।**
**पीतमात्रे तथा मद्ये विधुतं तु भवेच्छिरः।। (N.S.)**

शीत से ग्रस्त, भय पीड़ा होने, त्राम, ज्वर की अवस्था तथा मद्यपान की प्रथमावस्था में **'विधुत'** की योजना करनी चाहिए।

## (ग) परिवाहित एवं आधूत (Parivahita and Adhuta)

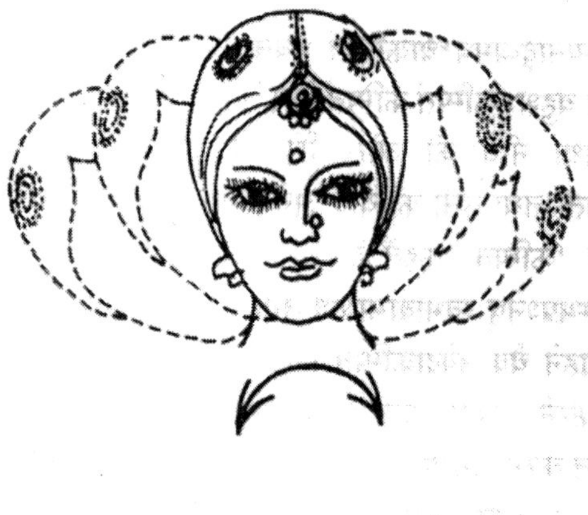

**पर्यायशः पार्श्वगतं शिरः स्यात् परिवाहितम्।**
**आधूतमुच्यते तिर्यक् सकृदुद्वाहितन्तु यत्।। (N.S.)**

यदि दोनों पार्श्वों (by the side of or near) की ओर मस्तक को क्रमशः कम्पित किया जाए तो **'परिवाहित'** तथा जब यह तिरछा एक बार ही कम्पित किया जाए तो **'आधूत'** कहलाता है।

**साधने विस्मये हर्षे स्मृते चामर्षिते तथा।**
**विचारे विहृते चैव लीलायां परिवाहितम्।। (N.S.)**

साधन, विस्मय, प्रसन्नता, स्मरण, क्रोध, विचार, भावगोपन तथा लीलापूर्वक क्रीड़ा में **'परिवाहित'** मस्तकाभिनय की योजना करनी चाहिए।

**गर्वेच्छादर्शने चैव पार्श्वस्योद्धर्वनिरीक्षणे।**
**आधूतन्तु शिरो ज्ञेयमात्मसम्भावना दिषु।। (N.S.)**

गर्व की भावना में, पर्व विशेष पर, ऊपर की ओर देखने तथा आत्म-सम्मान बतलाने में **'आधूत'** मस्तकाभिनय की योजना करे।

(घ) अवधूत (Avadhuta)

**यदधः सकृदाक्षिप्तभवधूतन्तु तच्छिरः।**
**सन्देशावाहनालो पसंज्ञादिषु तदिष्यते।। (N.S.)**

यदि मस्तक को नीचे की ओर एक बार कम्पित किया जाए तो **'अवधूत'** कहलाता है। इसकी योजना सन्देश देने, आवाहन करने, अलुप्त होने तथा किसी व्यक्ति को संकेत करने में की जाती है।

(ङ) अञ्चित (Anchita)

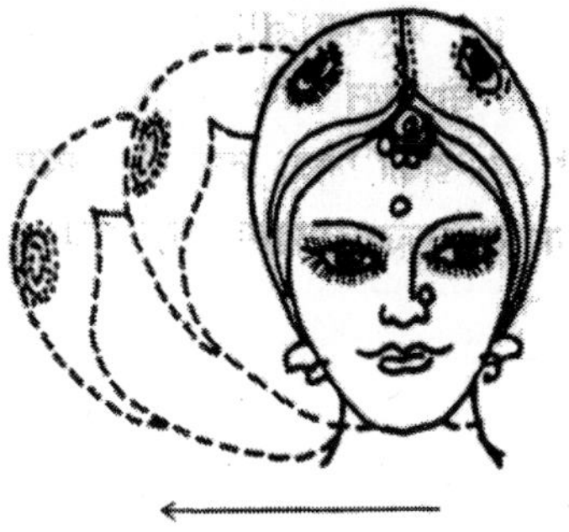

**किञ्चित्पार्श्वानतग्रीवं शिरो विज्ञोयमञ्चितम्।**
**व्याधिते मूर्च्छिते मत्ते सचिन्ते दुःखिते भवेत्।।(N.S.)**

यदि ग्रीवा को एक ओर झुका लिया जाए तो **'अञ्चित'** कहलाता है। इसकी योजना व्याधिग्रस्तता, मूर्च्छा, चिन्तायुक्त होने तथा दुःखी होने के भाव में की जाती है।

(च) निहञ्चित (Nihanchita)

**उत्क्षिप्तबाहुशिरसस्तथाञ्चितशिरोधरम्।**
**निहञ्चितं तु विज्ञेयं स्त्रीणामेतत् प्रयोजयतेत्।। (N.S.)**

यदि दोनों कन्धे ऊपर की ओर फैला दिए जाएँ और गर्दन को एक ओर संकुचित कर लिया जाए तो **'निहञ्चित'** कहलाता है। स्त्रियों के गर्व, विलास में इसका प्रयोजन किया जाए।

(छ) परावृत्त (Paravritta)

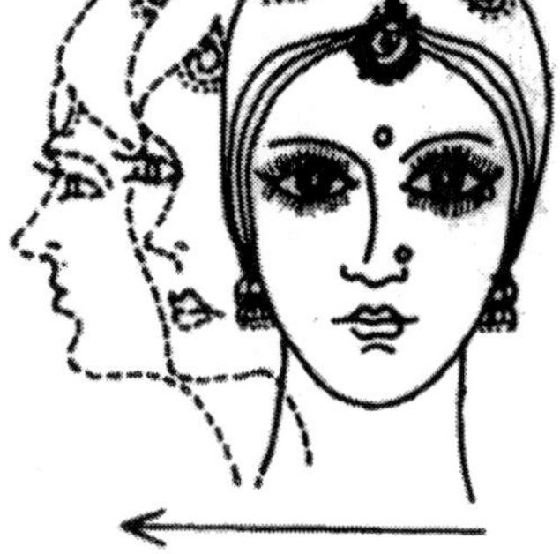

**परावृत्तानुकरणात् परावृत्तमिहोच्यते।**
**तत् स्यान्मुखापहरणे पृष्ठतः प्रेक्षणादिषु।।(N.S.)**

यदि चेहरे को गोल घुमाव दिया जाए तो **'परावृत्त'** कहलाता है। इसकी योजना मुँह के मोड़ने तथा पीछे की ओर देखने आदि में की जाती है।

(ज) उत्क्षिप्त (Utkshipta)

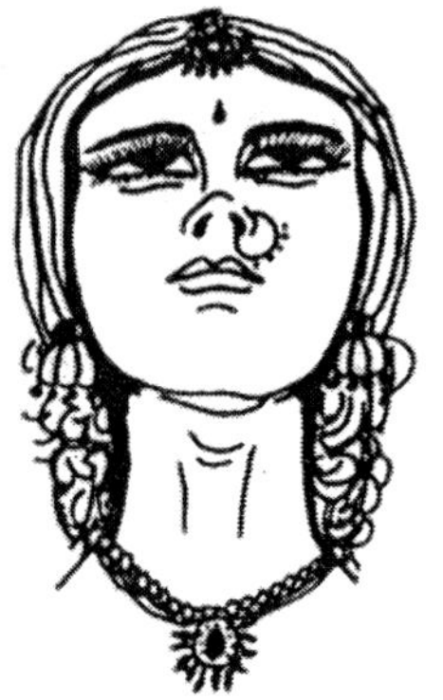

**उत्क्षिप्तञ्चापि विज्ञेयमुन्मुखावस्थितं शिरः।**
**प्रांशु दिव्यास्त्रयोगेषु स्यादुत्क्षिप्तं प्रयोगतः।। (N.S.)**

यदि मस्तक ऊपर की ओर देखते हुए स्थित हो तो 'उत्क्षिप्त' कहलाता है। इसका प्रयोग ऊँची वस्तु तथा दिव्य-अस्त्र की प्राप्ति में किया जाए।

(झ) अधोगत (Adhogata)

**अवाङ्मुखस्थितञ्चापि बुधाः प्राहुरधोगतम्।**
**लज्जायाञ्च प्रणामे च दुःखे चाधोगतं शिरः।। (N.S.)**

यदि चेहरे को नीचे की ओर झुका लिया जाए तो **'अधोगत'** कहलाता है। इसकी योजना लज्जा, प्रणाम करने तथा दुःख प्रकट करने में की जाए।

(ञ) लोलित (Lolita)

**सर्वतो भ्रमणाञ्चैव शिरो लोलितमुच्यते।**
**मूर्च्छात्याधिमदावेशग्रहनिद्रादिषु स्मृतम्।। (N.S.)**

यदि मस्तक को चारों ओर घुमाया जाए तो **'लोलित'** कहलाता है। इसकी योजना मूर्च्छा, व्याधि, मद, आवेश, भूत आदि ग्रहों से आविष्ट होने तथा निद्रा आदि में की जाए।

# कटि भेद
# (KATI BHEDA)

**छिन्ना चैव निवृत्ता च रेचिता कम्पिता तथा।**
**उद्वाहिता चेति कटी नाट्ये नृत्ते च पञ्चधा।।** (N.S.)

नाट्यशास्त्र में पाँच प्रकार के कटि भेद बताए गए हैं–

There are five types of movements of the waist—

(1) छिन्ना (Chhinna)
(2) निवृत्ता (Nivritta)
(3) रेचिता (Rechita)
(4) कम्पिता (Kampita)
(5) उद्वाहिता (Udvahita)

(1) **छिन्ना (Chinna) :—कटी मध्यस्त वलनाच्छिन्ना सम्परिकीर्तिता।** (N.S.)
कमर के बीच के भाग को हिलाना (लचकना)।
Middle portion of the waist is turned obliquely and diagonally.

(2) **निवृत्ता (Nivritta) :—पराङ्मुखस्याभिमुखी निवृत्ता स्यान्निवर्तिता।।** (N.S.)
वापस स्वाभाविक स्थिति में लौटना।
Return to the original position from **Chinna**.

(3) **रेचिता (Rechita) :—सर्वतो भ्रमणाच्चापि विज्ञेया रेचिता कटि।** (N.S.)
कमर सभी दिशा में घूमती है।.
Moving the waist in all the directions.

(4) **कम्पिता (Kampita) :—तिर्यगगतागता क्षिप्रं कटि ज्ञेया प्रकम्पिता।**
कमर बायें से दायें क्रमशः तेज गति से हिलती है।
Moving the waist sideways in quick motion.

(5) **उद्वाहिता (Udvahita) :—नितम्बपार्श्वोद्वहनाच्छनैरूद्वाहिता कटि।**
कमर और कूल्हा धीरे-धीरे दोनों बगल में बढ़ता है।
Raising the waist and hips towards the sides slowly.

**प्रयोग (Uses)**

**कटिकर्म मया प्रोक्तं विनियोगं निबोधत।।** (N.S.)
**छिन्ना व्यायामसम्भ्रान्तव्यावृत्त प्रेक्षणादिषु।**
**निवृत्ता वर्तने चैव रेचिता भ्रमणादिषु।।** (N.S.)
**कुब्ज-वामन-नीचानां गतौ कार्या प्रकम्पिता।**
**स्थूलेष्युद्वाहिता योज्या स्त्रीणां लीलागतेषु च।।** (N.S.)

(1) छिन्ना–व्यायाम (Excercise), भ्रान्ति (Illusory)
(2) निवृत्ता–पीछे घूम कर देखना (Turning Back & Look), गोल घूमने में (in Turning Around)
(3) रेचिता–भ्रमण (Roaming)

(4) प्रकम्पिता—कूबड़े (Hunch-Backed), बौना (Dwarf), नीच प्रकृति के पुरुषों की चाल (Speed of Worthless Man or Vulgarman)

(5) उद्वाहिता—स्थूल पुरुष की गति (Speed of Bulky Man or Plump Man), स्त्रियों की ललित-पूर्ण गति (Delicate and Beautiful Speed of Women)

## वक्ष भेद
## (VAKSHA BHEDA)

**आभुग्नमथ निर्भुग्नं तथा चैव प्रकम्पितम्।**
**उद्वाहितं समञ्चैव ह्युरः पञ्चविधं स्मृतम्।। (N.S.)**

वक्षःस्थल के पाँच प्रकार हैं—(Five Types of Chest Movements)—

(1) आभुग्न (Abhugna), (2) निर्भुग्न (Nirbhugna), (3) प्रकम्पित (Prakampita), (4) उद्वाहित (Udvahita), (5) सम (Sama)।

### 1. आभुग्न (Abhugna)

**निम्नमुन्नतपृष्टञ्च व्याभुग्नासं शलथं क्वचिद्।**
**आभुग्न तदरो ज्ञेयं कर्म चास्य निबोधत।। (N.S.)**

यदि स्कन्ध झुके हुए, पीठ उठी हुई तथा वक्षःस्थल झुके हुए हों तो **'आभुग्न'** वक्षःस्थल कहलाता है। (Bending shoulders, back are raised up and chest is bent.)

**विनियोग (Uses)**

**सम्भ्रमविषादमूर्च्छाशोकभयव्याधिहृदयशल्येषु।**
**कार्यंशीतस्पर्शे वर्षे लज्जान्वितेऽर्थवशात्।। (N.S.)**

इसकी योजना सम्भ्रम (confusion), विषाद (sorrow), मूर्च्छा (faint), शोक (grief), भय (fear), व्याधि (a malady or sickness), हृदयशल्य (Heart surgery), शीतस्पर्श, वर्षा तथा लज्जा में होती है।

### 2. निर्भुग्न (Nirbhugna)

**स्तब्धञ्च निम्नपृष्ठञ्च निर्भुग्नांससमुन्नतम्।**
**उरो निर्भुग्नमेतद्धि कर्म चास्य निबोधत्।। (N.S.)**

यदि वक्षःस्थल दृढ़, पीठ झुकी हुई तथा कन्धे (न झुककर) उठे हुए हों तो वह **'निर्भुग्न'** 'वक्षःस्थल' होगा। (Stiff chest, bent back and raised up shoulders.)

**विनियोग (Uses)**

**स्तम्भे मानग्रहणे विस्मयदृष्टे च सत्यवचने च।**
**अहमिति च दर्पवचने गर्वोत्से के च कर्तव्यम्।। (N.S.)**

इसकी योजना स्तम्भ (astonished), मान (dignity), विस्मयपूर्वक अवलोकन (inspection with astonishment), सत्यवचन (speak truth), अहम् वचन (arrogant speech) तथा गर्वातिशय में करनी चाहिए।

### 3. प्रकम्पित (Prakampita)

**ऊर्ध्वक्षेपैरूरो यत्र निरन्तरकृतैः कृतम्।**
**प्रकम्पितञ्च तज्ज्ञेयमुरो नाट्यप्रयोक्तृभिः।। (N.S.)**

यदि वक्षःस्थल निरन्तर फुलाया तथा सिकुड़ाया जाए तो **'प्रकम्पित'** वक्षःस्थल कहलाएगा। (Taking breath in and out repeatedly.)

**विनियोग (Uses)**

**हसितरूदितेषु कार्यं श्रमे भये श्वासकासयोश्चैव।**
**हिक्के दुःखे च तथा नाट्यज्ञैरर्थयोगेन।। (N.S.)**

इसकी योजना हास्य (laughter), रुदन (weeping), भ्रम (illusion), भय (fear), श्वास (breathe), कास (cough), हिक्का (hiccough), दुःख की दशा में (in state of grief) स्थिति के अनुसार करना चाहिए।

### 4. उद्वाहित (Udvahita)

**उद्वाहितं तूर्ध्वकृतमुरो ज्ञेयं प्रयोक्तृभिः। (N.S.)**

यदि वक्षःस्थल को उठा हुआ रखें (Chest is raised up) तो **'उद्वाहित'** वक्षःस्थल होता है।

**विनियोग (Uses)**

**दीर्घोच्छ्वासोन्नतालोके जृम्भणादिषु चेष्यते। (N.S.)**

दीर्घ उच्छ्वास (long breath), ऊँची वस्तु का अवलोकन (lookup the higher things), जँभाई लेने (Yawning) की अवस्था में प्रयुक्त करना चाहिए।

### 5. सम (Sama)

**सर्वैरेवाङ्गविन्यासैश्चतुरश्रकृतैः कृतम्।**
**उरः समन्तु विज्ञेयं स्वस्थं सौष्ठव सव्युतम्।। (N.S.)**

सभी अवयव चतुस्त्र हों (समान रहें) तथा सौष्ठवयुक्त हों इन्हें स्वाभाविक अभिनय में प्रयोग करें। (All the limbs are in natural position and in elegant manner and is used in natural position.)

## पार्श्व भेद
## (PARSHVA BHEDA)

**नतं समुन्नतं चैव प्रसारितविवर्तिते।**
**तथा पसृतमवं तु पार्श्वयोः कर्म पञ्चधा।। (N.S.)**

पार्श्व भेद के पाँच प्रकार होते हैं–

(1) नत (Nata), (2) समुन्नत (Samunnata), (3) प्रसारित (Prasarita), (4) विवर्तित (Vivartita), (5) अपसृत (Apsrata)।

### 1. नत (Nata)

**कटी भवेत्तु व्याभुग्ना पार्श्वमाभुग्नमेव च।**
**तथैवापसृतांसऊच्च किञ्चित्पार्श्वं नतं स्मृतम्।। (N.S.)**

यदि कटी तथा उसी ओर की पार्श्व (बाजू) थोड़ी झुकी हुई और कन्धा नमता हुआ रखा जाए तो **'नत पार्श्व'** कहलाता है। (Waist is bent one side along with respective shoulder.)

**विनियोग (Uses)**–पहुँचना, (to reach), किसी के निकट आना (approach somebody)।

### 2. समुन्नत (Samunnata)

**नतस्यैवापरं पार्श्वं विपरीतन्तु युक्तितः**
**कटिपार्श्वभुजांसैश्चाभ्युन्नतैरून्नतं भवेत्।। (N.S.)**

यदि दूसरी बाजू (जो नत पार्श्व की हो) उठी हुई रहे तथा कटि, पार्श्व, भुजा और कन्धा भी (जिसके कारण) उठा हुआ हो तो **'समुन्नत पार्श्व'** कहलाता है। (In **Nata** position the other side consists of waist, arm and shoulder is **Samunnata.)**

**विनियोग (Uses)**–पीछे जाने में (In slipping away back)।

### 3. प्रसारित (Prasarita)

**आयाम्दुमयतः पार्श्वयोः स्यात्ः प्रसारितम्। (N.S.)**

यदि दोनों बाजुओं को उनकी अपनी दिशा में फैलाया जाए तो **'प्रसारित पार्श्व'** कहलाता है। (Side is streched towards its respective direction.)

**विनियोग (Uses)**–बहुत उत्साह (Great joy)।

### 4. विवर्तित (Vivartita)

**परिवर्तात् त्रिकस्यापि विवर्तितमिहेष्यते। (N.S.)**

यदि पीठ का एक घुमाव दिया जाए तो **'विवर्तित पार्श्व'** कहलाता है। (Turning side way).

**विनियोग (Uses)**–पीछे मुड़ने के लिए (Used for turning towards back)।

### 5. अपसृत (Apasrita)

**विवर्तनापनयनाद भवेदपसृतं पुनः।**
**पार्श्वलक्षणमित्युक्तं विनियोगं निबोधत्।। (N.S.)**

यदि विवर्तित (पार्श्व) की स्थिति से पार्श्व भाग पुनः अपनी मूल-स्थिति में आ जाए तो **'अपसृत पार्श्व'** कहलाता है। (Return to the original position from **Vivartita.)**

**विनियोग (Uses)**–स्वाभाविक स्थिति में वापस आना (Return to the original position)।

# 8

# हस्त-भेद

# MOVEMENTS OF HANDS

## हस्त-भेद (Hasta-Bheda)

किसी भी शास्त्रीय नृत्य में हस्त मुद्राओं की एक अलग भूमिका है। इनके द्वारा कलाकार किसी भाषा या साहित्य का सहारा लिये बिना अपने भाव (Expression) को दर्शकगण तक संप्रेशित (Communication) करता है। जब हाथों की मुद्रा को किसी शास्त्रीय नृत्य में कलात्मकता व नियमानुसार प्रयोग में लाते हैं तब इन्हें **'हस्त'** कहते हैं।

कथक नृत्य में 'हस्त' दो प्रकार से प्रयोग में लाए जाते हैं।

(1) **हस्त मुद्रा**–हथेली, अँगूठा व अँगुलियों इन तीनों के भिन्न-भिन्न संयोग से भिन्न मुद्राएँ बनती हैं।

(a) असंयुक्त हस्त मुद्रा

(b) संयुक्त हस्त मुद्रा

(2) **नृत्त हस्त**–बाहु-संचालन व हस्त मुद्राओं के सुन्दरतापूर्वक संयोग से नृत्त हस्तों का निर्माण होता है। भरतमुनि ने **नाट्यशास्त्र** में (हस्तकरण के प्रसंग में चार प्रकार के हस्त-संचालन बतलाए हैं) बाहुओं की विविध दशाओं में रहने वाली संचालन क्रियाओं (वाले हस्तों) का वर्णन है जिन्हें बाहु-प्रचार कहा गया है। **आचार्य अभिनवगुप्त** के अनुसार दस प्रकार के बाहु-संचालन बताए हैं तथा इनके अतिरिक्त छः अन्य प्रकार **नाट्यशास्त्रसंग्रह** तथा **संगीतरत्नाकर** ग्रन्थों में मिलते हैं। अतः बाहु-संचालन के सोलह प्रकार हैं।

### असंयुक्तहस्तः
### (ASAMYUTHASTA)

**पताकस्त्रिपताकोऽर्धपताकः कर्तरीमुखः।**
**मयूराख्योऽर्धचन्द्रश्च अरालः शुकतुण्डकः।।**
**मुष्टिश्च शिखराख्यश्च कपित्थः कटकामुखः।**
**सूची चन्द्रकला पद्मकोशः सर्पशिरस्तथा।।**
**मृगशीर्षः सिंहमुखः कांगुलश्चालपद् मकः।**
**चतुरो भ्रमरश्चैव हंसास्यो हंसपक्षकः।।**
**सन्दंशो मुकुलश्चैव ताम्रचूडस्त्रिशूलकः।**
**इत्यसंयुत हस्ता नामष्टाविंशतिरीरिता।।** **(A.D.)**

(1) पताका (Pataka), (2) त्रिपताका (Tripataka), (3) अर्धपताका (Ardhapataka), (4) कर्त्तरीमुख (Kartarimukha), (5) मयूर (Mayur), (6) अर्धचन्द्र (Ardhachandra), (7) अराल (Aral), (8) शुकतुण्ड (Shukatunda), (9) मुष्टि (Mushti), (10) शिखर (Shikhar), (11) कपित्थ (Kapittha), (12) कटकामुख (Katakamukha), (13) सूची (Soochi), (14) चन्द्रकला (Chandrakala), (15) पद्मकोश (Padmakosha), (16) सर्पशीर्ष (Sarpsheersha), (17) मृगशीर्ष (Mrigasheersha), (18) सिंहमुख (Simhamukha), (19) काँगुल (Kangula), (20) अल्पद्म (Alpadma), (21) चतुर (Chatur), (22) भ्रमर (Bhramar), (23) हंसास्य (Hamsasys), (24) हंसपक्ष (Hamsapaksha), (25) संदंश (Sandansha), (26) मुकुल (Mukul), (27) ताम्रचूड़ (Tamrachoor), (28) त्रिशूल (Trishool)।

कुछ दूसरे असंयुक्त हस्त जैसे **व्याघ्र**; अर्धसूची, ऊर्णनाभ भी प्रयोग में आते हैं।

## असंयुक्तहस्त (विवरण तथा विनियोग)

### 1. पताक (Pataka)

**अंगुल्यः कुञ्चितां गुष्ठः संश्लिष्टाः प्रसृतायदि।**
**स पताककरः प्रोक्तो नृत्यकर्मविशारदैः।। (A.D.)**

यदि अँगुलियाँ सटा कर रखते हुए फैलाई जाती हैं तथा अँगूठा मोड़कर तर्जनी के मूल में लगाया जाता है। तो उसे **'पताक हस्त'** कहते हैं। (Four fingers are stretched close together with a bent thumb.)

**विनियोग (Uses)**—जल से भरे मेघ (clouds), वन (forest), वस्तु के निषेध (for biding things), रात्रि (night), नदी (river), अग्नि की ज्वाला (flame of fire), स्वर्ग लोक (heaven), वस्तु के विभाजन (cutting or dividing things), वायु की गति (speed of air), शयन (lying), जाने के लिए प्रयत्न करना (try to go), दरवाजा खोलना (open the door), लहरें (waves), मार्ग गमन (entry), शपथ ग्रहण करना (taking an oath), ताल-यन्त्र (tala-instrument), ढाल (holding a spear), तरल वस्तु का स्पर्श करना (touching the liquid things), यहाँ-वहाँ का कथन (talking about here and there), समुद्र (sea), दिन और बर्ष को दिखाने में (denoting days and years) जैसे भावों में 'पताका' का प्रयोग किया जाता है।

कथक के नृत्त-पक्ष में मुख्यतः पताक हस्त का ही प्रयोग किया जाता है।

### 2. त्रिपताक (Tripataka)

**स एव त्रिपताकः स्याद्वक्रितानामिकांगुलिः। (A.D.)**

पताका हस्त मुद्रा में अनामिका को झुका दिया जाए तो वह **'त्रिपताक हस्त'** बन जाता है। (Assume Pataka and bend the ring finger at the second phalange from the top.)

**विनियोग (Uses)**

**आवाहनमवतरण विसर्जन वारणं प्रवेशश्च।**
**उन्नामनं प्रणामो निदर्शनं विविधवचनञ्च।। (N.S.)**

**माङ्गल्यद्रव्याणां स्पर्शः शिरसोऽय सन्निवेशश्च।**
**उष्णीष मुकुट धारणनासास्य श्रोत्रसंवरणम।। (N.S.)**

आवाहन (awakening or calling), अवतारण (supernatural elementor super human), विसर्जन या धारण (holding), प्रवेश (entry), मांगलिक वस्तुओं का स्पर्श (touching the pious things), मस्तक पर धारण, पगड़ी या मुकुट का धारण (holding a crown on the head) तथा नासिका, मुख एवं कानों का ढँकना (closing the nose, mouth and ears) (N.S.) केतकी का फूल (pandamus flowers), वृक्ष (trees), लताएं (creepers), कबूतर (pigeon), पत्ती (leaves), तीर (arrow)। (A.D.)

### 3. अर्धपताक (Ardhapataka)

**त्रिपताके कनिष्ठा चेद् वक्रिताऽर्धपताकिका। (A.D.)**

यदि त्रिपताका हस्त में कनिष्ठा अँगुली को अनामिका की तरह झुका दिया जाए तो वह **'अर्धपताक हस्त'** कहलाएगा। (Adopt Tripataka hasta and bent the little finger.)

**विनियोग (Uses)**

**पल्लवे फलके तीरे उभयोरितिवाचके।।**
**क्रकचे छुरिकायां च ध्वजे गोपुरश्रृंगयो।**
**युज्यतेऽर्धपताकोऽयं तत् कर्मप्रयोगके।।**

पत्तियाँ (leaves), चित्रकारी करने वाला बोर्ड (a board for painting), नदी का किनारा (the bank of river), 'दोनों' कहना (saying 'both'), चाकू (knives), झण्डा (flag), जानवर की सींग (the horn of animals)।

### 4. कर्तरीमुख (Kartareemukha)

यदि अर्धपताका में तर्जनी तथा मध्यमा अँगुलियाँ परस्पर संश्लिष्ट (Mixed up or Embraced) हों तथा मध्यमा के पीछे तर्जनी दिखलाई पड़े तो उसे **'कर्तरीमुख हस्त'** कहते हैं। (Adopt Ardhapataka and take the index finger backward and the middle finger slightly forward.)

**विनियोग (Uses)**

**स्त्रीपुंसयोस्तु विश्लेषे विपर्यासपदेऽपि वा।**
**लुण्ठने नयनान्ते च मरणे भेदभावने।।**
**विद्युदर्येऽप्येकशय्याविरहे पतने तथा।**
**लतायां युज्यते यस्तु स करः कर्तरीमुखः।।**

इसकी योजना स्त्री-पुरुष के वियोग या विवाद (conversation or separation between male and female), परिवर्तन (change), नेत्र का कोना (corner of an eye), मृत्यु (death), भेदभाव (discrimination), बिजली की चमक (lightening), विरहावस्था में अकेले शयन (sleeping alone during separation), गिरना (falling) तथा लता (creepers) आदि के भावों को दिखलाने में की जाती है।

**5. मयूर (Mayura)**

**अस्मिन्नामिकांगुष्ठो श्लिष्टौचान्याःप्रसारिताः।**
**मयूरहस्तः कथितः करटीका विचक्षणैः।।**

यदि अनामिका को (कर्तरीमुख की) अँगूठे से मिलाकर शेष अँगुलियों को बाहर फैला दिया जाए तो वह **'मयूर हस्त'** कहलाता है। (Adopt Pataka and let the thumb and the ring finger touch the tips of each other.)

**विनियोग (Uses)**

**मयूरास्ये लतायां च शकुने वमने तथा।**
**अलकस्यापनयने ललाटतिलकेषु च।।**
**नद्युदकस्य निक्षेपे शास्त्रवादे प्रसिद्धके।**
**एवमर्थेशु युज्यन्ते मयूरकरभावनाः।।**

मयूर मुख (peacock's face), लता (creepers), शकुन (significant sign), वमन (vomiting), केशों को फैलाने या उठाने (removing and spreading of hair), ललाट पर तिलक लगाने (an ornamental mark on the forehead—tilak), नदी जल उछालने (scatting river water), शास्त्रार्थ करने (discussing the shastras) तथा प्रसिद्ध वस्तु के निर्देश करने में (showing famous things) **मयूर हस्त** की योजना की जाती है।

**6. अर्धचन्द्र (Ardhachandra)**

**अर्धचन्द्रकरः सोऽयं पताकेऽअंगुष्ठसारणान्।**

पताका हस्त मुद्रा में अँगूठे को बाहर सीधा फैलाने पर **'अर्धचन्द्र हस्त'** हो जाता है। (Adopt the Pataka and streched the thumb out word and forefingers pointing sidewards, palm facing the body and the thumb up.)

**विनियोग (Uses)**

**चन्द्रेकृष्णाष्टमीभाजि गलहस्तार्थकेऽपि च।।**
**भल्लायुधे देवतानामभिषेचनकर्मणि।**
**मुक्पात्रे चोद्भवे कट्यांचिन्तायामात्मवाचके।।**
**ध्याने च प्रार्थने चापि अंगानां स्पर्शनेतथा।**
**प्राकृतानां नमस्कारे अर्धचन्द्रौ नियुज्यते।।**

इसके द्वारा कृष्णपक्ष की अष्टमी का अर्धचन्द्र (phase of the moon on the eighth day of the dark fortnight), हाथ से किसी के गले को ढकेलना (a hand seizing the throat), भाले से युद्ध करना (a battle with a spear), देवता का अभिषेक (consecrating or doing abhishekam on a derty), भोजन-पात्र (a dinning plate), उद्भव (origin), कटि (waist), चिन्ता (thinking about oneself), मनन (meditation), ध्यान (concentration), अंगस्पर्श (touching the limbs) तथा प्राकृतजन (unrefined, natural) को नमस्कार का भाव प्रदर्शित किया जाता है।

## 7. अराल (Arala)

**पताके तर्जनी वक्रा नाम्ना सोऽयमरालकः। (A.D.)**

यदि पताका हस्त मुद्रा में तर्जनी मोड़ (या झुका) दी जाए तथा अँगूठा तर्जनी के अग्र भाग को स्पर्श करे तो वह 'अराल हस्त' कहलाता है। (Adopt the Pataka and bend the index finger such that the tip of the thumb touches the tips of the index finger.)

**विनियोग (Uses)**

**विषाद्यमृतपानेषु प्रचण्डपवनेऽपि च।।**

इसकी योजना विषपान (drinking poison), अमृतपान (drinking a nector), प्रचण्ड हवा के चलने तथा इसी प्रकार की दूसरी चीजों के लिए की जाती है (violent winds and such other things) (A.D.) गर्व (pride), शोभा (beauty), दिव्यवस्तु (divine things), गाम्भीर्य (seriousness), आशीर्वाद देना (giving blessings)। (N.S.)

## 8. शुकतुण्ड (Shukatunda)

**अस्मिन्ननामिका वक्रा शुकतुण्डकरो भवेत्। (A.D.)**

अराल हस्त में अनामिका अँगुली को भी मोड़ दिया जाए अँगूठा तर्जनी को स्पर्श न करता हो तो वह 'शुकतुण्ड हस्त' कहलाएगा। (The ring finger is bent in Arala and the thumb is seperated.)

**विनियोग (Uses)**

**वाणप्रयोगे कुन्तार्थे वाऽऽलयस्य स्मृतिक्रमे।।**
**मर्मोक्त्यामुग्रभावेषु शुकतुण्डो नियुज्यते। (A.D.)**

इसकी योजना बाण चलाने (shooting of an arrow), बर्छी-भाला मारने (attacking with a spear), अपने निवास स्थान का स्मरण (remembering one's abode), मार्मिक या रहस्यभरी बात कहने (uttering mysterious things) तथा उग्रभाव (violent mode) के प्रदर्शन में की जाती है। आवाहन, बिदाई, अवज्ञापूर्वक धिक्काराना। (N.S.)

**9. मुष्टि (Mushti)**

**मेलनादंगुलीनाञ्च कुञ्चितानां तलान्तरे।।**
**अंगुष्ठश्चोपरियुतो मुष्टिहस्तोऽयमीर्यते। (A.D.)**

यदि चारों अँगुलियाँ मुड़ी हुई हों तथा अँगूठा उनके ऊपर रखा गया हो तो वह **'मुष्टि हस्त'** कहलाता है। (Four fingers are bent and the thumb is placed on them.)

**विनियोग (Uses)**

**स्थिरे कचग्रहे दार्ढ्ये वस्त्वादीनां च धारणे।।**
**मल्लानां युद्धभावेऽपि मुष्टिहस्तोऽयमिष्यते। (A.D.)**

इसकी योजना दृढ़निश्चय दिखाने में (steadfastness), दूसरे के बाल पकड़ने में (grasping one's hair), चीजों को पकड़ने में (holding things), मल्लयुद्ध में (fighting mood of wrestlers), लड़ाई दिखाने (in battle) में की जाती है। प्रहार, व्यायाम, पीड़न (किसी पशु के थन से दूध निकालने)। (N.S.)

**10. शिखर (Shikhara)**

**चेन्मुष्टिरुन्नतांगुष्ठ स एव शिखरः करः।।**

यदि मुष्टि हस्त में अँगूठा फैला दिया जाए तो वह **'शिखर हस्त'** कहलाता है। (In Mushti the thumb is stretched out.)

**विनियोग (Uses)**

**मदने कार्मुके स्तम्भे निश्चये पितृकर्मणि।**
**ओष्ठे प्रविष्टरूपे च रदने प्रश्न भावने।।**
**लिंगे नास्तीति वचने स्मरणेऽभिनयान्तिके।**
**कटिबन्धाकर्षणे च परिरम्भविधिक्रमे।।**
**घंटानिनादे शिखरो युज्यते भरतादिभिः। (A.D.)**

इसकी योजना कामातुरता (amour), कामदेव का धनुष (bow of cupid the god of love), स्तम्भ (pillar), निश्चय (certainty), पितृकर्म (oblations to forefathers), होंठ पर दाँत गड़ाने (biting lips), शिवलिंग पूजन (worship of Shivlinga), निषेध वाक्य कथन (forbiding sentences), स्मरण (recollection of memories), अभिनय (the acting), कर्म की समाप्ति (ending of deeds), करधनी खींचने (pulling waist), आलिङ्गन करने (to embrace) तथा घण्टानाद (sounding a bell) करने के भाव व्यक्त करने में की जाती है।

**11. कपित्थ (Kapittha)**

**अंगुष्ठमुर्ध्नि शिखरे वक्रिता यदि तर्जनी।।**
**कपित्थाख्यःकरः सोऽयंकीर्तितोनृत्तकोविदैः। (A.D.)**

यदि शिखर हस्त मुद्रा में तर्जनी को वक्र कर दिया जाए जिससे वह अँगूठे के ऊपरी हिस्से को स्पर्श कर सके तो वह **'कपित्थ हस्त'** कहलाता है। (In Shikhara the index finger is curved down so that the top of thumb touches to the index finger.)

**विनियोग (Uses)**

**लक्ष्म्यां चैव सरस्वत्यां नटानां ताल धारणे।।**
**गोदोहनेऽप्यञ्जने च लीलाकुसुमधारणे।**
**चेलाञ्जलादिग्रहणे पटस्यैवावगुण्ठने।।**
**धूपदीपार्चने चापि कपित्थः संप्रयुज्यते। (A.D.)**

इसकी योजना **लक्ष्मी सरस्वती** (one of the symbols of Laxmi and Saraswati), नटों द्वारा ताल धारण (keeping rhythm cycle by acrobats), **गौदोहन** (milking cow), अंजन लगाना (applying kajal to the eyes), क्रीड़ा (sporting), **कौतुकादि के अवसर पर पुष्पधारण** (holding the flowers), कंचुकी का आँचल पकड़ने, घूँघट निकालने और धूपदीप से अर्चन करने के भाव में की जाती है। (A.D.) तलवार, धनुष, चक्र, तोमर, गदा, शक्ति, वज्र तथा बाण छोड़ने में इसका प्रयोग किया जाता है। (N.S.)

## 12. कटकामुख (Katakamukha)

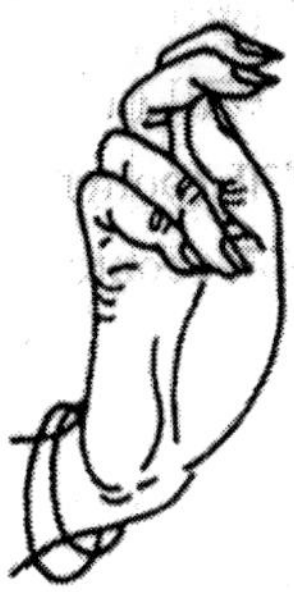

**कपित्थे तर्जनी चोर्ध्वमुच्छितांगुष्ठमध्यमा।।**
**कटकामुखहस्तोऽयं कीर्तितो भरतागमैः।**

यदि कपित्थ हस्त मुद्रा में तर्जनी के साथ-साथ मध्यमा अँगूठे के अग्रभाग को छूती रहे तो वह **'कटकामुख हस्त'** कहलाता है। (In the Kapittha the middle finger is also bent along with the index finger.)

**विनियोग (Uses)**

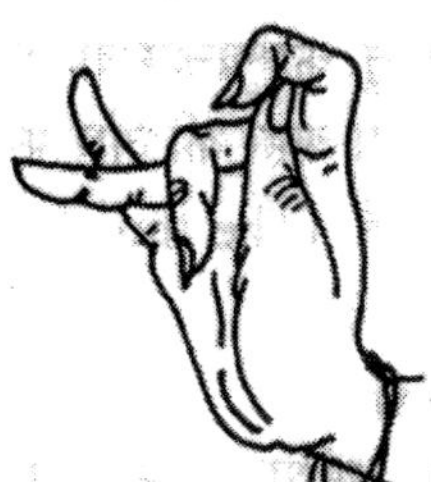

**कुसुमावचये मुक्तास्त्रग्दाम्नां धारणे तथा।।**
**शरमध्याकर्षणे च नागवल्लीप्रदानके।**
**कस्तूरिकादिवस्तूनां पेषणे गन्धवासने।।**
**वचने दृष्टिभावेऽपि कटकामुख इष्यते।**

इसकी योजना फूल चुनने (plucking the flowers), मोतियों या पुष्पों की माला धारण करने (holding a pearl necklace or garland of flowers), धनुष के मध्य भाग को पकड़कर खींचने (drawing the string of the bow), कस्तूरी-चंदन आदि को पीसने (prepare the paste of muck or sandal etc.), वस्तु को सुगन्धित करने (applying perfume), बोलने या देखने (speaking or glancing) के भाव में की जाती है।

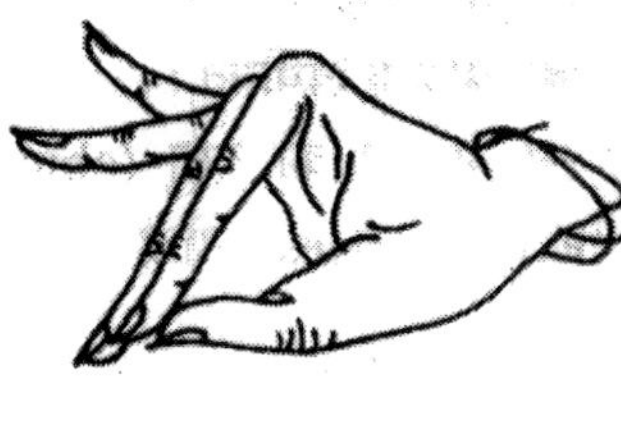

## 13. सूची (Soochi)

**ऊर्ध्वप्रसारिता यत्र कटकामुखतर्जनी।।**
**सूचीहस्तः स विज्ञेयो भरतागमकोविदैः।**

यदि कटकामुख में तर्जनी को ऊपर की ओर सीधा फैला दिया जाए तो वह **'सूची हस्त'** कहलाता है। (The index finger is stretched straight to point upward in the Katakamukha.)

**विनियोग (Uses)**

**एकार्थेऽपि परब्रह्मभावनायां शतेऽपि च।।**
**खौ नगर्या लोकार्थे तथेपि दधनेऽपि च।**
**यच्छब्धेऽपि च तच्छब्दे विजनार्थेऽपि तर्जने।।**
**कार्श्ये शलाके वपुषि आश्चर्ये वेणिभावने।**
**छत्रे समर्थे पाणौ च रोमाल्यां भेरीवादने।।**
**कुलालचक्रभ्रमणे रथांगमण्डले तथा।**
**विवेचने दिनान्ते च सूचीहस्तः प्रकीर्तितः।।**

एक गिनती दिखाने में (number one), श्रेष्ठ आत्मा (परब्रह्म) (supreme soul), एक सौ (one hundred), सूर्य (the sun), स्थान (a place), संसार (the world), 'यह' एवं 'वह' इंगित करने में (pointing 'this' and 'that'), एकान्त (loneliness), धमकाना (threatening), पतला होना दिखाने में (growing thin), डंडा या छड़ (a rod), शरीर (body), आश्चर्य (wonder), लटें या जुल्फें (a strand of hair), छतरी (an umbrella), सामर्थ्य (capability), हाथ (hands), चर्मवाद्य पर ताल देना (drum-beating), पहिया (potter's wheel), गोल चीज़ का किनारा (circumference), घोड़ागाड़ी का पहिया (a chariot wheel), ध्यान (contemplation), धुँधला-समय (सायंकाल से रात्रि की ओर का समय) (dusk-time)।

## 14. चन्द्रकला (Chandrakala)

**सुच्यामंगुष्ठमोक्षे तु करंश्चन्द्रकला भवेत्।**

सूची हस्त में अँगूठा बाहर की ओर फैला हो तो वह **'चन्द्रकला हस्त'** कहलाता है (The thumb should be stretched outward in Soochi.)

**विनियोग (Uses)**

**चन्द्र मुखे च प्रादेशे तन्मात्रकारवस्तुनि।।**
**शिवस्य मुकुटे गंगानद्यां च लगुडेऽपि च।**
**ये (ए) षां चन्द्रकला चैव विनियोजना विधीयते।।**

चन्द्रमा (moon), चेहरा (the face), नाप (measuring index), उस आकार की वस्तु (objects of that shape), शिव का मुकुट (चन्द्रमा) (the crown of Shiva), गंगा नदी (River Ganges), छोटी छड़ी (short stick)।

## 15. पद्मकोश (Padmakosha)

**अंगुल्यो विरलाः किञ्चित् कुञ्चितास्तलनिम्नगा।**
**पआकोशाभिधो हस्तो तन्निरूपणमुच्यते।।**

सभी अँगुलियाँ पास-पास हों व फैली हुई हों तथा एक-दूसरे को स्पर्श न करती हों तो वह **'पद्मकोश हस्त'** कहलाता है। (All the fingers are stretched and brought close but not touching one another.)

**विनियोग (Uses)**

**फले विल्वकपित्थादौ स्त्रीणां चकुचकुम्भयोः।**
**आवर्ते कन्दुके स्थाल्यां भोजने पुष्पकोरके।।**
**सहकारफले पुष्पवर्षे मउ-जरिकादिषु।**
**जपाकुसुमभावे च घण्टारूपे विधानके।।**
**वल्मीके कमलेऽप्यण्डे पद्म मकोशोविधीयते।**

फल (fruits), विल्व-पत्र (bel' the wood apple), स्त्री का वक्षःस्थल (round breasts of a woman), गोलाकार गति (circular movements), गेंद (a ball), खाना बनाने का बर्तन (cooking-pot), खाना (food), फूल की कली (a flower-bud), खिला हुआ फूल (scattering flowers), फूलों का गुच्छा (cluster of flowers), जपा कुसुम फूल (Japa Kusum flowers), घण्टी (bell), कमल का फूल (a lotus), अण्डा (an egg)।

## 16. सर्पशीर्ष (Sarpasheersa)

**पताका नमिताग्रा चेत् सर्पशीर्षकरो भवेत्।।**

पताका हस्त में अँगुलियों के अग्रभाग आगे की ओर झुके हुए हों तो वह **'सर्पशीर्ष'** कहलाएगा। (The tips of the fingers are bent forward in Pataka.)

**विनियोग (Uses)**

**चन्दने भुजंगे मन्द्रे प्राक्षणे पोषणादिषु।**
**देवस्योदकदानेषु आस्फाले गजकुम्भयोः।।**
**भुजस्थाने मल्लानां तु युज्यते सर्पशीर्षकः।**

चन्दन (sandal), सर्प (a snake), धीमा (बीच का) स्वर (middle tone), छिड़काव (sprinkling), स्वास्थ्यवर्धक (nourishing), देव-कर्म में जल-छिड़काव (water oblation to Gods), हाथी के सिर का आकार (shape of an elephant's head), पहलवानों की तरह भुजाओं को थपथपाना (slapping of arms like wrestlers)।

## 17. मृगशीर्ष (Mrigasheersha)

**अस्मिन् कनिष्ठकांगुष्ठे प्रसृते मृगशीर्षकः।।**

पताका हस्त में, बीच की तीन अँगुलियाँ आगे की ओर झुकी हुई हों तथा अँगूठा व कनिष्ठा अँगुली बाहर

की तरफ फैली हुई हो, तो **'मृगशीर्ष हस्त'** कहलाता है। (In the Pataka, the middle three fingers are stretched and bent forward and the thumb and little finger are stretched outward.)

**विनियोग (Uses)**

**स्त्रीणामर्थे कपोले च चक्रमर्यादयोरपि।**
**भीत्यां विवादे नेपथ्ये आह्वाने त्रिपुण्ड्रके।।**
**मृगमुखे रंगव(म)ल्ल्यां पादसंवहनेत्तथा।**
**सर्वस्वे मिलने काममन्दिरे छत्रधारणे।।**
**सञ्चारे च त्रिपताके युज्यते मृगशीर्षकः।**

स्त्री (a woman), गाल (cheek), पहिया (a wheel), भय (fear), झगड़ा (quarrel), नेपथ्य (background), आह्वाने (calling), मस्तक पर त्रिपुण्डक दिखाने में (Tripundaka made on the forehead), हिरन का सिर (a deer's head), रंगोली बनाने में (drawing on the floor), पूरा (entire), जोड़ना (joining), जन्म स्थान (birth place), छतरी पकड़ने में (holding an umbrella), सूचना (communication), प्रिय को बुलाने में (calling the beloved), पैर की मालिश (massage of the feet)।

## 18. सिंहमुख (Simhamukha)

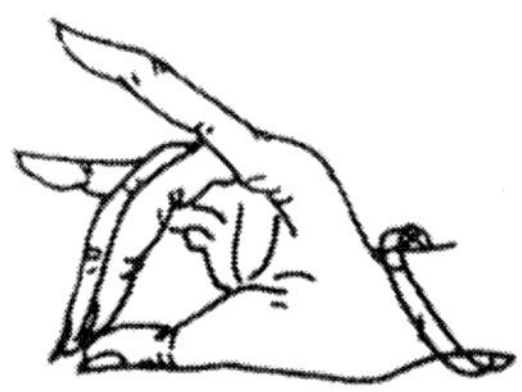

**मध्यमानामिकाग्राभ्यामंगुष्ठो मिश्रितो यदि।।**
**शेषौ प्रसारितौ यत्र स सिंहास्यकरो भवेत्।**

पताका हस्त में यदि मध्यमा तथा अनामिका आगे को झुकती हुई अँगूठे को स्पर्श करें, तो वह **'सिंहमुख हस्त'** कहलाएगा। (The middle and the ring finger are bent forward to touch the thumb in Pataka.)

**विनियोग (Uses)**

**होमे शशे, गजे, दर्भाचलने, पद्मदामनि।।**
**सिंहानने वैद्यापाके शोधने संप्रयुज्यते।**

होम (sacrificial fire), हाथी (elephant), दर्भ (sacrificial grass kusha), कमल का हार (a lotus garland), शेर का मुख (a lion's face), दवाई को बनाने में (preparations of medicine), शोध में (in research)।

## 19. कांगुल (Kangula)

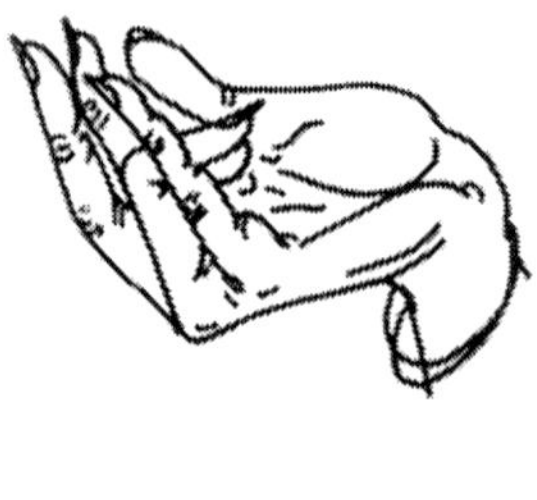

**पद्मकोशेऽनामिका चेन्नम्रा कांगुलहस्तकः।।**

पद्मकोश हस्त में यदि अनामिका अन्दर की ओर मुड़ी हुई हो, तो **'कांगुल हस्त'** कहलाता है। (The ring finger is curved inside in Padmakosha.)

**विनियोग (Uses)**

**लकुचस्य फले बालकिंकिण्यां घटिकार्थके।**
**चकोरे क्रमुके बालकुचे कल्हारके तथा।।**
**चातके नालिकेरे च कांगुलो युज्यतेकरः।**

अंगूर फल (lakucha fruit), बच्चों के पहनने वाले छोटे घुँघरू (tiny bells worn by children), घण्टी (bell), छोटा बर्तन (a small bowl), सुपारी (betelnut), बालकुच (breast of a young girl), कमलिनी (कमल का छोटा फूल) (white water-lily), चातक-पक्षी (Chataka-bird), नारियल (coconut)।

## 20. अलपद्म (Alapadma)

**कनिष्ठाद्या वक्रितास्च विरलाश्चालपद्मकः।।**

सभी अँगुलियाँ अलग-अलग फैली हुई हों तथा तर्जनी सीधी फैली हो और कनिष्ठा अन्दर की ओर झुकी हुई हो, तो **'अलपद्म हस्त'** कहलाएगा। (All fingers stretched apart and the index finger stretched straight with the little finger bent inward.)

**विनियोग (Uses)**

**विकचाब्जे कपित्थादिफले चावर्तके कुचे।**
**विरहे मुकुरे पूर्णचन्द्रे सौन्दर्यभावने।।**
**धम्मिल्ले चन्द्र चालायां ग्रामे चोध्दतकोपयोः।**
**तटाके शकटे चक्रवाके कलकलारवे।।**
**श्लाघने सोऽलपद्मश्च कीर्तितोभरतागमे।**

खिला हुआ कमल (a full-blown lotus), विल्व-पत्र (wood apple), गोलाकार गति (circular movement), कुच (breast), प्रियमुख से अलग (separation from the beloved face), पूर्ण चन्द्रमा (full moon), बालों की गिठा (the hair-knot), गाँव (a village), ऊँचाई (height), क्रोध (anger), गाड़ी (cart), झील (a lake), चक्रवाक्-पक्षी (Chakrawaka-bird), फुसफुसाना (murmuring sound), प्रशंसा (praise)।

## 21. चतुर (Chatura)

**तर्जन्याद्यास्तत्र शिलष्टाः कनिष्ठा प्रसृतायदि।।**
**अंगुष्ठोऽनामिकामूले तिर्यक् चेच्चतुरःकरः।**

कनिष्ठा सीधी व शेष तीन अँगुलियाँ ऊपर की ओर झुकी हों तथा अँगूठा अन्दर की तरफ झुका हुआ हो व बीच की तीनों अँगुलियों के मूल को स्पर्श करता हो तब **'चतुर हस्त'** कहा जाता है। (The little finger is streched up, the other three fingers bent upwards with the thumb curved to touch the three middle fingers.)

विनियोग (Uses)

कस्तूर्यां किञ्चिदर्थे च स्वर्णे ताम्रे च लोहके।।
आर्द्रे खेदे रसास्वादे लोचने वर्णभेदने।
प्रमाणे सरसे मन्दगमने शकलीकृते।।
आनने घृततैलादौ युज्यते चतुरः करः।

कस्तूरी (musk), थोड़ा-सा (a little bit), सोना (gold), ताँबा (copper), लोहा (iron), गीला (wet), दुःख (sorrow), कलात्मक प्रसन्नता (aesthetic pleasure), आँखें (eyes), जाति-भेदभाव (the difference of castes), प्रमाण (proof), सरस (sweetness), धीमी गति से चलना या टहलना (slow gait), टुकड़ों में विभाजन (breaking of pieces), मुख (face), तेल (oil), घी (ghee)।

**22. भ्रमर (Bhramara)**

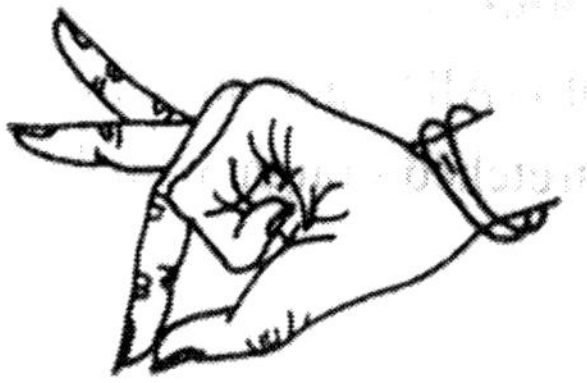

**मध्यमांगुष्ठसंयोगे तर्जनी वक्रिताकृतिः।।**
**शेषाः प्रसारितश्चासौ भ्रमराभिधहस्तकः।**

मध्यमा व अँगूठा एक-दूसरे को स्पर्श करते हों, तर्जनी अन्दर की ओर मुड़ी हुई हो तथा अन्त की शेष दो अँगुलियाँ बाहर की ओर फैली हुई हों तो **'भ्रमर हस्त'** कहलाएगा। (The middle finger and the thumb should touch each other with the index finger curved and the last two fingers stretched outside.)

विनियोग (Uses)

भ्रमरे च शुके पक्षे सारसे कोकिलादिषु।।
भ्रमराख्यश्च हस्तोऽयं कीर्तितोभरतागमे।

मधुमक्खी (a bee), तोता (a parrot), पंख (wing), लम्बे पैरों वाला पानी या गीली मिट्टी में चलने वाला विशाल पक्षी (crane), कोयल (cuckoo)।

**23. हंसास्य (Hamsasya)**

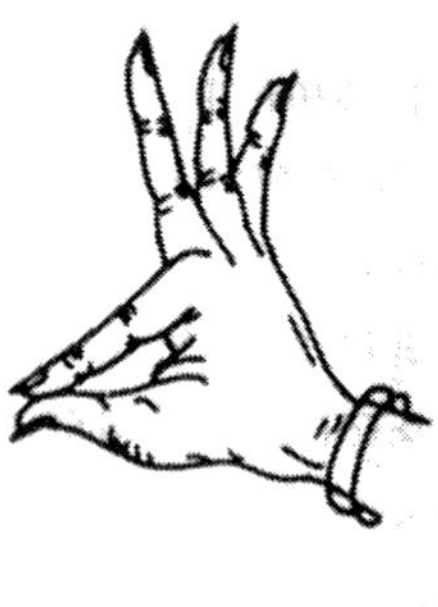

**मध्यमाद्यास्त्रयोऽगुल्यः प्रसृता बिरला यदि।।**
**तर्जन्यंगुष्ठसंश्लेषात् करो हंसास्यकोभवेत्।**

तर्जनी व अँगूठा आगे की ओर झुकते हुए एक-दूसरे को स्पर्श करते हों तथा शेष तीन अँगुलियाँ सीधे फैली हुई हों तब **'हंसास्य हस्त'** कहलाता है। (The first finger is bent to touch the thumb while the other three fingers are stretched straight.)

विनियोग (Uses)

**मांगल्ये सूत्रबन्धे च उपदेशविनिश्चये।।**
**रोमाञ्चे मौक्तिकादौ च दीपवर्तिप्रसारणे।**
**निकषे मल्लिकादौ च चित्रे तल्लेखने तथा।।**
**दंशे च जलबन्धे च हंसास्यो युज्यते करः।**

आशीर्वाद (blessing), शुभ (auspiciousness), धागे से बाँधना (tying with thread), निश्चय (ascertaining), निर्देश (instruction), संवेदनात्मक (thrill or sensation), मोती (pearls), लालटेन या मोमबत्ती में धागा या बत्ती डालना (putting the wick of lamp), आधार या स्तर (touchstone), चमेली का फूल (Jasmine flower), चित्रकारी (painting), डसना (snake-bite)।

## 24. हंसपक्ष (Hamsapaksha)

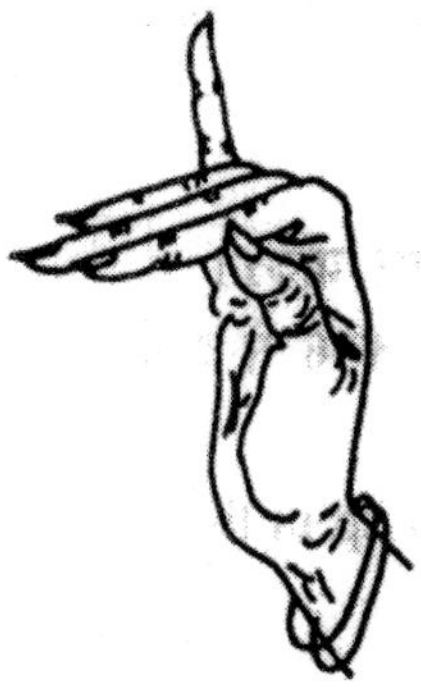

**सर्पशीर्षकरे सम्यक् कनिष्ठा प्रसृतायदि।।**
**हंसपक्षः करः सोऽयं तन्निरूपणमुच्यते।**

सर्पशीर्ष हस्त में यदि कनिष्ठा अँगुली सीधी फैली हो तो, **'हंसपक्ष हस्त'** कहलाएगा।

(Keep the little finger straight in Sarpasheersha.)

**विनियोग (Uses)**

**षट्संख्यायां सेतुबन्धे नखरेखाङ्कने तथा।।**
**पिधाने हंसपक्षोऽयं कथितो भरतागमे।**

छः नम्बर (six number), पुल या सेतु निर्माण (construction of a bridge), नाखून के निशान बनाना (putting nail marks), ढँकना (covering)।

## 25. सन्दंश (Sandamsha)

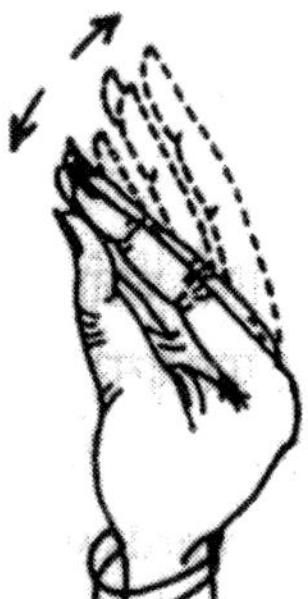

**पुनः पुनः पद्मकोशः संश्लिष्टोविरलो यदि।।**
**सन्दंशाभिधहस्तोऽयं कीर्तितो नृत्यकोविदैः।**

पद्मकोश हस्त में अँगुलियों व अँगूठे को लगातार खोलें व बन्द करें तो **'सन्दंश हस्त'** कहलाएगा। (Closing and opening in a vibrating motion in the Padmakosha.)

**विनियोग (Uses)**

**उदरे वलिदाने च व्रणे कीटे महाभये।।**
**अर्चने पञ्चसंख्यायां सन्दंशाख्यो नियुज्यते।**

पेट (belly), देवताओं को खुश करने के लिए त्याग (sacrifice to please deities), घाव (a wound), कीड़ा (a worm), आतंक (terror), आराधना (worship), पाँच नम्बर (the number five)।

**26. मुकुल (Mukula)**

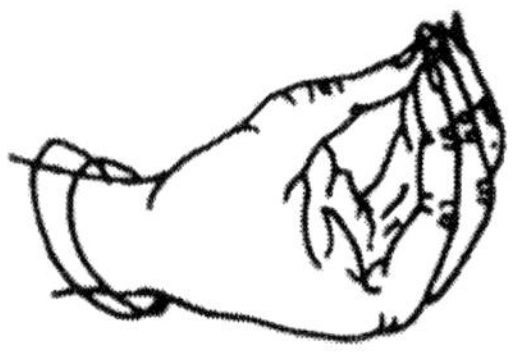

**अंगुलीपञ्चकं चैव मेलयित्वा प्रदर्शने।।**
**मुकुलाभिधहस्तोऽयं कीर्त्यते भरतागमे।**

सभी अँगुलियों व अँगूठे के अग्रभाग एक दूसरे को कली के रूप में स्पर्श करते हों, तो **'मुकुल हस्त'** कहलाता है। (The tips of all the fingers and the thumb touch one another in a bud formation.)

**विनियोग (Uses)**

**कुमुदे भोजने पञ्चवाणे मुद्रादिधारणे।।**
**नाभौ च कदलीपुष्पे युज्यते मुकुलः करः।**

छोटा कमल (water-lily), कामदेव के पाँच बाण (the five arrows of the god of love), मोहर पकड़ने में (holding of a signet or seal), नाभि (the navel), केला का फूल (a banana flower)।

**27. ताम्रचूड (Tamrachooda)**

**मुकुले ताम्रचूडः स्यात्तर्जनी वक्रिता यदि।।**

मुकुल हस्त में तर्जनी ऊपर की तरफ से झुकी हुई हो, तो **'ताम्रचूड हस्त'** कहलाता है।
(The index finger is curved up in the Mukula.)

**विनियोग (Uses)**

**कुक्कटादौ वके काके उष्ट्रे वत्से च लेखने।**
**युज्यते ताम्रचूडाख्यः करो भरतवेदिभिः।।**

मुर्गा (a cock), बड़े पैरों वाला विशाल जल पक्षी (a crane), कौआ (a crow), ऊँट (a camel), बच्चा (a child), कलम (a pen)।

**28. त्रिशूल (Trishoola)**

**निकुञ्चनयुतांगुष्ठकनिष्ठस्तु त्रिशूलकः।**

बीच की तीन अँगुलियाँ ऊपर की ओर सीधी फैली हों तथा कनिष्ठा व अँगूठा अन्दर की ओर मुड़कर एक-दूसरे को स्पर्श करते हों, तो **'त्रिशूल हस्त'** कहलाता है। (The three fingers are kept straight pointing upwards with the last finger and the thumb touching each other.)

**विनियोग (Uses)**

**विल्वपत्रे त्रित्वयुक्ते त्रिशूलकर ईरितः।।**

विल्व-पत्र (a bel-leaf), तीन देवों की शक्ति (ब्रह्मा, विष्णु, महेश) (trinity), त्रिशूल (a trident)।

**29. व्याघ्र (Vyaghra)**

**कनिष्ठांगुष्ठनमने मृगशीर्षकरे तथा।**
**व्याघ्रहस्तः स विज्ञेयो भरतागमकोविदैः।।**

सभी अँगुलियाँ व अँगूठा अन्दर की ओर एक-दूसरे से अलग-अलग मुड़े हुए हों तो **'व्याघ्र हस्त'** कहलाता है। (The fingers are kept apart in a curved position.)

**विनियोग (Uses)**

**व्याघ्रेभेके मर्कटे व शुक्तौ संयुज्यते करः।**

शेर (a lion), मेंढक (a frog), बन्दर (a monkey), सीप (an oyster)।

**30. अर्धसूची (Ardhasoochi)**

**कपित्थ तर्जनी ऊर्ध्वसारणे त्वर्धसूचिकः।।**

कपित्थ हस्त में तर्जनी ऊपर की ओर सीधी फैली हुई हो, तो **'अर्धसूची हस्त'** कहलाता है। (In the Kapittha, the index finger is stretched upwards.)

**विनियोग (Uses)**

**अंकुरे पक्षिशावाउ दौ बृहत् कीटे नियुज्यते।**

अंकुर (a sprout), पक्षी का बच्चा (young ones of a bird), बड़ा कीड़ा (a big worm)।

***The only asamyuka hasta which in not mentioned in A.D. but given in N.S. is explained below:***

**31. ऊर्णनाभ (Urnanabha)**

**पद्मकोशस्य हस्तस्य अंगुल्यः कुञ्चिता यदा।**

पद्मकोश हस्त में सभी अँगुलियाँ अन्दर की ओर मुड़ी हुई हों, तो **'ऊर्णनाभ हस्त'** कहलाता है। (Assume Padmakosha and bend all the fingers and the thumb towards the palm.)

**विनियोग (Uses)**

**ऊर्णनाभः स विज्ञेयः केशचौर्यग्रहादिषु।।**
**शिरः कण्डूयने चैव कुष्ठव्याधिनिरूपणे।**
**सिंहव्याघ्रे ष्वभिनयः प्रस्तरग्रहणे तथा।।**

सिर खुजलाने में (scratching the head secretly), त्वचा की बीमारी (कोढ़) (skin disease), शेर (a lion) तथा इसी प्रकार के अन्य जानवर (the same other animals)।

## संयुक्तहस्तः
## (SAMYUTAHASTA)
## (Combined Hand Gestures)

**अञ्जलिश्च कपोतश्च कर्कटः स्वस्तिकस्तथा।।**
**डोलाहस्तः पुष्पपुट उत्संग शिवलिंगकः।**

**कटकावर्धनश्चैव कर्तरीस्वस्तिकस्थत।।**
**शकटं शंखचक्रे च संपुटः पाशकीलकौ।**
**मत्स्यः कूर्मो वराहश्च गरुडो नागबन्धकः।।**
**खट्व वा भेरुण्ड इत्येते संख्याताः संयुताःकराः।**
**त्रयोविंशतिरित्युक्ताः पूर्वगैभरतादिभिः।। (A.D.)**

अभिनय दर्पण के अनुसार संयुक्तहस्त (Combined Hand of Gestures) तेईस होते हैं। (According to A.D. there are twentythree kinds of Samyutahasta).

1. अञ्जलि (Anjali), 2. कपोत (Kapota), 3. कर्कट (Karkata), 4. स्वास्तिक (Swastika), 5. डोला (Dola), 6. पुष्पपुट (Pushpaputa), 7. उत्संग (Utsanga), 8. शिवलिंग (Shivalinga), 9. कटकावर्द्धन (Katakavardhana), 10. कर्तरीस्वास्तिक (Kartareeswastika), 11. शकट (Shakata). 12. शंख (Shankha), 13. चक्र (Chakra), 14. सम्पुट (Samputa), 15. पाश (Pasha), 16. कीलक (Keelaka), 17. मत्स्य (Matsya), 18. कूर्म (Kurma), 19. वराह (Varaha), 20. गरुड़ (Garuda), 21. नागबन्ध (Nagabandha), 22. खट्वा (Khatva), 23. भेरुण्ड (Bherunda).

## संयुक्तहस्त (विवरण तथा विनियोग)

### 1. अञ्जलि (Anjali)

**पताकातलयोर्योगादञ्जलिः कर ईरितः।**

पताका हस्त की मुद्रा में दोनों हाथ आपस में जुड़े हुए हों, तो **'अञ्जलि हस्त'** कहलाएगा।

(Both hands are joined in Pataka.)

**विनियोग (Uses)**

**देवतागुरुविप्राणां नमस्कारेष्वनुक्रमात्।।**
**कार्यः शिरोमुखोरस्थो विनियोगऽञ्जलिर्बुधैः।**

भगवान, गुरु व ब्राह्मण को नमस्कार करने के लिए क्रमशः मस्तक, मुख व वक्ष के पास हस्त रखते हैं, (to after salutation to God, Guru and Brahman holding the hands near the head, face, chest, respectively)।

### 2. कपोत (Kapota)

**कपोतोऽसौ करो यत्रश्लिष्टाऽऽमूलाग्रपार्श्वकः।।**

अञ्जलि हस्त में दोनों हाथों की हथेलियाँ बाहर की ओर मुड़ी हुई हों, तो **'कपोत हस्त'** कहलाता है। (The palms are curved outside in Anjali.)

**विनियोग (Uses)**

**प्रणामे गुरुसम्भाषे विनायांगीकृतेष्वयम्।**

नमस्कार (salutation), गुरु से बात करते समय (addressing to preceptor), विनयपूर्ण स्वीकृति।

### 3. कर्कट (Karkata)

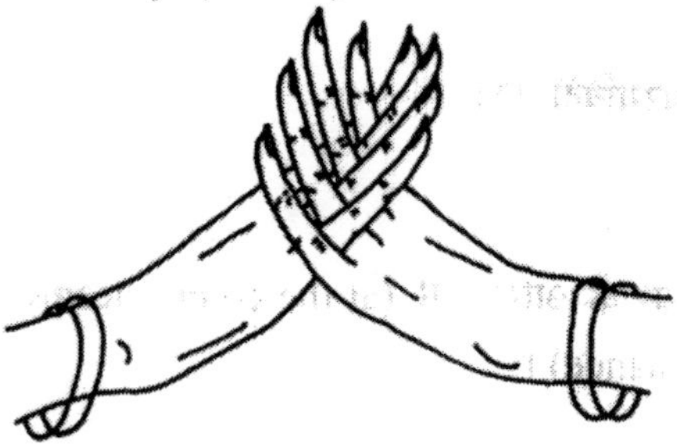

अन्योन्यस्यान्तरे यंत्रागुल्यो निःसृत्यहस्तयोः।।
अन्तर्बहिर्वा वर्तन्ते कर्कटः सोऽभिधीयते।

अञ्जलि हस्त में दोनों हाथों की अँगुलियाँ एक-दूसरे को पार (cross) करती हों तथा दोनों हाथों की कलाइयाँ अलग-अलग हों तो **'कर्कट हस्त'** कहलाएगा। (The fingers of the two hands cross each other in Anjali hasta and the both wrists are kept apart.)

**विनियोग (Uses)**

समूहागमने तुन्दर्शने शंखपूरणे।
अंगानां मोटने शाखोन्नमने चनियुज्यते।

भीड़ के पहुँचने पर (arrival of crowd), पेट दिखाने में (showing the belly), शंख में हवा भरने (filling the conch-shell with wind), शरीर के अंगों को फुलाने या मोड़ने में (twisting or streching limbs), पेड़ की शाखा को नीचे खींचने में (pulling down branch of tree)।

### 4. स्वस्तिकहस्त (Swastikahasta)

पताकयोः सन्नियुक्तः करयोर्मणिबन्धयोः।।
संयोगेन स्वस्तिकाख्यो..............................

पताका हस्त में दोनों हाथों को कलाई के पास से एक-दूसरे से पार करते हुए रखा जाए तथा हथेलियाँ शरीर की ओर हों तो **'स्वस्तिकहस्त'** कहलाता है। (The two hands in Pataka cross each other near the wrist and are held slightly apart from each other and both palms are towards body.)

**विनियोग (Uses)**

...................................मकरे विनियुज्यते।

मगरमच्छ (crocodile)।
Uses : Crocodile.

### 5. डोला (Dola)

पताक अरुदेशस्थे डोलाहस्तोऽयमिष्यते।

पताका हस्त में यदि हाथों को अपनी-अपनी तरफ के किनारों पर रखा जाए तो **'डोला हस्त'** कहलाता है। (The hands in Pataka are stretched down on the sides.)

विनियोग (Uses)

**नाट्यारम्भे प्रयोक्तव्य इति नाट्यविदो विदुः।**

नाट्य (नृत्य) के आरम्भ में (at the commencement of 'Natya' (dance)।

### 6. पुष्पपुटहस्त (Pushpaputahasta)

**संश्लिष्टकरयोः सर्पशीर्षः पुष्पपुटः कर।।**

सर्पशीर्ष हस्त में दोनों हाथों को जोड़कर रखा जाए तथा हथेलियाँ ऊपर की ओर हों, तो **'पुष्पपुटहस्त'** कहलाता है। (The two hands in Sarpasheersha are joined on the side with the palms facing upwards.)

विनियोग (Uses)

**नीराजनविधौ वारिफलादिग्रहणोऽपि च।**
**सन्ध्यायामर्घ्यदाने च मन्त्रपुष्पे च युज्यते।।**

भगवान् की प्रतिमा के सामने कपूर देना (offering of camphor to the image of a god) अत्यधिक प्रेम दिखाने में (an act of adoration), फल, पानी इत्यादि ग्रहण करने में (taking of water, fruits), प्रार्थना (prayers), भगवान को भेंट चढ़ाने में (offerings to gods), मन्त्र के उच्चारण के साथ फूल चढ़ाने में (a flower-offerings with chantings of mantra)।

### 7. उत्संग (Utsanga)

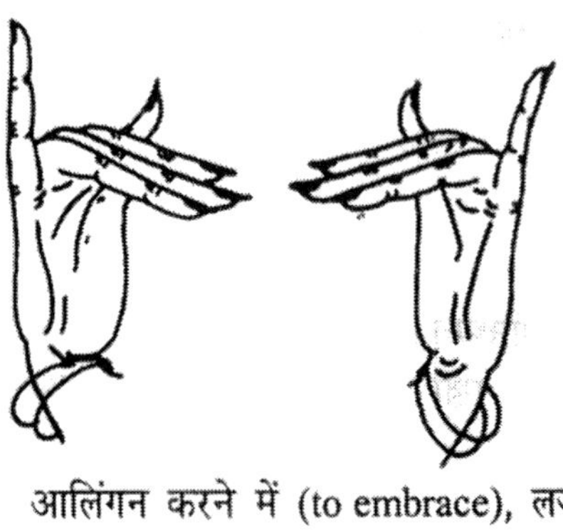

**अन्योन्यबाहुदेशस्थौ मृगशीर्षकरौ यदि।**
**उत्संगहस्तः स ज्ञेयो भरतागमवेदिभिः।।**

मृगशीर्ष हस्त में दोनों को एक-दूसरे की ओर रखा जाए, तो **'उत्संग हस्त'** कहलाता है। (The two hands in Mrigaseersha face each other.)

**विनियोग (Uses)**

**आलिंगने च लज्जायामंगदादिप्रदर्शने।**
**बलानां शिक्षणे चायमुत्संगो युज्यते करः।।**

आलिंगन करने में (to embrace), लज्जा (shyness), अंगों के प्रदर्शन में (displaying the limbs), प्रशिक्षण (teaching)।

## 8. शिवलिंग (Shivalinga)

**वामेऽर्धचन्द्रो विन्यस्तः शिखरः शिवलिंगकः।**
बायाँ हाथ अर्धचन्द्र हस्त में, जिसकी हथेली ऊपर की ओर हो तथा दायाँ हाथ शिखर हस्त में बायीं हथेली के ऊपर स्थित हो, तो **'शिवलिंग हस्त'** कहलाता है। (The left hand in Ardhachandra with the palm facing upward and the right hand in Shikhara placed on the left palm.)

**विनियोग (Uses)**

**विनयोगस्तु तस्यैव शिवलिंगस्य दर्शने।**

शिवलिंग दिखाने में (Shivlinga)।

## 9. कटकावर्धन (Katakavardhana)

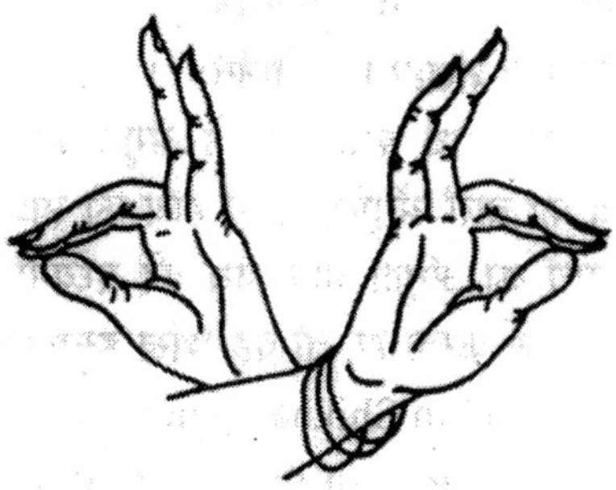

**कटकामुखयोः पाण्योः स्वस्तिकोमणिबन्धयोः।**
**कटकावर्धनाख्य स्यादिति नाट्यविदोविदुः।।**
कटकामुख हस्त में दोनों हाथ एक-दूसरे को कलाई के पास से पार करते हुए हों तो **'कटकावर्धन हस्त'** कहलाते हैं। (The two hands in Katakamukha are crossed near wrist.)

**विनियोग (Uses)**

**पट्टाभिषेके पूजायां विवाहादिषु युज्यते।**
राजतिलक का उत्सव (coronation), पूजा (worshipping), शादी (wedding)।

## 10. कर्तरीस्वस्तिक (Kartareeswastika)

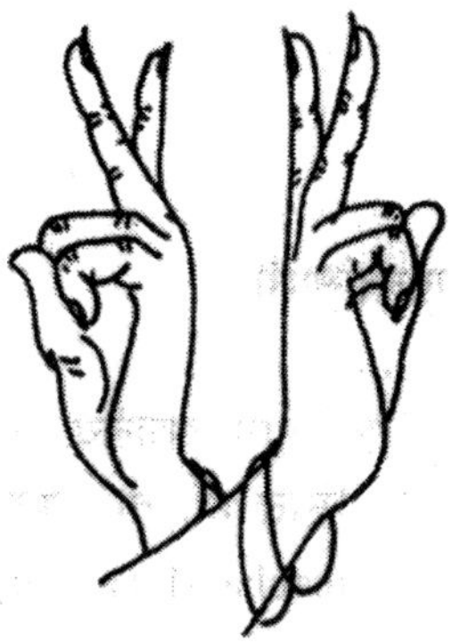

**कर्तरी स्वस्तिकाकारा कर्तरीस्वस्तिकोभवेत्।।**
जब कर्तरीमुख हस्त में कलाई के पास से दोनों हाथ एक-दूसरे को पार करते हुए हों, तो **'कर्तरीस्वस्तिक हस्त'** कहलाता है। (The hands in Kartareemukha are crossed near the wrist.)

**विनियोग (Uses)**

**शाखासु चाद्रिशिखरे वृक्षेषु च नियुज्यते।**
शाखा (branches), चोटी (peaks), पेड़ (trees)।

**11. शकट (Shakata)**

**भ्रमरे मध्यमांगुष्ठप्रसाराच्छक्टो भवेत् ।।**

भ्रमर हस्त में (मध्यमा अँगुली तथा अँगूठा अलग-अलग हों) दोनों हाथ कलाई के पास से एक दूसरे के ऊपर हों तो **'शकट हस्त'** कहलाता है। [The two hands in Bhramara (but without joining the thumb and the middle finger) are placed one above the other near the wrist.]

**विनियोग (Uses)**

**राक्षसाभिनये प्रायः शकटो विनियुज्यते ।**

राक्षस (demon)।

**12. शंख (Shankha)**

**शिखरान्तर्गतांगुष्ठ इतरांगुष्ठसंगतः ।।**
**तर्जन्या युत आश्लिष्टः शंखहस्तः प्रकीर्तितः ।।**

शिखर हस्त में दायाँ हाथ बायें हाथ के अँगूठे को पकड़ता हो, व बायें हाथ की चारों अँगुलियाँ दायें हाथ को स्पर्श करती हों तथा दायें हाथ का अँगूठा बायें हाथ की मध्यमा अँगुली के अग्रभाग को स्पर्श करता हो, तो वह **'शंख हस्त'** कहलाता है। (The right hand in Shikhara enclosing the left thumb with four fingers of the left hand touching the right hand and the right thumb touching the top of the left middle finger.)

**विनियोग (Uses)**

**शंखादिषु प्रयोज्योऽयमित्याहुर्भरतादयः ।।**

शंख (conch-shell)।

**13. चक्र (Chakra)**

**यत्नार्धचन्द्रौ तिर्यञ्चावन्योन्यतलसंस्पृशौ ।**
**चक्रहस्तः स विज्ञेयश्.......................**

अर्द्धचन्द्र हस्त में दोनों हाथ एक साथ हथेलियों की ओर से मिले हुए हों व दायीं तरफ स्थित हों, तो **'चक्र हस्त'** कहलाता है। (The hands in Ardhachandra are brought together with the palms facing each other at right angle.)

**विनियोग (Uses)**

**................................चक्रार्थे विनियुज्यते।।**

पहिया (wheel), भगवान विष्णु का चक्र (Mahavishnu's discus)।

## 14. सम्पुट (Samputa)

**कुञ्चितांगुलयश्चक्रे प्रोक्तः सम्पुटहस्तकः।**

चक्रहस्त में सभी अँगुलियाँ आगे की ओर झुकी हों तथा हथेलियाँ एक-दूसरे से जुड़ी हुई न हों, तो **'सम्पुट हस्त'** कहलाएगा। (All the fingers bent forward and the palms kept apart in Chakra.)

**विनियोग (Uses)**

**वस्त्वाच्छादे सम्पुटे च सम्पुटः करईरितः।।**

चीजों को ढँकना व पात्र को ढँकना।

(covering of things as well as container)।

## 15. पाश (Pasha)

**सूच्यां निकुञ्चिते श्लिष्टे तर्जन्यो पाशईरितः।**

सूची हस्त में दोनों हाथों की तर्जनी आगे की ओर मुड़कर आपस में विपरीत दिशा में बँधी हों, तो, **'पाश हस्त'** कहलाता है। (The index fingers of both the hands in Soochi are curved and interlocked in opposite direction.)

**विनियोग (Uses)**

**अन्योन्यकलहे पाशे शृंखलायां नियुज्यते।।**

झगड़ा (a mutual quarrel), तार (a string), जंजीर (a chain)।

## 16. कीलक (Keelaka)

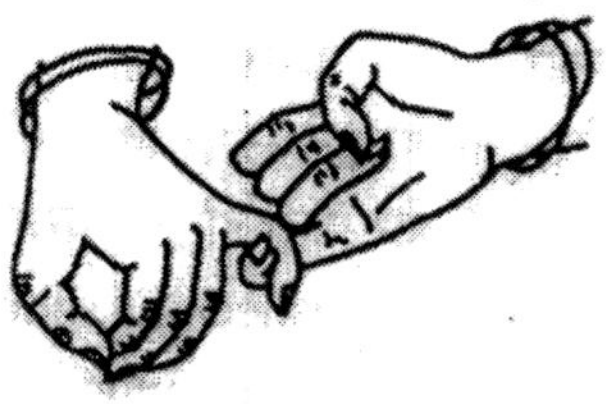

**कनिष्ठे कुञ्चिते श्लिष्टे मृगशीर्षस्तुकीलकः।**

मृगशीर्ष हस्त में दोनों हाथों की कनिष्ठा, अँगुली, आपस में विपरीत दिशा में बँधी हों, तो **'कीलक हस्त'** कहलाता है। (In Mrigasheersha, the little fingers of both the hands are curved and interlocked in opposite direction.)

**विनियोग (Uses)**

**स्नेहे नर्मानुलापे च कीलको विनियुज्यते।।**

स्नेह (affection), प्रेम वार्तालाप (sportive conversation)।

**17. मत्स्य (Matsya)**

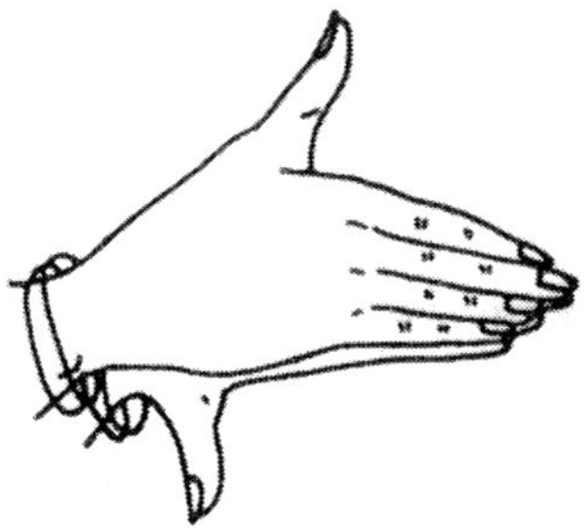

**करपृष्ठोपरि न्यस्तो यत्र हस्तस्त्वधोमुखः।**
**किञ्चित् प्रसारितांगुष्ठ कनिष्ठोमत्स्यनामकः।।**

पताका हस्त में एक हाथ के ऊपर दूसरा हाथ रखा हो तथा दोनों हाथों के अँगूठे बाहर की ओर फैले हुए हों तो, **'मत्स्य हस्त'** कहलाएगा। (The two hands in Pataka are placed one above the other with the thumbs pointing outwards.)

**विनियोग (Uses)**

**एतस्य विनियोगस्तु सम्मतो मत्स्यदर्शने।**

मछली (fish)।

**18. कूर्म (Kurma)**

**कुञ्चिताग्रांगुलिश्चक्रे त्यक्तांगुष्ठकनिष्ठकः।**
**कूर्महस्तः स विज्ञेय..............................**

चक्र हस्त में दोनों हाथों के बीच की तीन अँगुलियाँ मुड़ी हुई हों, तथा कनिष्ठा अँगुली सीधी हो, तो **'कूर्म हस्त'** कहलाता है। (The two hands should be in Chakra with middle three fingers folded and the little fingers are kept straight.)

**विनियोग (Uses)**

**...............................कूर्मार्थे विनियुज्यते।**

कछुवा (tortoise)।

**19. वराह (Varaha)**

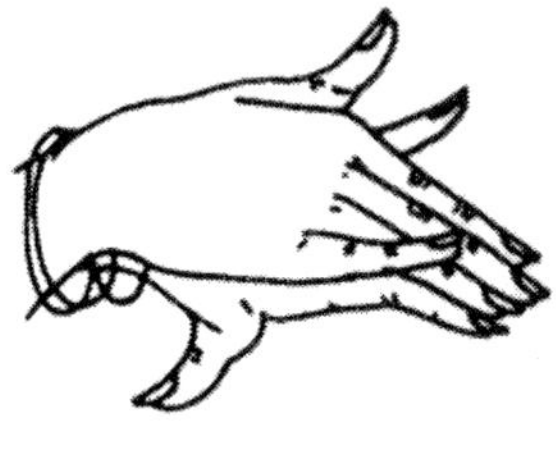

**मृगशीर्षे त्वन्यतरे स्वोपर्येकः स्थिते यदि।।**
**कनिष्ठांगुष्ठयोर्योगाद्वराहकर ईरितः।**

मृगशीर्ष हस्त में एक हाथ दूसरे हाथ के ऊपर हो तथा अँगूठा व कनिष्ठा अँगुलियाँ बाहर की ओर फैली हों, तो **'वराह हस्त'** कहलाता है। (The hands in Mrigasheersha should be placed one above the other with the thumbs and the little fingers stretched out.)

**विनियोग (Uses)**

**एतस्य विनियोगः स्याद्वराहार्थप्रदर्शने।।**

जंगली सूअर (boar)।

## 20. गरुड (Garuda)

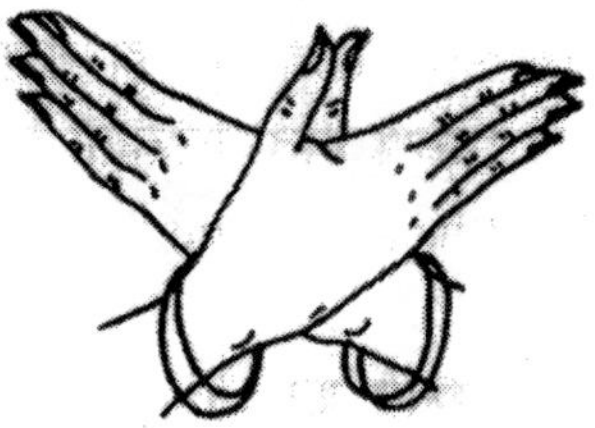

**तिर्यक् तलस्थितावर्धचन्द्रावंगुष्ठयोगतः।**
**गरुडहस्त इत्याहुर्....................**

अर्द्धचन्द्र हस्त में दोनों हाथों की हथेलियाँ एक दूसरे के ऊपर स्थिर हों, तथा हथेलियाँ शरीर की ओर हों व अँगूठे एक साथ जुड़े हों तो, **'गरुड़ हस्त'** कहलाएगा।

(The palms of the hands in Ardhachandra are kept one above the other with the palms facing the body and the thumbs kept together.)

**विनियोग (Uses)**

**..........................गरुडार्थे नियुज्यते।।**

गरुड (Garuda), बड़ा पक्षी (the bird of prey who kills and eats animals, eagle)।

## 21. नागबन्ध (Nagabandha)

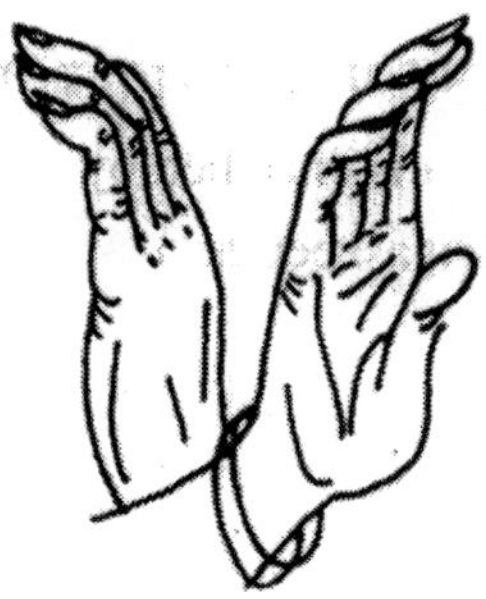

**सर्पशीर्षस्वस्तिकञ्च नागबन्ध इतीरितः।**

सर्पशीर्ष हस्त में दोनों हाथ कलाई के पास एक दूसरे को पार करते हुए स्थित हों तो, **'नागबन्ध हस्त'** कहलाता है।

(The two hands in Sarpasheersha are crossed near the wrist.)

**विनियोग (Uses)**

**एतस्य विनियोगस्तु नागबन्धे हि सम्मतः।।**

नागबन्ध (snakes coiling round each other)।

## 22. खट्वा (Khatwa)

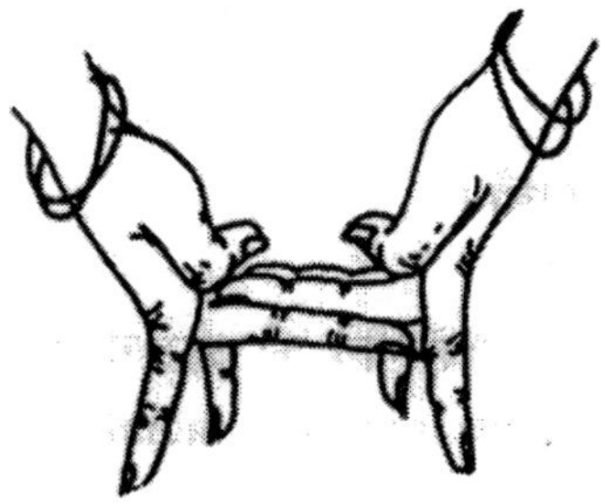

**चतुरे चतुरं न्यस्य तर्जन्यंगुष्ठमोक्षतः।**
**खट्वाहस्तो भवेदेष....................**

चतुर हस्त में दोनों हाथ एक दूसरे के ऊपर हों तथा हथेलियाँ ऊपर की ओर हों व तर्जनी तथा कनिष्ठा अँगुलियाँ नीचे की ओर सीधी स्थित हों तो, **'खट्वा हस्त'** कहलाता है।

(The two hands in Chatura are joined together with the index fingers and the little fingers pointing straight downwards.)

**विनियोग (Uses)**

**..........................खट्वाशिविकयोः स्मृतः।।**

खटिया (cot), पालकी (palanquin)।

### 23. भेरुण्ड (Bherunda)

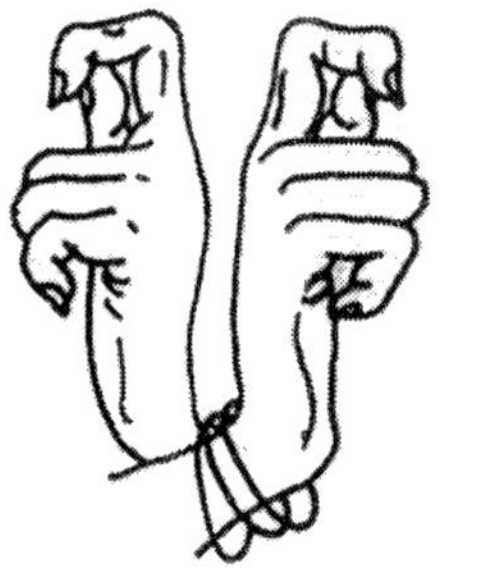

**मणिबन्धे कपित्थाभ्यां भेरुण्डकर इष्यते।**

कपित्थ हस्त में दोनों हाथ कलाई से जुड़े हुए हों, व हथेलियाँ एक दूसरे की ओर हों, तो **'भेरुण्ड हस्त'** कहलाता है। (The two hands in the Kapittha are joined at wrist.)

**विनियोग (Uses)**

**भेरुण्डे पक्षिदम्पत्योरुर्भेण्डो युज्यते करः।।**

भेरुण्ड (Bherunda), पक्षी का जोड़ा (a pair of birds)।

***Hereunder are given those additional samyuta hasta from N.S. which are not mentioned in A.D.***

### 1. निषध (Nishadha)

**मुकुलं तु यदा हस्तं कपित्थः परिवेष्टयेत्।**
**स मन्तव्यस्तदा हस्तो निषधो नाम नामतः।।**
**शिखरस्तु यदा हस्तो मृगशीर्षेण पीडितः।**

**'मुकुल हस्त'** में एक हाथ तथा **'कपित्थ हस्त'** में दूसरा हाथ या **'शिखर हस्त'** में बायाँ हाथ व **'मृगशीर्ष हस्त'** में दायाँ हाथ हो तो **'निषध हस्त'** कहलाता है। (One hand in Mukula is enriched by the other hand in Kapittha or with left hand in Shikhar and right hand in Mrigasheersha.)

**विनियोग** (Uses)

**संग्रहपरिग्रहौ धारणं च समयश्च सत्यवचनं च।।**
**संक्षेपः संक्षिप्तं निपीड़ितेनाभिनेतव्यम्।**
**निषधो नाम विज्ञेयः स भयार्त्ते विधीयते।।**

इसकी योजना संग्रह (in collecting), दान (donating something), ग्रहण (seizing, assumption), समय (time), सत्यवचन (speaking truth), संक्षेप (precision), किसी चीज़ को दबाने में (pressing something), डर (fear and terror) इत्यादि।

### 2. मकर (Makara)

**पताकौ तु यदा हस्तावूर्ध्वांगुष्ठावधोमुखौ।**
**उपर्युपरि विन्यस्तौ तदा स मकरः करः।।**

**'पताका हस्त'** में दोनों हाथ एक दूसरे के ऊपर रखे हों तथा उनकी हथेलियाँ नीचे की ओर से हों, व अँगूठे बाहर की ओर फैले हुए हों तो **'मकर हस्त'** हो जाता है। (Both the hands in Pataka, facing downward with their thumbs raised are placed on each other.)

**विनियोग (Uses)**

**सिंहव्यालिद्वपप्रदर्शनं नक्रमकरमत्स्यानाम्।**
**ये चान्ये क्रव्यादा ह्यभिनेयास्तेऽर्थयोगेन।।**

शेर (lion), सर्प (snake), मगरमच्छ (crocodile), बड़ी समुद्री मछली (shark) तथा इसी प्रकार के अन्य जानवर (fish and other such animals)।

### 3. गजदन्त (Gajadanta)

**कूर्परांसोचितौ हस्तौ यदास्तां सर्पशीर्षकौ।**
**गजदन्तः स विज्ञेयः कर्म चास्य निबोधत।।**

यदि **'सर्पशीर्ष हस्त'** में दोनों हाथों को स्वस्तिक दशा में विपरीत स्कन्धों पर रखें, तो **'गजदन्त हस्त'** हो जाता है। (Both the hands in Sarpasheersha touch the arms of opposite sides on shoulders or elbows.)

**विनियोग (Uses)**

**एष च वधुवराणामुद्वाहे चातिभारयोगे च।**
**स्तम्भग्रहणे च तथा शैलशिलोत्पाटने चैव।।**

वर एवं वधू (birde and groom), अति भार वहन (lifting a heavy weight), स्तम्भ ग्रहण (holding a pillar), शैल एवं पाषाण का उखाड़ना (uprooting a stone and rocks) इत्यादि।

### 4. अवहित्थ (Avahittha)

**शुकतुण्डौ करौ कृत्वा वक्षस्यभिमुखाञ्चितौ।**
**शनैरधोमुखाविद्धौ सोऽवहित्थ इति स्मृत।**

यदि **'शुकतुण्ड'** हस्तों में दोनों हाथों को छाती पर नीचे मुँह वाले और लटकाते हुए रखें तो **'अवहित्थ हस्तमुद्रा'** हो जाती है। (Two Shukatund hastas near the chest are bent forward and lowered slowly.)

**विनियोग (Uses)**

**दौर्बल्ये निःश्वसिते गात्राणां दर्शने तनुत्वे च।**
**उत्कण्ठिते च तज्ज्ञैरभिनययोगस्तु कर्त्तव्यः।।**

दुर्बलता (weakness), निःश्वास (a sigh), शरीर का सौन्दर्य प्रदर्शन (displaying a slim body), उत्कण्ठा (eagerness) इत्यादि।

### 5. वर्धमान (Vardhamana)

**ज्ञेयो वै वर्धमानस्तु हंसपक्षौ परांगमुखौ।**

यदि **'हंसपक्ष हस्तों'** में दोनों हाथों को विपरीत दिशा में रखा जाए, तो **'वर्धमान हस्तमुद्रा'** कहलाती है। (Two hands in Hamsapaksha are held opposite to each other.)

**विनियोग (Uses)**

**जालवातायनादीनां प्रयोक्तव्यो विघाटने।।**

झरोखा तथा खिड़की खोलने में (opening of ventilator or window)।

# देव हस्त
# (DEVA HASTA)

A.D. के अनुसार–

**अथात्र ब्रह्म रुद्रादि देवताभिनयक्रमात्।**
**मूर्तिभेदेन ये हस्तास्तेषां लक्षणमुच्यते।।**

## 1. ब्रह्म हस्त (Brahma Hasta)

**ब्रह्मणश्चतुरो वामे हंसास्यो दक्षिणे करः।**

बायें हाथ से **'चतुर'** हस्त व दायें हाथ से **'हंसास्य'** हस्त हो तो वह **'ब्रह्म हस्त'** कहलाता है।

**Chatura** in left and **Hamsasya** in the right hand.

## 2. शिव हस्त (Shiva Hasta)

**शम्भोर्वामे मृगशीर्षस्त्रिपताकस्तु दक्षिणे।।**

बायें हाथ से **'मृगशीर्ष'** हस्त व दायें हाथ से **'त्रिपताक'** हस्त हों तो वह **'शिव हस्त'** कहलाएगा।

**Mrigasheersha** in the left and **Tripataka** in the right hand.

## 3. विष्णु हस्त (Vishnu Hasta)

**हस्ताभ्यां विपताकस्तु विष्णुहस्तः स कीर्तितः।**

दोनों हाथों से **'त्रिपताक'** हस्त बने हों, तो वह **'विष्णु हस्त'** कहा जाएगा।

Both the hands holding **Tripataka.**

## 4. सरस्वती हस्त (Saraswati Hasta)

**सूचीकृते दक्षिणे च वामे चांससमकृतौ।।**
**कपित्थकेऽपि भाख्याः करः स्यादिति सम्मतः।**

दायें हाथ से **'सूची'** हस्त व बायें हाथ से **'कपित्थ'** हस्त यदि कन्धे के पास बनाया जाए तो वह **'सरस्वती हस्त'** कहा जाएगा।

**Soochi** in right hand and **Kapittha** in the left hand raised to the shoulder level.

## 5. पार्वती हस्त (Parwati Hasta)

**ऊर्ध्वाछः प्रसृतावर्धचन्द्राख्यौ वामदक्षिणौ।।**
**अभयो वरदश्चैव पार्वत्याः कर ईरितः।**

बायें हाथ से **'अर्द्धचन्द्र'** बनाकर नीचे वरद (Boon) स्थिति में तथा दायें हाथ से **'अर्द्धचन्द्र'** बनाकर ऊपर अभय स्थिति (Protection and Blessing) में रखा जाए तो **'पार्वती हस्त'** कहलाता है।

**Ardhachandra** in left is held down in varada (boon) pose and the right hand in **Ardhachandra** is held up in abhaya (protection and blessing) pose.

### 6. लक्ष्मी हस्त (Laxmi Hasta)

**असोपकंठे हस्ताभ्यां कपित्थस्तु श्रियःकरः।।**

**'कपित्थ' हस्त** दोनों हाथों से बनाकर यदि कन्धों के निकट रखें (दाया हाथ दायें कन्धे के पास और बायाँ हाथ बायें कन्धे के पास) तो **'लक्ष्मी हस्त'** कहलाएगा।

**Kapittha** in both the hands held near the respective shoulders to suggest holding of lotuses.

### 7. विनायक हस्त (Vinayaka Hasta)

**उरोगताभ्यां हस्ताभ्यां कपित्थौ विघ्नराट्करः।**

दोनों हाथों से **'कपित्थ' हस्त** बनाकर यदि वक्षस्थल पर आमने-सामने रखें तो वह **'विनायक हस्त'** कहा जाएगा।

**Kapittha** hands on the thighs or near the chest facing each other.

### 8. कार्तिकेय हस्त (षण्मुख हस्त) (Kartikeya Hasta)

**वामेकरे त्रिशूलञ्च शिखरो दक्षिणे करे।।**
**ऊर्ध्वगते षण्मुखस्य हस्तः स्यादिति कीर्तितः।**

बायें हाथ से **'त्रिशूल' हस्त** तथा दायें हाथ से **'शिखर' हस्त** दिखाया जाए तो वह **'कार्तिकेय या षण्मुख हस्त'** कहा जाएगा।

**Trishoola** in the left and **Shikhara** in the right hand.

### 9. मन्मथ हस्त (Manmatha Hasta)

**वामे करे तु शिखरो दक्षिणे कटकामुखः।।**
**मन्मथस्य करः प्रोक्त नाट्शास्त्रकोविदैः।**

बायें हाथ से **'शिखर' हस्त** व दायें हाथ से **'कटकामुख' हस्त** बना हो तो, वह **'मन्मथ हस्त'** कहा जाएगा।

**Shikhara** in left and **Katakamukha** in the right hand near the chest suggesting arrow and flower.

### 10. इन्द्र हस्त (Indra Hasta)

**त्रिपताकः स्वस्तिकश्च शक्रहस्तः प्रकीर्तितः।।**

दोनों हाथों से **'त्रिपताक' हस्त** बनाकर स्वास्तिक स्थिति में रखें तो **'इन्द्र हस्त'** कहलाएगा।

**Tripataka** in both hands in **Swastika** posture.

### 11. अग्नि हस्त (Agni Hasta)

**त्रिपताको दक्षिणे तु वामे काङ्गुलहस्तकः।**
**अग्निहस्तः स विज्ञेयो नाट्यशास्त्रविशारदैः।।**

जब दायें हाथ से **'त्रिपताक' हस्त** व बायें हाथ से **'कांगुल' हस्त** बनाया जाए तो वह **'अग्नि हस्त'** कहा जाएगा।

**Tripataka** in the right and **Kangula** in the left hand.

### 12. यम हस्त (Yama Hasta)

**वामे पाशं दक्षिणे तु सूची यमकरः स्मृतः।**

बायें हाथ से **'पाश'** हस्त व दायें हाथ से **'सूची'** हस्त बनाएँ तो वह **'यम हस्त'** कहलाएगा।

**Pasha** in the left and **Soochi** in the right hand.

### 13. निर्ऋति हस्त (Nirriti Hasta)

**खट्वा च शकटश्चैव कीर्तितो निर्ऋतोःकरः।।**

**'खट्वा'-'शकट'** हस्त यदि (एक के बाद एक) क्रम से बनाएँ तो **'निर्ऋति हस्त'** कहा जाएगा।

**Khatava** first and then **Shakata** shown on both the sides of the face.

### 14. वरुण हस्त (Varuna Hasta)

**पताको दक्षिणे वामे शिखरो वारुणः करः।**

जब दायें हाथ से **'पताक'** हस्त व बायें हाथ से **'शिखर'** हस्त बनाया जाए तो वह **'वरुण हस्त'** कहलाएगा।

The right hand in **Pataka** and left in **Shikhara**, both held near the respective shoulders.

### 15. वायु हस्त (Vayu Hasta)

**अरालो दक्षिणे हस्तेवामे चार्धपताकिका।।**
**धृताचेद् वायुदेवस्य कर इत्यमिधीयते।**

यदि दायें हाथ से **'अराल'** हस्त व बायें हाथ से **'अर्धपताक'** हस्त बनाया जाए तो **'वायु हस्त'** कहलाता है।

**Arala** in the right and **Ardhapataka** in the left hand.

### 16. कुबेर हस्त (Kuber Hasta)

**वामे पद्मं दक्षिणेतु गदा यक्षपतेः करः।।**

यदि दायें हाथ से **'पद्म'** हस्त व बायें हाथ से **'गदा'** हस्त दिखाया जाए तो **'कुबेर हस्त'** कहलाएगा।

or

यदि दायें हाथ से **'अल्पद्म' (Lotus)** व बायें हाथ से **'मुष्टी'** हस्त दिखाया जाए तो **'कुबेर हस्त'** कहलाएगा।

**Alpadma (Lotus)** in left hand and **Mushti (Mace)** in the right hand.

# 9

# नृत्त हस्त
# NRITTA HASTA

नृत्त-पक्ष के अन्तर्गत होने वाले विभिन्न प्रचार (चाल) शारीरिक मुद्राओं तथा स्थितियों में शोभा, सौन्दर्य तथा आकर्षण उत्पन्न करने के लिए ही नृत्त-हस्तों की सर्जना की गई। वस्तुतः ये नृत्त हस्त हाथ की विभिन्न अवस्थाएँ ही हैं क्योंकि इनसे किसी अर्थ विशेष की प्रतीति नहीं होती, फिर भी अंग-भंगों से जो लावण्य निखरता है उसमें नृत्त-हस्तों का बड़ा हाथ रहता है। ये समतोलन (Balance) के सिद्धान्त पर निर्मित किए गए (प्रतीत होते) हैं क्योंकि समतलपन (चतुस्त्रता) भी शरीर के सौन्दर्य में समाविष्ट माना जाता है। नृत्त हस्त हाथ, पैर तथा शरीर के सामंजस्यपूर्ण सन्तुलन द्वारा अलौकिक आभा के सर्जन से लावण्य को साधते हैं और नृत्य प्रदर्शन को शोभाशाली बनाते हैं इसीलिए ये नृत्य के अलंकार माने गए हैं।

नृत्त हस्तों की एक (प्रमुख) विधि यह है कि इनका संचालन शरीर की क्रिया तथा पैर को उठाने व रखने के साथ किया जाता है। अतः इस संचालन की स्थिति पाँच प्रकार से होती है। ये हैं–(1) ऊपर (Up), (2) नीचे (Down), (3) दायें (Right Side), (4) बायें (Left Side), (5) सामने की ओर (Towards Front), कथक नृत्य में एक और प्रकार से प्रयोग किया जाता है, (6) पीछे की ओर (In Back Position)।

नाट्यशास्त्र में **भरत मुनि** ने बताया है कि नृत्त हस्तों का विशेष रूप से प्रयोग करणों के निर्माणार्थ करना चाहिए।

**"करणे तु प्रयोक्तव्या नृत्तहस्ता विशेषतः।" (N.S.)**

उन्होंने नृत्त हस्तों के 30 (thirty) प्रकार बताए हैं–

(1) चतुस्त्र (Chatusra)
(2) उद्वृत्त (Udvritta)
(3) तलमुख (Talamukha)
(4) स्वस्तिक (Swastika)
(5) विप्रकीर्ण (Viprakeerna)
(6) अरालकटकामुख (Arala Katkamukha)
(7) आविद्धवक्र (Aviddhavakra)
(8) सूचीमुख (Soochimukha)
(9) रेचित (Rechita)
(10) अर्धरेचित (Ardharechita)

(11) उत्तानवंचित (Uttanavanchita)
(12) पल्लव (Pallava)
(13) नितम्ब (Nitamba)
(14) केशबन्ध (Keshabandha)
(15) लता (Lata)
(16) करिहस्त (Karihasta)
(17) पक्षवंचित (Pakshavanchita)
(18) पक्षप्रद्योतक (Pakshapradyotaka)
(19) गरुड़पक्ष (Garudapaksha)
(20) दण्डपक्ष (Dandapaksha)
(21) ऊर्ध्वमण्डली (Urdvamandali)
(22) पार्श्वमण्डली (Parshvamandali)
(23) उरोमण्डली (Uromandali)
(24) उरः पार्श्वमण्डल (Urahparshvamandala)
(25) मुष्टिकस्वस्तिक (Mushtikaswastika)
(26) नलिनीपद्मकोश (Nalinipadmakosha)
(27) अलपल्लव (Alpallava)
(28) उल्वण (Ulvana)
(29) ललित (Lalita)
(30) वलित (Valita)

(अभिनय दर्पण में नृत्त हस्तों की संख्या तेरह ही बताई गई है।)

## कथक नृत्य में हस्त-संचालन

कथक जगत् (Repertoire) में नया अध्याय जुड़ा **कथक में हस्तकों का प्रयोग** पर हुए **23 मार्च से 25 मार्च, सन् 1992 ई.** में हुए सेमिनार से। इसमें कथक नृत्य से सम्बन्धित सभी गुरुजनों व गुणीजनों ने मिलकर इस नृत्य में प्रयुक्त होने वाले नृत्त हस्तों का शास्त्र बनाया जिसकी अध्यक्षता स्वयं मेरे परम् पूज्यनीय गुरु पद्मविभूषण **पं. बिरजू महाराज** जी ने की थी। जिनका विवरण इस प्रकार है–

### 1. नमन (Namana)

दोनों हाथों की हथेलियों को आपस में बाँधकर खड़े होना।

### 2. उत्पत्ति (Utpatti)

यह हस्त, मूल हस्त है। इस हस्त से अन्य सभी हस्तों का उद्गम होता है तथा इसी हस्त पर आकर दूसरे हस्त समाप्त होते हैं। इस नृत्त-हस्त में जो हस्त मुद्रा प्रयोग में लाई जाती है उसका नाम **श्याम भवी** है।

### 3. ऊर्ध्व हस्त चक्र (Urdhva Hasta Chakra)

उत्पत्ति हस्त से आरम्भ कर पताका हस्त मुद्रा सहित हस्त को सिर के ऊपर ले जाकर हथेली को कलाई के स्थान से चक्र की तरह (दायें से तथा बायें से दोनों हाथों से) घुमाते हैं। दायें हाथ के लिए कलाई दायीं तरफ से तथा बायें हाथ के लिए बायीं तरफ से घुमाते हुए चक्र बनाते हैं।

### 4. मध्य हस्त चक्र (Madhya Hasta Chakra)

उत्पत्ति हस्त से आरम्भ होकर पताका हस्त मुद्रा के साथ पूरे हाथ को सामने की ओर से किनारे की तरफ ले जाते हुए एक बड़ा चक्र बनाते हैं तथा हाथ की ऊँचाई लगभग कन्धे के बराबर रहनी चाहिए तथा दायें हाथ का घुमाव दायें तरफ की ओर तथा बायें हाथ का घुमाव बायें तरफ की ओर होगा।

### 5. तल हस्त चक्र (Tala Hasta Chakra)

उत्पत्ति हस्त से आरम्भ होकर हस्त को नीचे की दिशा में ले जाते हुए एक बड़ा चक्र बनाते हैं। इसमें पताक हस्त मुद्रा का ही प्रयोग होता है।

(यहाँ पर चक्र बनाने का अर्थ यह है कि हस्त द्वारा चक्र जैसी आकृति शून्य (Space) में खींची जाती है।)

**6. ऊर्ध्व कोण सूचिता (Urdhva Kona Soochita)**
**7. मध्य कोण सूचिता (Madhya Kona Soochita)**
**8. तल कोण सूचिता (Tala Kona Soochita)**
**9. समतल (Samtala)**
**10. स्थिर (Sthira)**
**11. अर्धांग (Ardhanga)**
**12. थाप (Thapa)**
**13. ध्वज (Dhwaja)**
**14. ज्योति (Jyoti)**
**15. अर्पण (Arpana)**
**16. पुष्पक (Pushpaka)**
**17. उमंग (Umanga)**
**18. स्वागत (Swagata)**
**19. मृदंग (Mridanga)**
**20. अंजुरी (Anjuri)**
**21. मतंग (Matanga)**
**22. आलिंगन (Alingana)**
**23. अर्द्धालिंगन (Ardhalingana)**

24. **स्त्रोत (Strota)**
25. **व्याप्ति (Vyapti)**
26. **मींड (Meenda)**
27. **जल-भ्रमरी (Jal-Bhramari)**
28. **पलट (Palat)**
29. **चपल कलास (Chapal Kalasa)**
30. **फेरी (Pheri)**
31. **बद्धफेरी (Baddha Pheri)**
32. **मुक्त फेरी (Mukta Pheri)**
33. **पवन फेरी (Pawan Pheri)**
34. **अर्ध फेरी (Ardha Pheri)**
35. **प्रवाह (Prawaha)**
36. **लवशिखा (Love Shikha)**
37. **लता (Lata)**
38. **उड़ान (Udana)**
39. **पल्टा (Palta)**
40. **थिरकन (Thirkana)**

    उत्पत्ति हस्त में कलास चलाना थिरकन के अन्तर्गत है।
41. **चँवर (Chanwar)**
42. **चँवर फेरी (Chanwar Pheri)**

(अन्य सभी हस्त के संचालन की रूपरेखा छायाचित्र द्वारा दिखाई गई है)

नमन (Naman)

उत्पत्ति (Utpatti)

(a) ऊर्ध्व हस्त चक्र (Urdva Hasta Chakra)

(b) ऊर्ध्व हस्त चक्र Urdva Hasta Chakra

(a) मध्य हस्त चक्र (Madhya Hasta Chakra)

(b) मध्य हस्त चक्र (Madhya Hasta Chakra)

(a) तल हस्त चक्र (Tala HastaChakra)

(b) तल हस्त चक्र (Tala Hasta Chakra)

ऊर्ध्व कोण सूचिता

a

b

मध्य कोण सूचिता
(Madhya Kona Soochita)

a

b

## तल कोण सूचिता (Tala Kona Soochita)

a

b

## समतल (Samatala)

a

b

'स्थिर' (Sthira)

a

b

अर्धांग (Ardhangal)

थाप (Thape)

‘ध्वज’ (Dhwaja)

a

b

ज्योति (Jyoli)

a

b

अर्पण

पुष्पक

उमंग

स्वागत

मृदंग

a

b

अंजुरी (Anjurai)

मतंग

आलिंगन (Alingana)

a b c

अर्द्धालिंगन (Ardhalingana)

(a) (b) (c)

स्त्रोत (Srota)

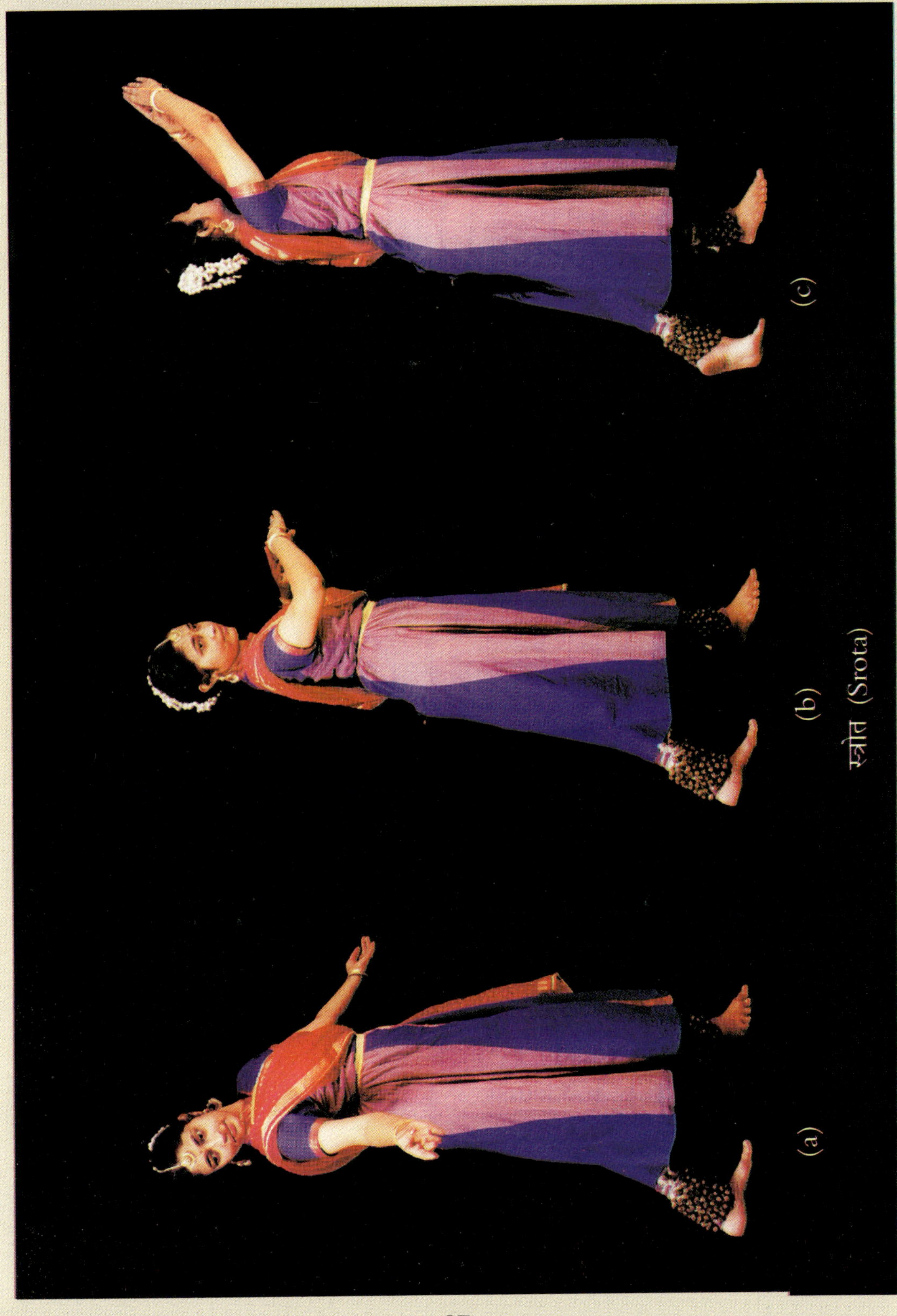

(a) (b) (c)

स्रोत (Srota)

(a) (b) (c)

व्याप्ति (Vyapti)

मींड (Meenda)

(a) (b) (c) (d)

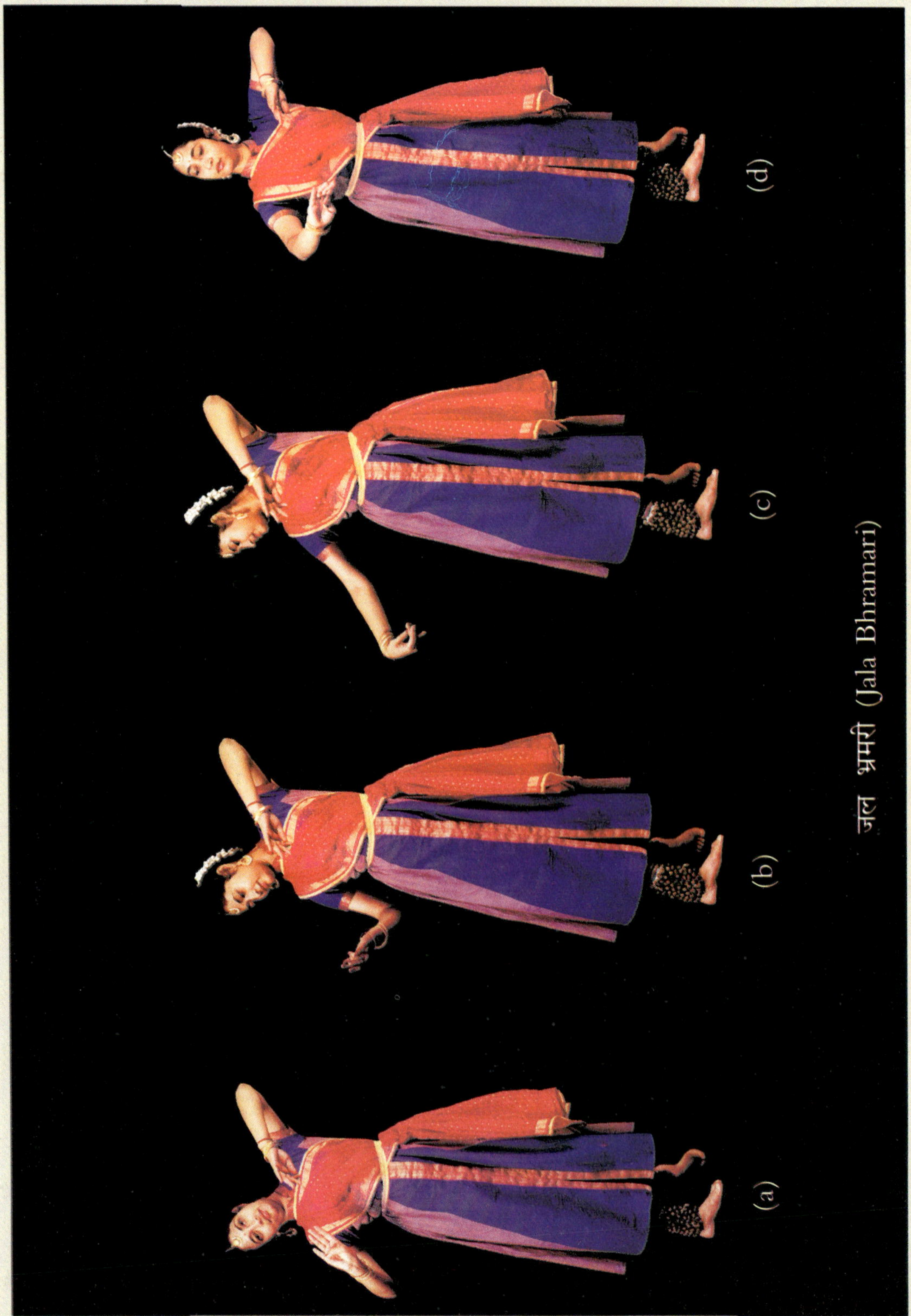

(a) (b) (c) (d)

जल भ्रमरी (Jala Bhramari)

(a) (b) (c)

पलटा

(a) (b) (c)

चपल कलास

## फेरी (Pheri)

a

b

c

## बद्धफेरी

a

b

## मुक्त फेरी (Mukta Pheri)

पवन फेरी (Pawana Pheri)

(a} (b} (c} (d}

## अर्ध फेरी (Ardha Pheri)

प्रवाह (Prawaha)

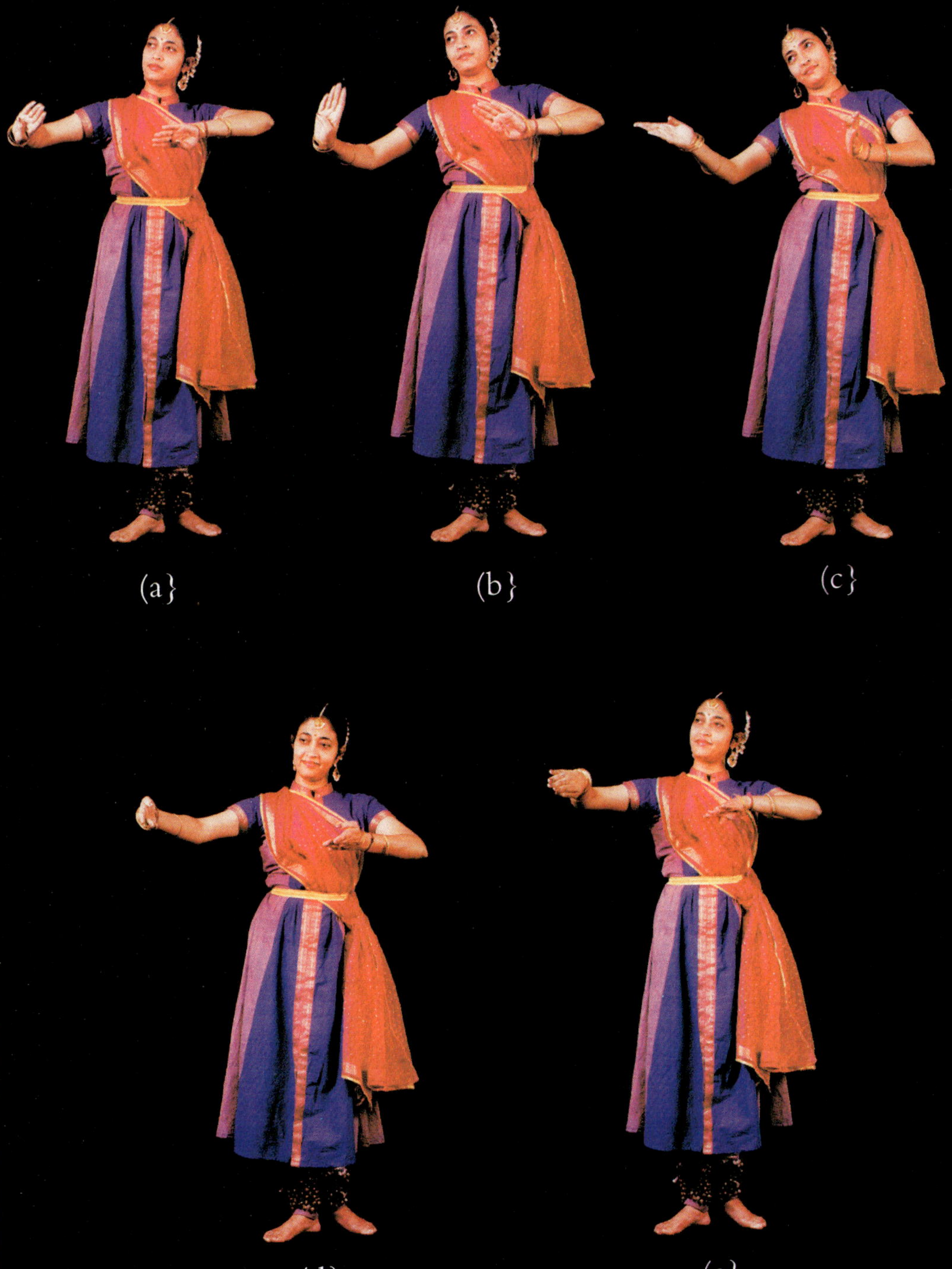

(a} (b} (c}

(d} (e}

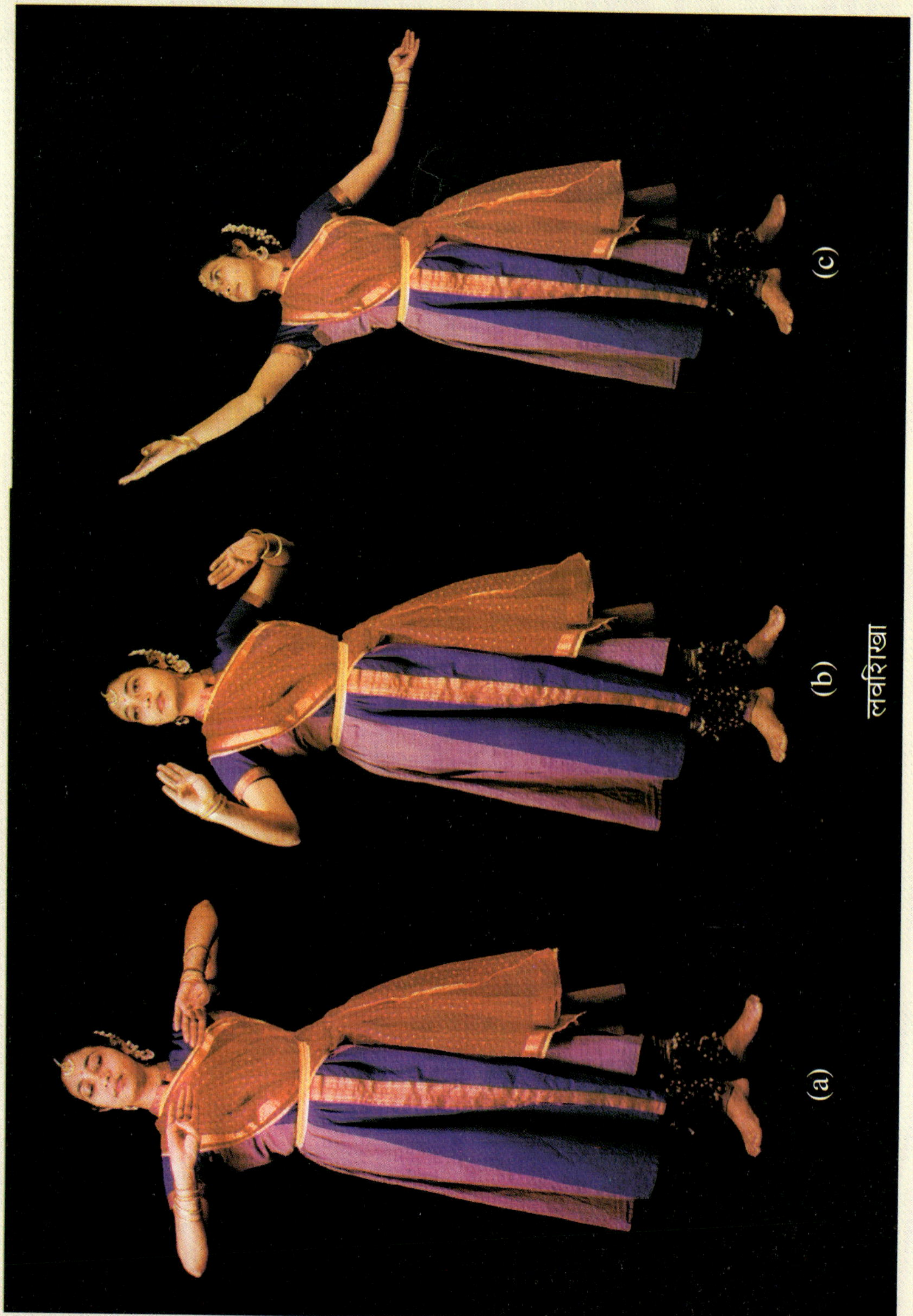

लवशिखा

## लवशिखा

(d)

(e)

(f)

(g)

## लता (Lata)

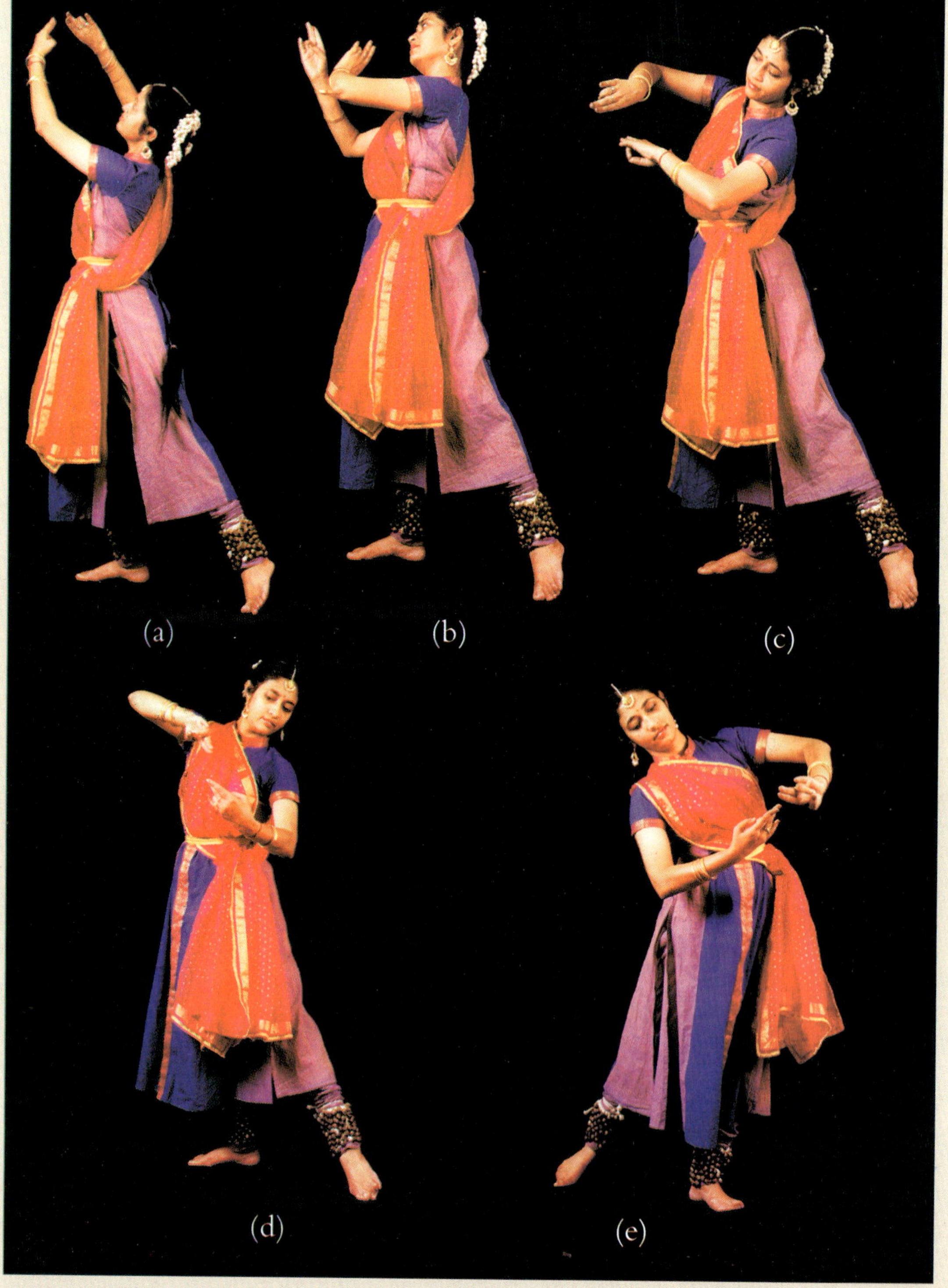

(a) (b) (c) (d) (e)

उड़ान(UDAN)

(a) (b) (c) (d)

पल्टा(PALTA)

(a) (b) (c) (d)

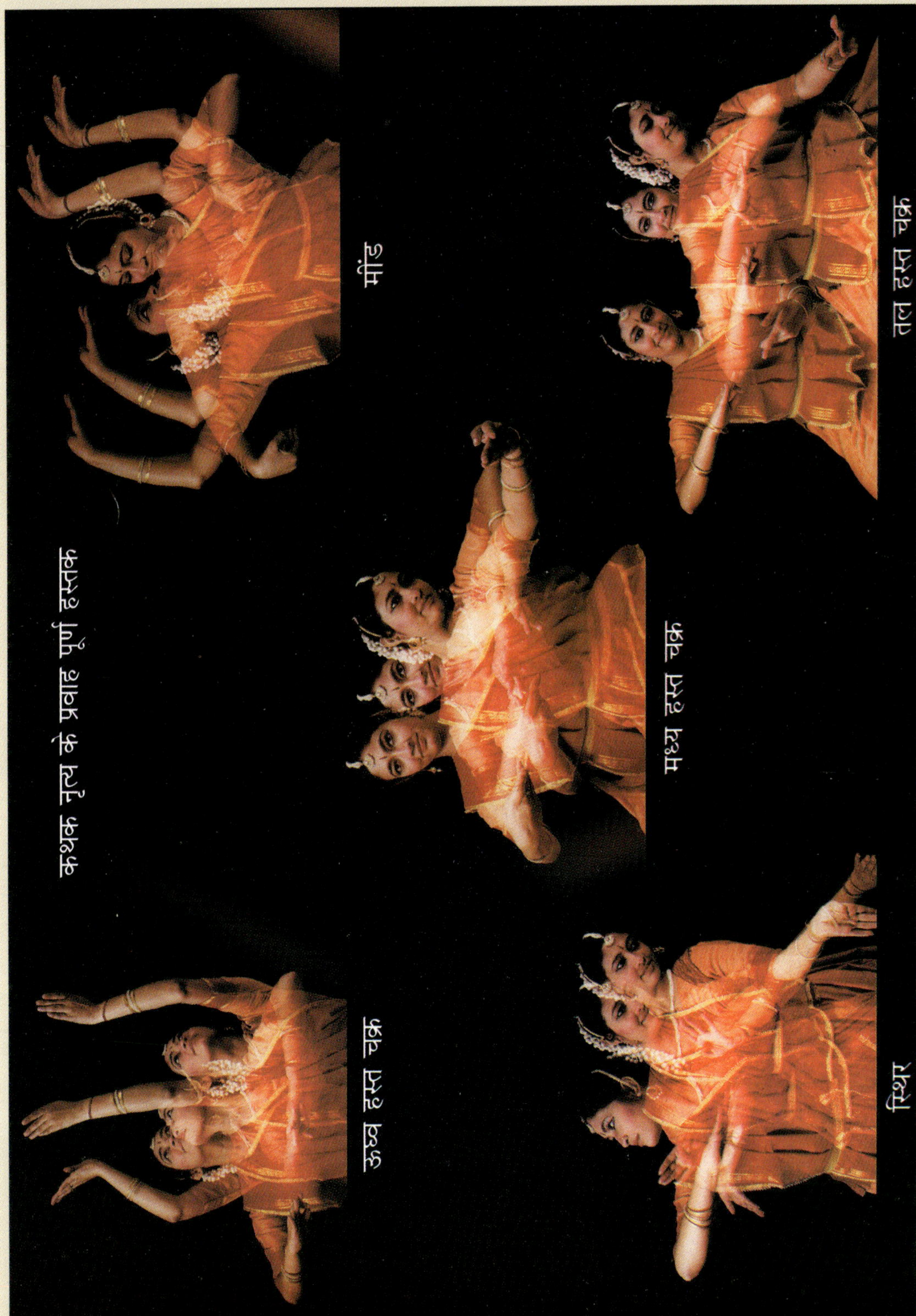

कथक नृत्य के प्रवाह पूर्ण हस्तक

ऊर्ध्व हस्त चक्र

मींड

मध्य हस्त चक्र

स्थिर

तल हस्त चक्र

लता

उडान

प्रवाह

ध्वज

# बाहु-संचालन
# (BAHU-SANCHALAN)
## (Division of Arm Movements)

नाट्यशास्त्र में 'बाजुओं का संचालन' के केवल नाम दिए गए हैं। अभिनवगुप्त ने बाहु-संचालन के स्वरूप की थोड़ी व्याख्या दी है। उनके अनुसार दस प्रकार बताए गए हैं। Ten types of movement of the (full hand).

(1) **तिर्यक या तिर्यग्गत (Tiryaka or Tiryaggata)**—दोनों बाजुओं में तिरछे रखे गए हाथ।

(2) **ऊर्ध्वसंस्य (Urdhvasansya)**—मस्तक पर ऊँचे कर रखे गए या उठाए गए हाथ।

(3) **अधोमुख (Adhomukha)**—नीचे रखा गया या पृथ्वी को छूने वाला हाथ।

(4) **अञ्चित (Anchita)**—हाथ को वक्षस्थल के पास से मस्तक तक ले जाकर पुनः उसी प्रकार अपने मूल स्थान पर वापस लाना।

(5) **अपविद्ध (Apaviddha)**—हाथ को वक्षःस्थल के पास से घुमाते हुए चक्राकार गति में सभी ओर बढ़ाते हुए आगे ले जाना।

(6) **मण्डलगति (Mandalgati)**—हाथ को शरीर के चारों ओर फिराना या घुमाव देना।

(7) **स्वस्तिक (Swastika)**—बायें हाथ से दाहिने हाथ की भुजा और दाहिने हाथ से बायें हाथ की भुजा को पकड़ना या छूना।

(8) **पृष्ठानुसारी (Prishthanusari)**—पीछे रखा या ले जाया गया हाथ।

(9) **उद्वेषित (Udveshita)**—हाथ की कलाई का सहारा लेकर निकालते या फैलाते हुए दोनों को छूते हुए रखना और फिर एक को दूसरे का अनुगत (succeeding) करना।

(10) **प्रसारित (Prasarita)**—हाथ को आगे की ओर लम्बा करते हुए फैलाना।

नाट्यशास्त्रसंग्रह तथा सङ्गीतरत्नाकर ग्रन्थों में बाहुओं के सोलह प्रभेद दिए गए हैं। इनमें नाट्यशास्त्र के उपर्युक्त दस प्रभेदों के अतिरिक्त छः अन्य प्रभेद भी मिलते हैं। इनके नाम तथा स्वरूप इस प्रकार हैं :–

(1) **आविद्ध (Aviddha)**—बाहर से अपनी ओर खींचा गया हाथ।

(2) **कुञ्चित (Kunchita)**—कोहनी को सिकुड़ाकर हाथ को मोड़ना।

(3) **नम्र (Namra)**—सहजभाव से थोड़ा तिरछा रखा या झुकाया हुआ हाथ।

(4) **सरल (Sarala)**—दोनों बाजुओं की ओर सौष्ठवपूर्ण रीति में सरलता से या सीधा रखा हुआ हाथ।

(5) **आन्दोलित (Aandolita)**—हाथों को झूलते हुए रखना।

(6) **उत्सारण (Utsarana)**—विरुद्ध दिशा में रखे हुए हाथ को अपनी बाजू से दूसरी ओर चलता हुआ रखना।

(कथक नृत्य में अधिकतर बाहु-संचालन का प्रयोग होता है)

# 10

# चारी-भेद
# CHARI-BHEDA
## (Division of Leg Movements)

**एवं पादस्य जङ्घाया ऊरोः कटयास्तथैव च।**
**समानकरणे चेष्टा चारीति परिकीर्तिता।।** (N.S.)

हाथ, पैर, जंघा (Shank means from Knee to Ankle), उरू (Thigh) तथा कटि (आदि) अंगों की एक साथ चलनात्मक चेष्टा चारी कहलाती है।

**अथात्र चारिभेदानां लक्षणं कथ्यतेऽधुना।।**
**आदौ तु चलनं प्रोक्तं पश्चाच्चंक्रमणं तथा।**
**सरणं वेगिनी चैव कुट्टनं च ततः परम्।।**
**लुठितं लोलितं चैव ततो विषमसञ्चरः।**
**चारिभेदा अमी अष्टौ प्रोक्ता भरतवेदिभिः।। (A.D.)**
**विधानोपगताश्चार्यो व्यायच्छन्ते परस्परम्।**
**यस्मादङ्गसमायुक्तास्तस्माद् व्यायाम उच्यते।। (N.S.)**

क्योंकि यह विधान से युक्त (होकर) अङ्गों (अवयवों, हस्त, पैर इत्यादि) को परस्पर सम्बद्ध करती हैं, इसीलिए चारी व्यायाम (भी) कहलाती है।

**एकपादप्रचारो यः सा चारीत्यभिसंज्ञिता।**
**द्विपादक्रमणं यत्त करणं नाम तम्दवेत्।। (N.S.)**

एक पैर के द्वारा भरा जाने वाला डग (Step) 'चारी' तथा दोनों पैरों से होने वाली गति **'करण'** कहलाती है।

इनके आठ भेद हैं—चलन, चंक्रमण, सरण, वेगिनी, कुट्टन, लुठित, लोलित तथा विषमसंचर।

(1) **चलन चारी (Chalan Chari)**—स्वाभाविक गति से एक पैर उठाकर आगे रखना **'चलन चारी'** कहलाता है।

(2) **चंक्रमण चारी (Chankramana Chari)**—पैरों को यत्न के साथ धीरे से उठाकर (किनारे-किनारे) अगल-बगल रखते हुए चलना **'चंक्रमण चारी'** कहलाता है।

(3) **सरण चारी (Sarana Chari)**—पैरों को इस तरह रखें कि एक पैर का अग्रभाग (Toe) दूसरे पैर की एड़ी से छूता रहे (जोंक की तरह चलना) तो वह **'सरण चारी'** कहलाता है।

(4) **वेगिनी चारी (Vegini Chari)**—एड़ी या पूरे पैरों के बल पर द्रुतगति से चलना **'वेगिनी चारी'** कहलाता है।

(5) **कुट्टन चारी (Kuttanna Chari)**—एड़ी, पंजे से या पूरे पैर से जब भूमि पर प्रहार करते हैं (जोर से) तो वह **'कुट्टन चारी'** कहलाता है।

(6) **लुठित चारी (Luthita Chari)**—जब स्वस्तिक स्थिति में (पैरों को cross करके) भूमि पर प्रहार करते हैं तो **'लुठित चारी'** कहलाता है।

(7) **लोलित चारी (Lolita Chari)**—कुट्टन की स्थिति से पैरों को धीरे-धीरे चलाना या गमन करना **'लोलित चारी'** कहलाता है।

(8) **विषमसंचर चारी (Vishamsanchar Chari)**—जब बायें पैर से दाहिनी तरफ व दायें पैर से बायीं तरफ पैरों से (विषम या वेष्टित करके) गति करते हैं तो वह **'विषमसंचर चारी'** कहलाता है।

नाट्य शास्त्र के अनुसार चारी दो प्रकार के होते हैं–

(1) भूमिचारी (Bhoomichari)
(2) आकाशिकी (Aakashiki)

**1. भूमिचारी (Bhoomichari)**—भूमिचारी 16 हैं–

(1) समपादा (Sampada)
(2) स्थितावर्ता (Sthitavarta)
(3) शकटास्या (Shakatasya)
(4) अध्यर्धिका (Adhyardhika)
(5) चाषगति (Chashgati)
(6) विच्यवा (Vichyava)
(7) एलकाक्रीड़िता (Elkakridita)
(8) बद्धा (Baddha)
(9) अरुद्वृता (Urudvrita)
(10) अड्डिता (Addita)
(11) उत्स्पन्दिता (Utspandita)
(12) जनिता (Janita)
(13) स्पन्दिता (Spandita)
(14) अपस्पन्दिता (Apspandita)
(15) समोत्सारित (Samotsarita)
(16) मत्तल्ली (Mattalli)

**2. आकाशिकी (Akashiki)**—सोलह हैं–

(1) अतिक्रान्ता (Atikranta)
(2) अपक्रान्ता (Upkranta)
(3) पार्श्वक्रान्ता (Parshvakranta)

(4) ऊर्ध्वजानु (Urdhvajanu)
(5) सूची (Soochi)
(6) नूपुरपादिका (Noopurpadika)
(7) डोलपादा (Dolapada)
(8) आक्षिप्ता (Akshipta)
(9) आविद्धा (Aviddha)
(10) उद्वृता (Udvrita)
(11) विद्युत्क्रान्ता (Vidyutakranta)
(12) अलाता (Alata)
(13) भुजंगत्रासिता (Bhujangatrasita)
(14) हरिणीप्लुता (Harinipluta)
(15) दण्डपादा (Dandapada)
(16) भ्रमरी (Bhramari)

## भूमिचारी
## (EARTHY OR GROUNDED MOVEMENTS OF THE FEET)

(1) **समपादा**—दोनों पैरों को पास रखते हुए तथा नखों को बराबर मिलाते हुए अपने स्थान पर स्थित रहना।

(2) **स्थितावर्ता**—भूमि पर रगड़ते हुए एक (अग्रतलसंचर) पाद को ऊपर उठाकर स्वस्तिक दशा बनाते हुए दूसरे पैर को अपने पास खींचे तथा दोनों के पृथक् होने के पश्चात् यही गति पुनः दोहराना।

(3) **शकटास्या**—शरीर को सीधा रखते हुए एक चरण को 'अग्रतलसंचर' दशा में सामने (की) ओर रखना।

(4) **अध्यर्धिका**—यदि बायें पैर की एड़ी पर दाहिना पैर रखकर फिर उसे पीछे हटाया जाए।

(5) **चाषगति**—यदि दायें पैर को आगे फैलाकर फिर पीछे की ओर रख दिया जाए और बायाँ पैर उसी समय पीछे की ओर रखकर पुनः आगे बढ़ाकर रख दें।

(6) **विच्यवा**—यदि समपादाचारी के दोनों पैरों को अलग हटाकर उनके पंजों को पृथ्वी पर पटकें।

(7) **एलकाक्रीडिता**—यदि तलसंचर पादों से उछाल लेकर पृथ्वी पर क्रमशः गिरता रहे।

(8) **बद्धा**—दोनों जंघाओं को 'स्वस्तिक' बनाकर पिण्डलियों को धीरे-धीरे हिलाना।

(9) **उरुद्वृता**—'तल संचर पद' में पंजा आगे रखना और एक पिण्डली थोड़ी नमाकर जंघा को ऊपर उठाना।

(10) **अड्डिता**—यदि एक 'अग्रतलसंचर' पैर को आगे या पीछे की ओर रगड़ता हुआ रखा जाए।

(11) **उत्स्पन्दिता**—यदि दोनों पैरों को क्रमशः एक दूसरे के पीछे घुमाया जाए (जिससे कि वह आगे आए और पीछे चला जाए)।

(12) **जनिता**—यदि एक **'मुष्टि हस्त'** छाती पर तथा दूसरा हाथ गोल चक्कर लगाते हुए रखे और पैर अग्रतलसंचर, दशा में हो।

(13) **स्पन्दिता**—यदि एक पैर को दूसरे पैर से पाँच ताल के अन्तर के सामने रखा जाए (ताल = बारह अंगुल की दूरी अर्थात् पाँच ताल = 60 अंगुल की दूरी)।

(14) **अपस्पन्दिता**—स्पन्दिताचारी के ठीक विपरीत यदि दूसरे पैर को पहले पैर के सामने पाँच ताल के अन्तर से रखा जाए।

(ताल = बारह अंगुल की दूरी अर्थात् पाँच ताल = 60 अंगुल की दूरी)

(15) **समोत्सारित**—यदि तलसंचर पादों से पीछे की ओर गोल चक्कर लगाते हुए जाया जाए।

(16) **मत्तल्ली**—यदि एक गोल चक्कर लगाकर पीछे जाया जाए तथा हस्त उद्वेष्टित तथा पुनः गतिहीन स्थिति में रखें।

## आकाशिकी चारी
## (CELESTIAL MOVEMENTS OF THE FEET)

(1) **अतिक्रान्ता**—एक 'कुञ्चित' पैर को ऊपर उठाकर सामने फैलाएँ तथा ऊपर उठाकर (फिर) नीचे पटकें।

(2) **अपक्रान्ता**—यदि दोनों उरुओं (पिण्डलियों) के द्वारा 'बलन' (घुमाव) क्रिया को प्रदर्शित कर फिर एक कुञ्चित पैर को ऊपर उठाकर एक बाजू में पटकें।

(3) **पार्श्वक्रान्ता**—यदि पैर को 'कुञ्चित' दशा में ऊपर उठाकर जंघा (thigh) से ऊपर ले जाए और फिर उस ऊपर उठे हुए पैर को एक बाजू की ओर ले जाए।

(4) **ऊर्ध्वजानु**—यदि 'कुञ्चित' पैर को ऊपर उठाकर और (इसी पैर की) जंघा को छाती के बराबर ऊँचा उठाकर रखा जाए, दूसरी जानु (knee) स्तब्ध रखें तथा फिर इसी क्रम से दूसरे पैर को कुञ्चित दशा में ऊपर उठाएँ और पहले को स्थिर रखें।

(5) **सूची**—यदि 'कुञ्चित' पैर को जंघा के ऊपर तक ले जाकर फैला दें और फिर इसके पंजे के आगे वाले भाग को ज़मीन पर पटकें।

(6) **नूपुरपादिका**—एक 'अंचित' पैर को ऊपर उठाकर दूसरे पैर के पीछे रखें तथा 'अग्रतलसंचर' स्थिति वाले पैर को जल्दी से पृथ्वी पर पटकें।

(7) **डोलपादा**—यदि 'कुञ्चित' पाद को ऊपर उठाकर एक ओर से दूसरी बाजू तक हिलाएँ तथा 'अंचित' दशा में रखकर पृथ्वी पर पटक दें।

(8) **आक्षिप्ता**—यदि 'कुञ्चित' पैर को उठाकर जल्दी से 'अंचित' दशा में पृथ्वी पर रख दें तथा जंघाओं को स्वस्तिक करें।

(9) **आविद्धा**—यदि जंघाओं (thighs) के स्वस्तिक में एक पैर आगे की ओर फैलाते समय 'कुञ्चित' रखें तथा 'अंचित' पाद बनाकर पृथ्वी पर जल्दी से पटकें।

(10) **उद्वृत्ता**—यदि 'आविद्ध' चारी की दशा में 'कुञ्चित' पैर को (दूसरी जंघा से) लपेट लें तथा फिर दूसरे को इसी प्रकार बदल कर रखें और ऊपर उठाकर पृथ्वी पर पटकें।

(11) **विद्युत्क्रान्ता**—यदि पीछे की ओर घुमाकर (एक) पैर मस्तक से रगड़ खाता हुआ फैलाएँ और चारों ओर एक गोल चक्कर ले लें।

(12) **अलाता**—यदि एक पैर को पीछे की ओर फैला दें तथा घुमाकर इसे अन्दर रखते हुए दूसरे पैर के पंजे के पास पटकें।

(13) **भुजंगत्रासिता**–यदि 'कुञ्चित' पैर को ऊपर उठाकर पिंडली (ankle) को गोल चक्करदार घुमाव दें साथ में कटि (waist) तथा जंघा (thigh) को भी एक गोल घुमाव दें।

(14) **हरिणीप्लुता**–यदि 'अतिक्रान्ताचारी' में एक उछाल (उत्प्लुत्य) मार कर पृथ्वी पर पैर टिका दें तथा जंघा को अंचित पाद युक्त करते हुए आक्षिप्त दशा में पैर को नीचे पटकें।

(15) **दण्डपादा**–यदि नूपुरचारी को प्रदर्शित कर एक पैर को फैलाकर (उसे शीघ्र) पीछे लौटाया जाए।

(16) **भ्रमरी**–यदि अतिक्रान्ताचारी को प्रदर्शित करते हुए एक पैर को ऊपर उठाया जाए तथा पीठ को घुमाव दें (सारे शरीर को एक गोल चक्कर देकर) और फिर दूसरे पैर को उसके नीचे भाग में घुमाव दे दें।

## पाद-भेद
## PADA-BHEDA
## (Division of Feet Movements)

**उद्घट्टितः समश्चैव तथाग्रतलसञ्चरः।**
**अञ्चितः कुञ्चितश्चैव पादःपञ्चविधः स्मृतः।। (N. S.)**

पैर के पाँच प्रकार के भेद बताए गए हैं (Five types of movement of the foot)—

(1) उद्घट्टित (Udghattita)
(2) सम (Sama)
(3) अग्रतलसंचर (Agratalasanchara)
(4) अंचित (Anchita)
(5) कुंचित (Kunchita)

### 1. उद्घट्टित (Udghattita)

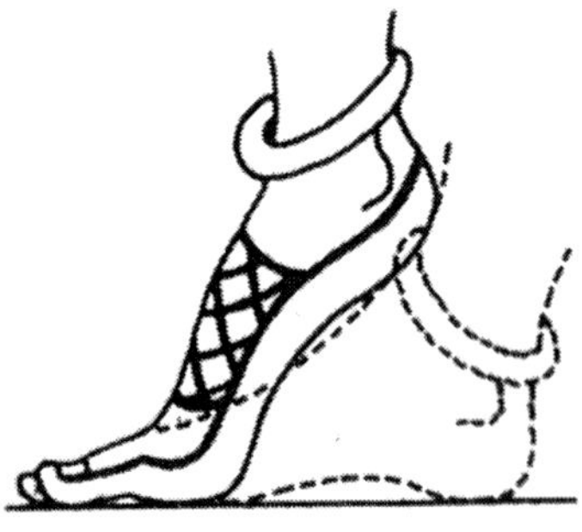

**स्थित्वा पादतलाग्रेण पाष्णिर्भूमौ निपात्यते। (N.S.)**

पैरों से पंजे के बल खड़े होकर एड़ी से भूमि को स्पर्श करने पर **'उद्घट्टित'** पाद होता है।

Weight on fore-part of the sole and heel is brought down after.

**विनियोग** (Uses) :

**अयमुद्घट्टितकरणेष्वनुकरणार्थ प्रयोगमासाद्य।**
**द्रुतमध्यमप्रचारः सकृदसकृद्धा प्रयोक्तव्यः।। (N.S.)**

अनुकरण (to follow), मध्य व द्रुत लय को दोहराना (in repeating Madhya and Drut Laya)

### 2. सम (Sama)

**स्वभावरचितो भूमौसमस्थानश्च यो भवेत्।। (N.S.)**

स्वाभाविक रूप से समतल भूमि पर स्थापित पैर को **'समपाद'** कहते हैं।

Foot placed on the ground naturally.

विनियोग (Uses) :

**समपादः स विज्ञेयः स्वभावाभिनयाश्रयः।** (N.S.)

इसका स्वाभाविक अभिनय में प्रयोग होता है।

Used in natural Abhinaya.

**3. अग्रतलसंचर (Agratalasanchara)**

**उत्क्षिप्ता तु भवेत् पार्ष्णिः प्रसृतोऽङ्गुष्ठकस्तथा।।**

**अङ्गुल्यश्चाञ्चिताः सर्वाः पादेऽग्रतलसञ्चरे।।** (N.S.)

यदि एड़ी उठी हुई, अँगूठा आगे की ओर फैला हुआ और अँगुलियाँ झुकी हुई हों, तो **'अग्रतलसंचर' पाद** होता है। Heel is raised up, Toe placed on the ground and all the four fingers are bent.

विनियोग (Uses) :

**तोदननिकुट्टने स्थितनिशुम्भने भूमिताड़ने भ्रमणे।** (N.S.)

रणा (Inspiration), तोड़ना (break), स्थिरता (Stability), पीटना (beat), घूमना (rotate), कोई चीज़ फेंकना (throw something)।

**4. अंचित (Anchita)**

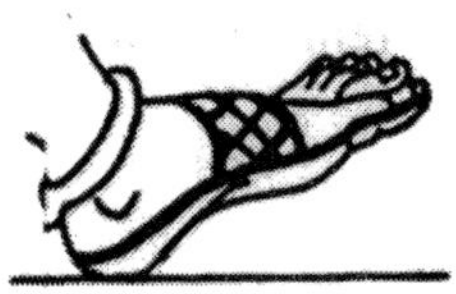

**पार्ष्णिर्यस्य स्थिता भूमौ पादमग्रतलन्तथा।**

**अङ्गुल्यश्चाञ्चिताः सर्वाः स पादोऽञ्चित उच्यते।।** (N.S.)

एड़ी भूमि पर टिकी हो, पंजा ऊपर उठा हुआ तथा अँगुलियाँ सिकुड़ी हुई (झुकी हुई) रहें, तो **'अंचित' पाद** कहलाता है। Heel placed on the ground, fore-part of the sole is raised up and all the four fingers are bent.

िनियोग (Uses) :

**पादाग्रस्थितसञ्चारे वर्तितोद्वर्तिते तथा।**

**एष पादाहते कार्यो नाना भ्रमरकेषु च।।** (N.S.)

पं के बल चलना (walk on toe), किनारे या पीछे की ओर घूमना एवं वापस आना (rotate towards side o(back) and come back)।

**5. कुंचित (Kunchita)**

**उत्क्षिप्ता यस्य पार्ष्णिः स्यादङ्गुल्यः कुञ्चितास्तथा।**

**तथाकुञ्चितमध्यश्च स पादः कुञ्चितः स्मृतः।।** (N.S.)

जिसमें एड़ी ऊपर उठाई हुई, अँगुलियाँ सिकुड़ी हुई तथा पैर का आधा भाग (मध्य भाग) झुका हुआ रहे, तो **'कुञ्चित' पाद** कहलाता है।

Heel is raised up, all fingers are bent and middle part of the soul is bent towards the soul side(on the ground side).

**विनियोग (Uses) :**

**उदात्तगमने चैव वर्तितोद्वर्तिते तथा।**
**अतिक्रान्तक्रमे चैव पादमेतं प्रयोजयेत।। (N.S.)**

शिष्टजन की चाल (Walking of Gentleman), सीधे हाथ की ओर घूमना एवं वापस अना (turn towards right side and come back)।

**प्रक्षिप्त सूची (Soochi)**

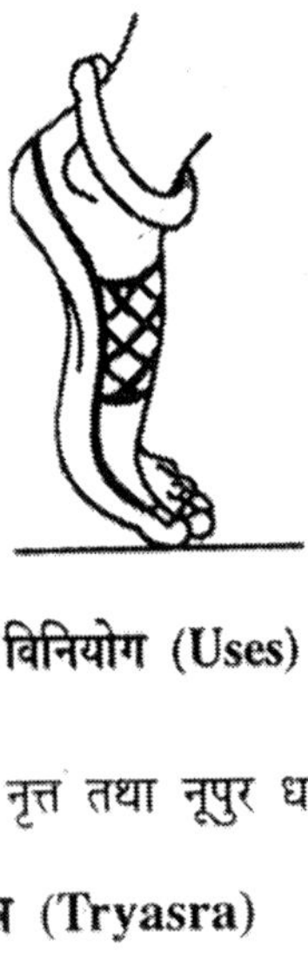

**उत्क्षिप्ता तु भवेत् पार्ष्णिरङ्गुष्ठाग्रेण संस्थितः।**
**वामश्चैव स्वभावस्थः सूचीपादः प्रकीर्तितः।।**

यदि (दायें पैर की) एड़ी उठी हुई, पंजा अँगूठे के बल पर टिका हुआ तथा बायाँ पैर स्वाभाविक दशा में खड़ा खा जाए, तो **'सूची'** पाद कहलाता है।

Heel is raised up (right foot), fore-part of he sole is placed on the toe and only big toe is placd on the ground and left foot is remained in itsnatural position.

**विनियोग (Uses) :**

**नृत्ते नूपुरकरणे च प्रयोगस्तस्य कीर्तितः।**

नृत्त तथा नूपुर धारण करने में इसका प्रयोग होता है।

**त्रयस्त्र (Tryasra)**

**समस्यैव यदा पार्ष्णिः पादस्योयन्तरे भवेत्**
**बहिः पार्श्वस्थितोऽङ्गष्ठस्त्रश्रपादस्तु स स्मृतः।।**

समपाद में ही पैर का पंजा (पार्ष्णि) दूसरे पैर के अदर चला जाए और अँगूठा तथा एक बाजू बाहर टिका रहे तें**'त्रयस्त्र' पाद** कहलाता है।

**विनियोग (Uses) :**

एक (दायें) पैर की एड़ी लाकर दूसरे पैर के बीच के भाग में स्थापित किया है जैसे अंग्रेजी अक्षर 'T' कथक नृत्य में अधिकांशतः इसका प्रयोग किया जाता है। इसका प्रयोग कथक के पद संचालन में किया जाता है।

## पद-संचालन
## (MOVEMENTS OF FEET)

यहाँ कुछ ही प्रमुख बोलों का निकास पैरों द्वारा बताया जा रहा है क्योंकि ये बोल, ज़्यादातर जब नर्तक या नर्तकी खड़े होकर 'पद-संचालन' करते हैं, उनमें प्रयोग किए जाते हैं।

इन्हीं बोलों को अंग-संचालन के साथ करें तो उनके पैरों की स्थिति व स्थान बदल भी सकते हैं तब शरीर व अंगों के हिसाब से पैरों का निकास हो जाता है क्योंकि केवल पद-संचालन ही नहीं करना होता।

(N.S. के पाद-भेद के अनुसार नाम देकर कथक नृत्य में पैरों की स्थितियों को बताने का प्रयास किया है।)

पैर के दो किनारे होते हैं एक 'अँगूठे से लेकर एड़ी तक' जिसे अन्दर वाला हिस्सा कहते हैं। दूसरा 'छोटी अँगुली से लेकर एड़ी तक' जिसे बाहर वाला हिस्सा कह सकते हैं।

'त' शब्द से प्रारम्भ होने वाले बोलों को पूरे पैर अर्थात् **समपाद** की स्थिति में किया जाता है लेकिन वजन पंजे पर होता है। क्योंकि 'त' शब्द से शुरू होने वाले बोल हल्के होते हैं।

इसी प्रकार ध, धि या धु से प्रारम्भ होने वाले बोल या तो पैर के बाहरी हिस्से या किनारे द्वारा निकाले जाते हैं या एड़ी द्वारा अर्थात् उस तरफ वजन होता है तथा अन्दर वाला हिस्सा पृथ्वी से थोड़ा ऊपर उठा होता है। (ऐसे बोल पैर को थोड़ा तिरछा करके निकालते हैं)।

कथक नृत्य के नृत्त-पक्ष में हमेशा **समपाद** की स्थिति में ही खड़े होते हैं या किसी चीज़ की शुरुआत करते हैं।

ततकार (ता थेई थेई तत) इत्यादि बोलों को समपाद की स्थिति में ही पूरे-पूरे पैरों द्वारा निकाला जाता है तथा एड़ी द्वारा भी ।

### 1. ततकार के बोल–(एड़ी द्वारा)

ता – **समपाद** [पूरा पैर (दायाँ)]
थेई – **उद्घट्टित पाद** [बन्द एड़ी (बायाँ)]
थेई – **उद्घट्टित पाद** [बन्द एड़ी (दायाँ)]
तत – **अञ्चित पाद** [बायाँ] एड़ी द्वारा आघात लेकिन आगे का पंजा जमीन से ऊपर उठा हुआ होता है। **इसे खुली एड़ी द्वारा आघात करना कह सकते हैं।**

**नोट : इसी प्रकार 'आ थेई थेई तत' बाएँ पैर से शुरू किया जाता है।**

### 2. तकिट

(अ) **पहला प्रकार**

त – **समपाद** [पूरे पैर से (दायाँ)]
कि – **उद्घट्टित पाद** [बन्द एड़ी से (बायाँ)]

ट – **उद्घट्टित पाद** [खुली एड़ी (दायाँ)]

**(ब) दूसरा प्रकार**

त – **समपाद** [पूरा पैर (दायाँ)]

कि – **उद्घट्टित पाद** [बन्द एड़ी (बायाँ)]

ट – **उद्घट्टित पाद** [बन्द एड़ी (दायाँ)]

### 3. धिकिट

**'धि' समपाद** (को पैर के बाहर वाले किनारे पर थोड़ा जोर डालते हुए करना चाहिए तभी 'त' व 'धि' का अन्तर नज़र आएगा।)

दायें पैर के दायें वाले हिस्से से तथा बायें पैर के बायें वाले हिस्से से बोल को निकालना चाहिए।

कि – **उद्घट्टित पाद** [बन्द एड़ी (बायाँ)]

ट – **उद्घट्टित पाद** [बन्द एड़ी (दायाँ)]

(बोलों को दायें या बायें दोनों पैरों से शुरू किया जा सकता है। यहाँ पर दायें पैर द्वारा निकास दिया जा रहा है)

### 4. किड़ धा तिट

कि – **समपाद** [पूरा पैर (बायाँ)]

ड़ – **अञ्चित पाद** [खुली एड़ी (दायाँ)]

धा – **समपाद** [पूरा पैर (दायाँ)]

तिट – **समपाद** [दायाँ व बायाँ (पूरा पैर)]

### 5. थर्र

बायाँ पैर समपाद की स्थिति में होता है। दायें पैर की स्थिति खड़े पैर की स्थिति होती है। इसमें खड़े पैर को एक प्रकार से ज़मीन से रगड़ते हुए प्रक्रिया की जाती है।

### 6. धाकिट तक

धा – **समपाद** [पूरा पैर (दायाँ)]

कि – **समपाद** [पूरा पैर (बायाँ)]

ट – **अञ्चित पाद** [खुली एड़ी (दायाँ)]

त – **समपाद** [पूरा पैर (वजन पंजे) पर (दायाँ)]

क – **उद्घट्टित पाद** (बायाँ)

### 7. धुमकिट तक

धुम – दायें पैर के दाहिने हिस्से को तिरछा करते हुए आघात करना

कि – **समपाद** [पूरा पैर (बायाँ)]

ट — **अञ्चित पाद** [खुली एड़ी (दायाँ)]
त — **समपाद** [पूरा पैर (दायाँ)]
क — **उद्घट्टित**

**8. घिन्नड़ाऽन**

घि — **उद्घट्टित पाद** की प्रथम स्थिति अर्थात् पैर का अगले हिस्से द्वारा आघात (दायाँ)
न्न — **अञ्चित पाद**
ड़ा — **समपाद**
न — दायाँ पैर वापस समपाद की स्थिति में होता है।

**9. कत तिट**

कत — **समपाद** [पूरा पैर (बायाँ)]
ति — **अञ्चित पाद** [खुली एड़ी (दायाँ)]
ट — **समपाद** [पूरा पैर (दायाँ)]

**10. धिर किट तक**

धि — दायें पैर के दायें हिस्से को तिरछा करते हुए वजन देकर आघात करना
र — **उद्घट्टित पाद** [बन्द एड़ी (बायाँ)]
कि — दायें पैर से 'धि' की तरह आघात करना
ट — **उद्घट्टित पाद** [बन्द एड़ी (बायाँ)]
तक — **समपाद** [पूरा पैर (दायाँ)]

**11. कड़ान**

कड़ान — **समपाद** (बायें)
— **अञ्चित** (दायें)
(इन पाद-स्थितियों के विभिन्न प्रकार हो सकते हैं)

## शाखा
## SHAKHA
## (Branch Limbs of the Body)

**पार्ष्णिगुल्फौ तथांगुलयः करयोःपादयोस्तले।**
**एतानि पूर्वशास्त्रानुसारेणोक्तानि वे मया।।**
**नृत्यमात्रोपयोगीनि कथ्यन्ते लक्षणैःक्रमात्। (N.S.)**

**(1) पार्ष्णि भेद (Parshni Bheda)**—एड़ी का संचालन (Movements of the Heel)
**(2) गुल्फ भेद (Gulpha Bheda)**—पिण्डली का संचालन (Movements of the Ankle)

(3) तल भेद (**Tala Bheda**)—तलवे का संचालन (Movements of the Sole)

(4) पादांगुलि भेद (**Padanguli Bheda**)—पैर की अँगुली का संचालन (Movements of the Toes)

(5) करांगुलि भेद (**Karanguli Bheda**)—हाथ की अँगुली का संचालन (Movements of the Fingers)

## 1. पार्ष्णि-भेद (Parshni-Bheda) एड़ी-संचालन (Movements of the Heels)

आठ प्रकार के एड़ी-संचालन बताए गए हैं–

(*a*) *उत्क्षिप्त (Utkhipta)*—ऊपर उठा हुआ (Raised up)

(*b*) *पतित (Patita)*—नीचे लाया गया (Brought down)

(*c*) उत्क्षिप्तपतित ***(Utkshiptapatita)***—बारी-बारी से ऊपर उठाना और नीचे लाना (Raised up and brought down alternately)

***(d) अन्तर्गत (Antargata)***—अन्दर की तरफ मोड़ना (Turned inwards)

***(e) बहिर्गत (Bahirgata)***—बाहर की तरफ ले जाना (Turned outwards)

***(f) मिथोयुक्त (Mithoyukta)***—एक-दूसरे को जोड़ना (Joined together)

***(g) वियुक्त (Viyukta)***—एक-दूसरे से अलग-अलग करना (Separated)

***(h) अंगुलिसंगत (Angulisangata)***—एक पैर की एड़ी दूसरे पैर की अँगुलियों को स्पर्श करती है। (Heel of one foot touches the toe of the other foot).

## 2. गुल्फ-भेद (Gulpha-Bheda) पिंडली का संचालन (Movements of the Ankles)

पाँच प्रकार के पिण्डली के संचालन बताए गए हैं–

***(a) अंगुष्ठसंश्लिष्ट (Angushthasamshlishta)***—एक पैर की पिण्डली दूसरे पैर के बड़े अँगुली (अँगूठा) का स्पर्श करती है। (Ankle touches the big toe of the other foot.)

***(b) अन्तर्गत (Antaragata)***—अन्दर मुड़ी हुई (Turned inside)

***(c) बहिर्गत (Bahirgata)***—बाहर मुड़ी हुई (Turned outwards)

***(d) मिथोयुक्त (Mithoyukta)***—एक दूसरे से जुड़ी हुई (Joined together)

***(e) वियुक्त (Viyukta)***— एक दूसरे से अलग-अलग (Separated)

## 3. तल-भेद (Tala-Bheda) तलवे का संचालन (Movements of the Sole)

छः प्रकार से तलवे का संचालन होता है–

***(a) पतिताग्र (Patitagra)***—तलवे के ऊपर का भाग नीचे लाना (Fore part of the foot is brought down)

***(b) उद्धृताग्र (Uddhritagra)***—पतिताग्र का विपरीत (Fore part of the feet is raised up)

***(c) भूमिलग्न (Bhoomilagna)***—तलवा भूमि से जुड़ा हुआ हो (Sole of the feet touches the ground)

***(d) उद्धृत (Uddhrita)***—भूमिलग्न का विपरीत (Sole of the feet is raised up from the ground).

***(e) कुञ्चान्मध्य (Kunchanmadhya)***—एड़ी और पैर की अँगुली भूमि का स्पर्श करे और तलवे का मध्य भाग मुड़ा हुआ (Toes and heels touches the ground, middle part of the sole is bent) *(f)* ***तिरश्चीना (Tirashchina)***—तलवा तिरछी दिशा में हो। (Sole of the feet is slanting)

## 4. पादांगुलि-भेदः (Padanguli-Bheda) पैर की अँगुली का संचालन (Movements of the Toes)

पाँच प्रकार से पैर की अँगुली के संचालन बताए गए हैं–

*(a)* ***अधःक्षिप्ता (Adhahkshipta)***—पदांगुल स्थिरता से नीचे गिरा हुआ (Toes are constantly falling downwards)

**विनियोग (Uses)** : गर्व, अहंकार (hauntiness), प्रेमासक्त व्याकुलता (amourous agitation)

*(b)* ***उत्क्षिप्ता (Utkshipta)***—पदांगुल ऊपर दिशा में उठा (मुड़ा) हुआ हो (Toes bent upwards)

**विनियोग (Uses)** : नववधू की लज्जा (bashfulness of newly wed women)

*(c)* ***कुञ्चिता (Kunchita)***—पदांगुल नीचे झुका हुआ हो (Toes are bent down)

**विनियोग (Uses)** : बेहोशी (fainting) ठंड (cold), दैत्य या बुरी आत्मा से डर (fear by evil)

*(d)* ***प्रसारिता (Prasarita)***—पदांगुल फैला हुआ हो। (Toes are extented)

**विनियोग (Uses)** : निंद्रा (sleep), लकवा (paralysis)

*(e)* ***संलग्न (Samlagna)***—पदांगुल की बड़ी अँगुली को शेष अँगुलियों से मिलाकर रखना। (By joining the big toe with other toes)

**विनियोग (Uses)** : किसी वस्तु को खींचना (depicts dragging something)

## 5. करांगुलि-भेद (Karanguli-Bheda) हाथ की अँगुलियों का संचालन (Movements of the Fingers)

सात प्रकार के अँगुलियों के संचालन होते हैं–

*(a)* ***संयुक्त (Samyukta)***—एक दूसरे से जुड़ा हुआ (Joined together)

*(b)* ***वियुक्त (Viyukta)***—अलग-अलग (Separated)

*(c)* ***वक्र (Vakra)***—अन्दर मुड़ी हुई (Bent inside)

*(d)* ***वलित (Valita)***—दोनों तरफ झुकी हुई (Curved sideways)

*(e)* ***पतित (Patita)***—नीचे (भूमि) की ओर इशारा करना (Pointing downwards)

*(f)* ***कुञ्चमूल (Kunchamula)***—मूल की स्थान से मुड़ी हुई (Bent at the roots)

*(g)* ***प्रसरित (Prasarita)***—फैली हुई (Extended)

## गति-भेद (GATI-BHEDA)

**अयात्र गतिभेदानां लक्षणं वक्ष्यते क्रमात्।**
**हँसी मयूरी च मृगी गजलीला तुरङ्गिणी।।**
**सिंही भुजंगी मण्डूकी गतिर्वीरा च मानवी।**
**दशैता गतयो ज्ञेया नाट्यशास्त्रविशारदैः।। (A.D.)**

अभिनय दर्पण के अनुसार गति-भेद दस प्रकार के होते हैं–

(1) **हंसी गति (Hamsi Gati)**–जब धीमे से एक-एक पैर बित्ते भर के अन्तर (at a distance of half a cubit) पर रखा जाए और शरीर को एक बार दायीं तरफ व एक बार बायीं तरफ मोड़कर चला जाए तो वह **'हंसी गति'** कहलाती है तथा कपित्थ हस्त हों जैसे–हंस की गति।

(2) **मयूरी गति (Mayuri Gati)**–जब पंजे व घुटनों को भूमि पर टिकाकर घुटनों के बल आगे चला जाए तथा हाथों से कपित्थ हस्त बनाया जाए तो उसे **'मयूरी गति'** कहा जाएगा।

(3) **मृगी गति (Mrigi Gati)**–हाथों से त्रिपताका हस्त दिखाना (सामने या अगल-बगल) तथा हिरण के समान चौकड़ी भरना **'मृगी गति'** कहलाता है।

(4) **गजलीला गति (Gajaleela Gati)**–सम पादों से धीमे-धीमे (हौले-हौले) दोनों तरफ (बाजू) झूम-झूम कर चलना **'गजलीला गति'** कहलाता है। इसमें दोनों हाथों द्वारा 'पताका' हस्त दिखाया जाता है।

(5) **तुरंगिनी गति (Turangini Gati)**–यदि बायीं ओर शिखर हस्त तथा दायीं ओर पताका हस्त हो और दायें पैर से बारी-बारी उछल-उछल कर चला जाए तो **'तुरंगिनी गति'** कहलाएगी।

(6) **सिंही गति (Singhi Gati)**–पंजों के बल खड़े होकर आगे की तरफ बड़े वेग से उछलना **'सिंही गति'** कहलाता है। इसमें दो हाथों से 'शिखर' हस्त दिखाते हैं।

(7) **भुजंगी गति (Bhujangi Gati)**–पद-विन्यास दायें-बायें बनाते हुए सर्प की भाँति चलना जिसमें दोनों हाथों से 'त्रिपताका' हस्त बनाते हैं तब **'भुजंगी गति'** कहलाता है।

(8) **मण्डूकी गति (Mandooki Gati)**–पंजों के बल खड़े होकर सामने (आगे) की तरफ तेजी से कूदना या उछलना **'मण्डूकी गति'** कहा जाएगा। इसमें दोनों हाथों द्वारा 'शिखर' हस्त दिखाया जाता है। (जैसे मेढक की चाल)

(9) **वीरा गति (Veera Gati)**–बायें हाथ से शिखर तथा दायें हाथ से पताका दिखाकर सामने की तरफ तेजी से बढ़ना जैसे बहुत दूर से आ रहे हों इसे **'वीरा गति'** कहा जाएगा।

(10) **मानवी गति (Manavi Gati)**–बायाँ हाथ कमर पर रखकर दायें हाथ से कटकामुख हस्त बनाकर यदि गोलाकार घूमा जाए या चला जाए तो इसे **'मानवी गति'** कहा जाएगा।

N.S. के अनुसार साठ प्रकार की गतियाँ बताई गई हैं। इनके अनुसार गति का वर्गीकरण मनुष्य की आयु (Age), अवस्था (Condition), स्थिति (Situation), जाति (Caste), व्यवसाय (Profession), चरित्र (Character), स्वभाव (Mood), भावुकता (Sentiment) के आधार पर तथा उनकी (मनुष्य) सवारी के प्रकार (चाहे वह कोई वाहन हो या जानवर) के आधार पर किया गया है।

# 11

# मुखज

# MUKHAJA
# (Movements of Facial Features)

## उपांग
## (UPANGA)

उपांगन्तु स्कन्ध एव जगुर्बुधाः।
द्रष्टिभ्रूपुटताराश्च कपोलौ नासिका हनू।।
अधरो दशना जिह्वा चिबुकं वदनं तथा।
उपांगानि द्वादशैव शिरस्यंगान्तरेषु च।। (A.D.)

तस्य शिरो हस्तोरः पार्श्वकटीपादतः षडंगानि।
नेत्र भ्रू नासाधर कपोलचिबुकान्युपांगनि।। (N.S.)

(1) दृष्टि-भेद **(Drishti-Bheda)**– दृष्टि का संचालन (Movements of Glance)

(2) भ्रू-भेद **(Bhru-Bheda)**– भृकुटि का संचालन (Movements of Eyebrow)

(3) पुट-भेद **(Puta-Bheda)**– पलकों का संचालन (Movements of Eyelid)

(4) तारा-भेद **(Tara-Bheda)**– पुतली का संचालन (Movements of Eyeball)

(5) कपोल-भेद **(Kapola-Bheda)**– गाल का संचालन (Movements of Cheek)

(6) नासा-भेद **(Nasa-Bheda)**– नाक का संचालन (Movements of Nose)

(7) अधर-भेद **(Adhara-Bheda)**– होंठ का संचालन (Movements of Lip)

(8) जिह्वा-भेद **(Jihva-Bheda)**– जीभ का संचालन (Movements of the Tongue)

(9) दशन, चिबुक एवं हनु-भेद **(Dashan, Chibuk and Hanu-Bhed)**–दाँत, ठुड्डी और दाढ़ का संचालन (Movements of Teeth, Chin & Jaw)

(10) वदन-भेद **(Vadana-Bheda)**–मुख का संचालन (Movements of the Mouth)

### 1. दृष्टि का संचालन (Movements of the Glance)

सममालोकितं साची प्रालोकितनिमीलिते।
उल्लोकितानुवृत्ते च तथा चैवावलोकितम्।।
इत्यष्टौ दृष्टिभेदाः स्युः कीर्तिताताः पूर्वसूरिभिः। (A.D.)

ये आठ प्रकार के हैं—

*(1) सम (Sama)*

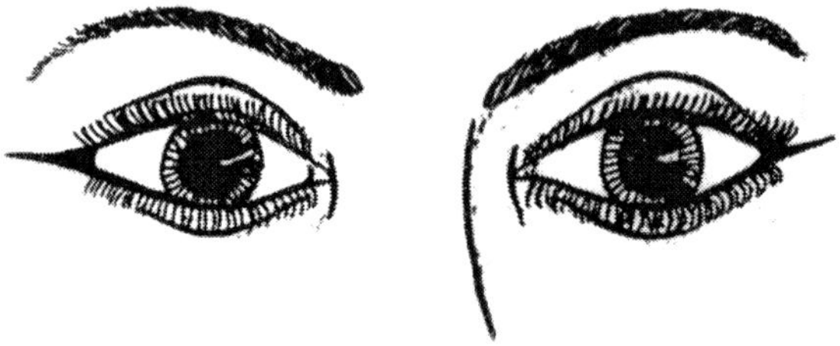

आँखों को सहज रूप में रखना या पलकों को झपकाए बिना आँखों को स्वाभाविक स्थिति में रखना (Keep the eyes open normally without blinking).

**विनियोग (Uses) :** नाट्यारम्भे या नृत्यारम्भे (The beginning of Natya or Nritya), निर्णय की स्थिति में या दूसरे विचार पर आना (to form a decision or another thought), आश्चर्य (surprise), भगवान की प्रतिमा (the image of God)।

*(2) आलोकित (Alokita)*

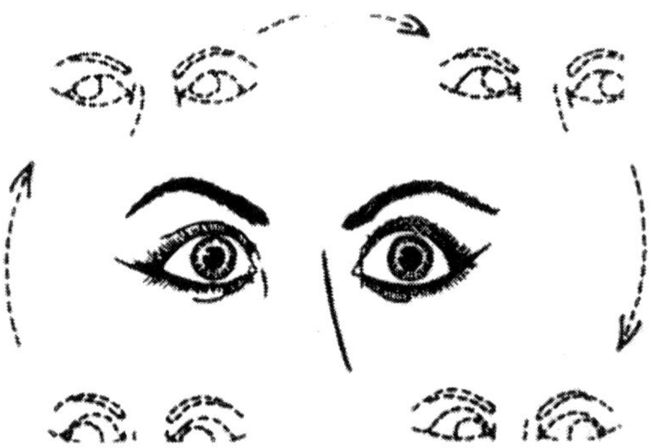

आँखों को चौड़ाई में खोलकर चारों तरफ घुमाना (Open the eyes wide and roll them in a circle).

**विनियोग (Uses) :** अलग-अलग तरह की वस्तुओं को दिखाने में (looking at on showing different sorts of objects) गोलाकार (चक्र की तरह) वस्तुएँ दिखाना (depict rounded things, wheel) or घूमते हुए पहिए को दिखाना (is used to show the rotating wheel)।

*(3) साची (Sachi)*

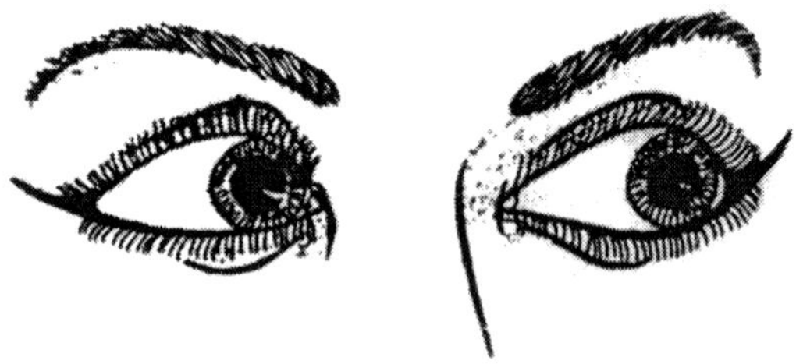

तिरछी आँखों से देखना या जब पुतलियाँ पलकों के अन्दर दबकर तिरछी हो जाएँ (Side glance).

**विनियोग (Uses) :** रहस्य (secret), दाढ़ी को छूना (touching of beard), तीर का निशाना लगाना (aiming an arrow), तोता (parrot), याद (remembering), सूचना (information)।

*(4) प्रालोकित (Pralokita)*—दोनों किनारों को देखना (Look both sides).

**विनियोग (Uses) :** दोनों तरफ की वस्तुओं को देखना (watching things on both sides), अत्यधिक लगाव (excessive affection), गति (moving)।

*(5) निमीलित (Nimeelita)*

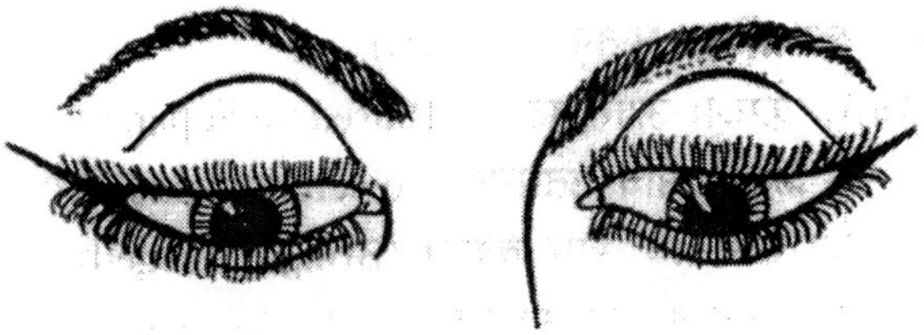

आँखों को अधखुला रखना (Keep the eyes half open).

**विनियोग (Uses) :** साँप (snake), दूसरों के नीचे रहना (being under another's power), प्रार्थना (prayers), ध्यान (meditation), नमस्कार (salutation)

*(6) उल्लोकित (Ullokita)*

आँखों को ऊपर की ओर उठाना (Raise the eyes and look upwards).

**विनियोग (Uses) :** झंडे का ऊपरी हिस्सा (Top of a flag), मंदिर का बुर्ज (A tower of the temple gopura), स्वर्ग (heaven), ऊँचाई (height), चन्द्रमा की रोशनी (Moonlight)

*(7) अनुवृत्त (Anuvritta)*—ऊपर-नीचे देखना (Look up and down).

**विनियोग (Uses) :** गुस्से से देखना (angry looks), प्रियतम को बुलाना (invitation to beloved)

*(8) अवलोकित (Avalokita)*

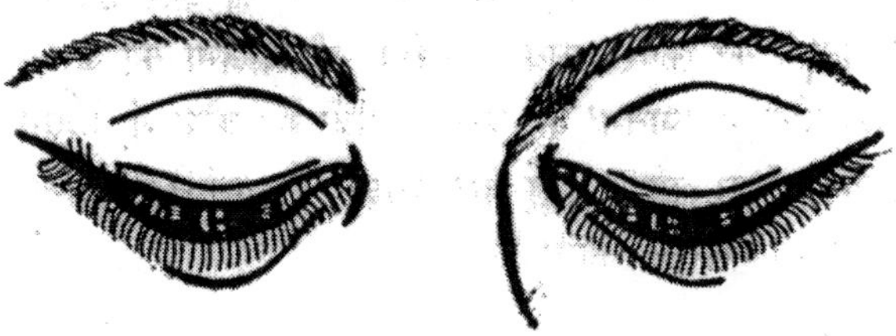

नीचे की ओर देखना (Look downwards).

**विनियोग (Uses) :** परछाईं देखना (looking at the shadow), इकट्ठा करना (recollection), बहस (discussion), अपने पैर का अँगूठा देखना (looking at one's own limbs)

**2. भृकुटि-संचालन (Movements of Eyebrow)**

ये सात प्रकार के होते हैं—

**भ्रुवोरुन्नतिरुत्क्षेपः सममेकैकशोऽपि वा।।**
**अनेनैव क्रमेणैव पातनं स्यादधोमुखम्।**
**भ्रुवोर्मूलसमुत्क्षेपाद् भ्रुकुटी परिकीर्तिता।।**
**चतुरं किञ्चिदुच्छ्वासान्म धुरायतता भ्रुवोः।**

एकस्या हि द्वयोर्वापि मृदुभङ्गस्तु कुञ्चितम्।।
एकस्या एक ललिताद्धुत्क्षेपाद्‌ रेचितं भ्रुवः।
सहजातं तु सहजं कर्म स्वाभाविकं स्मृतम्।। (N.S.)

*(1) उत्क्षेप (Utkshepa)*—भ्रुकुटियों का एक साथ या क्रमशः ऊपर चढ़ाना (Raised up Separately).

*(2) पातन (Patana)*—भ्रकुटियों का एक साथ या क्रमशः नीचे उतारना (Lowered Separately).

*(3) भ्रुकुटी (Bhrukuti)*—भ्रुकुटी के (दोनों) मूलों को एक साथ ऊपर चढ़ाना (Bringing Together).

*(4) चतुर (Chature)*—दोनों भ्रुकुटियों की थोड़े हलन-चलन के द्वारा मधुरता तथा विस्तार (Extended in Pleasing Manner).

*(5) कुञ्चित (Kunchita)*—भ्रकुटियों का क्रमशः धीरे-धीरे या (दोनों को) एक साथ पास-पास झुकाना (Little Bent Together or Separately).

*(6) रेचित (Rechita)*—एक भ्रुकुटी को लालित्यपूर्ण ढंग से ऊपर की ओर उठाना (Raised up in a Graceful Manner).

*(7) सहज (Sahaja)*—अपनी स्वाभाविक दशा में होने वाला कर्म (Natural Position).

## भ्रुकुटी योजना (Plans of Eyebrow)

अथैषां सम्प्रवक्ष्यामि रसभाव प्रयोजनम्।
कोपे वितर्के हेलायां लीलादौ सहजे तथा।।
दर्शने श्रवणे चैव भ्रुवमेकां समुत्क्षिपेत्।
उत्क्षेपो विस्मये हर्षे रोषे चैव द्वयोरपि।।
असूयिते जुगुप्सायां हासे घ्राणे च पातनम्।
क्रोधस्थानेषु दीप्तेषु योजयेद्‌ भ्रुकुटीं बुधः।।
शृङ्गारे ललिते सौम्ये सुखस्पर्शेप्रबोधने।
एवं विधेषु भावेषु चतुरन्तु प्रयोजयेत्।। (N.S.)

क्रोध, वितर्क, हेला, लीला, सहज अवलोकन तथा श्रवण दशा में एक भ्रुकुटी को ऊपर की ओर उठाकर **'रेचित'** तथा विस्मय, हर्ष और रोष की दशा में दोनों भ्रुकुटी को ऊपर उठाकर **'उत्क्षेप'** की योजना की जाए। असूया, जुगुप्सा, हास तथा सुगन्धित पदार्थ के सूँघने की दशा में **'पातन'** की योजना होती है। क्रोध के विषय तथा दीप्त प्रदेश में **'भ्रकुटी'** की योजना होती है। शृंङ्गार, ललित, सौम्य वस्तु तथा स्पर्श और प्रबोध (जागना) भाव में तथा इसी प्रकार के अन्य भावों में **'चतुर'** की योजना की जाती है।

## 3. पुट-भेद (Puta-Bheda)

तारागतोऽस्यानुगतं पुटकर्म निबोधत।
उन्मेषश्च निमेषश्च प्रसृतं कुञ्चितं समम्।।
बिवर्तितं स स्फुरितं पिहितं सविताडितम्।
विश्लेषः पुटयोर्यस्तु स उन्मेषः प्रकीर्तितः।।
समागमो निमेष स्यादोयामः प्रसृतं भवेत्।

आकुञ्चितं कुञ्चितं स्यात् समंस्वाभाविकं स्मृतम्।।
विवर्तितं समुद्वृत्तं स्फुरितं स्पन्दितं तथा।
स्थगितं पिहितं प्रोक्तमाहतन्तु विताडितम्।। (N.S.)

योजना (Uses)
क्रोधे विवर्तितं कार्यं निमेषोन्मेषणैः सह।।
विस्मयार्थे च हर्षे च वीरे च प्रसृतं स्मृतम्।
अनिष्टदर्शने गन्धे रसे स्पर्शे च कुञ्चितम्।।
शृङ्गारे च समं कार्यमीर्ष्यासु स्फुटितम् तथा।
सुप्तमूर्च्छितवातोष्णधूमवर्षाऊजनार्त्तिषु।।
नेत्ररोगे च पिहितमभिघाते विताडितम्। (N.S.)

**निमेष, उन्मेष, विवर्तन**—क्रोध भाव में
**प्रसृत**—अद्भुत, वीररस, हर्षभाव में
**कुञ्चित**—कुत्सित पदार्थ के अवलोकन, गन्ध, रस तथा स्पर्श में
**सम**—शृंगार में
**स्फुरित**—ईर्ष्या में
**पिहित**—निद्रा, मूर्च्छा, पवन, उष्णता, धुआँ, वर्षा, अंजन-लेपन, पीड़ा तथा नेत्र-रोग में
**विताडित**—आकस्मिक चोट में प्रयोग किए जाते हैं।

पलकों के नौ प्रकार होते हैं
(Nine Movements of the Eyelids) :

*(a)* ***उन्मेष (Unmesha)***—अलग-अलग (Separated)
*(b)* ***निमेष (Nimesha)***—एक साथ बन्द होना (Closing Together)
*(c)* ***प्रसृत (Prasrita)***—फैलाना (Spread or Expanded)
*(d)* ***कुञ्चित (Kunchita)***—सिकुड़ी हुई (Contracted)
*(e)* ***सम (Sama)***—स्वाभाविक (Natural)
*(f)* ***विवर्तित (Vivartita)***—ऊपर उठी हुई (Raised up)
*(g)* ***स्फुरित (Sphurita)***—कंपित (Trembling)
*(h)* ***पिहित (Pihita)***—बन्द (Closed)
*(i)* ***विताड़ित (Vitadita)***—स्थिर (Motionless)

### 4. तारा-भेद (Tara-Bheda)

शृणुध्वं लक्षणं तावत् साम्प्रतं प्रीतितः स्फुटम्।
पुटान्तर्मण्डलावृत्तिस्तारयोर्भमणं स्मृतम्।।
वलनं गमनं त्र्यश्रं पातनं स्रस्तता तथा।
चलनं कम्पनं ज्ञेयः प्रवेशोऽन्तः प्रवेशनम्।।
बिवर्तन कटाक्षस्तु समुद्वृत्तं समुन्नति।
निष्कामो निर्गमः प्रोक्तः प्राकृतन्तु स्वभावजम्।। (N.S.)

पुतलियों के नौ प्रकार हैं–
(Nine Movements of the Eyeball) :

(a) **भ्रमण (Bhramana)**—गोलाकार गति (Circular Movement)
(b) **वलन (Valana)**—तिरछी गति (Moving Obliquely)
(c) **पातन (Patana)**—नीचे झुकी हुई (Lowering)
(d) **चलन (Chalana)—कंपित (Trembling)** नीचे गिरी हुई (झुकी हुई) (Lowering)
(e) **सम्प्रवेषण (Sampraveshana)**—आँखों का सिकुड़ना (Shrinking)
(f) **विवर्तन (Vivartana)**—किनारे की तरफ गति (Moved to the Side)
(g) **समुद्वृत्त (Samudravirtta)**— ऊपर उठी हुई (Raised up)
(h) **निष्क्राम (Nishkrama)**—फैली हुई (Widening Eyes)
(i) **प्राकृत (Prakrita)**—स्वाभाविक स्थिति (Natural Position)

योजना (Uses)

**भ्रमणं वलनोद्वृत्ते निष्कामो वीररौद्रयोः।।**
**निष्कामणं सवलन कर्त्तव्यं हि भयानके।**
**हास्यबीभत्सूयोश्चापि प्रवेशनमिहेष्यते।।**
**पातनं करुण कार्यं निष्कामणमथाभ्दुते।**
**प्राकृतं शेषमावेषु शृंङ्गारे च विवर्त्तितम्।।**

**भ्रमण, वलन समुद्रवृत्त, निष्काम**–वीर तथा रौद्र रस में
**निष्काम एवं वलन**–भयानक रस में
**सम्प्रवेशन**–हास्य तथा बीभत्स रस में
**पातन**–करुण रस में
**निष्काम**–अद्‌भुत रस में
**प्राकृत**–अवशिष्ट भावों में
**विवर्तित**–शृंङ्गार रस में
प्रयोग किये जाते हैं।

## 5. कपोल-भेद (Kapola-Bheda)

कपोल-कर्म-लक्षण

**क्षामं फुल्लञ्ज पूर्णञ्च कम्पितं कुञ्चितं समम्।।**
**षड्विधं गण्डमुद्दिष्टमस्य लक्षणमुच्यते।**
**क्षामं चावनतं ज्ञेयं फुल्लं विकसितं भवेत्।।**
**उन्नतं पूर्णमत्रोक्तं कम्पितं स्फुरितं भवेत्।**
**स्यात् कुञ्चितं संकुञ्चितं समं प्राकृतमुच्येते।। (N.S.)**

योजना (Uses)

**गण्ड्योर्लक्षणं प्रोक्तं विनियोगं निबोधत।**
**क्षामं दुःखेषु कर्त्तव्यं प्रहर्षे फुल्लमेव च।।**
**पूर्णमुत्साहगर्वेषु रोषहर्षेषु कम्पितम्।**
**कुञ्चितञ्च सरोमाञ्चं स्पर्शे शीते भये ज्वरे।।**
**प्राकृतं शेष भावेषु गण्डकर्म भवेदिति। (N.S.)**

कपोल-भेद के छः प्रकार हैं (Six Movements of Cheek) :

*(1) क्षाम (Kshama)*–भार या दबाव के कारण लटके हुए गाल (Sagging or Week Cheeks).

**विनियोग** (**Uses**) **:** दुःख (sorrow), वियोग (separation) ।

*(2) फुल्ल (Phulla)*—खिंचे हुए या फैले हुए (Spread).

**विनियोग** (**Uses**) **:** पूर्ण रूप से खुश होना (full happiness)।

*(3) पूर्ण (Poorna)*—उठे हुए (Raised).

**विनियोग** (**Uses**) **:** उत्साह (enthusiasm) गर्व (arrogance)।

*(4) कम्पित (Kampita)*—उद्वेग से फड़फड़ाना एवं काँपना (Fluttering and Trembling).

**विनियोग** (**Uses**) **:** क्रोध (anger), उत्साह (Joy), उत्तेजना (excitement)।

*(5) कुञ्चित (Kunchita)*—सिकुड़ा हुआ (Narrowed).

**विनियोग** (**Uses**) **:** अचानक ठंड में (sudden cold), डर (fear), छिपी हुई दृष्टि से देखना या दृष्टि-स्पर्श (sight-touch)।

*(6) सम (Sama)*—स्वाभाविक स्थिति (Natural Position).

**विनियोग** (**Uses**) **:** क्रोध (anger), उत्साह (Joy), उत्तेजना (excitement)।

## 6. नासा-भेद (Nasa-Bheda)

**नासा-कर्म** (लक्षण)

**नता मन्दा विकृष्टा च सोच्छ्वासाथ विकूणिता।**
**स्वाभाविका चेति बुधैः षड्विधा नासिका स्मृता।।**
**नता मुहुः शिलष्टपुटा मन्दा तु निभृता स्मृता।**
**विकृष्टा फुल्लितपुटा सोच्छ्वासाकृष्टमारुता।।**
**विकूणिता संकुञ्चिता समा स्वाभाविकी स्मृता।**
**नासिका लक्षणं ह्येतद्विनियोगं निबोधत। (N.S.)**

**योजना** (Uses)

**मदोत्कम्पसमायुक्ते नारीणामनुरोधने।**
**निश्वासे च नता कार्या नासिका नाट्ययोक्तृभिः।।**
**निर्वेदौत्सुक्यचिन्तासु मन्दा शोके च योजयेत्।**
**विकृष्टा तीव्रगन्धे च श्वासरोषभयार्त्तिषु।।**
**सोच्छ्वासा मधुरे गन्धे दीर्घोच्छ्वासकृतेषु च।**
**विकूणिता च कर्त्तव्या जुगुप्सासूयितादिषु।।**
**कार्या शेषेषु भावेषु तज्ज्ञैः स्वाभाविकी तथा। (N.S.)**

नासा-भेद के छः प्रकार हैं (Six Movements of Nose) :

*(1) नता (Nata)*–भारी साँस लेना (Breathing Heavily), नथुनों का अन्दर-बाहर होना (Bringing the Nostril in and Out).

**विनियोग** (**Uses**) **:** आह भरने (sighing), विपत्ति, दरिद्रता या कष्ट (Calamity, poverty)।

*(2) मन्दा (Manda)*—स्वाभाविक रूप से साँस लेते रहना (Normal Breathing has to be Maintained).

विनियोग (Uses) : आराम करना (resting)।

*(3) विकृष्टा (Vikrishta)*—फैला हुआ (Wide Open).

विनियोग (Uses) : तेज सुगन्ध (a strong smell), क्रोध (anger), वीरता (heroism)।

*(4) सोच्छवासा (Sochchhwasa)*—गहरी साँस लेना (Taking a Deep Breath).

विनियोग (Uses) : इच्छित वस्तुओं की सुगन्ध लेना (smelling desirable objects), अन्दर लेना (inhalation)।

*(5) विकूणित (Vikoonita)*—नाक को एक तरफ ऐंठना (Twisting the Nose to One Side).

विनियोग (Uses) : अस्वीकृति (disapproval), जलन या ईर्ष्या (jealousy), घृणा (disgust)।

*(6) स्वाभाविका (Swabhavika)*—नाक की स्वाभाविक स्थिति (Natural Position of the Nose).

विनियोग (Uses) : स्वाभाविक अवस्था नें (Naturai conditions)।

## 7. अधर-भेद (Adhara-Bheda)

**विवर्तनं कम्पनञ्च विसर्गो विनिगूहनम्।।**
**सन्दष्टकं समुद्गञ्च षट्कर्माण्य धरस्य तु।**
**विकूणनं विवर्त्तस्तु वेपनं कम्पनं स्मृतम्।।**
**विनिष्कामो विसर्गस्तु प्रवेशो विनिगूहनम्।**
**सन्दष्टकं द्विजैर्दष्टं समुग्दः सहितोद्गतिः।।**
**इत्योष्ठलक्षणं प्रोक्तं विनियोगं निबोधत। (N.S.)**

योजना (Uses)

**असूयावेदनावेज्ञाहास्यादिषु विवर्तनम्।।**
**कम्पनं वेदनाशीतभयरोषजवादिषु।**
**स्त्रीणां विलासे बिब्बोके विसर्गोरञ्जने तथा।।**
**विनिगूहनमायासे सन्दष्टं क्रोधकर्मसु।**
**समुद्गस्त्वनुकम्पायां चुम्बने चाभिनन्दने।। (N.S.)**

छः प्रकार के अधर-भेद बताए गए हैं (Six Movements of Lips)–

*(1) विवर्तन (Vivirtana)*—निचले होंठ का फड़कना या नीचे झुकना (Twisting Lower Lip).

विनियोग (Uses) : असूया या ईर्ष्या (jealousy), वेदना (Pain), लज्जा (Bashfullness), अनादर (disobey), हास्य (Laughter)।

*(2) कम्पन (Kampana)*—निचले होंठ का स्पंदन (Throbbing), थर्राना या काँपना (Quivering).

विनियोग (Uses) : वेदना (Pain), शील (cold), भय (fear), क्रोध (anger), वेग (speedy)।

*(3) विसर्ग (Visarga)*—होंठ का बाहर निकलना (Spreading Out).

विनियोग (Uses) : स्त्रियों के विलास, प्रेमासक्त भाव (Amorous mood)।

*(4) विनिगूहन (Vinighoohan)*—होंठ का अन्दर ले जाना (Folding in of the Lower Lip).

विनियोग (Uses) : अधिक श्रम या अधिक थकान (strenuous exertion)।

*(5) सन्दष्टक (Sandashtak)*—होंठ का दाँतों से चबाना (Biting the Lips).

**विनियोग (Uses) :** क्रोध (Anger), घुटन या निराशा (frustration), अपराध-भावना (guilty), डरपोक (nervousness)।

*(6) समुद्गक (Samudgaka)*—होंठ को बाहर की ओर ऊँचा करना (Raised up Towards Outside).

**विनियोग (Uses) :** अनुकम्पा (mercy of god), अभिनन्दन (salutation)।

## 8. जिह्वा-भेद (Jihva-Bheda)

इसके छः प्रकार हैं (Six Movements of Tongue)—

*(1) रिज्वी (Rijvi)*—खुले हुए मुँह से जीभ को बाहर निकालना (Tongue Streched Out from the Open Mouth).

**विनियोग (Uses) :** अत्यधिक प्यास लगने में (feeling of extreme thirst), थकावट में (exhaustion)।

*(2) उन्नता (Unnatta)*—खुले हुए मुँह के अन्दर ऊपर उठी हुई जीभ (Tongue is Raised up in the Open Mouth).

**विनियोग (Uses) :** जँभाई लेना एवं मुँह के अन्दर देखना (yawning and looking into the mouth)।

*(3) लोला (Lola)*—खुले हुए मुँह के अन्दर जीभ का हिलना एवं लहराना (Tongue Moving and Waving in the Open Mouth).

**विनियोग (Uses) :** बाधाओं के दूर होने पर (removal of obstacles)।

*(4) लेहिनी (Lehini)*—खुले हुए मुँह से दाँत व अधर को हल्के से स्पर्श करती हुई जीभ का बाहर निकलना (Lips and Teeth are Licked by the Tongue).

**विनियोग (Uses) :** स्वाद लेने में या स्वाद चखने में (tasting)।

*(5) वक्रा (Vakra)*—जीभ का अग्र भाग घूमा हुआ या मुड़ा हुआ (Tip of the Tongue is Curved or Twisted).

**विनियोग (Uses) :** 'नरसिम्हा' (आधा आदमी, आधा शेर) दिखाने में (the man-lion)।

*(6) सृक्कानुगा (Srikkanuga)*—गीली जीभ का हल्के से अधरों को स्पर्श करना (Lips are Licked by Wet Tongue).

**विनियोग (Uses) :** स्वादिष्ट खाना देखकर (seeing delicious food)।

## 9. दशन, चिबुक एवं हनु भेद (Dashan, Chibuka and Hanu Bheda)

ये सात प्रकार के हैं (Seven Movements of Teeth, Chin and Jaw)—

*(1) कुट्टन (Kuttana)*—दाँत पीसना (Gnashing of the Teeth).

**विनियोग (Uses) :** डर (fear), ठंड (cold), क्रोध (anger), बीमार आदमी को दर्शाने में (depiction of a sick man)।

*(2) खण्डन (Khandana)*—जबड़ों को बार-बार अलग करना व बन्द करना (Separating and Joining the Jaws Repeatedly).

**विनियोग (Uses) :** प्रार्थना करना (praying-chanting silently), पढ़ने में (studying), बोलने में (speaking), खाने में (eating)।

*(3) छिन्न (Chhina)*—दाँत व अधर को दृढ़ता से एक साथ (बन्द) रखना (Setting the Teeth and Lips Together Tightly).

**विनियोग (Uses) :** बीमारी में (sickness), डर में (fear), ठंड में (cold), क्रोध में (anger), अभ्यास करते समय और अपराधिक दृष्टि के लिए (While doing exercise and for offended look)।

*(4) चुक्कित (Chukkita)*—अधर व जबड़ों को अलग फैलाना (Lips and Jaws are Held Wide Apart).

**विनियोग (Uses) :** उबासी या जँभाई लेने में (Yawning)।

*(5) लेहन (Lehan)*—जीभ काटना (Biting the Tongue).

**विनियोग (Uses) :** लालच में (greediness)।

*(6) सम (Sama)*—स्वाभाविक स्थिति (Natural Position).

**विनियोग (Uses) :** स्वाभाविक रूप में (Natural)।

*(7) दष्ट (Dashta)*—निचले वाले अधर को दाँतों से काटना (Lower Lip is Bitten by the Teeth).

**विनियोग (Uses) :** क्रोध (anger)।

## 10. वदन-भेद (Vadama-Bheda)

मुख संचालन छः प्रकार के हैं (Six Movements of the Mouth)—

*(1) विधुत (Vidhuta)*—तिरछापन लिये हुए झुकाना (Obliquely Stretched).

**विनियोग (Uses) :** अस्वीकार करना या बाधाएँ दर्शाना (refusing or showing hindrance)।

*(2) विनिवृत्त (Vinivritta)*—हल्के से सिकुड़े हुए अधर वाला मुख (The Mouth is with Pursed Lips).

**विनियोग (Uses) :** ईर्ष्या (anvy), क्रोध (anger), बेइज्जत करना (disrespect), लज्जा के कारण चाहना या इच्छा रखना (desire due to bashfullness)।

*(3) निर्भुग्न (Nirbhugna)*—निचला वाला जबड़ा नीचे की ओर (झुका हुआ) रहना (The Lower Jaw is Lowered).

**विनियोग (Uses) :** गहराई में देखना (looking into depth) या गहरी सोच में होना (or being in depth thought)।

*(4) भुग्न (Bhugna)*—हल्का-सा खुला हुआ (Slightly Opened Out).

**विनियोग (Uses) :** शर्म (shame), उत्साह-हीनता (discouragement), धैर्यहीन होना (impatience), चिन्तातुर होना (anxiety), सलाह-मशविरा करना (consulting)।

*(5) विवृतः (Vivritta)*—खुला हुआ मुँह रखना (The Mouth is Kept Open).

**विनियोग (Uses) :** ठहाका (laughter), दुःख (grief), डर (fear)।

*(6) उद्वाहि (Udvahi)*—ऊपर उठे हुए अधर (Lips are Lifted up).

**विनियोग (Uses) :** घमण्ड (pride), प्रस्ताव से असहमत (disagreement)।

# 12

# प्रत्यांग
# PRATYANGA
## (Movements of Other Limbs of the Body)

### शरीर की अन्य मुख्य शाखाएँ
### (OTHER LIMBS OF THE BODY)

**प्रत्यंगान्यथ च स्कन्धौ बाहु पृष्ठंतथोदरम्।**
**उरु जंघे षडित्या हुरपरे मणिबन्धकौ।**
**जानुनी कुर्परावेतत्त्रयमप्यधिक जगुः।। (A.D.)**
**ग्रीवा स्यादप्य..................................**

(1) **स्कन्ध-भेद (Skandh-Bheda)**—कंधों का संचालन (Movements of the Shoulders)
(2) **बाहु-भेद (Bahu-Bheda)**—बाहु का संचालन (Movements of the Arm)
(3) **पृष्ठ-भेद (Prishta-Bheda)**—पीठ का संचालन (Movements of the Back)
(4) **उदर-भेद (Udar-Bheda)**—पेट का संचालन (Movements of Belly)
(5) **जंघा-भेद (Jangha-Bheda)**—पैर का संचालन (घुटनों से ऊपर का भाग) (Movements of Thigh)
(6) **ऊरु-भेद (Uru-Bheda)**—जंघों का संचालन (घुटनों से पिंडली तक) (Movements of Shank)
(7) **मणिबन्ध-भेद (Manibandh-Bheda)**—कलाई का संचालन (Movements of Wrist)
(8) **जानु-भेद (Janu-Bheda)**—घुटनों का संचालन (Movements of Knee)
(9) **जागु-भेद (Jagu-Bheda)**—कोहनी का संचालन (Movements of Elbow)
(10) **ग्रीवा-भेद (Greeva-Bheda)**—गर्दन का संचालन (Movements of Neck)
(नाट्यशास्त्र के अनुसार) (According to N.S.)
(11) **वक्ष-भेद (Vaksha-Bheda)**—छाती का संचालन (Movements of Chest)
(12) **पार्श्व-भेद (Parshva-Bheda)**—किनारों का संचालन (Movements of Side)
(13) **कटि-भेद (Kati-Bheda)**—कमर का संचालन (Movements of Waist)

### 1. स्कन्ध-भेद (Skandha-Bheda)

इसके पाँच भेद बताए गए हैं (Five Movements of Shoulder).

(a) *एकोच्च (Ekochcha)*–जब एक स्कन्ध ऊपर उठा हुआ हो (One Shoulder Raired up).
**प्रयोग (Uses)**–मुट्ठी या तलवार से प्रहार करना (Striking with fists or a sword)।

(b) *कर्णलग्न (Karnalagna)*–जब कन्धे (स्कन्ध) कानों तक ऊपर उठे हों। (Raised Upto the Ears).
**प्रयोग (Uses)**–मौसम (weather), प्रियतम का आलिङ्गन करना (Embracing the beloved ones)।

(c) *उच्छरित (Uchchnarita)*–जब कन्धे ऊपर की दिशा में फैले हुए हों। (Streched Upwards).
**प्रयोग (Uses)**–उत्साह (Enthusiasm), घमंड (Pride), वीरता (bravery)।

(d) *स्रष्ट (Srishta)*–जब कन्धे नीचे की ओर गिरे हुए हों और फिर घूमते हुए हों (Dropped Down and Moving Around).
**प्रयोग (Uses)**–थकान (tiredness), लज्जा (Shame), दुःख (sadness)।

(e) *लोलित (Lolita)*–जब कन्धे झूलते हुए हों। (Swinging).
**प्रयोग (Uses)**–ढोल, मृदंग इत्यादि बजाने में (Playing drums)।

### 2. बाहु-भेद (Bahu-Bheda)

इसके दस भेद बताए गए हैं–(Ten Movements of the Arm).

(a) *तिर्यक (Tiryaka)*–जब बाहु किनारों की तरह फैले हुए हों (Stretched Sideways).

(b) *ऊर्ध्वस्थ (Urdhwastha)*–जब बाहु शिर के ऊपर फैले हुए हों (Stretched Above the Head).

(c) *अधोमुख (Adhomukha)*–जब बाहु की गति भूमि की ओर हो (Moving Towards the Ground).

(d) *अञ्चित (Anchita)*–जब बाहु का संचालन वक्ष से शुरू होकर ऊपर की ओर गोलाई पूर्ण हो (A Circular Movement from the Chest to Upwards).

(e) *अपविद्ध (Apaviddha)*–जब बाहु की गति गोलाकार हो (Moving in a Circular Way).

(f) *मण्डलगति (Mandalgati)*–जब बाहु तलवार की भाँति लहराए (Moving Around Like Brandishing a Sword).

(g) *स्वस्तिक (Swastika)*–जब बाहु विपरीत दिशा में कलाइयों पर एक-दूसरे को पार करे (Crossing and Touching Each Other at the Wrists).

(h) *पृष्ठानुसारी (Prishthanusari)*–जब बाहु की गति पीछे की ओर हो (Moving Towards the Back).

(i) *उध्वेष्टित (Udhveshtita)*–जब बाहु कलाइयों से अलग होकर वापस अपने स्थान पर जाए (मण्डल गति के विपरीत) (Moving Out from the Wrist and Brought Back to Position).

(j) *प्रसारिता (Prasarita)*–जब बाहु किसी भी दिशा में फैले हुए हों (Stretched in Any Direction).

### 3-4 पृष्ठ एवं उदर-भेद (Prishtha and Udara-Bheda)

तीन प्रकार के उदर व पृष्ठ-संचालन होते हैं–(Three Movements of the Belly and Back).

(a) *क्षाम (Kshama)*–जब उदर व पृष्ठ अन्दर की ओर खिंचे हुए हों (Pulled Inside).

**प्रयोग** (Uses)—हँसना (Laughing), रोना (weeping), गहरी साँस लेना (deep breathing), जमुहाई लेना (Yawning)।

*(b)* ***खल्व (Khalva)***—जब उदर व पृष्ठ झुके हुए हों (Bent).
**प्रयोग** (Uses)—बीमारी (Sickness), कमजोरी (weakness), भूख के कारण थकान (Tiredness due to hunger), पछतावे के कारण शिथिलता (Exhaust due to regret)।

*(c)* ***पूर्ण (Purna)***—जब उदर फैले हुए हों (Full Belly).
**प्रयोग** (Uses)—मोटापा (fatness), साँस लेना (inhaling)।

## 5. जंघा-भेद (Jangha-Bheda)

जंघा के पाँच भेद होते हैं (Five Movements of the Thighs)—

*(a)* ***आवर्तित (Avartita)***—घुटने से पिण्डली तक का जब एक पैर दूसरे को पार करता हो (Crossed).

*(b)* ***नत (Nata)***—जब ये भाग झुका (सिकुड़ा) हुआ हो (Bent).

*(c)* ***क्षिप्त (Kshipta)***—जब ये भाग बाहर की तरफ झटके से फेंका जाय, (खिंचा हुआ) (Streched Out).

*(d)* ***उद्वाहित (Udvahita)***—जब ये भाग ऊपर दिशा में उठा हो (Raised Up).

*(e)* ***परिवृत्त (Parivritta)***—जब ये भाग पीछे की तरफ मुड़ा हुआ (Turned Back).

## 6. ऊरु-भेद (Uru-Bheda)

ये पाँच प्रकार के बताए गए हैं (Five Movements of the Shanks)—

*(a)* ***कम्पन (Kampana)***—जब पैर की एड़ी के अग्रभाग को झुकाया जाए और ऊपर उठाया जाए (Lowering and Raising the Shanks Repeatedly).
**प्रयोग** (Uses)—अधम पात्रों की चाल (Speed of worthless character), भय की दशा (State of fear)।

*(b)* ***वलन (Valana)***—जब घुटने अन्दर हों पिंडलियाँ (Ankles) गतिशील हों (Knees are Brought in and Ankles are in Moving Position).
**प्रयोग** (Uses)—स्त्री की यथेच्छ गति में (In speed-according to a woman's wishes)।

*(c)* ***स्तम्भन (Stambhana)***—जब जंघा को कड़ा रखा जाए और हिलाया न जाए (Keeping the Thighs Stiff and Without Moving).
**प्रयोग** (Uses)—भय और विषाद की अवस्था में (In state of fear and sorrow)।

*(d)* ***उद्वर्तन (Udvartana)***—जब घुटने का खिंचाव अन्दर की तरफ हो और तब इसे घुमाना चाहिए। (Drawing the Knees Inward and Then Moving it).
**प्रयोग** (Uses)—व्यायाम तथा ताण्डव नृत्य करने में (In excercise and dancing 'Tandava')।

*(e)* ***निवर्तन (Nivartana)***—एड़ी को अन्दर की दिशा में खींचा जाए तथा घुटने को बाहरी दिशा में फैलाया जाए (Heels are Drawn Inside and Knees are Stretched Outwards).
**प्रयोग** (Uses)—भ्रान्ति और घूमने की दशा में (In state of illusory and turning)।

### 7. मणिबन्ध-भेद (Manibandh-Bheda)

कलाई-संचालन के भेद पाँच प्रकार के होते हैं (Five Movements of the Wrists)—

(a) *निकुञ्चित (Nikunchita)*—कलाई को बाहर की दिशा में मोड़ना (Bent Outwards).

(b) *आकुञ्चित (Akunchita)*—अन्दर की तरफ कलाई को मोड़ना (Bent Inwards).

(c) *चल (Chala)*—कलाई को अन्दर और बाहर की ओर बार-बार घुमाना (Repeatedly Moved Inwards and Outwards) इत्यादि।

(d) *भ्रमित (Bhramita)*—कलाई को गोलाकार आकृति में घुमाना (Wrist is Moved Around).

(e) *सम (Sama)*—सीधी कलाई (Straight).

### 8. जानु-भेद (Janu-Bheda)

सात प्रकार के घुटनों का संचालन बताया गया है (Seven Movements of the Knees)—

(a) *संहत (Samhata)*—जब एक घुटना दूसरे को स्पर्श करता है (One Knee Touches the Other).
**प्रयोग** (Uses)—क्रोध (Anger), जलन (Jealousy)।

(b) *कुञ्चित (Kunchita)*—घुटने इस प्रकार मोड़े जाएँ कि जंघा (Thigh) और उरू (Shank) एक दूसरे को स्पर्श करें (Folded so that Thigh and Shank Touch Each Other).
**प्रयोग** (Uses)—बैठने की स्थिति में (In sitting position)।

(c) *विवृत्त (Vivritta)*—घुटनों को जब बाहरी दिशा में मोड़ेंगे (Turn Outwards).
**प्रयोग** (Uses)—घोड़े तथा ऊँट जैसे जानवर पर बैठकर सवारी करना (Depicts sitting on animals like horse, camel etc.)।

(d) *अर्धकुञ्चित (Ardhakunchita)*—कमर और घुटनों को जब नीचे की ओर झुका दें (Waist and Knees are Lowered Downwards).
**प्रयोग** (Uses)—झुकने में (bending)।

(e) *नत (Nata)*—घुटनों से भूमि को छूना (Touching the Ground).
**प्रयोग** (Uses)—गिरना (falling)।

(f) *उन्नत (Unnata)*—घुटनों को ऊपर की दिशा में उठाकर रखना, लगभग वक्ष की ऊँचाई तक (Lifted Upwards, Almost of the Height of the Chest).
**प्रयोग** (Uses)—चढ़ना (to show climbing)।

(g) *सम (Sama)*—घुटनों की सामान्य स्थिति (Natural Position).
**प्रयोग** (Uses)—सीधे खड़े होना (standing straight)।

### 9. ग्रीवा-संचालन (Greeva-Sanchalan)

चार प्रकार के ग्रीवा-संचालन बताए गए हैं (अभिनय दर्पण के अनुसार) (According to A.D. There are Four Types of Neck Movements)—

*(a)* ***सुन्दरी (Sundari)***

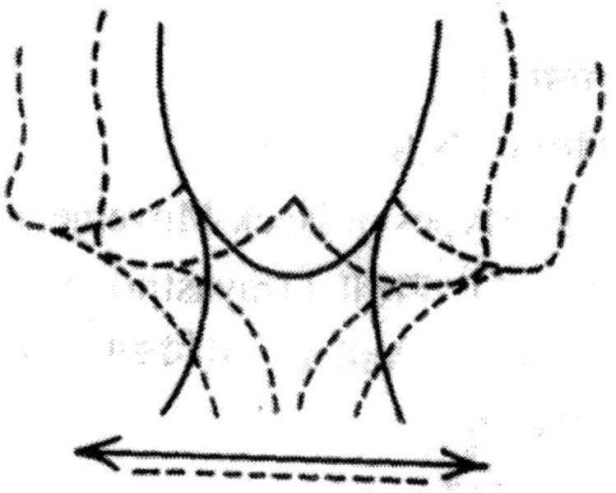

जब गर्दन एक तरफ से दूसरी तरफ संचालित होती है (Side to Side Horizontally) तो **'सुन्दरी ग्रीवा'** कहलाती है।
**प्रयोग (Uses)**–प्रेम में (in affection), खुशी से स्वीकार करने में (in acceptance with pleasure)।

*(b)* ***तिरश्चीना (Tiraschina)***

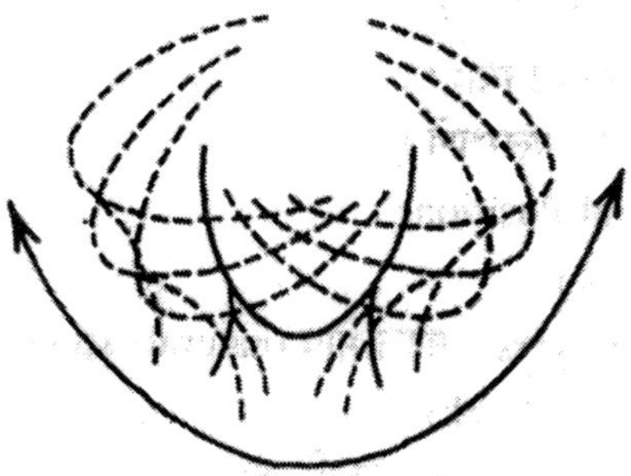

गर्दन का संचालन एक तरफ से दूसरी तरफ सर्प की भाँति किया जाए तो **'तिरश्चीना ग्रीवा'** कहलाती है। (Moving the Neck from one side to the other side like the movement of a snake).
**प्रयोग (Uses)**–तलवार चलाने का अभ्यास (an exercise with a sword), सर्प की भाँति गति (movement of like a snake)।

*(c)* ***परिवर्तित (Parivartita)***

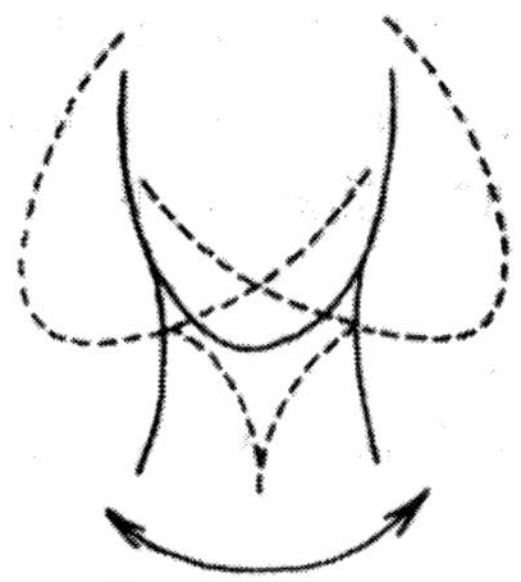

जब गर्दन का संचालन अर्धचन्द्र की भाँति दायें से बायें तथा बायें से दायें होता है तो **'परिवर्तित ग्रीवा'** कहलाती है। (Moving the Neck side ways in the form of half moon).
**प्रयोग (Uses)**–लास्य नृत्य (amorous dance) प्रशंसा (admiration)।

*(d)* ***प्रकम्पित (Prakampita)***

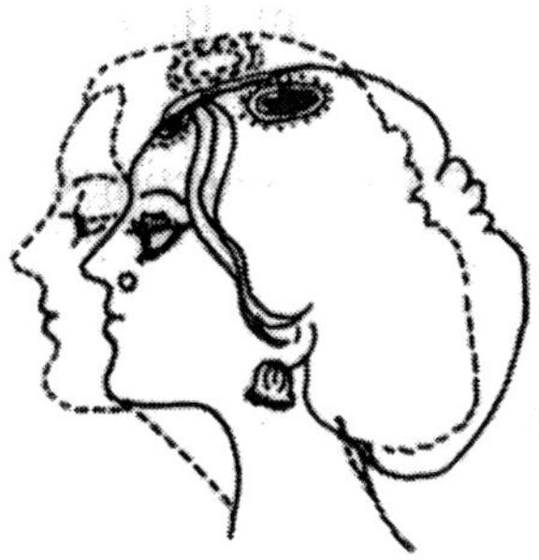

जब गर्दन आगे से पीछे की तरफ क्रमशः संचालित होती है तो वह **'प्रकम्पित ग्रीवा'** कहलाती है। (Moving the Neck forward and backward like a pigeon).
**प्रयोग (Uses)**–तुम और मैं, तुम्हारा और मेरा का भाव दिखाने में। (You and I), (Your's and Mine)।

## नाट्यशास्त्र के अनुसार (According to Natya Shastra)

**अतः परं प्रवक्ष्यामि ग्रीवाकर्माणि वै द्विजाः।**
**समा नतोन्नता त्र्यस्त्रा रेचिता कुञ्चिताञ्चिता।।**
**वलिता च विवृत्ता च ग्रीवा नवविधार्थतः। (N.S.)**

ये ग्रीवा-संचालन नौ प्रकार के हैं–(According to N.S. Nine Types of Neck Movements).

(1) समा (Sama), (2) नता (Nata), (3) उन्नता (Unnata), (4) त्र्यस्त्रा (Trayastra), (5) रेचिता (Rechita), (6) कुञ्चिता (Kunchita), (7) अञ्चिता (Anchita), (8) वलिता (Valita), (9) विवृत्ता (Vivritta)

**सभा स्वाभाविकी ध्यानस्वभावजपकर्मसु।।**
**नता नतास्यालङ्कारबन्धे कण्ठावलम्बने।**
**उन्नताभ्युन्नतमुखी ग्रीवा चोर्ध्वादिदर्शने।।**
**त्र्यस्त्रा पार्श्वगता ज्ञेया स्कन्धभारे च दुःखिते।**
**रेचिता विधुता भ्रान्ता भावे मथननृत्तयोः।।**
**कुञ्चिताऽकुञ्चिता मूर्ध्नि भारिते गलरक्षणे।**

*(1) समा (Sama)*–अपने सहज अवस्था में (In Natural Position).

अपने सहज अवस्था में विद्यमान ग्रीवा **'समा'** कहलाती है।

**प्रयोग (Uses)**–ध्यान (meditation), जपकर्म (uttering prayers), सहज भाव (natural expression)।

*(2) नता (Nata)*–झुकी हुई ग्रीवा (Lowering Down the Neck).

**प्रयोग (Uses)**–अलंकार धारण करना (Putting on an ornaments), किसी की गर्दन में बाँहें डालना (Putting arms around some one's neck)।

*(3) उन्नता (Unnata)*–ऊपर की ओर चेहरे को उठाकर रखी हुई ग्रीवा (Raising Up the Neck).

**प्रयोग (Uses)**–ऊपर देखने में (in looking up), ऊपरी स्थान पहुँचने में (in reaching a high place)।

*(4) त्र्यस्त्रा (Trayastra)*–यदि ग्रीवा को किसी एक ओर मोड़ा जाए (Tilting the Neck to a one Side).

**प्रयोग (Uses)**–भार उठाने में (in weight lifting), दुःख (sorrow)।

*(5) रेचिता (Rechita)*–यदि ग्रीवा कम्पित या घूमते हुए रखी जाए (Shaking or Moving Neck Both Sides).

**प्रयोग (Uses)**–भाव दिखाने में (in showing **bhava**), मथन (churning) तथा नृत्त (Nritta)।

*(6) कुञ्चिता (Kunchita)*–यदि मस्तक सहित ग्रीवा को नीचे की ओर झुकाया जाए (Bending Down or Contracting the Neck with Forehead).

**प्रयोग (Uses)**–भारयुक्त होने (Pressure of load), गले का बचाव करने में (Protecting the neck from injury)।

**अञ्चितापसृतोद्बद्धकेशकर्षोर्ध्वदर्शने।।**
**पार्श्वोन्मुखी स्याद् वलिता ग्रीवामङ्गे च वीक्षिते।**
**विवृत्ताभिमुखी भूता स्वस्थानाभिमुखादिषु।।**

*(7) अञ्चिता (Anchita)*—यदि ग्रीवा को मस्तक सहित पीछे की ओर मोड़ा जाए (Tilting the Neck Backward with Forehead).

**प्रयोग (Uses)**—फाँसी लगाकर मरने (In showing death by hanging), बालों को खींचने (In pulling or combing hair), ऊपर देखना (Looking upwards)।

*(8) वलिता (Valita)*—यदि चेहरे सहित ग्रीवा को बगल की ओर मोड़ा जाए (Turning the Neck Sideways).

**प्रयोग (Uses)**—पीछे देखना (Looking behind), चेहरा पीछे की ओर घुमाना (Turning the face back)।

*(9) विवृत्ता (Vivritta)*—ग्रीवा को वलिता की स्थिति से वापस अपनी स्थिति में लाना (Bringing Back the Neck from **Valita** to the Original Position).

**प्रयोग (Uses)**—अपनी जगह वापस जाने में (Going back to one's own place)।

# 13

# भंग या अङ्गभङ्ग
# BHANGA OR ANGABHANGA
# (Movements of Entire Body)

नाट्यशास्त्र में आङ्गिक अभिनय के अन्तर्गत शरीर के द्वारा होने वाली क्रियाओं तथा नृत्य में होने वाले विविध अङ्ग परिचालनों (The Work of Organism) ~~का विवरण~~ (Description) है किन्तु ये रचे गए हैं अङ्ग-भङ्ग की क्रियाओं के आधार पर। अङ्ग-भङ्ग की सुन्दरता पर नृत्यादि अभिनय की सुन्दरता (से प्रस्तुतिकरण) निर्भर करती है तथा इसी कारण नृत्यादि में अङ्ग-भङ्ग का भी अपना-अपना स्वतंत्र महत्त्व है। अङ्ग सौष्ठव का निखार ही अङ्ग-भङ्ग से आता है।

नाट्यशास्त्र में ऐसे अङ्ग-भङ्ग का अलग से विवरण नहीं दिया गया है। अन्य शास्त्रीय ग्रन्थों में इस विषय का विवरण मिलता है तदनुसार अङ्ग-भङ्ग के चार प्रभेद होते हैं। ये हैं–

(1) अभङ्ग (Abhanga) (2) समभङ्ग (Samabhanga)
(3) त्रिभङ्ग (Tribhanga) (4) अतिभङ्ग (Atibhanga)

### 1. अभङ्ग (Abhanga)

सहजभाव की स्थिति एवं सौन्दर्यपूर्ण भंङ्गिमा में शरीर को एक ओर किञ्चित झुकाना **'अभङ्ग'** होता है। इसमें सम्पूर्ण शरीर को समान मुद्रा में एक ओर थोड़ा तिरछा रखते हुए खड़ा रखा जाता है। जैसे–राम (Like Rama) (Slightly bent sculpturistic poses)।

### 2. समभङ्ग (Samabhanga)

शरीर की सम एवं स्वाभाविक दशा में यह भङ्ग सौष्ठवपूर्ण भाव लिये होता है। इसमें शरीर बिना किसी मोड़ के पूर्ण सीधे भाव में खड़ा रखा जाता है। प्राचीन शिल्प में श्री विष्णु की सीधी खड़ी प्रतिमा इस भङ्ग का उदाहरण है, सन्त या ऋषि दिखाने में (Straight performing penance like saints and rishis)।

### 3. त्रिभङ्ग (Tribhanga)

मुख, शरीर तथा पाद–इन तीनों को मोड़ते या तिरछा करते रहना **'त्रिभङ्ग'** कहलाता है। नृत्य में इसका प्रयोग लास्य अंग बनाने में होता है या किसी देवी का वर्णन करने में होता है जैसे–पार्वती, सरस्वती, विशेषकर श्रीकृष्ण की बाँसुरी वादन करती हुई प्रतिमा।

(Three-fold bend of the body near the head, waist and knees. Lasya dance depicting goddess like Parwati or posture of Krishna playing flute).

समभंग

अतिभंग

त्रिभंग

**4. अतिभङ्ग (Atibhanga)**

शरीर को अतिशय (या अधिक मात्रा में) मोड़ते हुए (त्रिभङ्ग की स्थिति को Exaggerated Way में या त्रिभङ्ग की स्थिति को अधिक मोड़ना) ओजपूर्ण एवं उग्रभाव में खड़े रहना **'अतिभङ्ग'** कहलाता है। इसकी योजना 'ताण्डव' जैसे नृत्य में रहती है, जिसमें हस्त, पाद, कटि, ग्रीवा का संचालन अतिशय भङ्गिमा के साथ किया जाता है। जैसे–शिव।

(Fully bent tandava aspect like Shiva's).

अङ्गों की सप्राणता के बिना नृत्य में अपेक्षित स्वरूप दिया जाना सम्भव नहीं रहता तथा बिना शरीर सन्तुलन के आङ्गिग क्रियाएँ बेडौल हो जाती हैं जैसे गायन के लिए उत्तम कंठ की अनिवार्यता होती है इसी तरह नृत्य के लिए सप्राण शरीर की भी।

**यदि आङ्गिक क्रियाकलापों के शास्त्रानुकूल प्रस्तुतीकरण को एक कला कहा जाए तो इसका आधारस्तम्भ 'सौष्ठव' को मानना चाहिए जो नृत्य अपेक्षित बाह्य स्वरूप को सुन्दर बनाता है। परन्तु इसके साथ नर्तक या नर्तकी का आन्तरिक भावसौन्दर्य भी यहाँ कार्य करता है, जिसके बिना बाह्य प्रदर्शन भी मनोरम पद्धति में व्यक्त नहीं किया जा सकता। हृदय में सौन्दर्य सुप्त भाव यदि पहले से विद्यमान रहेगा तो अभ्यास से कलाकार की सुप्तकला अवश्य जागृत हो जाएगी।**

## स्थानक भेद
## (STHANAKA BHEDA)

मनुष्यों के खड़े होने की 'अवस्थाविशेष' **'स्थानक'** कहलाती है। **'अभिनय दर्पण'** के अनुसार ये छः प्रकार के हैं।

**पादविन्यासभेदेन स्थानकं षड्विधं भवेत्।**
**समपाद चौकपाद नागबन्धस्ततत् परम्।।**
**ऐन्द्र च गारुडं चैव ब्रह्मस्थानमितिक्रमात्। (A.D.)**

(1) समपाद (Samapada)
(2) एकपाद (Ekpada)
(3) नागबन्ध (Nagabandha)
(4) ऐन्द्र (Aindra)
(5) गरुड़ (Garuda)
(6) ब्रह्म (Brahma)

***(1) समपाद (Samapada)***–दोनों पैरों को साथ-साथ रखें।
Standing on both feet together.
**प्रयोग (Uses)**–किसी को फल देने (In offering flowers), भगवान की प्रतिमा दिखाने में (Depicting the image of God)।

***(2) एकपाद (Ekpada)***–एक पैर पर खड़े होना जबकि दूसरा पैर पहले पैर के घुटने पर टिका या रखा होता है।

Statnding on one leg while the other leg is placed on the knee of the first.

**प्रयोग** (Uses)–स्थिरता (Motionlessness), तपस्या में एकाग्रता (Concentration in tapasya), खड़े रहकर साधना करने में (Meditation in standing position)।

*(3)* ***नागबन्ध (Nagabandha)***–दोनों पैर आपस में लिपटे हुए हैं तथा दोनों हाथ भी (भुजाएँ)।

The legs are inter-turned so too the hands.

**प्रयोग** (Uses)–सर्प की कुंडलियाँ दिखाने में (आपस में लिपटी हुई) (To show the serpentine coiling around)।

*(4)* ***ऐन्द्र (Aindra)***–**'एकपाद'** की तरह की अवस्था परन्तु दूसरा पैर पहले पैर के घुटने को छूता हुआ नहीं होना चाहिए।

Same position in **Ekapada** except that the second leg does not thouch the knee of the other leg.

**प्रयोग** (Uses)–भगवान इन्द्र (Depicting Indra and Kings) राजा।

*(5)* ***गरुड़ (Garuda)***–एक पैर का जानु घुटना (Knee) भूमि पर टिकी हुई हो तथा दोनों (बाहु) हाथ पक्षी के पंख की तरह खुले हुए व फैले हों।

One knee is placed on the ground, the arms stretched out like the wings of a bird.

**प्रयोग** (Uses)–गरुड़ (Depicting garuda)।

*(6)* ***ब्रह्मा (Brahma)***–'पद्मासन' की अवस्था में बैठकर–दोनों पैर विपरीत दिशा की जंघा (Thighs) पर स्थित हों।

Sitting in Padmasana, both the feet are placed upon the opposite thighs.

**प्रयोग** (Uses)–ब्रह्मा (Brahma), तपस्या (meditation)।

इसके अलावा नाट्य शास्त्र में पाँच प्रकार के अन्य स्थानक बताए गए हैं–

*(1)* ***वैष्णव (Vaishnava)***

**द्वौ तालावर्धतालश्च पादयोरन्तरं भवेत्।**
**तयोस्समुत्थितस्त्वेकस्त्र्यश्रः पक्षस्थितोऽपरः।।**
**किञ्चिदञ्चितजंघञ्च सौष्ठवाङ्गपुरस्सरम्।**
**वैष्णवं स्थानमेतद्धि विष्णुरत्राधिदैवतम्।। (N.S.)**

दोनों पैर अढाई ताल (ताल=12 अंगुल की दूरी अर्थात् 2½ ताल=तीस अंगुल की दूरी) के अन्तर पर रखे जाएँ। एक पैर खड़ा और दूसरा पैर तिरछा हो तथा जंघा (Thigh) सिकुड़ी या अंचित हो एवं एड़ी (Heel) भी तिरछी हो।

(One foot is kept straight and the other is placed two and a half spans apart obliquely and toes pointed sideways and thighs are compressed.

**प्रयोग** (Uses)–चक्र फेंकने (Throwing the disc), धनुष धारण करने (Holding a bow), धैर्य (Patience), दान (donating), लीलायुक्त शारीरिक गति (Beautiful movements of body), क्रोध (anger)।

*(2)* ***वैशाख*** *(Vaishakha)*

**तालास्त्रयोऽवर्धतालश्च पादयोरन्तरं भवेत् ।।**
**तालास्त्रींनर्धतालांश्च निषण्णेरूं प्रकल्पयेत् ।**
**त्र्य श्रौ पक्षस्थितौ चैव तत्र पादौ प्रयोजयेत् ।।**
**वैशाखस्थानमेतद्धि स्कन्दश्चात्राधिदैवतम् ।। (N.S.)**

एक पैर सीधा भूमि पर तथा दूसरा पैर साढ़े तीन 'ताल' के अन्तर पर उठा हुआ हो।

The feet are obliquely placed three and half spans apart.

**प्रयोग (Uses)**—अश्वारोहरण (riding a horse), व्यायाम (exercise), बर्हिगमन (an exit from the specific place), बड़े आकार वाले पक्षियों का निरूपण (depicting large birds), धनुष का खींचना (shooting an arrow)।

*(3)* ***मण्डल*** *(Mandal)*

**ऐन्द्र तु मण्डले पादौ चतुस्तालान्तरस्थितौ ।।**
**त्र्यश्रौ पक्षस्थितौ चैव कटिजानू समौ तथा । (N.S.)**

मण्डल स्थान के अधिदेवता इन्द्र हैं।....

दोनों पैर चार 'ताल' के अन्तर पर होते हैं। पैर तिरछे व जानु (Knees) बाहर की ओर होते हैं।

The feet are obliquely placed four spans apart and the knees are kept towards outside.

**प्रयोग (Uses)**—धनुष तथा वज्र आदि के चलाने में (Shoot an arrow and throwing a disc), हाथी पर सवार होने (Sitting on an elephant), स्थूल पक्षियों को दर्शाने (Depicting plump or bulky birds)।

*(4)* ***आलीढ़*** *(Aleedha)*

**अस्यैव दक्षिणं पादं पञ्चतालान् प्रसार्य तु**
**आलीढं स्थानकं कुर्याद् रुद्रश्चास्याधिदैवतम् ।। (N.S.)**

यदि मण्डल स्थानक में एक पैर को (दूसरे पैर) से ऊपर फैलाया जाए।

In Mandala Sthana right foot is lifted up.

**प्रयोग (Uses)**—वीर, रौद्र रस के अभिव्यंजक कार्य (Actions which is used in Veera and Raudra Rasa), क्रोध में अनुष्ठित प्रश्न तथा प्रत्युत्तर की (क्रमशः) वृद्धि (Increasing argument repectively in anger), मल्लों के रोषपूर्ण भाषण (Speech of wrestlers in anger), शत्रुओं का प्रदर्शन (Display of enemy), शस्त्रों का प्रहार करने (Striking weapons)।

*(5)* ***प्रत्यालीढ़*** *(Pratyaleedha)*

**कुञ्चितं दक्षिणङ्कृत्वा वामपादं प्रसार्य च ।।**
**आलीढ़परिवर्तस्तु प्रत्यालीढमिति स्मृतम् ।। (N.S.)**

आलीढ़ स्थानक से विपरीत अर्थात् दायें पैर को सिकुड़ाकर उस पैर से बायें पैर का पाँच ताल के अन्तर से ऊपर उठाना या फैलाना।

Opposite to **'Aleeda'** means, the right foot is compressed, lift up and placed five spans apart.

**प्रयोग** (Uses)—आलीढ़ स्थान की तरह (like Aleeda)।

## भ्रमरी-भेद
## (BHRAMRI-BHEDA)

**भ्रमर्या लक्षणान्यत्र वक्ष्ये लक्षणेभेदतः।।**
**उत्प्लुत भ्रमरी चक्रभ्रमरी गरूड़ाभिधा।**
**तथैकपादभ्रमरी कुञ्चित भ्रमरी तथा।।**
**आकाशभ्रमरी चैव तथांगभ्रमरीति च।**
**भ्रमर्याः सप्त विज्ञेयानाट्यशास्त्र विशारदैः।। (A.D.)**

A.D. के अनुसार भ्रमरी भेद सात प्रकार के हैं–

(1) उत्प्लुत (Utpluta)
(2) चक्र (Chakra)
(3) गरुड़ (Garuda)
(4) एकपाद (Ekpada)
(5) कुञ्चित (Kunchita)
(6) आकाश (Akasha)
(7) अंग (Anga)

*(1)* ***उत्प्लुत (Utpluta)***—जब समपाद स्थिति में उछाल के साथ सम्पूर्ण शरीर को घुमाते हैं।
The whole body whirls around with a jump, in the samapada position.

*(2)* ***चक्र (Chakra)***—दोनों पैरों को भूमि पर रखते हुए (पहिए) चक्र की भाँति पूरे शरीर को घुमाना।
The hands in tripataka and the body whirls around like wheel, keeping both the feet on the ground.

*(3)* ***गरुड़ (Garuda)***—एक पैर का जानु (Knee) या घुटना भूमि पर टिका हो व दूसरा पैर व हाथ फैलाते हुए पूरे शरीर को घुमाव देना।
Knee of one leg is rested on the ground while other leg is stretched and body whirls around with stretched arms.

*(4)* ***एकपाद (Ekpada)***—एक पैर भूमि पर तथा दूसरा पैर भूमि से ऊपर उठाते हुए पूरे शरीर को घुमाना या चक्कर लेना।
The body is rested on one foot while whirling around.

*(5)* ***कुञ्चित (Kunchita)***—दोनों पैरों के जानु (Knees) या घुटने मुड़े हुए रखकर चक्कर लेना।
Body whirls around with bent knees.

*(6)* ***आकाश (Akash)***—पहले उछाल लेकर भूमि पर वापस आकर दोनों पैरों को खुला व (एक दूसरे से दूरी पर रखकर) दूर रखकर चक्कर लेना।
Jump and place both the legs wide apart before whirling.

*(7)* ***अंग (Anga)*** —चक्कर लेने के बाद उछाल लेकर वापस भूमि पर ½ Cubit की दूरी पर पैरों को रखना।

Jump and place the legs half a cubit apart after whirling.

कथक नृत्य में इनमें से कुछ भेद ही प्रयोग में लाए जाते हैं तथा इन्हें **'फेरी'** कहते हैं। भिन्न-भिन्न फेरी में पताका हस्त मुद्रा तथा भिन्न हस्त संचालन प्रयोग में लाए जाते हैं। जैसे—बद्ध फेरी, पवन फेरी, अर्द्ध फेरी, मुक्त फेरी इत्यादि।

[मण्डल-भेद व उत्प्लवन भेद पारंपरिक कथक नृत्य में (Traditional Kathak Dance) प्रयोग नहीं किए जाते हैं तथा अन्य चेष्टाकृत के अन्तर्गत आने वाले भेदों को N.S. में जिस प्रकार बताया गया है उसी तरह से प्रयोग में नहीं आते हैं उनका बर्ताव (Way of Application) बदल जाता है।]

# 14

# वाचिक अभिनय
# VACHIKA ABHINAYA
## (Abhinaya Through Verbal or Vocal)

**वाचिक अभिनय**
**(VACHIK ABHINAYA)**

- संवाद
  Dialogue
  (Spoken Words for Drama)
- संगीत पक्ष
  Musical Contents
  (For Dance and Dance-Drama)
  - गीत-संगीत (Geeta-Music)
    - पाठ्य (Worth Studying)
      1. स्वर (Swara)
      2. स्थान (Sthana)
      3. वर्ण (Varna)
      4. काकु (Kaku)
      5. अलंकार (Alankara)
      6. अंग (Anga)
    - गीत (Lyrics)
    - कल्पित संगीत (Kalpita Sangeeta)
    - मनोधर्म संगीत (Manodharma Sangeeta)
  - वादन-वाद्य (Vadana-Instrument)
    - तत् (Tat)
    - अवनद्ध (Avanaddha)
    - घन (Ghana)
    - सुषिर (Sushir)
  - ताल-लय (Tal-Rhythm)
    1. काल (Kaal)
    2. मार्ग (Marg)
    3. क्रिया (Kriya)
    4. अंग (Anga)
    5. ग्रह (Griha)
    6. जाति (Jati)
    7. कला (Kala)
    8. लय (Laya)
    9. यति (Yati)
    10. प्रस्तार (Prastara)

भरत मुनि के अनुसार मानवीय अन्तर्भावों की अभिव्यक्ति सात्विक अभिनय से करने का विधान है किन्तु इनकी भी पूर्ति या पूर्णता होती है वाचिक अभिनय से। इसलिए वाचिक का क्षेत्र अभिनय सभी का मूलभूत आधार बन जाने के कारण इसका क्षेत्र व्यापक है। इस वाचिक अभिनय के अन्तर्गत शब्द-विधान (Word-arrangement or Word-designing), छन्द (Metre), अलंकार (Ornaments), गुण (Skill, Quality), दोष (Fault), भाषा (Language) तथा सम्बोधन (the Vocative Case) विधान (Arrangements) जैसे विषय आते हैं।

नाट्य के आधारभूत तत्त्व **'वाचिक अभिनय'** का प्रस्तुतीकरण वाणी से ही होता है। वाणी की उत्पत्ति **'नाद'** से होती है।

जब शरीर में स्थित वायु (Air), हृदय (Heart), कण्ठ (Throat), शीर्ष (Head) से होकर क्रमशः (Respectively) मुख द्वारा ध्वनि के रूप में प्रकट हो, तो वह **'नाद'** कहलाता है। इस नाद के तीन प्रभेद माने गए हैं—मन्द्र (Low), मध्य (Middle) तथा तार (High)।

**हृदय** से उत्पन्न होने वाला नाद **'मन्द्र', कण्ठ से** उत्पन्न होने वाला नाद **'मध्य'** तथा **शीर्ष** से उत्पन्न होने वाला नाद **'तार'** कहलाता है। **नाद से उद्‌भूत (Produced) वाक्‌तत्त्व (Word Element) का जब शब्दमय प्रयोग होता है तो यही वाचिक अभिनय हो जाता है।**

**नन्दिकेश्वर** ने **वाचिक अभिनय** का लक्षण बताते हुए लिखा है—'वाणी (**गीत, संवाद आदि**) के द्वारा किया गया अभिनय, **'वाचिक अभिनय'** कहलाता है।

**'वाचा विरचितः काव्य-नाटकादि तु वाचिकः'। (A.D.)**

इस प्रकार **वाचिक अभिनय** का मुख्य **सम्बन्ध** वाणी बोलने से होता है अतः अभिनेता या कलाकार को शुद्ध, स्पष्ट एवं युक्तिसंगत वाणी बोलने का अभ्यास करना चाहिए। अतः यह स्पष्ट है कि **कथक में प्रयोग होने वाली पठन्त, जो कि नर्तक या नर्तकी स्वयं बोलते हैं, वाचिक अभिनय के अन्तर्गत ही आते हैं।**

उनके अनुसार स्वर सात—षड्ज, ऋषभ, गान्धार, मध्यम, पंचम, धैवत तथा निषाद हैं। **शृंगार और हास्य** में **मध्यम** तथा **पंचम; वीर, रौद्र और अद्‌भुत में षड्ज** तथा **ऋषभ; करुण** में **गान्धार** एवं **निषाद; बीभत्स** और **भयानक** में **धैवत** स्वरों का प्रयोग उचित माना गया है।

नन्दिकेश्वर ने वाणी के तीन स्थान बताए हैं—उरस्, कण्ठ और शिरं किस अवसर पर किस स्थान की वाणी का प्रयोग करना चाहिए, इसकी विधि जानने के लिए स्वर एवं स्थान का ज्ञान होना आवश्यक है। पाठ्य के प्रसंग में समीपवर्ती पात्रों के साथ उरस् का, थोड़ी दूरी पर स्थित पात्रों के साथ कण्ठ का और दूरस्थ पात्रों के साथ शिर का प्रयोग होता है। नन्दिकेश्वर ने स्वर लयों की स्थितियों के रूप में उदात्त (A sharp tone or the acute accent), अनुदात्त (Opposite to Udatta), स्वरित (Harmonious tone which is neither pronounced too long nor too short), एवं कम्पित (Trembling or quivering)—चार प्रकार के वर्णों का उल्लेख किया। हास्य और शृंगार में उदात्त और स्वरित; वीर, रौद्र और अद्‌भुत रसों में उदात्त और कम्पित स्वर; करुण, बीभत्स और भयानक रसों में अनुदात्त स्वरित और कम्पित वर्णों के प्रयोग का विधान है माधुर्य (Beauty or Pleasantless), स्पष्ट वर्ण (Clear Letter), पदच्छेद (Analysis of a sentence or a compound word into its component parts), स्वर (Note or Tone), लय (Rhythm) एवं धैर्य (Patience) पाठ के छः गुण हैं। उनके अनुसार उच्चारण में माधुर्य होना चाहिए, वर्ण स्पष्ट हो, वाक्यों में पदच्छेद तथा सुन्दर स्वर होना चाहिए और लय के साथ धीरे-धीरे उच्चारण करना चाहिए। इसके अतिरिक्त उच्चारण के छः अलंकार

होते हैं—उच्च (High), दीप्त (Bright or Glittering), मन्द्र (Low), नीच (Base), द्रुत (Fast) और विलम्बित (Very Slow)।

## गीत-संगीत
## (GEETA-MUSIC)

### पाठ्य गुण (Worth Studying)

छः प्रकार के पाठ्य गुण बताए गए हैं—

(1) स्वर (Musical Notes)
(2) स्थान (Voice Location)
(3) वर्ण (Accent)
(4) काकु (Effective Modulation of Voice)
(5) अलंकार (Embellishment)
(6) अंग (Speech Delivery)

### 1. स्वर (Swara)

| | स्वरों के नाम | उच्चरित | रस |
|---|---|---|---|
| 1. | षड्ज (Shadaj) | सा | वीर, रौद्र, अद्भुत |
| 2. | ऋषभ (Rishabha) | रे | वीर, रौद्र, अद्भुत |
| 3. | गान्धार (Gandhara) | ग | करुण |
| 4. | मध्यम (Madhyama) | म | हास्य, शृंगार |
| 5. | पंचम (Pancham) | प | हास्य, शृंगार |
| 6. | धैवत (Dhaivata) | ध | बीभत्स, भयानक |
| 7. | निषाद (Nishada) | नि | करुण |

### 2. स्थान (Sthana)

1. उर (Chest)
2. कंठ (Throat)
3. शिर (Head)

### 3. वर्ण (Varna)

1. उदात्त (Acute)
2. अनुदात्त (Grave)
3. स्वरित (Circumflex)
4. कम्पित (Quivering)

### 4. काकु (Kaku—Pitch of Voice in Speaking)

1. साकांक्ष (Expectant)
2. निराकांक्ष (Devoid of Expectation)

### 5. अलंकार (Alankara)

1. उच्च (High)
2. दीप्त (Illuminated)
3. मन्द्र (Grave)
4. नीच (Low Pitch)
5. द्रुत (Fast)
6. विलंबित (Slow)

### 6. अंग (Anga)

1. विच्छेद (Separation)
2. अर्पण (Presentation)
3. विसर्ग (Closure)
4. अनुबन्ध (Continuity)
5. दीपन (Brilliance)
6. प्रशमन (Lowering and Highering Pitch Smoothly)

## कल्पित व मनोधर्म संगीत

पहले से बनाए हुए संगीत को गाना या बजाना कल्पित संगीत है तथा तुरन्त या स्वयं उसके शुद्ध रूप में गाना या बजाना मनोधर्म संगीत कहलाता है।

## वाद्य Vadya (Musical Instruments)

**ततंचैवानद्धं च घनं सुषिरमेव च।**
**चतुर्विध च विज्ञेयमातोद्यं लक्षणान्वितम्।।**
**ततं तंत्रीगतं ज्ञेयमवनद्धं तु पौष्करम्।**
**धनस्तु तालो विज्ञेयः सुषिरोवंश एव च।। (N.S.)**

चार प्रकार के वाद्य बताए गए हैं–

*(1) तत (Tata)*—तंत्र वाद्य (String Instruments)
*(2) अवनद्ध (Avanaddha)*—चमड़े से मढ़े हुए वाद्य (Covered Instruments)
*(3) घन (Ghana)*—ठोस वाद्य (Solid Instruments)
*(4) सुषिर (Sushir)*—वायु वाद्य (Wind Instruments)

**1. तत (Tata)**

इसके अन्तर्गत तंत्र वाद्य आते हैं जैसे—सारंगी, सितार, वायलिन, वीणा, तानपूरा इत्यादि।

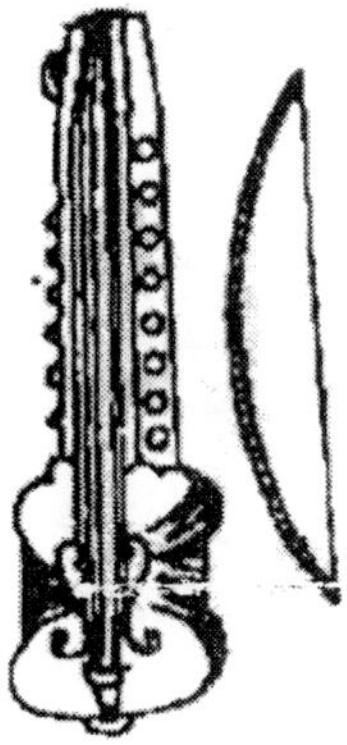

सारंगी (Sarangi)

तानपूरा (Tanpura)

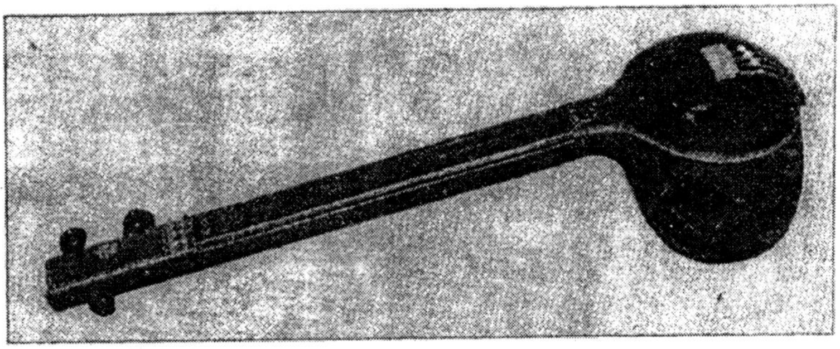

वायलिन (Violin)

सितार (Sitar)

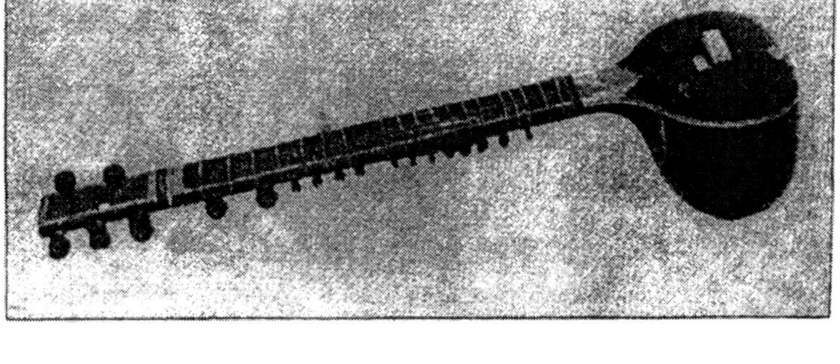

## 2. अवनद्ध (Avanaddha)

चमड़े से मढ़े गए वाद्य अवनद्ध वाद्य कहलाते हैं तथा इन्हें हाथ या दूसरी वस्तुओं के आघात के द्वारा बजाया जाता है जैसे—पखावज, तबला, मृदंग, नगाड़ा इत्यादि।

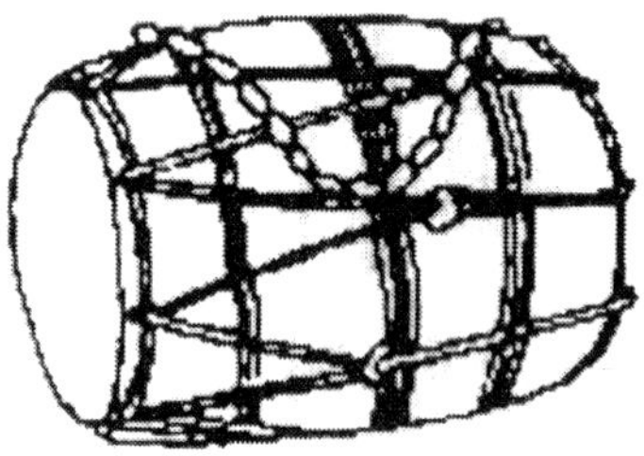

ढोलक

नगाड़ा

पखावज

तबला

डफली

### 3. घन (Ghana)

मंजीरा, घटम, झाँझ इत्यादि घन वाद्य के अन्तर्गत आते हैं।

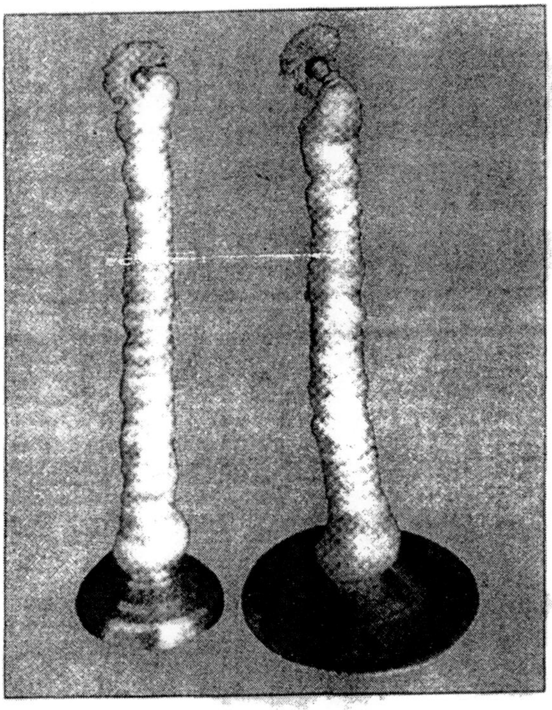

← मंजीरा

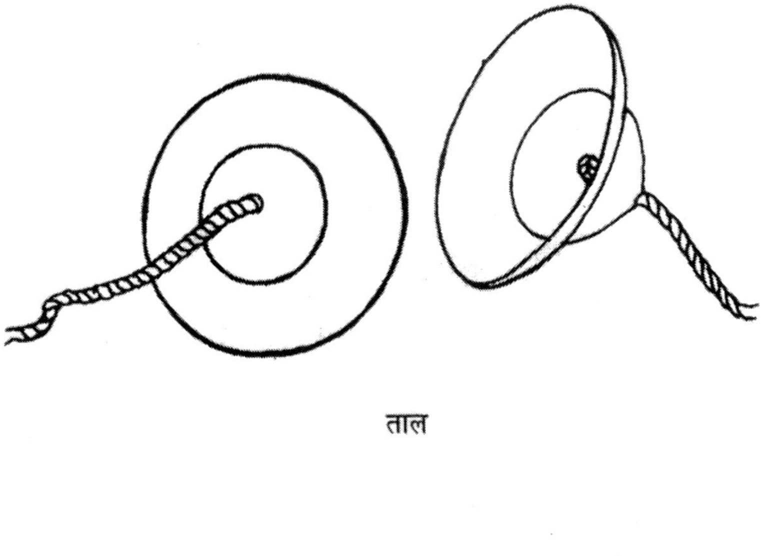

ताल

## 4. सुषिर (Sushir)

सुषिर वाद्य बाँस की लकड़ी के बने होते हैं तथा इन्हें हवा भरकर या फूँक मारकर बजाया जाता है जैसे–हारमोनियम, बाँसुरी, श्रुतिबॉक्स, नादस्वरम् और क्लैरनेट इत्यादि।

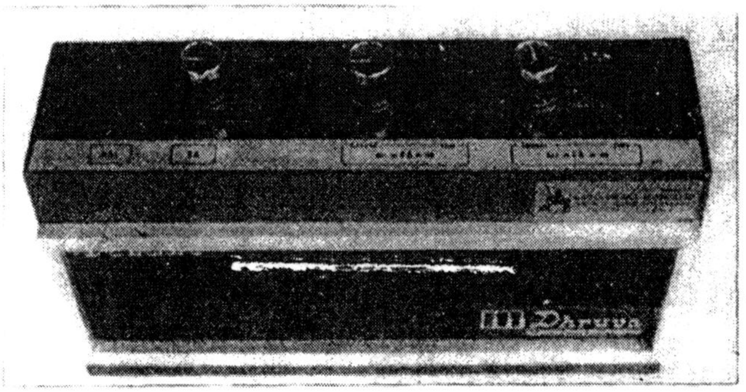

श्रुति बॉक्स (Shruti Box)

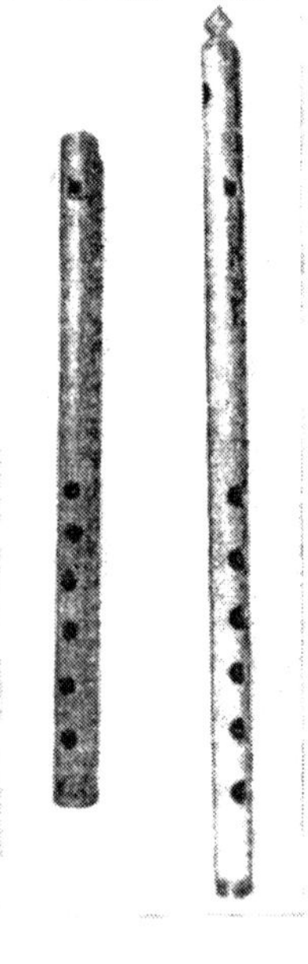

बाँसुरी (Flute)

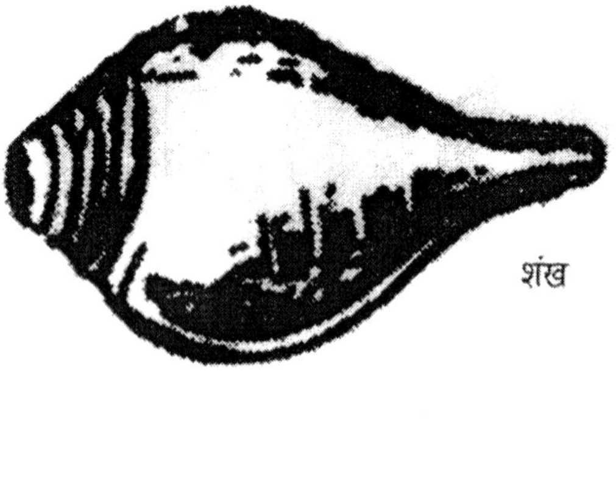

शंख

हारमोनियम (Harmonium)

## कथक नृत्य में प्रयोग किए जाने वाले वाद्यों का विवरण

एकल नृत्य या युगल नृत्य के अलावा नृत्य-संरचना (Dancer Choreography or Dance-Drama) के साथ प्रयोग किए जाने वाले वाद्य इस प्रकार हैं–

| | | | |
|---|---|---|---|
| तबला | – | अवनद्ध वाद्य | एकल या युगल नृत्य के साथ प्रयोग किए जाने वाले वाद्य |
| पखावज | – | अवनद्ध वाद्य | |
| हारमोनियम | – | सुषिर वाद्य | |
| सारंगी | – | तत वाद्य | |
| सितार | – | तत वाद्य | |
| सरोद | – | तत वाद्य | |
| बाँसुरी | – | सुषिर वाद्य | |
| मंजीरा | – | घन वाद्य | |

| | | |
|---|---|---|
| नाल | – | अवनद्ध वाद्य |
| नगाड़ा या नक्कारा | – | अवनद्ध वाद्य |
| ताल तरंग | – | अवनद्ध वाद्य |
| वायलिन | – | तत वाद्य |
| तानपूरा | – | तत वाद्य |
| वीणा | – | ततवाद्य |

# ताल के दस प्राण
# (TAAL KE DUS PRAN)

**काले मार्गः क्रियांगानि ग्रही जानि कला लयः।**
**यति प्रस्तार कश्येति ताल प्राण दस स्मृताः।।**

अर्थ–काल, मार्ग, क्रिया, अंग, ग्रह, जाति, कला, लय, यति और प्रस्तार–ये दस अंग ताल के अन्तर्गत माने गए हैं। विद्वान लोग इन्हें **ताल के प्राण** कहकर पुकारते हैं।

### 1. काल (Kaal)

काल का अर्थ है समय। समय के माप या बन्धन का नाम है ताल। किसी भी ताल में खण्ड के अनुसार जो समय निश्चित होता है, उसे काल कहते हैं। 'काल' के भिन्न-भिन्न मापानुसार भिन्न-भिन्न तालें क़ायम की गई हैं। किसी ताल में 16 मात्रा का समय बद्ध किया है तो किसी में 14 या 10 या 8 या 7 या 6। 18 मात्राओं तक समय का भिन्न-भिन्न माप किया गया है। वैसे तालें 20-22-24 मात्राओं की भी मानी गई

हैं किन्तु इनमें बहुत से मत पाए जाते हैं। कोई ताल 8, 11 इत्यादि मात्राओं की है, उसे दुगुना रूप करके 16 या 22 की मान लेते हैं। ताल को दुगुना, चौगुना करने से मात्राएँ घटा-बढ़ाकर दुगुनी-चौगुनी कर ली जाया करती हैं किन्तु **18 मात्राओं तक ही 'काल'** को बाँधकर अनेक तालों की रचना हुई है।

कुछ प्राचीन ग्रन्थों में कहा गया है कि यदि एक समान सौ कमल के दलों (फूल की पंखुड़ियों) को ऊपर-नीचे रखकर कसकर बाँध दें और फिर एक सुई से शीघ्रता से उनमें छेद किया जाए, तो जितना समय सुई एक कमल को छेदने में लेगी, उस समय को एक **'क्षण'** कहेंगे।

| | | |
|---|---|---|
| ऐसे 8 क्षण | = 1 लव | सूक्ष्मकाल |
| 8 लव | = 1 काष्ठ | |
| 8 काष्ठ | = 1 निमिष | |
| 8 निमिष | = 1 कला | |
| 2 कला | = 1 चतुर्भाग | |
| 2 चतुर्भाग | = 1 अणुद्रुत | |
| 2 अणुद्रुत | = 1 द्रुत | स्थूल काल |
| 2 द्रुत | = 1 लघु | |
| 2 लघु | = 1 गुरु | |
| 3 लघु | = 1 प्लुत | |
| 4 लघु | = 1 काकपद | |

इनमें से पहले 6 को सूक्ष्म काल और शेष को 'स्थूल' काल कहते हैं।

आधुनिक काल में 'लघु' अक्षर को एक मात्राकाल का माना जाता है। इस आधार पर अणुद्रुत 1/4 मात्राकाल का हुआ। द्रुत ½ मात्राकाल का, गुरु (दो) 2 मात्राकाल का, प्लुत 3 मात्राकाल का तथा काकपद 4 मात्राकाल का होता है। अब यदि इन्हें चार गुना कर दें तो ये इस प्रकार के होंगे–

| | | |
|---|---|---|
| अणुद्रुत | – 1 अक्षर काल का हो जाएगा | = 1/4 मात्रा |
| द्रुत | – 2 अक्षर काल का हो जाएगा | = 1/2 मात्रा |
| लघु | – 4 अक्षर काल का हो जाएगा | = 1 मात्रा |
| गुरु | – 8 अक्षर काल का हो जाएगा | = 2 मात्रा |
| प्लुत | – 12 अक्षर काल का हो जाएगा | = 3 मात्रा |
| काकपद | – 16 अक्षर काल का हो जाएगा | = 4 मात्रा |

## 2. मार्ग (Marg)

महर्षि भरत ने तीन प्रकार के **'मार्ग'** बताए हैं–चित्र, वार्तिक तथा दक्षिण। शारंगदेव ने **'ध्रुव'** नामक एक और मार्ग भी कहा है।

ताल देने के रास्ते को **'मार्ग'** कहते हैं। **'गुरु'** का दूसरा नाम **'कला'** है।

नाट्य शास्त्र में 'चित्र' मार्ग में कला (गुरु) की दो मात्राएँ मानी जाती हैं। 'वार्तिक' मार्ग में कला की चार मात्राएँ होती हैं। 'दक्षिण' मार्ग में आठ कला तथा 'ध्रुव' मार्ग में कला की मात्रा एक है।

मुख्य रूप से मार्ग के छः प्रकार बताए गए हैं जो **'दक्षिण'**, **'वार्तिक'**, **'चित्र'**, **'चित्रतर'**, **'चित्रतम'** और **'अतिचित्रतम'** हैं। इन छह मार्गों को कभी-कभी शट्काल भी कहा जाता है।

दक्षिण मार्ग में **आठ कलाएँ** होती हैं।

वार्तिक मार्ग में **चार कलाएँ** होती हैं।

चित्र मार्ग में **दो कलाएँ** होती हैं।

चित्रतर मार्ग में **एक कला** होती है।

चित्रतम मार्ग में **कला ½** मात्रा की होती है।

अतिचित्रतम मार्ग में **कला ¼** मात्रा की होती है।

इनमें अतिचित्रतम मार्ग को पहला काल, चित्रतम को दूसरा काल, चित्रतर को तीसरा काल, चित्र को चौथा काल, वार्तिक को पाँचवाँ काल और दक्षिण को छठा काल कहा जाता है।

चतुरश्र जाति की त्रिपुट (आदि ताल) में जब एक आवर्त्तन में आठ स्वर या बोल आएँगे तब पहला काल, सोलह स्वर या बोल आने पर दूसरा काल, बत्तीस स्वर या बोल आने पर तीसरा काल, चौंसठ स्वर या बोल होने पर चौथा काल, 128 स्वर या बोल आने पर पाँचवाँ काल तथा 256 स्वर या बोल आने पर छठा काल कहा जाएगा। साधारणतया तीन काल से ऊपर नहीं जाते हैं। 'मार्ग' के द्वारा गायन-वादन की मात्राओं को भली प्रकार से गिना जा सकता है।

### 3. क्रिया (Kriya)

क्रिया का अर्थ है–'करके दिखाना'। काल के गिनने के क्रम को **'क्रिया'** कहते हैं। ताल की आनन्दजनक शक्ति क्रिया में है। दोनों हाथों के संयोग से शब्द पैदा करना, अँगुलियों को गिनना आदि **'क्रिया'** कहलाती है। क्रिया प्रधानतः **'मार्गी'** तथा **'देशी'** दो प्रकार की होती है। इन दोनों के दो-दो भाग **'निःशब्द'** और **'सशब्द'** हो जाते हैं–

***(क) मार्ग सशब्द क्रियाएँ (Marg Sashabd Kriyaien)***

1. **ध्रुवा (Dhruva)**–चुटकी बजाना।
2. **सम्यक् या शंपा (Shampa)**–दायें हाथ पर बायें से आघात करना।
3. **ताल (Taal)**–बायें हाथ पर दायें से आघात करना।
4. **सन्निपात (Sannipat)**–दोनों हाथों से परस्पर आघात करना।

***(ख) मार्ग निःशब्द क्रियाएँ (Marg Nishshabd Kriyaien)***

1. **आवाप (Avap)**–हाथ को ऊपर उठाकर अँगुलियों को बन्द करना।
2. **निष्काम (Nishkram)**–अँगुलियों को खोलना।
3. **विक्षेप (Vikshepa)**–दाहिनी ओर अँगुलियों को हिलाना।
4. **प्रवेश (Pravesh)**–हाथ को नीचे की ओर लाकर बायीं ओर हिलाना।

***(ग) देशी सशब्द क्रिया (Deshi Sashabd Kriya)***

1. **ध्रुव क्रिया (Dhruva Kriya)**–कोई भी सशब्द क्रिया करना।

***(घ) देशी निश्शब्द क्रियाएँ (Deshi Nishshabd Kriyaien)***

1. **सर्पिणी (Sarpini)**–हाथ को दाहिनी ओर ले जाना।
2. **कृष्य (Krishya)**–हाथ को बायीं ओर ले जाना।

3. **पद्‌मिनी (Padmini)**—हाथ को ऊपर से नीचे की ओर ले जाना।
4. **विसर्जित (Visarjita)**—हाथ को बाहर की ओर ले जाना।
5. **विक्षिप्त (Vikshipta)**—अँगुलियों को बन्द करना।
6. **पताक (Patak)**—हाथ को ऊपर उठाना।
7. **पतित (Patit)**—जो हाथ ऊपर जा चुका है, उसे नीचे लाना।

## 4. अंग (Anga)

ताल के शास्त्रीय स्वरूप को ही **'अंग'** कहते हैं या ताल के विभिन्न भाग या अवयव **'अंग'** कहलाते हैं। ये प्रधानतः छह प्रकार के होते हैं। **इन छह अंगों** के नाम अणुद्रुत, द्रुत, लघु, गुरु, प्लुत और काकपद हैं। द्रुत काल के अंग के साथ यदि उसके आधे भाग को मिला दें तो उसे **'द्रुत-विराम'** या **'द्रुत शेखर'** कहते हैं। इसी प्रकार लघु के साथ, लघुकाल के आधे भाग को मिलाना **'लघुविराम'** कहलाता है। यदि लघु और द्रुत को मिला दें तो **'लघुद्रुत'** अंग बनता है। मुख्य अंग (6) निम्न प्रकार हैं—

| **अंग का नाम** | **चिह्न** | **अक्षर-काल** | | |
|---|---|---|---|---|
| अणुद्रुत | U | 1 | = | 1/4 मात्रा |
| द्रुत | O | 2 | = | 1/2 मात्रा |
| लघु | 1 | 4 | = | 1 मात्रा |
| गुरु | 8 | 8 | = | 2 मात्रा |
| प्लुत | ।<br>8 | 12 | = | 3 मात्रा |
| काकपद | + | 16 | = | 4 मात्रा |

इनसे मिलकर बनने वाले **शेष दस अंग** निम्नप्रकार हैं—

| **अंग का नाम** | **चिह्न** | **अक्षर-काल** |
|---|---|---|
| द्रुत विराम | 8 | 3 |
| लघु विराम | ∪<br>। | 5 |
| लघु द्रुत | o<br>। | 6 |
| लघुद्रुत विराम | o<br>। | 7 |
| गुरु विराम | ∪<br>8 | 9 |

| | | |
|---|---|---|
| गुरु द्रुत | o<br>8 | 10 |
| गुरु द्रुत विराग | ◡<br>o<br>8 | 11 |
| प्लुत विराम | Y<br>8 | 13 |
| प्लुतद्रुत | o<br>\|<br>8 | 14 |
| प्लुतद्रुत विराम | ४<br>\|<br>8 | 15 |

इन चिह्नों द्वारा ताल के अंग प्रदर्शित किए जाते हैं। जैसे—तीन ताल का **चिह्न** ।ऽ। है। इसका अर्थ है कि तीन ताल में तीन भाग होंगे, जो कम से कम 4, 8 और 4 मात्राओं के होंगे अर्थात् इतनी ही मात्राओं के अन्तर से ताली लगाई जाएगी। मात्राओं का क्रम निम्न प्रकार रहेगा—

| | | | | | | | | | | | |
|---|---|---|---|---|---|---|---|---|---|---|---|
| 1 | 2 | 3 | 4 | 5 | 6 | 7 | 8 | 9 | 10 | 11 | 12 |
| x | | | | 2 | | | | | | | |
| 13 | 14 | 15 | 16 | | | | | | | | |
| 3 | | | | | | | | | | | |

इन चिह्नों के द्वारा खाली का स्थान नहीं दिखाया जाता।

(***नोट*** : 'अक्षर-काल' मात्रा का एक छोटा परिमाण है और 4 अक्षर काल के बराबर 1 मात्रा मानी गई है।)

## 5. ग्रह (Grah)

प्राचीन ग्रन्थों के अनुसार गीत का आरम्भ और ताल का आरम्भ साथ-साथ होता है या आगे-पीछे, इस व्यवस्था का नाम **'ग्रह'** है। यह चार प्रकार का होता है।

जब गीत और ताल एक साथ आरम्भ होते हों, तो उसे **'समग्रह'** कहते हैं। जब दोनों आगे-पीछे आरम्भ होते हों तो उसे **'विषम ग्रह'** कहते हैं। विषम ग्रह दो प्रकार का होता है—

(1) अतीत, और

(2) अनागत।

***अतीत ग्रह***—अतीत का अर्थ है—'बीत जाना'। जब सम के निकल जाने के बाद सम दिखाया जाए तो उसे **'अतीत ग्रह'** कहते हैं।

***अनागत ग्रह***—अनागत का अर्थ है 'आने वाला'। सम आने से पूर्व ही सम के बोल इस प्रकार दिखा दिए जाएँ कि श्रोताओं को वही स्थान सम प्रतीत हो तो उसे **'अनागत ग्रह'** कहते हैं।

## 6. जाति (Jati)

'नाट्यशास्त्र' और 'संगीत रत्नाकर' में ताल की जाति **'त्र्यश्र'** और **'चतुरश्र'** दो प्रकार की बताई गई है। त्र्यश्र और चतुरश्र जाति को मिलाकर एक नई जाति **(3+4 =7)** मिश्र उत्पन्न हुई। अब मिश्र और त्र्यश्र को जोड़कर

दो खंड करने पर [7+3/2 = 5][(7+3)/2=5] अगली जाति **'खंड'** मिली। इस प्रकार जो खंड जाति प्राप्त हुई, उसमें चतुरश्र जोड़ने पर अगली जाति (5+4 = 9) संकीर्ण प्राप्त हुई। इस जाति को प्राप्त करने की क्रिया [(7+3/2) + 4 = 9][{7+3)/2}+4=9] संकीर्ण है इसलिए इसका नाम **'संकीर्ण'** पड़ा।

**चतुरश्र** से तात्पर्य है कि जिस जाति में 2, 4, 8 अथवा इनसे सम्बन्धित मात्रा या संख्या हो।

**त्र्यश्र** से तात्पर्य है कि जब पौनी, डेवढ़ी, तीन, छह आदि की संख्या बने।

**खण्ड** का निर्माण होता है 1-2 और 1-2-3 अर्थात् पाँच मात्राओं से। इस जाति के ताल में झपताल की प्रधानता है।

**मिश्र**—इस जाति में (1-2-3) त्रयस्त्र, (1-2-3-4) चतुरस्त्र अर्थात् सात मात्रा, तात्पर्य पौने दो, साढ़े तीन, सात और इन सबसे संबंधित संख्या के ताल मिश्र जाति के अनुयायी हैं।

**संकीर्ण**—इनमें संख्या साढ़े चार, नौ आदि में आने वाला कोई भी ताल संकीर्ण जाति के अनुयायी है।

## 7. कला (Kala)

कला शब्द का अर्थ है 'भाग'। इस प्रकार अक्षरकाल का सूक्ष्म विभाजन **'कला'** कहलाता है। यदि एक अक्षरकाल में एक ही स्वर गाया जाएगा, तो उसे **'एक कला'** कहेंगे। दो गाए जाने पर 'दो कला' तथा चार गए जाने पर 'चार कला' कहलाएगी। यदि एक अक्षरकाल के तीन भाग करके, प्रत्येक भाग के लिए एक-एक स्वर गाएँगे तो प्रत्येक भाग एक कला कहलाएगी और उस अक्षरकाल को तीन कला वाला कहेंगे। एक अक्षरकाल में जितनी कलाएँ होती हैं उन कला-समूहों को **'गति'** कहा जाता है। एक अक्षरकाल में तीन कलाओं के समूह को त्र्यश्रगति, चार कलाओं के समूह को चतुरश्रगति, पाँच कलाओं के समूह को खण्ड गति, सात कलाओं के समूह को मिश्र गति तथा नौ कलाओं के समूह को संकीर्ण गति कहा जाएगा।

## 8. लय (Laya)

दो क्रियाओं के मध्य में रहने वाले अवकाश या पहली क्रिया की विश्रांति का नाम **'लय'** है। ये लय विलम्बित, मध्य तथा द्रुत, तीन प्रकार की होती हैं। विलम्बित का दुगुना वेग (चाल) **'मध्य लय'** है और मध्य लय का दुगुना वेग **'द्रुत लय'** है।

लय के विभिन्न चलनों को **'लयकारी'** कहते हैं। लय की नींव पर आधारित विभिन्न प्रकार के प्रदर्शन को 'लयकारी' कह सकते हैं। लयकारी के दो भेद किए जा सकते हैं। प्रथम समान लयकारी, जिसे सीधी लयकारी भी कह सकते हैं : जैसे अधगुन, दुंगुन, चौगुन, अठगुन अर्थात् एक मात्रा में आधा, दो, चार, आठ बोलना। द्वितीय तिरछी या आड़लय की लयकारी जैसे—डेढ़गुन, सवागुन, पौनगुन, तिगुन आदि अर्थात् एक में डेढ़, चार में पाँच, चार में सात, एक में तीन बोलना।

## 9. यति (Yati)

लय को सुन्दर रूप देने के लिए जो 'सिद्धान्त', 'नियम; या मार्ग हैं, इन्हें **'यति'** कहते हैं।

नाट्यशास्त्र में तीन प्रकार की यति बताई गई हैं। इसके अलावा चार प्रकार की यति और हैं—

**समा स्त्रोतागता चैव गोपुच्छेति यथाक्रमम्।**
**पद वर्णप्रकर्षाणामक्षराणामथापि च।।**
**नियमोऽथ यतिः सा तु गीतवाद्यसमाश्रया। (N.S.)**

यति के तीन प्रकार होते हैं—समा, स्त्रोतागता तथा गोपुच्छा। यह पद, वर्ण या अक्षरों का गीत तथा वाद्य के आश्रय लेने पर विस्तार तथा नियमन का कार्य करती हैं।

### *(1) समायति (Samayati)*

**आद्यन्ते चैव मध्ये च लयवर्णपदैः समा।।**
**वाद्य प्रधाना भूयिष्ठा चित्रा ज्ञेया समा यतिः। (N.S.)**

जो यति अपने आरम्भ, मध्य तथा अन्त में वर्ण और पदों की समता रखती है उसे **'समायति'** समझना चाहिए। इसका चित्र मार्ग में उपयोग होता है और वाद्यवादन में इसकी सामान्यतः प्रमुखता होती है।

**किसी भी बंदिश या टुकड़े के आरम्भ, मध्य व अन्त तीन भाग माने गए हैं।** (कथक नृत्य के नृत्त-पक्ष में या किसी ताल वाद्य की ताल में) जब एक टुकड़े या बंदिश में इन तीनों स्थानों में एक ही लय चले तो उसे **'समायति'** कहते हैं।

प्रारम्भ में ——————
मध्य ——————
अन्त ——————

### *(2) स्त्रोतागता (Srotagata)*

**क्वचिच्चैवावतिष्ठते क्वचिच्चैव प्रधावति।।**
**वाद्यश्रुतपथावृत्तौ ज्ञेया स्त्रोतागता यतिः। (N.S.)**

जो यति कभी तो वाद्यों की संगीत ध्वनि के मार्ग के आगे की ओर बढ़ाते हुए, कभी रुकती और कभी तेज़ हो जाती है तो उसे **'स्त्रोतागता'** नामक यति समझना चाहिए। इसका उपयोग वृत्ति मार्ग में किया जाता है।

जिस प्रकार नदी के स्रोत से जल बहता है, उसी प्रकार इसकी चाल मानी गई है, जिस रचना या बंदिश या टुकड़े के आदि में लय या बोल कम हो (कथक नृत्य के नृत्त पक्ष में), मध्य में क्रमशः बोल व लय बढ़े हुए हों तथा अन्त में मध्य की अपेक्षा बोल व लय बढ़े हुए हों, (द्रुत लय) तो उसे **'स्त्रोतागता'** कहते हैं।

विलम्बित ———
मध्य
द्रुत ——————

### *(3) गोपुच्छा (Gopuchcha)*

**गुरुभिर्लघुभिश्चैवमविभावितमक्षरम्।।**
**लम्बिता गेयभूयिष्ठा गोपुच्छा दक्षिणे यतिः। (N.S.)**

गुरु तथा लघु मात्राओं के कारण जिसके अक्षर ठीक से विभाजित किए या पहचाने न जा सकते हों

तो ऐसी फैली हुई और सामान्यतः गीत की प्रमुखता या आधिक्य न लिये हुए रहने वाली यति को **'गोपुच्छा'** कहते हैं।

अन्य शास्त्रकारों ने गोपुच्छा का इस प्रकार स्पष्टीकरण किया है। इसका अर्थ है गाय की पूँछ। जैसे आदि में लय या बोल बढ़े हुए हों तथा क्रमशः लय या बोल मध्य व अन्त में कम होते जाएँ तो उसे **'गोपुच्छा यति'** कहते हैं।

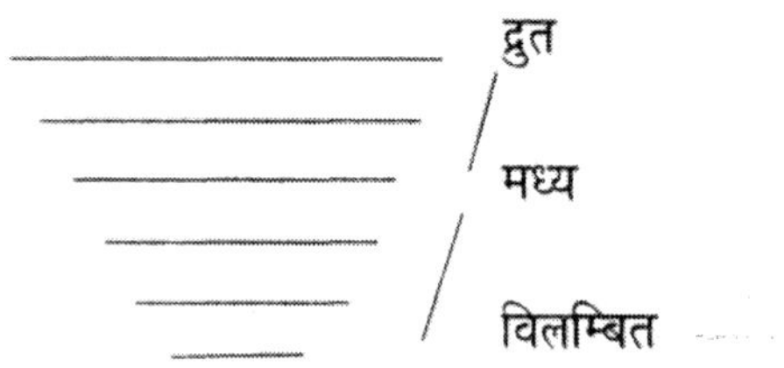


इनके अलावा जो चार यति हैं वे इस प्रकार हैं–

### *(4) मृदंगा (Mridanga)*

जिस प्रकार मृदंग के दोनों मुख छोटे और बीच में बड़ा भाग होता है उसी प्रकार जिस रचना या ताल के प्रारम्भ व अन्त में लय या बोल मध्य की अपेक्षा कम हों, उसे ही **'मृदंगा यति'** के नाम से जाना जाता है।

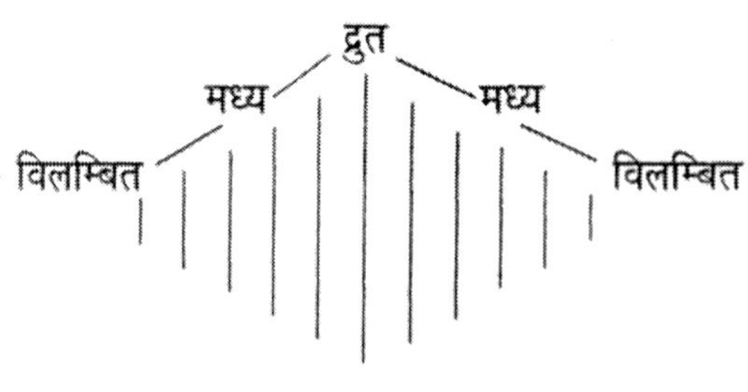


### *(5) पिपीलिका (Pipeelika)*

इसका अर्थ है चींटी। जिस प्रकार चींटी कभी एकदम दौड़ने लगती है और कभी धीमी गति में चलने लगती है उसी प्रकार जिस रचना या बंदिश या ताल में आदि व अन्त में विलम्बित और मध्य में द्रुत लय या आदि व अन्त में मध्य और (बीच) मध्य में द्रुत या फिर आदि-अन्त में मध्य और बीच में विलम्बित लय हो वह **'पिपीलिका यति'** कहलाती है।

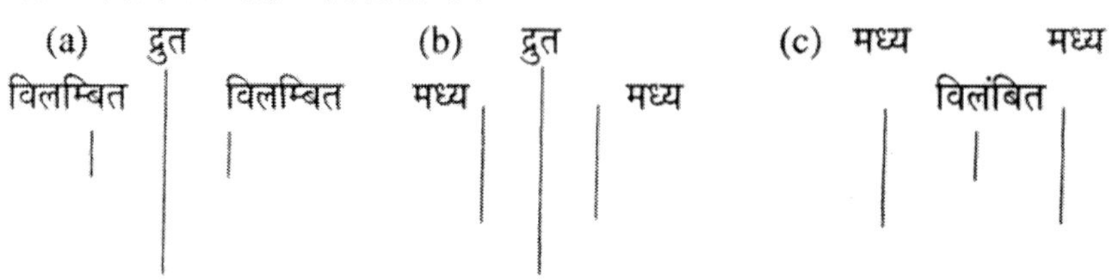

### *(6) डमरू (Damaru)*

यह यति डमरू के आकार पर आधारित होती है। जिस रचना या ताल में आदि या अन्त में लय द्रुत या तेज हो तथा बोल भी अधिक हो और मध्य में **बोल** या लय कम हो तो उसे **'डमरू यति'** कहते हैं।

### *(7) विषम यति (Visham Yati)*

इसमें ताल के अंग किसी नियम या सिद्धान्त विशेष के अनुसार नहीं होते।

### 10. प्रस्तार (Prastaar)

जिस प्रकार स्वरों का विस्तार होता है, ठीक उसी प्रकार ताल के अंगों का भी प्रस्तार किया जाता है। भिन्न-भिन्न रूपों से किए जाने वाली अंगकल्पना को **'प्रस्तार'** कहते हैं। किसी भी ताल के बजाने या नाचने में बोल टुकड़े, परन, तिहाई, कायदे इत्यादि सामग्री को प्रस्तुत करने के तरीके को प्रस्तार कहते हैं। ताल में बोलों का चुनाव व क्रमिक विस्तार करने को ही प्रस्तार कहते हैं।

# 15

# ताल-लिपि
# TAAL-LIPI

हिन्दुस्तानी संगीत-पद्धति में दो ताल-लिपियाँ प्रचलित हैं–

(1) भातखण्डे-पद्धति

(2) विष्णुदिगम्बर पद्धति

संगीत के सन्दर्भ में 'ताल' मूलभूत तत्त्व है। समस्त प्रकृति कर्नाटकीय एवं उत्तर भारतीय व्यवहार ताल के अधीन है।

**यानि कानि च कर्माणि लोके तालाश्रितानि च।**
**आदित्यादि ग्रहाणां च ताले नैवगतिर्भवेत्।।**

यद्यपि उत्तर और दक्षिण भारतीय संगीत में ताल का समानान्तर विकास दिखाई देता है, तथापि गहराई से देखने पर इनमें उतना ही अन्तर है, जितना एक वृक्ष की दो शाखाओं में होता है–

कुछ विद्वानों व गुणीजन का ऐसा मानना है कि **कर्नाटकी-संगीत पद्धति** में तार्किकता और वैज्ञानिकता का ध्यान रखा जाता है तथा **उत्तर भारतीय संगीत पद्धति** में अन्तःप्रेरणा तथा दार्शनिक कल्पना को महत्त्व दिया जाता है। **कर्नाटक संगीत** का स्वरूप संयत और कुछ मायनों में बौद्धिकतापूर्ण है, जबकि हिन्दुस्तानी संगीत अधिक व्यावहारिक है, अतः अधिक भावनामय है। दोनों ही ताल पद्धतियों में ताल, काल, मात्रा, लय, ताल के दस लक्षण, कायदे, परन, टुकड़े-मुखड़े में प्रयुक्त स्वर, वर्ण-युक्त बोल आदि की परिभाषाएँ समान रूप से स्वीकृत पाई जाती हैं।

दोनों ही पद्धतियों में तालों का विकास एक-दूसरे से स्वतन्त्र रूप में हुआ है तथा ताल पद्धति के वर्गीकरण के विषय में कई प्रकार की विचारधाराएँ सामने आईं जिनमें से **एक विचारधारा** यह थी कि–

"तालों को उनकी पूर्ण मात्राओं के आधार पर अलग-अलग वर्गों में रखा जाए। जैसे–चार मात्रा की, पाँच मात्रा की आदि। फिर जब एक ही सी मात्रा में कई प्रकार की तालें हों, तो उनके विभागों के अनुसार उनको अलग-अलग रखा जाए"।

दूसरी विचारधारा यह थी कि–

"तालों को दक्षिण पद्धति की विचारधारा से प्रेरणा लेकर अलग-अलग जाति-वर्गों में बाँटा जाए। जैसे–**चतस्त्र जाति** में वे तालें, जिनमें दो, चार मात्रा या दो और चार मात्रा वाले विभाग हों। **तिस्त्र जाति** में वे तालें, जिनमें तीन मात्रा तथा दो और तीन मात्रा वाले विभाग हों जैसे–दादरा, एकताल आदि। **खण्ड जाति** में पाँच मात्रा वाली तालें तथा दो और पाँच मात्रा वाले विभाग हों जैसे–झपताल। **मिश्र जाति** में सात

मात्रा वाली तालें या दो और सात मात्रावाली विभाग हों। **संकीर्ण जाति** में विभिन्न मात्राओं वाले विभागों की तालें हों।

उपर्युक्त मात्राओं के आधार पर निम्नलिखित वर्गीकरण है–

| | |
|---|---|
| (1) 4 मात्रा वाली ताल | कहरवा |
| (2) 5 मात्रा वाली ताल | दो ताल |
| (3) 6 मात्रा वाली ताल | दादरा |
| (4) 7 मात्रा वाली तालें | पश्तो, रूपक, तीव्रा |
| (5) 8 मात्रा वाली तालें | झंपा ताल, छपका ताल |
| (6) 9 मात्रा वाली ताल | अंक |
| (7) 10 मात्रा वाली तालें | सूल ताल, झपताल |
| (8) 11 मात्रा वाली तालें | कुम्भ, रुद्र, अष्ट मंगल |
| (9) 12 मात्रा वाली तालें | एक ताल, खेमटा, चारताल |
| (10) 13 मात्रा वाली ताल | फरोदहस्त |
| (11) 14 मात्रा वाली तालें | आड़ा चौताल, झूमरा, दीपचन्दी, धमार |
| (12) 15 मात्रा वाली तालें | पंचम सवारी, गजझम्पा |
| (13) 16 मात्रा वाली तालें | तीन ताल, तिलवाड़ा, पंजाबीअद्धा, जत्तताल |
| (14) 17 मात्रा वाली ताल | शिखर |
| (15) 18 मात्रा वाली तालें | बसन्त, लक्ष्मी, सरस्वती, मत्त ताल |
| (16) 28 मात्रा वाली ताल | ब्रह्म ताल |

प्राचीनकाल के भरतकालीन ताल-चिह्नों का प्रयोग (जैसे कि दक्षिण पद्धति के छः अंग–द्रुत, अणुद्रुत, लघु, गुरु, प्लुत, काकपद आदि) **हिन्दुस्तानी ताल-पद्धति (उत्तरी)** में नहीं होता है। इस पद्धति में मात्राओं का दिग्दर्शन दो मात्राएँ, चार या आठ मात्राएँ कहकर किया जाता है। इसमें **सशब्द** संज्ञा की तरह **'ताली'** और **'निःशब्द'** संज्ञा के स्थान पर **'खाली'** ये दो शब्द प्रचलित हो गए हैं। **ताली** के लिए **'भरी'** और **'पात'** का प्रयोग होता है तथा खाली के लिए निःशब्द क्रिया है। **'ताली'** के लिए हाथ से एक ताली (Clap) देकर अँगुलियों से शेष मात्राएँ गिनना तथा हाथ को हवा में लहराकर **'खाली'** दिखाना–ये क्रियाएँ होती हैं।

## 1. उत्तर भारतीय ताल-पद्धति

उत्तर भारतीय संगीत में हर ताल का ठेका निश्चित है। तबला, पखावज वादक तथा नर्तक या नर्तकी के लिए ठेके का ज्ञान होना आवश्यक है, क्योंकि इन बोलों के अनुसार विस्तार किया जाता है।

इस पद्धति में अधिकतर ख्याल गायकी, ध्रुपद तथा कथक नृत्य के साथ तबले या पखावज की संगत होती है। यहाँ तालों में तिलवाड़ा, एकताल, झूमरा, त्रिताल, आड़ा-चौताल और झपताल आदि ताल 'ख्याल' गायन के साथ तबले पर बजाए जाते हैं। चौताल, सूलताल, ब्रह्मताल, मत्तताल, तीव्रा ताल जैसे ताल ध्रुपद गायन के साथ मृदंग अथवा पखावज पर बजाए जाते हैं। नृत्य में मुख्यतः तबले की संगत की जाती है इसलिए सभी ताल तबले पर ही बजाए जाते हैं।

इस पद्धति में तालों की संख्या असीमित है। इस पद्धति में चिह्नों के अनुसार विभाग नहीं होते हैं। हिन्दुस्तानी संगीत पद्धति में ताल का स्थान विशिष्ट होता है एवं गायन-वादन की शैलियों के अनुकूल ताल के विभिन्न रूप निर्धारित किए गए हैं।

इस ताल-पद्धति में–
सम का चिह्न 'X' है
खाली का चिह्न '0' है।

जब किसी मात्रा को बढ़ाया जाता है, तो उसके आगे रेखा (–) अथवा अवग्रह (ऽ) लगा दिया जाता है :

जैसे–धा-- या धा ऽ

जब एक से अधिक बोलों को एक मात्रा में रखना होता है, तो उन सब बोलों के नीचे अर्ध चन्द्र-जैसा चिह्न लगा देते हैं। जैसे–तिटकत

किसी ताल में जिस बोल पर ताली आती है वहाँ उस बोल के नीचे उतनी ताली की गिनती लिख दी जाती है। अर्थात् दूसरी ताली आने पर 2 तथा तीसरी ताली आने पर 3 गिनती लिख देते हैं।

***उदाहरण*–झूमरा ताल–**

| मात्रा | 1 | 2 | 3 | 4 | 5 | 6 | 7 |
|---|---|---|---|---|---|---|---|
| बोल | धिं | -धा | तिरकिट | धिं | धिं | धागे | तिरकिट |
| चिह्न | x | | | 2 | | | |
| मात्रा | 8 | 9 | 10 | 11 | 12 | 13 | 14 |
| बोल | तिं | -ता | तिरकिट | धिं | धिं | धागे | तिरकिट |
| चिह्न | 0 | | | 3 | | | |

## 2. दक्षिणी ताल-पद्धति

दक्षिण में तालांकन की प्रणाली प्राचीन तथा मध्यकालीन परम्परा के अनुकूल है। इसमें गणित के सिद्धान्तों का सूक्ष्मता से प्रयोग हुआ है।

इस पद्धति में तीन प्रमुख ताल पद्धतियों का प्रचलन रहा है–

(1) प्राचीन अष्टोत्तरशत् तालम्
(2) अपूर्व तालम्
(3) सप्त तालम्

आजकल **'सप्त तालम्'** के आधार पर कर्नाटक संगीत विभिन्न जाति व गति-भेदों के साथ प्रचलित है। वह सात तालें निम्नलिखित हैं–

| ताल नाम | चिह्न | मात्रा | विभाग |
|---|---|---|---|
| 1. ध्रुवताल | I0II | 4,2,4,4 | 4 |
| 2. मठ ताल | I0I | 4,2,4 | 3 |
| 3. रूपक ताल | 0I | 2,4 | 2 |
| 4. झंपताल | I◡0 | 4,1,2 | 3 |
| 5. त्रिपुट ताल | I00 | 4,2,2 | 3 |
| 6. अठ ताल | II00 | 4,4,2,2 | 4 |
| 7. एक ताल | I | 4 | 1 |

इन सातों के आधार पर कुल 35 भेद होते हैं। दक्षिणी ताल पद्धति में विशेषकर छह प्रकार के चिह्नों का प्रयोग करके ताल के विभिन्न भागों की मात्राओं को दर्शाते हैं। इन चिह्नों को षड्अंग कहते हैं–

## षड्अंग

| नं. | चिह्न | नाम | मात्रा | अक्षरकाल |
|---|---|---|---|---|
| 1. | ‿ | अणुद्रुत | 1/4 | 1 |
| 2. | 0 | द्रुत | 1/2 | 2 |
| 3. | । | लघु | 1 | 4 |
| 4. | 8 या ऽ | गुरु | 2 | 8 |
| 5. | 8 (ऊपर ।) | प्लुत | 3 | 12 |
| 6. | + | काकपद | 4 | 16 |

उपर्युक्त छह चिह्नों में **'लघु'** नाम का चिह्न विशेषरूप से महत्त्वपूर्ण है इसी एक चिह्न के कारण तालों की विभिन्न जातियाँ पैदा हुई हैं। अलग-अलग जातियों में **'लघु'** की मात्रा अलग-अलग होती है।

आजकल छह अंगों में से प्रायः तीन अंगों के प्रयोग का प्रचलन है–लघु, द्रुत व अणुद्रुत।

**'लघु'** चिह्न के आधार पर जाति-भेद के अनुसार सात तालों से पाँच-पाँच प्रकार अर्थात् 35 तालें उत्पन्न हुई हैं।

## पाँच जातियाँ

(1) चतस्त्र जाति
(2) तिस्त्र जाति
(3) खण्ड जाति
(4) मिश्र जाति
(5) संकीर्ण जाति

1. चतस्त्र जाति में **'लघु'** की '4' मात्रा मानी गई हैं।
2. तिस्त्र जाति में **'लघु'** की '3' मात्रा मानी गई हैं।
3. खण्ड जाति में **'लघु'** की '5' मात्रा मानी गई हैं।
4. मिश्र जाति में **'लघु'** की '7' मात्रा मानी गई हैं।
5. संकीर्ण जाति में **'लघु'** की '9' मात्रा मानी गई हैं।

इस प्रकार प्रत्येक ताल के पाँच-पाँच प्रकार होते हैं–

**उदाहरणार्थ–**

| | ताल | जाति | चिह्न | लघु का मान | मात्रा |
|---|---|---|---|---|---|
| 1. | **ध्रुवताल** | चतस्त्र | । 0 ।। | 4 | 14 |
| 2. | ,, | तिस्त्र | । 0 ।। | 3 | 11 |
| 3. | ,, | खण्ड | । 0 ।। | 5 | 17 |

| | | | | | |
|---|---|---|---|---|---|
| 4. | ,, | मिश्र | । 0 ।। | 7 | 23 |
| 5. | ,, | संकीर्ण | । 0 ।। | 9 | 29 |

## गति-भेद (Gati-Bheda)

दक्षिण ताल-पद्धति में पाँच प्रकार के गति-भेद हैं। जब किसी ताल को चौगुन में बजाते हैं तो उसे चतस्त्र गति की ताल कहते हैं और इसी तरह जब किसी ताल को तिगुन, पंचगुन, सतगुन तथा नौगुन में बजाते हैं तो उन्हें क्रमशः तिस्त्र गति, खण्ड गति, मिश्र गति तथा संकीर्ण गति की तालें कहा जाता है।

**उदाहरणार्थ–**

| | **ताल** | **जाति** | **गति** | **चिह्न** | **मात्रा** |
|---|---|---|---|---|---|
| 1. | **त्रिपुट** | तिस्त्र | चतस्त्र | ।00 | 3,2,2×4 = 28 |
| 2. | ,, | ,, | तिस्त्र | ।00 | 3,2,2×3 = 21 |
| 3. | ,, | ,, | खण्ड | ।00 | 3,2,2×5 = 35 |
| 4. | ,, | ,, | मिश्र | ।00 | 3,2,2×7 = 49 |
| 5. | ,, | ,, | संकीर्ण | ।00 | 3,2,2×9 = 63 |

इस पद्धति की इन 35 तालों को बजाने में मृदंग तथा पखावज आदि का प्रयोग होता है।

प्रचलित कर्नाटकी ताल पद्धति प्राचीनकाल के भरतकालीन ताल-चिह्नों के समान प्रतीत होती है। पद्धति में संगीत में प्रयोग होने वाली **'सशब्द'** संज्ञा के स्थान पर **'घातम्'** तथा **'निःशब्द'** संज्ञा के स्थान पर **'विसर्जितम्'** संज्ञाएँ प्रयोग में लाई जाती हैं। दक्षिण में **'घातम्'** में हाथ से ताली (clap) देकर अँगुलियों से शेष मात्राएँ गिनना तथा **'विसर्जितम्'** में हाथ को हवा में लहराकर दिखाना ये क्रियाएँ होती हैं।

इस पद्धति में ठेके के बिना ताल का ज्ञान असम्भव तो नहीं माना जाता, फिर भी अभ्यास के लिए तालों के कुछ बोल नियत हैं। बोलों में तत् दिन, तों नों इत्यादि प्रमुख हैं। प्रत्येक ताल की पहली मात्रा में **'तत्'** का ही प्रयोग होता है। इसमें तालों की संख्या सीमित है। इस पद्धति में अधिकतर **'घटम्'** ही ताल-वादन का माध्यम है। प्रमुख ताल वाद्य मृदंग है।

कर्नाटकी तालों में जितने चिह्न होंगे, उतने ही विभाग होंगे। इनके संगीत में ताल की गति ज्यादा विलम्बित नहीं होती है जितनी कि उत्तरी भारत पद्धति में। वर्णम्, कृति, तिल्लाना इत्यादि गायन प्रकारों के अनुकूल ताल-वाद्य एवं ताल-वादन शैली दक्षिणी पद्धति की विशेषता है।

## ताल-लिपि (Notation)

उत्तरी (हिन्दुस्तानी) तालों में **'खाली'** का चिह्न होता है, परन्तु दक्षिण ताल-पद्धति में लिखते समय **'हिन्दुस्तानी'** तालों के **'खाली'** के सम्पूर्ण विभाग को उसके पूर्व के विभाग में सम्मिलित करना पड़ता है। क्योंकि दक्षिणी ताल-लिपि में खाली का 'संकेत चिह्न' नहीं है। जैसे—उत्तरी ताल-पद्धति की 16 मात्राओं की तीन ताल को दक्षिणी पद्धति में लिखते समय तीन विभाग दिखाए जाएँगे।

**उदाहरणार्थ–**

## ताल-त्रिताल

### हिन्दुस्तानी रूप

| 1 | 2 | 3 | 4 | 5 | 6 | 7 | 8 | 9 | 10 | 11 | 12 | 13 | 14 | 15 | 16 |
|---|---|---|---|---|---|---|---|---|---|---|---|---|---|---|---|
| x | | | | 2 | | | | 0 | | | | 3 | | | |

**दक्षिणी रूप–। ऽ। (लघु, गुरू, लघु)**

नौवीं मात्रा पर खाली होने वाला '9-10-11-12' यह विभाग उसके पूर्व के **'ताली'** वाले विभाग में सम्मिलित कर लिया गया है और दूसरा विभाग 4 मात्रा के स्थान पर 8 मात्रा का हो गया। इसी प्रकार अन्य तालें भी कर्नाटकी ताल-पद्धति में लिखी जा सकती हैं।

## ताल-झपताल

### हिन्दुस्तानी रूप

| 1 | 2 | 3 | 4 | 5 | 6 | 7 | 8 | 9 | 10 |
|---|---|---|---|---|---|---|---|---|---|
| x | | 2 | | | 0 | | 3 | | |

**दक्षिणी रूप–0 ।̆ 0̆ (द्रुत, लघु + अणुद्रुत, द्रुत + अणुद्रुत)**

(झपताल की छठी एवं सातवीं मात्रा को दूसरी ताली के विभाग में मिला दिया गया है)

## ताल-धमार

### हिन्दुस्तानी रूप

| 1 | 2 | 3 | 4 | 5 | 6 | 7 | 8 | 9 | 10 | 11 | 12 | 13 | 14 |
|---|---|---|---|---|---|---|---|---|---|---|---|---|---|
| x | | | | | 2 | | 0 | | | 3 | | | |

**दक्षिणी रूप– ।̆ ।̆ । (लघु + अणुद्रुत, लघु + अणुद्रुत, लघु)**

## जाति-भेद के अनुसार

कर्नाटकी 7 तालों के पंचजाति भेदानुसार 35 प्रकार–

| ताल | जाति-भेद | ताल-चिह्न | जाति-भेद से मात्रा विभाग | कुल मात्रा |
|---|---|---|---|---|
| | चतुस्त्र | ।4 0 ।4 ।4 | 4+2+4+4 | 14 |
| | तिस्त्र | ।3 0 ।3 ।3 | 3+2+3+3 | 11 |
| ध्रुवताल | मिश्र | ।7 0 ।7 ।7 | 7+2+7+7 | 23 |
| | खण्ड | ।5 0 ।5 ।5 | 5+2+5+5 | 17 |
| | संकीर्ण | ।9 0 ।9 ।9 | 9+2+9+9 | 29 |

| ताल | जाति-भेद | ताल-चिह्न | जाति-भेद से मात्रा विभाग | कुल मात्रा |
|---|---|---|---|---|
| | चतुस्त्र | ।4 0 ।4 | 4+2+4 | 10 |
| | तिस्त्र | ।3 0 ।3 | 3+2+3 | 8 |
| मठताल | मिश्र | ।7 0 ।7 | 7+2+7 | 16 |
| | खण्ड | ।5 0 ।5 | 5+2+5 | 12 |
| | संकीर्ण | ।9 0 ।9 | 9+2+9 | 20 |
| | चतुस्त्र | ।4 0 | 4+2 | 6 |
| | तिस्त्र | ।3 0 | 3+2 | 5 |
| रूपकताल | मिश्र | ।7 0 | 7+2 | 9 |
| | खण्ड | ।5 0 | 5+2 | 7 |
| | संकीर्ण | ।9 0 | 9+2 | 11 |
| | चतुस्त्र | ।4 ◡0 | 4+1+2 | 7 |
| | तिस्त्र | ।3 ◡0 | 3+1+2 | 6 |
| झपताल | मिश्र | ।7 ◡0 | 7+1+2 | 10 |
| | खण्ड | ।5 ◡0 | 5+1+2 | 8 |
| | संकीर्ण | ।9 ◡0 | 9+1+2 | 12 |
| | चतुस्त्र | ।4 0 0 | 4+2+2 | 8 |
| | तिस्त्र | ।3 0 0 | 3+2+2 | 7 |
| त्रिपुटताल | मिश्र | ।7 0 0 | 7+2+2 | 11 |
| | खण्ड | ।5 0 0 | 5+2+2 | 9 |
| | संकीर्ण | ।9 0 0 | 9+2+2 | 13 |
| | चतुस्त्र | ।4 ।4 0 0 | 4+4+2+2 | 12 |
| | तिस्त्र | ।3 ।3 0 0 | 3+3+2+2 | 10 |
| अठताल | मिश्र | ।7 ।7 0 0 | 7+7+2+2 | 18 |
| | खण्ड | ।5 ।5 0 0 | 5+5+2+2 | 14 |
| | संकीर्ण | ।9 ।9 0 0 | 9+9+2+2 | 22 |
| | चतुस्त्र | ।4 | 4 | 4 |
| | तिस्त्र | ।3 | 3 | 3 |
| एकताल | मिश्र | ।7 | 7 | 7 |
| | खण्ड | ।5 | 5 | 5 |
| | संकीर्ण | ।9 | 9 | 9 |

नोट : इन तालों में ताल-चिह्न के अन्तर्गत जो गिनती लिखी गई है वह लघु का मान दर्शाती है।

**पंचगति भेद के अनुसार अठताल के** (पाँच प्रकारों के भी पाँच-पाँच प्रकार) 25 **प्रकार हैं**–

| जाति | चिह्न | मात्रा | गति-भेद | गति-भेद के प्रकार से कुल मात्राएँ |
|---|---|---|---|---|
| चतुस्त्र | । 4 । 4 0 0 | 12 | चतुस्त्र<br>तिस्त्र<br>मिश्र<br>खण्ड<br>संकीर्ण | 12 x 4 = 48<br>12 x 3 = 36<br>12 x 7 = 84<br>12 x 5 = 60<br>12 x 9 = 108 |
| तिस्त्र | । 3 । 3 0 0 | 10 | चतुस्त्र<br>तिस्त्र<br>मिश्र<br>खण्ड<br>संकीर्ण | 10 x 4 = 40<br>10 x 3 = 30<br>10 x 7 = 70<br>10 x 5 = 50<br>10 x 9 = 90 |
| मिश्र | । 7 । 7 0 0 | 18 | चतुस्त्र<br>तिस्त्र<br>मिश्र<br>खण्ड<br>संकीर्ण | 18 x 4 = 72<br>18 x 3 = 54<br>18 x 7 = 126<br>18 x 5 = 90<br>18 x 9 = 162 |
| खण्ड | । 5 । 5 0 0 | 14 | चतुस्त्र<br>तिस्त्र<br>मिश्र<br>खण्ड<br>संकीर्ण | 14 x 4 = 56<br>14 x 3 = 42<br>14 x 7 = 98<br>14 x 5 = 70<br>14 x 9 = 126 |
| चतुस्त्र | । 9 । 9 0 0 | 22 | चतुस्त्र<br>तिस्त्र<br>मिश्र<br>खण्ड<br>संकीर्ण | 22 x 4 = 88<br>22 x 3 = 66<br>22 x 7 = 154<br>22 x 5 = 110<br>22 x 9 = 198 |

# 16

# लयकारी
# LAYAKARI

**'लय'** सर्वत्र व्याप्त है। **'स्वर'** को **'शिव'** और **'लय'** को **'शक्ति'** कहा गया है। 'शिव' के बिना 'शक्ति' निराधार है और 'शक्ति' के बिना 'शिव' में शिवत्व ही नहीं रहेगा।

आचार्य बृहस्पति के अनुसार—किसी भी ताल के विभिन्न भागों को पृथक्-पृथक् करने वाली **'क्रियाओं'** (काल के गिनने के क्रम को क्रिया कहते हैं) के मध्य में आने वाला विश्रान्ति-काल **'लय'** है। इस विश्रान्ति काल को 'समान' रखना, घटने-बढ़ने न देना, उस क्रिया में मन की तन्मयता, एकाग्रता या लीनता का परिणाम है। यह क्रिया-समूह जब यथासमय होता रहता है, तब ताल के विशिष्ट रूप की अभिव्यक्ति होती है। ताल के भाग मात्राओं के गुच्छ हैं। किन्हीं भी तालों की मात्रा-संख्या, समान होने पर भी, उनके घटक या निर्माण करने वाले मात्रा-गुच्छों या भागों की विधिता, समान मात्रिक (समान मात्रा वाले) विविध तालों के रूप या गति में अन्तर कर देती है। धमार, दीपचन्दी, आड़ाचौताल, झूमरा इत्यादि तालों में 'भाग' या बोलों की रोकथाम का अन्तर ही उन तालों में विभिन्नता लाता है।

चूँकि कथक नृत्य ताल-संगीत पर आधारित है। इस नृत्य के नृत्त-पक्ष में तबले व पखावज पर बजाई जाने वाली बंदिशें या फिर इन अवनद्ध वाद्यों पर बजने वाले बोलों पर आधारित बंदिशें नाची जाती हैं जिस कारण से इस नृत्य में **लयकारियों का प्रयोग** विशिष्टता लिये हुए होता है। बंदिशों (टुकड़े, परन इत्यादि) में तो इनका प्रयोग होता ही है वरन् पद-संचालन (Footwork) में भी जटिल लयकारियों का प्रयोग किया जाता है। जैसे—आड़, कुआड़, बिआड़, महाआड़, महाकुआड़, महाबिआड़ इत्यादि।

(1) ***आड़ी लय***—जब किसी ताल के ठेके की चार मात्राओं में नृत्य (के बोलों) की या (तबले) वाद्य की छह मात्राएँ या बोल दिखाई जाएँ या बजाई जाएँ अर्थात् **ठेके की एक मात्रा में नृत्य के डेढ़ बोल आएँ तब वह आड़ी लय कहलाती है।**

**तीन ताल में आड़ी लय**

| मात्रा | 1 | 2 | 3 | 4 |
|---|---|---|---|---|
| ठेके के बोल | धा | धिं | धिं | धा |
| बोलों की आड़ी लय | धा ऽ धिं | ऽ धिं ऽ | धा ऽ धा | ऽ धिं ऽ |
| चिह्न | x | | | |
| मात्रा | 5 | 6 | 7 | 8 |
| ठेके के बोल | धा | धिं | धिं | धा |
| आड़ी लय | धिं ऽ धा | ऽ धा ऽ | तिं ऽ तिं | ऽ ता ऽ |
| चिह्न | 2 | | | |
| मात्रा | 9 | 10 | 11 | 12 |
| ठेके के बोल | धा | तिं | तिं | ता |
| आड़ी लय | ता ऽ धिं | ऽ धिं ऽ | धा ऽ धा | ऽ धिं ऽ |
| चिह्न | 0 | | | |
| मात्रा | 13 | 14 | 15 | 16 |
| ठेके के बोल | ता | धिं | धिं | धा |
| आड़ी लय | धिं ऽ धा | ऽ धा ऽ | धिं ऽ धिं | ऽ धा ऽ |
| चिह्न | 3 | | | |
| मात्रा | 1 | 2 | 3 | 4 |
| ठेके के बोल | धा | धिं | धिं | धा |
| आड़ी लय | धा ऽ तिं | ऽ तिं ऽ | ता ऽ ता | ऽ धिं ऽ |
| चिह्न | x | | | |
| मात्रा | 5 | 6 | 7 | 8 |
| ठेके के बोल | धा | धिं | धिं | धा |
| आड़ी लय | धिं ऽ धा | ऽ धा ऽ | धिं ऽ धिं | ऽ धा ऽ |
| चिह्न | 2 | | | |
| मात्रा | 9 | 10 | 11 | 12 |
| ठेके के बोल | धा | ति | तिं | ता |
| आड़ी लय | धा ऽ धिं | ऽ धिं ऽ | धा ऽ धा | ऽ तिं ऽ |
| चिह्न | 0 | | | |
| मात्रा | 13 | 14 | 15 | 16 |
| ठेके के बोल | ता | धिं | धिं | धा |
| आड़ी लय | तिं ऽ ता | ऽ ता ऽ | धिं ऽ धिं | ऽ धा ऽ |
| चिह्न | | | | |

अर्थात् तीनताल के दो आवर्त्तन में आड़ी लय बनाने पर पूरा ठेका तीन बार बजाकर सम पर आएगा।

या इसे इस प्रकार कह सकते हैं कि तीन ताल के एक आवर्त्तन या 16 मात्रा में 24 मात्रा बजाई जाएगी। अर्थात् एक आवर्त्तन में—डेढ़ आवर्त्तन प्रस्तुत करना।

(2) ***महाआड़ी लय***–जब किसी ताल के ठेके की चार मात्राओं में नृत्य (के बोलों) की या (तबले या पखावज) वाद्य की बारह मात्राएँ या बोल दिखाई जाएँ (पद-संचालन द्वारा) या बजाई जाएँ अर्थात् **ठेके की एक मात्रा में नृत्य के तीन बोल या मात्राएँ आएँ तब वह महाआड़ी लय कहलाती है।** इसे तिगुन भी कहते हैं। **उदाहरणार्थ–**

**तीन ताल में महाआड़ी लय**

| | | | | |
|---|---|---|---|---|
| मात्रा | 1 | 2 | 3 | 4 |
| ठेके के बोल | धा | धिं | धिं | धा |
| लय मात्रा | धा धिं धिं | धा धा धिं | धिं धा धा | तिं तिं ता |
| मात्रा | 1 2 3 | 4 5 6 | 7 8 9 | 10 11 12 |
| | × | | | |
| मात्रा | 5 | 6 | 7 | 8 |
| ठेके के बोल | धा | धि | धिं | धा |
| बोलों की आड़ी लय | ता धिं धिं | धा धा धिं | धिं धा धा | धिं धिं धा |
| मात्रा | 13 14 15 | 16 17 18 | 19 20 21 | 22 23 24 |
| | 2 | | | |
| मात्रा | 9 | 10 | 11 | 12 |
| ठेके के बोल | धा | तिं | तिं | ता |
| महाआड़ी लय | धा तिं तिं | ता ता धिं | धिं धा धा | धिं धिं धा |
| मात्रा | 25 26 27 | 28 29 30 | 31 32 33 | 34 35 36 |
| | 0 | | | |
| मात्रा | 13 | 14 | 15 | 16 |
| ठेके के बोल | ता | धिं | धि | धा |
| महाआड़ी लय | धा धिं धिं | धा धा तिं | तिं ता ता | धिं धिं धा |
| मात्रा | 37 38 39 | 40 41 42 | 43 44 45 | 46 47 48 |
| | 3 | | | |

अर्थात् तीन ताल के एक आवर्त्तन में पूरा ठेका तीन बार बजाकर सम पर आएगा। या 16 मात्रा में 48 मात्रा बजाई जाएगी।

(3) ***कुआड़ी लय***–इसे सवाई लय भी कहते हैं। जब किसी ताल के ठेके के चार मात्रा में नृत्य या तबले के पाँच मात्रा या बोल (पद-संचालन द्वारा) दिखाए जाएँ या बजाए जाएँ अर्थात् ताल के आवर्त्तन की एक मात्रा में नृत्य या तबले के सवा बोल (1.25) बजाए जाएँ तो वह कुआड़ लय कहलाती है।

जैसे तीन ताल के एक आवर्त्तन में या 16 मात्रा में नृत्य या तबले के (बोल की) 20 मात्रा आएँ तब वह कुआड़ लय कहलाएगी। अर्थात् तीन ताल के चार आवर्त्तन में तबले के पाँच आवर्त्तन पूरे-पूरे बजाने पर सम आएगा।

**उदाहरणार्थ–**

**तीन ताल में कुआड़ी लय बरतना**

| | | | | |
|---|---|---|---|---|
| ठेके की मात्रा | 1 | 2 | 3 | 4 |
| आवर्त्तन | धा | धिं | धिं | धा |
| लय | धाऽऽऽधिं | ऽऽऽधिंऽ | ऽऽधाऽऽ | ऽधाऽऽऽ |
| लय की मात्रा | 1 2 | 3 | 4 | 5 |
| चिह्न | x | | | |

| | | | | |
|---|---|---|---|---|
| ठेके की मात्रा | 5 | 6 | 7 | 8 |
| आवर्त्तन | धा | धिं | धिं | धा |
| लय | धिंऽऽऽधिं | ऽऽऽधाऽ | ऽऽधाऽऽ | ऽतिंऽऽऽ |
| लय की मात्रा | 6 7 | 8 | 9 | 10 |
| चिह्न | 2 | | | |

| | | | | |
|---|---|---|---|---|
| ठेके की मात्रा | 9 | 10 | 11 | 12 |
| आवर्त्तन | धा | तिं | तिं | ता |
| लय | तिंऽऽ ऽता | ऽऽऽताऽ | ऽऽधिंऽऽ | ऽधिंऽऽऽ |
| लय की मात्रा | 11 12 | 13 | 14 | 15 |
| चिह्न | 0 | | | |

| | | | | |
|---|---|---|---|---|
| ठेके की मात्रा | 13 | 14 | 15 | 16 |
| आवर्त्तन | ता | धिं | धिं | धा |
| लय | धाऽऽऽधा | ऽऽऽधिंऽ | ऽऽधिंऽऽ | ऽधाऽऽऽ |
| लय की मात्रा | 16 17 | 18 | 19 | 20 |
| चिह्न | 3 | | | |

(4) ***महाकुआड़ी लय***–यह लय कुआड़ की दुगुनी लय होती है। किसी ताल के आवर्त्तन के चार मात्रा में तबले की दस मात्रा या बोल बजाई या नृत्य के पद-संचालन द्वारा दिखाई जाए अर्थात् आवर्त्तन की एक मात्रा में ठेके की (2.50) ढाई (मात्रा) या बोल आए तो उसे महाकुआड़ कहेंगे। तीन ताल के एक आवर्त्तन या 16 मात्रा में ठेके की 40 मात्रा या बोल आएँगे।

**उदाहरणार्थ–**

**तीन ताल में महाकुआड़ी लय**

| | | | | |
|---|---|---|---|---|
| ठेके की मात्रा | 1 | 2 | 3 | 4 |
| आवर्त्तन | धा | धिं | धिं | धा |
| लय | धा ऽ धिं ऽ धिं | ऽ धा ऽ धा ऽ | धिं ऽ धिं ऽ धा | ऽ धा ऽ तिं ऽ |
| लय की मात्रा | 1 2 3 | 4 5 | 6 7 8 | 9 10 |
| चिह्न | x | | | |
| ठेके की मात्रा | 5 | 6 | 7 | 8 |
| आवर्त्तन | धा | धिं | धिं | धा |
| लय | तिं ऽ ता ऽ ता | ऽ धिं ऽ धिं ऽ | धा ऽ धा ऽ धिं | ऽ धिं ऽ धा ऽ |
| लय की मात्रा | 11 12 13 | 14 15 | 16 17 18 | 19 20 |
| चिह्न | 2 | | | |
| ठेके की मात्रा | 9 | 10 | 11 | 12 |
| आवर्त्तन | धा | तिं | तिं | ता |
| लय | धा ऽ धिं ऽ धिं | ऽ धा ऽ धा ऽ | तिं ऽ तिं ऽ ता | ऽ ता ऽ धिं ऽ |
| लय की मात्रा | 21 22 23 | 24 25 | 26 27 28 | 29 30 |
| चिह्न | 0 | | | |
| ठेके की मात्रा | 13 | 14 | 15 | 16 |
| आवर्त्तन | ता | धिं | धिं | धा |
| लय | धिं ऽ धा ऽ धा | ऽ धिं ऽ धिं ऽ | धा ऽ धा ऽ धिं | ऽ धिं ऽ धा ऽ |
| लय की मात्रा | 31 32 33 | 34 35 | 36 37 38 | 39 40 |
| चिह्न | 3 | | | |

**Note :** इसे इस प्रकार भी लिखा जा सकता है–कुआड़ का दुगुना अर्थात्

| 1 | 2 | 3 |
|---|---|---|
| धा ऽ ऽ ऽ धिं ऽ ऽ ऽ धिं ऽ | ऽ ऽ धा ऽ ऽ ऽ धा ऽ ऽ ऽ | धिं ऽ ऽ ऽ धिं ऽ ऽ ऽ धा धा |

(5) ***बिआड़ी लय***–इसे पौने दो गुनी लय भी कहते हैं। जब किसी ताल के आवर्त्तन के चार मात्रा में नृत्य या तबले के सात मात्रा या बोल (पद-संचालन द्वारा) दिखाए जाएँ या बजाए जाएँ अर्थात् आवर्त्तन की एक मात्रा में ठेके की पौने दो मात्रा (1.75) या बोल आएँ तो उसे बिआड़ी लय कहेंगे। तीन ताल के एक आवर्त्तन या 16 मात्रा में ठेके की 28 मात्रा या बोल आएँगे।

**उदाहरणार्थ–**

**तीन ताल में बिआड़ी लय**

| ठेके की मात्रा | 1 | 2 | 3 | 4 |
|---|---|---|---|---|
| आवर्त्तन | धा | धिं | धिं | धा |
| लय | धा ऽ ऽ ऽ धिं ऽ ऽ | ऽ धिं ऽ ऽ ऽ धा ऽ | ऽ ऽ धा ऽ ऽ ऽ धिं | ऽ ऽ ऽ धिं ऽ ऽ ऽ |
| लय की मात्रा | 1 2 | 3 4 | 5 6 | 7 |
| चिह्न | x | | | |

| ठेके की मात्रा | 5 | 6 | 7 | 8 |
|---|---|---|---|---|
| आवर्त्तन | धा | धिं | धिं | धा |
| लय | धा ऽ ऽ ऽ धा ऽ ऽ | ऽ तिं ऽ ऽ ऽ तिं ऽ | ऽ ऽ ता ऽ ऽ ऽ ता | ऽ ऽ ऽ धिं ऽ ऽ ऽ |
| लय की मात्रा | 8 9 | 10 11 | 12 13 | 14 |
| चिह्न | 2 | | | |

| ठेके की मात्रा | 9 | 10 | 11 | 12 |
|---|---|---|---|---|
| आवर्त्तन | धा | तिं | तिं | ता |
| लय | धिं ऽ ऽ ऽ धा ऽ ऽ | ऽ धा ऽ ऽ ऽ धिं ऽ | ऽ ऽ धिं ऽ ऽ ऽ धा | ऽ ऽ ऽ धा ऽ ऽ ऽ |
| लय की मात्रा | 15 16 | 17 18 | 19 20 | 21 |
| चिह्न | 0 | | | |

| ठेके की मात्रा | 13 | 14 | 15 | 16 |
|---|---|---|---|---|
| आवर्त्तन | ता | धिं | धिं | धा |
| लय | धिं ऽ ऽ ऽ धिं ऽ ऽ | ऽ धा ऽ ऽ ऽ धा ऽ | ऽ ऽ ऽ तिं ऽ ऽ ऽ | तिं ऽ ऽ ऽ ता ऽ ऽ |
| लय की मात्रा | 22 23 | 24 25 | 26 | 27 28 |
| चिह्न | 3 | | | |

(6) ***महाबिआड़ी लय***–यह लय बिआड़ी लय की दुगुनी होती है। किसी ताल के आवर्त्तन के चार मात्रा में तबले की चौदह (Fourteen) मात्रा या बोल बजाए जाएँ या नृत्य में पद-संचालन द्वारा दिखाए जाएँ अर्थात् आवर्त्तन की एक मात्रा में ठेके की साढ़े तीन (3.50) मात्रा या बोल आए तो वह महाबिआड़ी लय कहलाती है। तीन ताल के एक आवर्त्तन या (सोलह मात्रा) 16 मात्रा में ठेकी की 56 मात्रा बजाई जाएगीं।

**उदाहरणार्थ–**

## तीन ताल में महाबिआड़ी लय बरतना

| | | | | |
|---|---|---|---|---|
| ठेके की मात्रा | 1 | 2 | 3 | 4 |
| आवर्त्तन | धा | धिं | धिं | धा |
| लय | धा ऽ धिं ऽ धिं ऽ धा | ऽ धा ऽ धिं ऽ धिं ऽ | धा ऽ धा ऽ तिं ऽ तिं | ऽ ता ऽ ता ऽ धिं ऽ |
| लय की मात्रा | 1 2 3 4 | 5 6 7 | 8 9 10 11 | 12 13 14 |
| चिह्न | × | | | |
| ठेके की मात्रा | 5 | 6 | 7 | 8 |
| आर्वतन | धा | धिं | धिं | धा |
| लय | धिं ऽ धा ऽ धा ऽ धिं | ऽ धिं ऽ धा ऽ धा ऽ | धिं ऽ धिं ऽ धा ऽ धा | ऽ तिं ऽ तिं ऽ ता ऽ |
| लय की मात्रा | 15 16 17 18 | 19 20 21 | 22 23 24 25 | 26 27 28 |
| चिह्न | 2 | | | |
| ठेके की मात्रा | 9 | 10 | 11 | 12 |
| आवर्त्तन | धा | तिं | तिं | ता |
| लय | ता ऽ धिं ऽ धिं ऽ धा | ऽ धा ऽ धिं ऽ धिं ऽ | धा ऽ धा ऽ धिं ऽ धिं | ऽ धा ऽ धा ऽ तिं ऽ |
| लय की मात्रा | 29 30 31 32 | 33 34 35 | 36 37 38 39 | 40 41 42 |
| चिह्न | 0 | | | |
| ठेके की मात्रा | 13 | 14 | 15 | 16 |
| आवर्त्तन | ता | धिं | धि | धा |
| लय | तिं ऽ ता ऽ ता ऽ धिं | ऽ धिं ऽ धा ऽ धा ऽ | धिं ऽ धिं ऽ धा ऽ धा | ऽ धिं ऽ धिं ऽ धा ऽ |
| लय की मात्रा | 43 44 45 46 | 47 48 49 | 50 51 52 53 | 54 55 56 |
| चिह्न | 3 | | | |

# 17

# आहार्य अभिनय
# AAHARYA ABHINAYA

नेपथ्य की अन्दर की जाने वाली वेश-भूषा विन्यास एवं अङ्ग-रचना आदि को **'आहार्य'** कहा है। भट्टि, कालिदास, भारवि आदि महाकवि आहार्य-कल्पना से पूर्ण परिचित थे। उनके अनुसार सुन्दरता रहने पर आहार्य आडम्बर की आवश्यकता नहीं होती।

**आहार्यशोभारहितैपायैः** (भट्टि 2/14)

**निसर्ग सुभगस्य किमहार्यकाडम्बरेण**—(मल्लिनाथ—कुमारसम्भव 7/20)

नन्दिकेश्वर ने आहार्य का लक्षण बताया है कि हार, केयूर, वेश-भूषा आदि प्रसाधनों से सुसज्जित होकर किया जाने वाला अभिनय **'आहार्य'** कहलाता है।

**आहार्यो हारकेयूरवेषादिभिरलंकृत।** (—अभिनयदर्पण, 40)

नाट्यशास्त्र में आहार्य अभिनय का असाधारण महत्त्व बताया है। क्योंकि आहार्य अभिनय (वेश-भूषा सज्जा) द्वारा ही अभिनेता रंगमंच पर आकर्षक अभिनय कर सकता है। अग्निपुराण के अनुसार आहार्य अभिनय बुद्धि-प्रेरित अभिनय है। भरत ने तो आहार्य अभिनय का विस्तार से प्रतिपादन किया है। **अभिनवदर्पण में बताया गया है अभिनेत्री (या कलाकार) को बहुमूल्य पोशाक धारण किए हुए खिले कमल की भाँति होना चाहिए।**

**परार्ध्यमुषासम्पन्ना प्रसन्नमुखपंकजा।**

अभिनय दर्पण के अनुसार अभिनेत्री को अपने पैरों में कांस्य-निर्मित (Made of Bronze or Beel Metal), मधुर-ध्वनि युक्त एवं सुन्दर घुँघरूओं को धारण करना चाहिए। अभिनेता और अभिनेत्री दोनों ही नटराज शिव की वन्दना एवं वाद्य-यन्त्रों को पूरा कर गुरु की आज्ञा से अङ्ग-प्रत्यङ्ग की शृंगार-रचना करें। उन्हें चाहिए कि वे देश, काल, जाति, वय एवं अवस्था के अनुसार वेश-भूषा आदि धारण करें क्योंकि आहार्य का अभिनय, देश, काल, जाति एवं अवस्था की अनुरूपता के साथ अवतरित होकर दर्शकों के हृदय में अनुभूति एवं रस का संचार करता है। इस प्रकार नाट्य प्रयोग में आहार्य अभिनय का महत्त्वपूर्ण स्थान माना गया है।

रंगमंच पर पात्रों के प्रसाधन के लिए अलंकारादि (Ornaments) का धारण करना अलंकार कहलाता है। पात्रों का अलंकार तीन प्रकार से होता है—(1) माल्य द्वारा अङ्ग का प्रसाधन; (2) आभूषण द्वारा शरीर का प्रसाधन; तथा (3) वेशविन्यास। इन प्रसाधनों के द्वारा स्त्री और पुरुषों का देश, जाति, अवस्था आदि के अनुसार अलंकरण होता है। अङ्गरचना के अन्तर्गत शरीर के अवयवों की रचना तथा केशविन्यास आदि देश, जाति, अवस्था के अनुसार विभिन्न शैलियों में निष्पादित होते हैं। आहार्य अभिनय के अन्तर्गत द्विपद, चतुष्पद तथा अपद प्राणियों को रङ्गमञ्च पर प्रस्तुत करने का विधान बताया गया है।

इस प्रकार **आहार्य अभिनय**, नाट्य प्रयोग एवं सारुप्य-सृजन (Similar Creative Work) में एक महत्त्वपूर्ण विधा है। इसके द्वारा रङ्गमञ्च पर दृश्यों को कृत्रिम रूप में प्रस्तुत किया जाता है। वस्तुतः सारा आहार्य अभिनय बुद्धयारम्भक तथा रसाभिव्यक्ति के लिए होता है।

कथक नृत्य में कलाकार की **पोशाक** व **अलंकार** उत्तर भारत में पहनी जाने वाली वेशभूषा पर आधारित होता है।

कथक नृत्य में **स्त्री कलाकार (Female Dancer)** दो प्रकार की वेशभूषा (वस्त्रादि) धारण करते हैं– 1. लहँगा, 2. अंगरखा।

## 1. लहँगा (Lehnga)

***लहँगा (Lehnga)***—कमर से बाँधा जाने वाला घेरदार वस्त्र (Dress) (Garment hanging from the waist called Lehnga with gathered of pleated strips)

***कुर्ती या ब्लाउज (Kurtee or Blouse)***—कन्धे से कमर तक पहने जाने वाला सही नाप का वस्त्र (Waist length shirt)

***चूड़ीदार पायजामा (Churidar Paijama)***—कुर्ते के साथ पहने जाने वाला वस्त्र (Slacks-like trouser but not very tight fitting)

***दुपट्टा (Duppatta)***—कपड़े का लम्बा टुकड़ा जो कन्धे से पहना जाता है। (Large piece of soft fabric worn from the shoulder)

## 2. अँगरखा (Angarkha)

***अँगरखा (Angarkha)***—घेरदार वस्त्र जिसे कन्धे से घुटने के नीचे तक पहना जाता है। (Long Frock-like dress from shoulder to knee or beneath the knee with gathered or pleated strips)

***चूड़ीदार पायजामा (Churidar Paijama)***—कुर्ते के साथ पहने जाने वाला वस्त्र (Slacks like trouser but not very tight fitting)

***दुपट्टा (Duppatta)***—(Large piece of soft fabric worn from shoulder)

इन पोशाकों के साथ 'मीना', 'कुन्दन', सुनहरी या चाँदी की पॉलिश वाले अलंकार पहने जाते हैं, केश-विन्यास के अन्तर्गत जूड़ा या चोटी बनाई जाती है।

**पुरुष-कलाकार** की पोषाक **कुर्ता-पायजामा** या **कुर्ता-धोती** होती है।

***कुर्ता (Kurta)***—कमीज की तरह का वस्त्र जो कन्धे से घुटने तक या घुटने के नीचे तक पहना जाता है। (Shirt-like worm from shoulder to up to knee or beneath the knee)

***चूड़ीदार पायजामा (Churidar Paijama)***—कुर्ते के साथ पहने जाने वाला वस्त्र। (Slacks-like trouser but not very tight fitting)

***दुपट्टा (Duppatta)***—(Which is tied on the waist) जिसे कुर्ते के ऊपर कमर में बाँधा जाता है।

***धोती (Dhoti)***—उत्तर भारत में पुरुष वर्ग द्वारा पहना जाने वाला बिना सिला हुआ वस्त्र जो कुर्ते के साथ पहना जाता है। आजकल इसे सिलवाकर पहना जाता है। (सहूलियत के लिए)
(Unstitched cloth worn by man with kurta)

लहँगा (साथ में कुर्ती, दुपट्टा चुड़ीदार पायजामा)
Lengha (with Kurti, Dupatta & Churidar Payjama)

लहँगा (साथ में ब्लाउज, दुपट्टा चुड़ीदार पायजामा)
Lenhga (with blouse, dupatta & churidar Paijama)

अंगरखा (साथ में दुपट्टा, चुड़ीदार पायज़ामा)
Angarkha (with Dupatta, Churidar Paijama)

हिन्दू वेशभूषा
के साथ
आभूषण व सज्जा

मुगलकालीन वेशभुषा
के साथ
आभूषण व मुख सज्जा

मुगलकालीन वेशभुषा
के साथ
आभूषण व मुख सज्जा

आहार्य अभिनय

चोटी गूँथना both hands in Kartarec Mukha

गत में

थाट में

आलिंगनगत में

अँगरखा (साथ में दुपट्टा व चूड़ीदार)
Angarkha (with duppatha & Churidar Paijama)

कुर्ता (साथ में दुपट्टा व चुड़ीदार)
Kurta or bandi (with dupptta & Churidar Paijama)

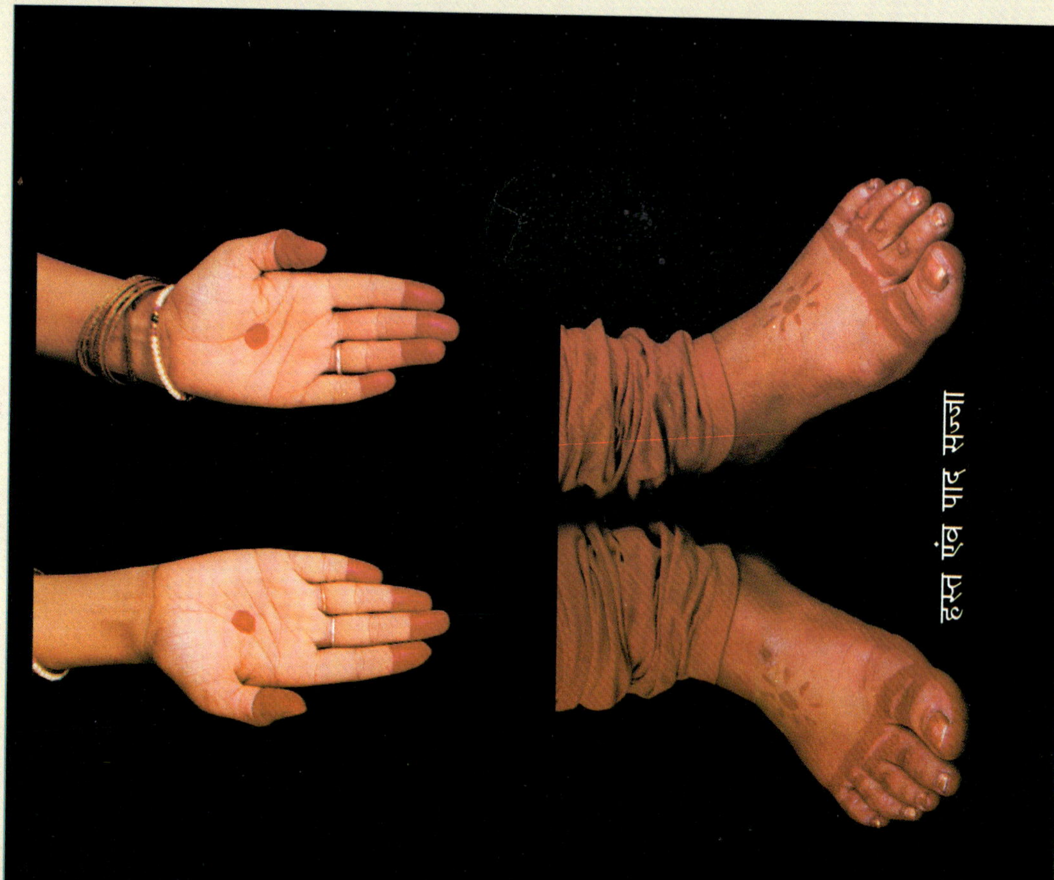

हस्त एवं पाद सज्जा

केश सज्जा

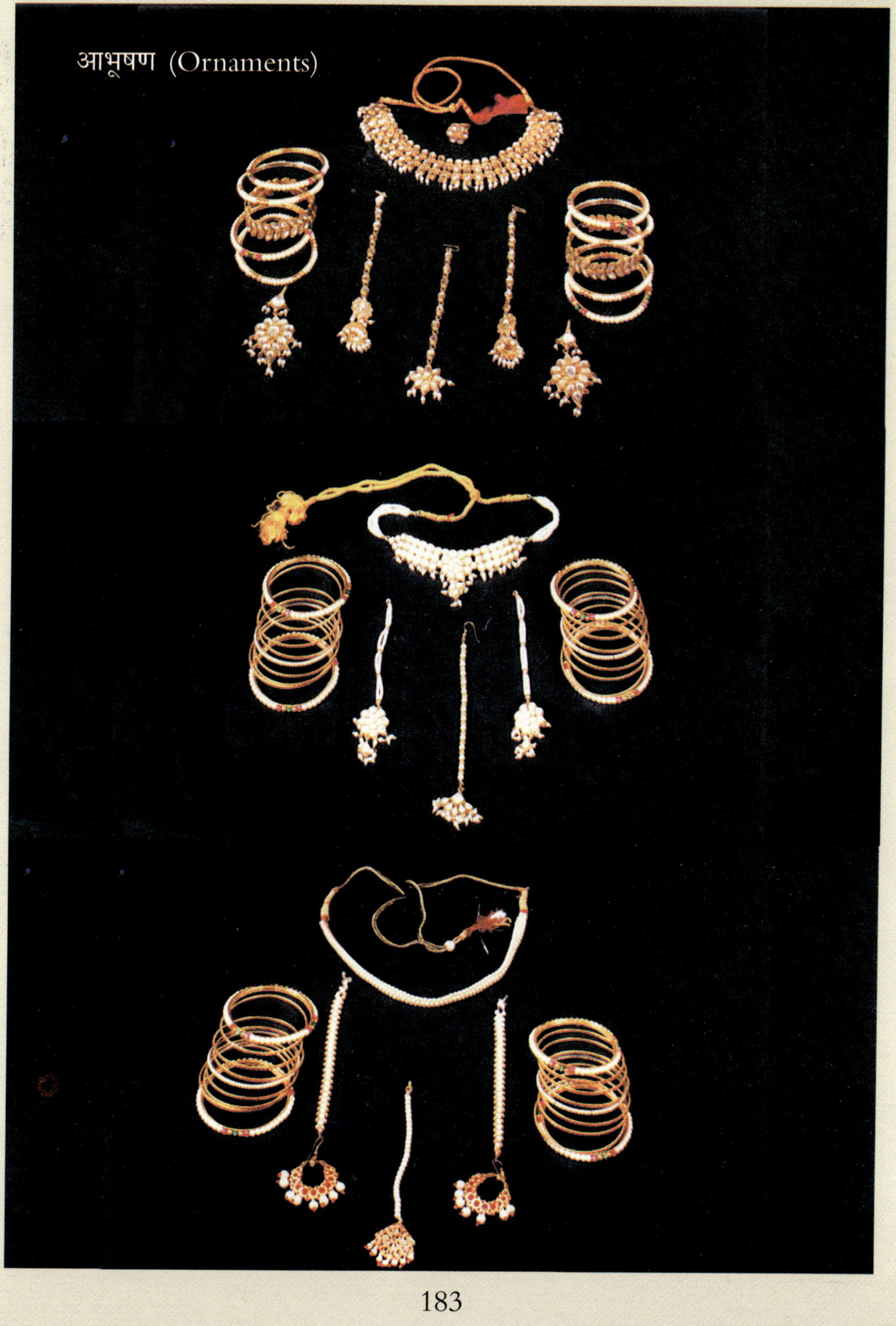

आभूषण (Ornaments)

किङ्कणी (घुँघरू)

## किंकिणी या घुँघरू के लक्षण
## (KENKINI OR GHOONGHROO KE LAKSHAN)

A.D. के अनुसार–

**सुस्वराश्च सुरूपाश्च सूक्ष्मा नक्षत्रदेवताः।**
**किङ्किण्यः कांस्यरचिता एकैकाङ्गुलिकान्तरम्।।** (1)
**बध्नीयान्नीलसूत्रेण ग्रन्थिभिश्च दृढ़ं पुनः।**
**शतद्वयं शतं वापि पादयोर्नाट्यकारिणी।।** (2)

**अर्थात्**–नर्तक या नर्तकी के पैरों में बाँधे जाने वाले घुँघरू काँसे के बने होने चाहिए। उनकी ध्वनि मधुर या कर्णप्रिय हो, देखने में एक प्रकार के हों तथा सुन्दर लगें, उनकी बनावट अर्धचन्द्राकार हो और एक अँगुली की दूरी पर बँधे होने चाहिए। (1)

घुँघरूओं को नीले सूत्र (रस्सी) में पिरोना चाहिए। उनके बीच में जो गाँठें हों वे मजबूत होनी चाहिए। नर्तकी के पाँवों में सौ-सौ या दो-दो सौ घुँघरू बँधे होने चाहिए।

आजकल प्रायः काँसे और पीतल धातु के घुँघरू उपलब्ध (पाए) होते हैं। कथक नृत्य में (पैर के आघातों द्वारा) घुँघरुओं के संयोग से ताल के **जटिलतम रूपों** का प्रदर्शन किया जाता है जो किसी अन्य नृत्य में नहीं मिलता है।

# 18

# सात्त्विक-अभिनय
# SATVIKA-ABHINAYA

मनुष्य की मानसिक अवस्था (Temperament), व्यवहार और क्रिया को ही सत्त्व माना जाता है। सात्त्विक अभिनय 'वास्तविक भावनाओं' का प्रतिबिम्ब है तथा आंगिक अभिनय द्वारा (Mimetic Expression) दर्शक गण से शब्दों का सहारा लिये बिना सम्पर्क स्थापित करता है। रस (Experience) और भाव (Expression) सात्त्विक अभिनय के दो मुख्य प्रकार हैं जिनके बिना विशेष प्रकार की मुद्रा, हस्त-संचालन, भंगिमाएँ भी दर्शक गण के लिए कोई मायने नहीं रखतीं।

'सात्त्विक-अभिनय' और 'आंगिक-अभिनय' हमेशा साथ-साथ चलते हैं (किए जाते हैं) जिसमें 'सात्त्विक-अभिनय' पात्र की मानसिक स्थिति को दर्शाता है और उसके आधार पर पात्र 'परिणामस्वरूप' (Resultant) 'आंगिक-अभिनय' करता है।

'नन्दिकेश्वर' ने सात्त्विक-अभिनय को साक्षात् शिवरूप बताया है। उन्होंने सात्त्विक-अभिनय का लक्षण बताया है—'भावज्ञ' व्यक्तियों द्वारा सात्त्विक भावों के माध्यम से किया गया अभिनय **'सात्त्विक-अभिनय'** कहलाता है। अभिनय-दर्पण में स्तम्भ, स्वेद, रोमांच, स्वरभेद, वेपथु, वैवर्ण्य, अश्रु और प्रलय—ये आठ प्रकार के सात्त्विक भाव बताए गए हैं। इन सात्त्विक भावों का प्रयोग विभिन्न अभिनयों में अलग-अलग विधि से किया जाता है।

''सात्त्विक भावों के द्वारा अभिनेता मुख से बिना शब्द उच्चारण किए ही प्रेक्षकों के समक्ष अपने मनोगत भावों को प्रकट कर सकता है।''

## सात्त्विक भाव
## (SATVIKA BHAVA)

मन की एकाग्रता से 'सत्त्व' आदि की उत्पत्ति होती है।

**अवहितं मनः सत्त्वं तत्प्रयोजनं हेतुरस्येति सत्त्विकः।** (N.S.)

अर्थात् एकाग्रमन का नाम सत्त्व है, यह सत्त्व जिसका प्रयोजन अर्थात् हेतु हो वह **'सात्त्विक'** कहलाता है। एकाग्र मन से स्वरभेदादि का प्रदर्शन करना **'सात्त्विक-अभिनय'** है जो **सात्त्विक** भावों का आश्रय लेकर किया जाता है यद्यपि ये अनुभाव हैं किन्तु सत्त्व से उद्भूत होने के कारण इनकी पृथक् गणना की गई है।

**स्तम्भः स्वेदोऽथ रोमाञ्चः स्वरभेदोऽथ वेपथुः।**
**वैवर्ण्यमश्रु प्रलय इत्यष्टौ सात्त्विका मताः।।** (N.S.)

नाट्यशास्त्र के अनुसार सात्त्विक-अभिनय आठ प्रकार की विधियों की सहायता लेता है जिसके द्वारा रस (Experience) और भाव (Expression) को दर्शाया जाता है।

*(1) स्तम्भ (Stambha)*—**गतिहीनता या संज्ञाहीनता (Stun)**—यह विधि उत्साह, डर, दुख, आश्चर्य और क्रोध की स्थिति को दर्शाने में सहायक होती है।

*(2) स्वेद (Sweda)*—**पसीना आना (Perspire)**—ताजी हवा का प्रयोग, क्रोध, डर, उत्साह, संकोच, दुःख, मेहनत, दर्द, गर्मी, शारीरिक अभ्यास तथा सूरज की किरणों इत्यादि को दर्शाने में होता है।

*(3) रोमांच (Romanch)*—**उत्तेजना की स्थिति (Sensation)**—रोंगटे खड़े हो जाना, शरीर को उचित तरीके से छूने इत्यादि द्वारा उत्साह, डर, ठंड, प्रिय से सम्पर्क, क्रोध, दर्द के दर्शाने में किया जाता है।

*(4) स्वरभेद (Swarbheda)*—**खण्डित संवाद (Choked Sound)**—रुंधी (Choked) हुई आवाज या गले को छूने इत्यादि का प्रयोग डर, निराशा, क्रोध, दर्द या अत्यन्त खुशी को दर्शाने में किया जाता है।

*(5) वेपथु (Vepathu)*—**काँपना (Shivering-Trembling)**—ठंड, भय, उत्साह, क्रोध, दर्द इत्यादि भावों को काँपने, फड़कने तथा लड़खड़ाने इत्यादि द्वारा दर्शाया जाता है।

*(6) वैवर्ण्य (Vaivarnya)*—**चेहरे के रंग का परिवर्तन (Change of Colour)**—नाड़ी दबाने के द्वारा क्रोध, डर, दर्द, कमजोरी, गर्मी को दर्शाने में किया जाता है।

*(7) अश्रु (Ashru)*—**अश्रुकला (Tears)** —इसका अभिनय, नेत्रों को आँसुओं से भरने, आँखें पोंछने तथा बार-बार आँसुओं को गिराने इत्यादि द्वारा उत्साह, धुआँ, डर और दुःख दर्शाने में किया जाता है (Indignation, anger aroused by wicked feeling)।

*(8) प्रलय (Pralaya)*—**बेहोशी (Faint)**—इसका अभिनय ज़मीन पर गिरकर डरकर, निष्कम्प (Inactivity) और उखड़ी हुई साँसों (Irregular Breathing) द्वारा मेहनत, बेहोश, नशा, नींद, घाव या भ्रम को दर्शाने में किया जाता है।

## लास्य के भाव
## (BHAVA OF THE LASYA)

लास्य के भावों को शास्त्रकारों ने तीन भागों में बाँटा है—

(1) शरीरज, (2) अयतनज, (3) स्वभावज।

### 1. शरीरज (Shariraj)

इसके अन्तर्गत तीन भाव आते हैं—

*(1) भाव (Bhava)*—रजोगुण और तमोगुण से रहित मन के सात्त्विक भाव को **'भाव'** कहते हैं।

*(2) हाव (Hava)*—पूर्व-कथित भाव के पुष्ट होने पर चेहरे के अंगों द्वारा जब कोई विकार पैदा होता है, तो वह **'हाव'** कहलाता है।

*(3) हेला (Hela)*—पूर्व-कथित हाव के प्रकट होने पर जब शृंगार की चेष्टा बिलकुल स्पष्ट हो जाती है, तो वह **'हेला'** कहलाता है।

## 2. अयतनज (Ayetanaj)

अयतनज के अन्तर्गत 7 भाव माने जाते हैं।

*(1) शोभा (Shobha)* –सुन्दरता, यौवन तथा प्रिय-मिलन की इच्छा के कारण स्वाभाविक रूप से अंग-प्रत्यंग में जो कमनीयता आ जाती है, उसे **'शोभा'** कहते हैं।

*(2) क्रान्ति (Kranti)* –जब शोभा का भाव शृंगार-प्रधान उत्तेजना से परिपूर्ण हो जाता है, तो उसे **'क्रान्ति'** कहते हैं।

*(3) माधुर्य (Madhurya)* –भावों में अधिक दृढ़ता न आने देना **'माधुर्य'** कहलाता है।

*(4) दीप्ति (Deepti)* –क्रान्ति-भाव के विस्तार को **'दीप्ति'** कहते हैं।

*(5) प्रागल्भ्य (Pragalbhya)* –किसी प्रकार की घबराहट दिखाई न देना ही **'प्रागल्भ्य'** कहलाता है।

*(6) औदार्य (Audarya)* –सौजन्य और प्रश्रय को सुरक्षित रखना **'औदार्य'** कहलाता है।

*(7) धैर्य (Dhairya)* –चंचलता का भाव न आने देना **'धैर्य'** कहलाता है।

## 3. स्वभावज (Swabhawaja)

इसके अन्तर्गत नौ प्रकार हैं–

*(1) लीला (Leela)* –वाणी तथा चेष्टाओं द्वारा अपने इष्ट का अनुकरण करना **'लीला'** कहलाता है। जैसे–रासलीला के अन्तर्गत राधा अपने इष्ट कृष्ण का स्वरूप धारण करती है।

*(2) विलास (Vilasa)* –प्रिय के अचानक मिलन के समय शरीर पर जो तात्कालिक प्रभाव और परिवर्तन दिखाई पड़ता है, उसे **'विलास'** कहते हैं।

*(3) विच्छित (Vichchitta)* –वेशविन्यास का कोई साधारण और प्रभावशाली परिवर्तन **'विच्छित'** कहलाता है।

*(4) किलकिंजित (Kilkingita)* –क्रोध, शोक, भय और हर्ष के एक साथ प्रस्तुत करने को **'किलकिंजित'** कहते हैं।

*(5) मोट्टायित (Mottayita)* –प्रिय के नाम अथवा उससे सम्बन्धित वस्तु के उल्लेख-मात्र से ही उसी भाव में लीन हो जाना **'मोट्टायित'** कहलाता है।

*(6) कुट्टमित (Kuttamita)* –प्रिय के निकट आने पर बनावटी क्रोध प्रकट करना **'कुट्टमित'** कहलाता है।

*(7) बिब्बोक (Bibboka)* –अभिमान न होते हुए प्रिय का अनादर करना **'बिब्बोक'** कहलाता है।

*(8) ललित (Lalita)* –अंगों को कोमलता के साथ सजाना **'ललित'** कहलाता है।

*(9) विहृत (Vihrata)* –प्रियमिलन का समय आने पर भी लज्जा के कारण चुप रह जाने का भाव **'विहृत'** कहलाता है।

# 19

# नायक एवं नायिका भेद
# NAYAKA AND NAYIKA BHEDA

कथक जगत् में भिन्न-भिन्न भावनाओं व मनोस्थिति को दर्शाने के लिए नायक-नायिका को माध्यम बनाया जाता है जो कि किसी भी कथानक में मुख्य भूमिका निभाते हैं। किसी भी ठुमरी या संगीत संरचना या पद में **शृंगार रस के अन्तर्गत नायक-नायिका का प्रीति-सम्बन्ध** (Related to Love Affection) प्रस्तुत किया जाता है।

विद्वानों ने नायक-नायिका के सम्बन्ध का, शृंगारिक पहलू के अन्तर्गत उनके धर्म, व्यवहार, आयु, अवस्था, चरित्र, कुल इत्यादि के आधार पर विस्तृत रूप से वर्णन किया है। इसमें नायक-नायिका-भेद, सखि-भेद तथा कामदेव के बारे में बताया गया है तथा शृंगार रस को मुख्य रस मानते हुए रस-भाव की व्याख्या की गई है।

## नायिका (Nayika)

वह स्त्री जो किसी पुरुष (नायक) की पत्नी या प्रेमिका हो उसे **'नायिका'** माना गया है। जिसका वर्गीकरण यहाँ इस प्रकार किया गया है–

### जाति के अनुसार
### (ACCORDING TO CASTE)

***(1) पद्मिनी (Padmini)***–सुन्दरी, अल्प रोमवाली, संगीतानुरागिणी।

***(2) चित्रिणी (Chitrani)***–शीलवती, हास्य एवं संगीत में रुचि रखनेवाली, शरीर मझोला, नाक तिल के फूल जैसी, नेत्र नीलकमल जैसे।

***(3) शंखिनी (Shankhini)***–शरीर कृश, स्वभाव निर्लज्ज, घमंडी, क्रोधी, कंठ शंख के समान तीन रेखायुक्त।

***(4) हस्तिनी (Hastini)***–स्थूल शरीर, अधिक रोमोंवाली, क्रोधी, उग्र हाथी के समान झूमती हुई चालवाली।

### धर्म व आयु के अनुसार
### (ACCORDING TO DHARMA AND AGE)

## स्वकीया (Swakeeya)

स्वकीया बड़ी चरित्रवती, पतिव्रता एवं लज्जावती होती है। इसके तीन भेद होते हैं–

*(1) मुग्धा (Mugdha)*—इस नायिका में बड़ी कोमलता होती है क्योंकि यह बाल्यावस्था से यौवनावस्था में प्रवेश करने के कारण तथा अनुभवरहित होने के कारण कोमलांगी होती है। यह क्रोध में भी मृदु होती है तथा बड़ी सरलता से प्रसन्न हो जाती है।

*(2) मध्या (Madhya)*—यह नायिका शृंगार-शास्त्र की मर्मज्ञ तथा बड़ी अनुभवी होती है।

*(3) प्रगल्भा (Pragalbha)*—यह नायिका अपने यौवन के गर्व से सदा उन्मत्त रहती है और शृंगार-शास्त्र एवं चेष्टाओं में पारंगत होती है।

मुग्धा नायिका के दो भेद और होते हैं–

*(1) अज्ञात यौवना*—यह नायिका मुग्धावस्था प्राप्त होने पर भी अपने भोलेपन के कारण यह नहीं जान पाती कि वह युवती हो गई है या जो अपने जीवन में एक विचित्र परिवर्तन के होते हुए भी उसका कारण नहीं समझ सकती।

*(2) ज्ञात यौवना*—जिस नायिका को अपने यौवन का ज्ञान हो जाता है और जो अपने जीवन में एक नए प्रकार की झलक अनुभव करने लगती है उसे **'ज्ञात यौवना'** कहते हैं।

मध्या नायिका और प्रगल्भा नायिका के भी तीन-तीन भेद और होते हैं।

## मध्या नायिका (Madhya Nayika)

*(1) मध्या धीरा (Madhya Dheera)*—यह नायिका प्रसन्नता के साथ अपराधी पति के हृदय में उसके अपराध के प्रति खेद प्रकट कराने में समर्थ होती है।

*(2) मध्या धीरा धीरा (Madhya Dheera Dheera)*—यह नायिका आँसुओं सहित अपराधी पति के हृदय में खेद उत्पन्न कराती है।

*(3) मध्या अधीरा (Madhya Adheera)*—यह नायिका क्रोधपूर्वक कटु वचनों द्वारा अपराधी पति के हृदय में खेद उत्पन्न कराती है।

## प्रगल्भा नायिका (Pragalbha Nayika)

*(1) प्रगल्भा धीरा (Pragalbhga Dheera)*—यह नायिका अपने क्रोध को छिपाती हुई बाहर से अपनी बातों द्वारा बड़ा आदर-सत्कार दिखाती है किन्तु प्रेम-क्रीड़ा की ओर से उदासीन रहती है।

*(2) प्रगल्भा धीरा धीरा (Pragalbha Dheera Dheera)*—यह अपने व्यंग्य वचनों से नायक को खिन्न करती है।

*(3) प्रगल्भा अधीरा (Pragalbha Adheera)*—यह नायिका क्रुद्ध होकर नायक को बुरी तरह झिड़कती है और उसे शारीरिक कष्ट भी दे डालती है।

## परकीया (Parkeeya)

जो स्त्री छिप-छिप कर परपुरुष से प्रेम करे उसे **'परकीया'** नायिका कहते हैं। इसके दो भेद होते हैं–ऊढ़ा तथा अनूढ़ा।

*(1) ऊढ़ा (Udha)*—जो विवाहिता स्त्री अपने पति से प्रेम न कर गुप्त रूप से परपुरुष के प्रेमपाश में फँसी रहती है वह **'ऊढ़ा परकीया'** नायिका कहलाती है।

*(2) अनूढ़ा (Anoodha)*–जो अपनी कौमारावस्था में ही गुप्तरूप से किसी पुरुष के प्रेमजाल में बँध जाती है उसे **'अनूढ़ा परकीया'** नायिका कहते हैं।

ऊढ़ा तथा अनूढ़ा के दो-दो भेद बताए गए हैं–उद्बुद्धा तथा उद्बोधिता।

*(1) उद्बुद्धा (Udbuddha)*–जो स्वयं अपनी ही इच्छा से प्रेरित होकर उपपति से प्रेम करती है वह **'उद्बुद्धा'** कही जाती है।

*(2) उद्बोधिता (Udbodhita)*–जो स्त्री उपपति द्वारा प्रेरित होकर उसके प्रेम में प्रवृत्त हो जाती है उसे **'उद्बोधिता'** कहते हैं।

### सामान्या (Samanya)

गणिका

## अवस्था के अनुसार नायिका भेद
## (NAYIKA BHEDA ACCORDING TO STATE)

### अष्ट नायिकाएँ (Ashta Nayikayen)

नायिकाओं के आठ प्रभेद

**तत्र वासकसज्जा च विरहोत्कण्ठितापि वा।**
**स्वाधीनभर्तृका चापि कलहान्तरितापि वा।।**
**खण्डिता विप्रलब्धा वा तथा प्रोषितभर्तृका।**
**तथाभिसारिका चैव ज्ञेयास्त्वष्टौ तु नायिका। (N.S.)**

नायिकाओं के आठ विभेद होते हैं–(1) वासक सज्जा (Vasaksajja), (2) विरहोत्कण्ठिता (Virahotkanthita), (3) स्वाधीनभर्तृका (Swadheenbhartrika), (4) कलहान्तरिता (Kalahantarita), (5) खण्डिता (Khandita), (6) विप्रलब्धा (Vipralabdha), (7) प्रोषितभर्तृका (Proshitabhartrika), (8) अभिसारिका (Abhisarika)।

### (1) वासकसज्जा (Vasaksajja)

**उचिते वासके या तु रतिसम्भोगलालसा।**
**मण्डन कुरुते हृष्टा सा वै वासकसज्जिता।। (N.S.)**

जो स्त्री कामकेलि के लिए आतुर होकर योग्य वस्त्राभूषणों को प्रसन्न होकर धारण करती हो तथा अपने को साज-सँवार कर प्रियतम की बाट जोहती हो, उसे **'वासकसज्जा'** नायिका समझना चाहिए।

### (2) विरहोत्कण्ठिता (Virahotkanthita)

**अनेककार्यण्यासङ्गाद्यस्या नागच्छिवि प्रियः।**
**तदनागतदुःखाता विरहोत्कण्ठिता तु सा।। (N.S.)**

जिसका स्वामी या प्रिये अनेक कार्यों में व्यस्त रहने से समय पर न लौट पाए और इसी कारण जो दुःखी हो जाए वह **'विरहोत्कण्ठिता'** नायिका कहलाती है।

### (3) स्वाधीनभर्तृका (Swadheenbhartrika)

**सुरतातिरसैर्बद्धो यस्याः पार्श्वे तु नायकः।**
**सान्द्रामोदगुणप्रान्त भवेत् स्वाधीनभर्तृका।।** (N.S.)

रति (और व्यवहार से) अति आकृष्ट होकर जिसके पास प्रिय सदा बना रहे उस अत्यन्त हर्ष, सौभाग्य और अभिमानशालिनी नायिका को **'स्वाधीनभर्तृका'** समझना चाहिए।

### (4) कलहान्तरिता (Kalahantarita)

**ईर्ष्याकलहनिष्कानतो यस्या नागच्छिति प्रियः।**
**सामर्षवशसम्प्राप्ता कलहान्तरिता भवेत्।।** (N.S.)

ईर्ष्या और कलह के कारण कंटाले में फँस कर जिसका प्रेमी दूर चला जाए और उसके न आने के कारण क्रोध से सन्तप्त हो जाने वाली नायिका को **'कलहान्तरिता'** समझना चाहिए।

### (5) खण्डिता (Khandita)

**व्यासङ्गादुचिते यस्या वासके नागतः प्रियः।**
**तदनागमदुः खार्त्ता खण्डिता सा प्रकीर्तिता।।** (N.S.)

जिसके पति अन्य स्त्री में आसक्त होने के कारण (व्यासंगात्) जिसके समीप समय पर न आ पाए तो उसकी बाट जोहती हुई दुःखी नायिका **'खण्डिता'** कहलाती है।

### (6) विप्रलब्धा (Vipralabdha)

**यस्या दूतीं प्रेष्य दत्ता सङ्केतमेव वा।**
**नागतः कारणेनेह विप्रलब्धा तु सा भवेत्।।** (N.S.)

जिसके समीप दूती को भेज कर या संकेतस्थल बतलाकर भी किसी कारणवश प्रिय वहाँ नहीं पहुँचा तो इसी कारण अपमानित होने वाली नायिका **'विप्रलब्धा'** कहलाती है।

### (7) प्रोषितभर्तृका (Proshitabhartrika)

**गुरुकार्यान्तरवशाद्‌ यस्या वै प्रोषितः प्रियः।**
**प्ररुढ़ालककेशान्ता भवेत् प्रोषितभर्तृका।।** (N.S.)

जिसका पति किसी महत्त्वपूर्ण कार्यवश चला जाए और इसी कारण बिना केश संस्कार के शिथिल वेणी में रहने वाली (उस) नायिका को **'प्रोषितभर्तृका'** समझना चाहिए।

### (8) अभिसारिका (Abhisarika)

**हित्वा लज्जान्तु या श्लिष्टा मदेन मदनेन च।**
**अभिसारयते कान्तं सा भवेदभिसारिका।।** (N.S.)

मद या मदन के आवेगवश जो लज्जा का परित्याग कर प्रिय से मिलने के लिए संकेत स्थान पर अभिसरण करे उसे **'अभिसारिका'** नायिका समझना चाहिए।

### नायिकाओं की योजना विधि (Method in Presenting Nayikayen)

**चिन्तानिः श्वासखेदेन हृद्दाहाभिनयेन च।**
**सखीभि सहसंलापैरात्मावस्थवलोकनै।।**
**ग्लानिदैन्याश्रुपातैश्च रोषस्यागमनेन च।**
**निर्भुषणमृजात्वेन दुःखेन रुदितेन च।।**
**खण्डिता विप्रलब्धा वा कलहान्तरितापि च।**
**तथा प्रोषितकान्ता च भावानेतान् प्रयोजयेत्।। (N.S.)**

खण्डिता, विप्रलब्धा, कलहान्तरिता तथा प्रोषित–भर्तृका नायिका के अभिनय को प्रस्तुत करने में चिन्ता, उसाँसें लेना, खेद, हृदय में जलन, सखियों से सम्भाषण, अपनी दशा को देखने, ग्लानि, दैन्य, आँसुओं के बहने, क्रोध के आने, अलंकार तथा साज-सज्जा की सामग्री को छोड़ देने (फेंक देने), दुःख तथा रोदन की योजना करनी चाहिए।

**विचित्रोज्वलवेषा तु प्रमोदोद्योतिताननाः।**
**उदीर्णशोभा च तथा कार्यास्वाधीनभर्तृका।। (N.S.)**

स्वाधीन भर्तृका नायिका को विचित्र एवं उज्ज्वल वस्त्रादि धारण किए हुए, प्रसन्नवदन, आकर्षण एवं शोभा को प्रकट करने वाले अंगों के अतिशय लावण्य से पूर्ण स्वरूप में प्रस्तुत करना चाहिए।

## स्वरूप के अनुसार नायिका-भेद
## (ACCORDING TO SWAROOP)

**'नन्दिकेश्वर' जी ने नाट्यशास्त्र की व्याख्या द्वारा नायिका के (शृंगार रस के आधार पर) अग्रलिखित प्रकार बताए हैं–**

### उत्तम स्त्री-स्वरूप (Uttam Stri-Swaroop)

**या विप्रियेड पे तिष्ठन्तं प्रियं वदति नाप्रियम्।**
**न दीर्घरोषा च तथा कलासु च विचक्षण।। (N.S.)**
**काम्यते पुरुषैर्यातु कुलभोगघनादिकैः।**
**कुशला कामतन्त्रैषु दक्षिणा रूपशालिनी।।**
**गृहाति कारण दोषं विगतेपर्या ब्रवीति च।**
**कार्यकालविशेषज्ञा सुरुपा सा स्मृतोत्तमा।। (N.S.)**

जो स्त्री अपने अप्रियकारी प्रिय को भी कड़े शब्द नहीं बोलती, जिसमें क्रोध स्थायी नहीं रहता, कला और शिल्प में जो विदग्धा हो, जो अपने कुल, सुख और धन के श्रेष्ठ होने के कारण अनेक पुरुषों द्वारा चाही जाए, प्रणयोपचार में चतुर हो, ईमानदार (दक्षिणा) और सुन्दर रूप से शोभित हो, कारणवश क्रोध करने वाली हो, ईर्ष्यारहित सम्भाषण करने वाली और कार्य तथा अवसर को समझने वाली एवं सुरूपशालिनी होती है उसे **'उत्तमा'** स्त्री समझना चाहिए।

**मध्यमा स्त्री-स्वरूप (Madhyama Stri-Swaroop)**

**पुरुषैः काम्यते या तु तथा कामयते च तान्।**
**कामोपचारकुशला प्रतिक्षाम्यसूयिका।।**
**ईर्ष्यातुरा त्वनिभृता क्षीणक्रोधातिगर्विता।**
**क्षणप्रसादा या चैष सा नारी मध्यमा स्मृता।। (N.S.)**

जो स्त्री, पुरुष की कामना करने वाली हो तथा जिसकी पुरुष भी कामना रखते हों, जो प्रणयोपचार में चतुर हो, अपने शत्रुओं से द्वेष रखती हो, जो प्रकट रूप (अनिभृता) ईर्ष्या से अभिभूत हो जाती हो, जिसका क्रोध क्षणस्थायी हो, जो अति घमण्ड और थोड़े प्रयास में रीझ जाने वाली हो, उसे **'मध्यमा'** स्त्री समझना चाहिए।

**अधमा स्त्री-स्वरूप (Adhama Stri-Swaroop)**

**अस्थानकोपना या तु दुष्टशीलातिमानिनी।**
**चपला पुरुषा चैव दीर्घरोषाऽधमा स्मृता।। (N.S.)**

जो बिना किसी उपयुक्त कारण के ही क्रोध करने वाली हो, जिसकी प्रकृति दुष्ट हो, अतिशय घमण्डी हो, चंचल कठोर वृत्ति वाली हो तथा जिसका क्रोध कभी शान्त न होता हो उसे **'अधमा'** स्त्री समझना चाहिए।।

## प्रकृति अर्थात् स्वभाव के अनुसार नायिका-भेद (N.S.)
## (NAYIKA ACCORDING TO NATURE OR TEMPERAMENT)

**भरतमुनि कृत नाट्यशास्त्र में स्वभाव के आधार पर नारी के तीन प्रकार बताए गए हैं।**

**उत्तमा प्रकृति-स्त्री (Uttama Prakriti-Stri)**

**स्त्रीणा पुनस्तु प्रकृतिं व्याख्यास्याम्यनुपुर्वज्ञः**
**मृदुभाषा त्वचपला स्मितभाषिव्य निष्ठुरा।।**
**गुरुणा वचने दक्षा सलज्जा विनयान्विता।**
**रूपाभिजनमाधुर्यगुणैः स्वाभाविकैर्वृता।**
**गाम्भीर्यधैर्यसम्पन्नता उत्तमा प्रकृतिः समृता।। (N.S.)**

अर्थात् जो स्त्री कोमल स्वभाव वाली, चंचलता रहित, मुस्कराकर बोलने वाली, अक्रूर, पूज्यजन के साथ उचित सम्भाषण करने वाली, लज्जा और विनय आदि से युक्त : रूप, कुल, शील तथा माधुर्य से भूषित तथा जिसमें स्त्रियों के सभी सामान्य गुण एवं गाम्भीर्य, धैर्य विद्यमान हों उसे **'उत्तम प्रकृति'** की स्त्री समझना चाहिए।

**मध्यमा प्रकृति-स्त्री (Madhyama Prakriti-Stri)**

**नात्युत्कृष्टैरशिथिलैरेभिरेव वृत्ता गुणैः।।**
**अल्पदोषानुविद्धा च मध्यमा प्रकृतिः स्मृता। (N.S.)**

जो स्त्री उपयुक्त गुणों और लक्षणों से पूर्णतः युक्त न हो तथा जिसमें कोई दोष न दिखाई देता हो उसे **'मध्यम प्रकृति'** की स्त्री समझना चाहिए।

**अधमा प्रकृति-स्त्री** (Adhama Prakriti-Stri)

**अधमा प्रकृतिर्या तु पुरुषाणां प्रकीर्तिता।।**
**विज्ञेया सैव नारोणामधमानां समासतः।**

अधम प्रकृति के पुरुषों का जो स्वभाव बतलाया गया है वही अधम प्रकति की स्त्री का भी होता है।

**संकीर्ण या विमिश्रा प्रकृति-स्त्री** (Sankeerna or Vimishra Prakriti-Stri)

**प्रेष्या चैवहि विज्ञेया सङ्कीर्ण प्रकृतावपि।**
**नपुंसकश्च विज्ञेयः सङ्कीर्णोऽधम एव च।**

दासी स्त्री मिश्र प्रकृति की होती है, नपुंसक पुरुष अधम और मिश्र (संकीर्ण) प्रकृति का होता है।

## नृत्य-नाटिका (कथावस्तु) के अन्तर्गत आने वाले नायिका-भेद (NAYIKA SUBORDINATE TO NRITYA-NATIKA)

**भरतमुनि** द्वारा बताए गए निम्नलिखित नायिका के प्रकार सामान्यतः नाटक या कथक-संरचना के अन्तर्गत नृत्य-नाटिका में दिखाए जा सकते हैं–

**नायिकाश्चैव वक्ष्यामि चतस्त्रः पुनरेच तु।।**

**भरतमुनि** ने **चार प्रकार की नायिका** का इस प्रकार से वर्णन किया है–

**दिव्या च नृपपत्नी च कुलस्त्री गणिका तथा।**
**एतास्तु नायिका ज्ञेया नानाप्रकृतिलक्षणाः।।**
**धीरा च ललिता चैव उदात्ता निभृता तथा।**
**दिव्या राजाङ्गनाश्चैव गुणैर्युक्त भविन्त हि।।**
**उदात्ता निभृता चैव भवेत्तु कुलजाङ्गना।**
**ललिता चाप्युदाता व गणिका शिल्पकारिका।। (N.S.)**

(1) देवी (Devi), (2) महारानी (Maharani), (3) कुलांगना (Kulangana), तथा (4) गणिका (Ganika)।

इनके ही अपने गुण **आचार एवं लक्षण** के अनुसार विभिन्न प्रकार के हो जाते हैं, यथा– **धीर, ललिता, उदात्ता तथा निभृत्ता।**

दैवी या दिव्यांगना तथा महारानी में ये सभी लक्षण और गुण होते हैं। कुलांगना **'उदात्ता'** और **'निभृत्ता'** होती है तथा वैश्या और शिल्पिनी **'ललिता'** और **'उदात्ता'** होती है।।

**आभ्यन्तर प्रकृति** (Abhyantara-Prakriti)

**महादेवी तथा देवी स्वामिनी स्थायिनी तथा।**
**भोगिनी शिल्पकारिणी नटकीयाऽया नर्तकी।।**
**अनुचारिका च विज्ञेया तथा च परिचारिकाः।**
**तथा सञ्चारिकाश्चैव तथा प्रेषणचारिका।।**

**महत्तरा प्रतीहारी कुमारी स्थविरा अपि।**
**आयुक्तिका च नृपतेरयमाभ्यन्तरो जनः।। (N.S.)**

ये हैं—महादेवी, देवी, स्वामिनी, स्थायिनी (स्थापित या रक्षिता), भोगिनि, शिल्पकारिणी, नाटकीया, नर्तकी, अनुचारिका, परिचारिका, संचारिका, प्रेषणचारिका, महलरिका, प्रतिहारी, कुमारिका, वृद्धा तथा आयुक्तिका। राजा के अन्तःपुर में विद्यमान यही परिवार है (जिसे आभ्यन्तर-प्रकृति कहा जाता है)।

## महादेवी (Mahadevi)

**तत्र मूर्धाभिषिक्ता या कुलशीलसमन्विता।**
**गुणैयुक्ता वयःस्था च मध्यस्थाऽक्रोधना तथा।।**
**मुक्तेष्या नृपशीलज्ञा सन्दुःखत्सुखा सदा।**
**शान्तिस्वस्त्ययने भर्तुःसतत मङ्गलैषिणी।।**
**शान्ता प्रीतियुता धीरा अन्त्पुरहिते रता।**
**एभिगुणैस्तु सम्पृक्ता महादेवीत्युदाहता।। (N.S.)**

इनमें जो सभी रानियों में प्रधान पट्टमहिषी हो, उच्च कुल में उत्पन्न तथा शील, गुण आदि से युक्त हो, दूसरी रानियों में अवस्था में बड़ी हो, दूसरी रानियों के झगड़ों में न पड़नेवाली या उनका विवाद निपटा देने वाली, क्रोध न करने वाली, ईर्ष्याविहीन, राजा के स्वभाव की विज्ञाता, सुख और दुःख में समभाव से भाग लेने वाली, पति के कल्याण और सन्तोष की सदा इच्छुक, शान्त वृत्ति वाली, प्रीति-सम्पन्न, धीर स्वभाव-वाली तथा रनिवास की भलाई में लगी रहनेवाली होती है। उसे **'महादेवी'** (पट्टमहिषी) समझना चाहिए।

## देवी (Devi)

**एभिरेव गुणैर्युक्तासतत्संस्कार विवर्जितः।**
**गर्वितास्त्वतिसैभाग्यात् प्रीतिसम्भोगतप्पराः।।**
**शुचि नित्योज्जवलाकारा प्रतिपक्षाभ्यसुयिकाः।**
**यौवनादिगुणोम्मतास्ता देव्यः समुदाहताः।। (N.S.)**

जो महादेवी में विद्यमान गुणों से युक्त होने पर भी उपयुक्त संस्कारों में कुछ पिछड़ी हुई हो, अपने सौभाग्य आदि पर गर्व करने वाली, राजकुल में जन्म लेने वाली, प्रीति और सम्मेलन की भावना में लीन रहने वाली, पवित्र भावना और नित्य नवीन वस्त्रों को धारण करने में तत्पर रहने वाली, अपनी सौतों से डाह करने वाली और अपने यौवन के उन्माद में डूबी हुई हो उसे **'देवी'** समझना चाहिए।

## स्वामिनी (Swamini)

**सेनापतेरमात्यानां मृत्यानामथवा पुनः।**
**भवेयुस्तनयास्तास्तु प्रीतिसम्मानवर्धिताः।।**
**शीलरूपगुणैर्यास्तु सम्पन्ना नृपवल्लभाः।**
**स्वगुणैर्लब्धमाहात्म्याः स्वामिन्य इति ताः स्मृताः।। (N.S.)**

जिन सेनापति, अमात्य या अन्य राजसेवकों की पत्नियों का अन्तःपुर में प्रेम और सम्मानपूर्वक पोषण किया जाए और बाद में अपने शील, सौन्दर्य और गुणों से जो महाराज का प्रेम प्राप्त कर पत्नी रूप में अधिष्ठित हो जाए वह **'स्वामिनी'** कहलाती है।

**स्थायिनी (Sthayini)**

**रूपयौवनशालिन्य कर्कशा विभ्रमान्विताः।**
**रतिसम्भोगकुशल प्रतिपक्षाम्यसुयिकाः।।**
**उत्थिताश्चाप्रमात्तैश्चा त्यक्तालस्या हानिष्ठूराः।**
**मान्यामान्यविशेषज्ञा स्थायिन्यः सम्प्रकीर्तिता।। (N.S.)**

जो अपने सौन्दर्य और यौवन का आकर्षण रखती हो, झगड़ालू या रूखी विलास चेष्टा में प्रवीण, प्रीति विनोद की विशेषज्ञा, सौत से डाह करने वाली, सदा सावधान रहने और कार्य करने में तत्पर, आलस्य और क्रूरता से विहीन, पद एवं स्थिति के अनुसार प्रत्येक व्यक्ति के सम्मान का पूरा ध्यान रखने वाली राजपत्नी हो उसे **'स्थायिनी'** कहा जाता है।

**भोगिनी (Bhogini)**

**दक्षाः स्फुटाः ह्युदाताश्च गन्धमाल्योज्ज्वचलाः सदा।**
**नृपतेश्छन्दवर्तिन्य सर्वत्रेर्ष्याविवर्जिताः।।**
**सुशीला लधुसम्मान मृदुर्नात्युद्धतास्तथा।**
**मध्यस्था निभृताः क्षान्ता भोगिन्य इति ताः स्मृताः।। (N.S.)**

जो राजा के चित्त का अनुसरण करने में चतुर हो, सदा आज्ञाकारिणी (दक्षा), व्यवहार में साफ, उदात्त स्वभाव वाली, सुगन्धित पदार्थ और पुष्पमाला को सदा धारण किए हुए, डाह, राग, द्वेष विहीन, सभी से अच्छा व्यवहार करने वाली, तटस्थ, गम्भीर, शान्त और विनम्र स्वभाव वाली हो ऐसी राजा की प्रिया **'भोगिनी'** कहलाती है।

**शिल्पकारिणी (Shilpakarini)**

**नानाकलाविशेषज्ञा नानाशिल्पविचक्षणाः।**
**गन्धशिल्पविभागज्ञा नानालेख्यविशारदाः।।**
**शयनासनयानज्ञा मधुराश्चतुरास्तथा।**
**दक्षाश्चित्राः स्फुटाः श्लक्ष्णा निभृताः शिल्पकारिकाः।। (N.S.)**

जो स्त्री अनेक कलाओं की विज्ञाता हो, अनेक शिल्प कार्यों में चतुर हो, सुगन्धित वस्तुओं के अनेक प्रकारों का निर्माण करना जानती हो, चित्रों के निर्माण की अनेक विधाओं से परिचित हो, शय्या, आसन और वाहन का पूर्ण ज्ञान रखती हो, मधुरभाषिणी, चतुर, ईमानदार, स्पष्टभाषिणी, स्पष्ट व्यवहार रखने वाली, सभ्य व अपने भाव को प्रकट न करने वाली हो, वह **'शिल्पकारिणी'** होती है।

**नाटकीया या अभिनेत्री (Natakeeya or Abhinetri)**

> **अथ रूपगुणोदार्यसौभाग्यधैर्यशीलसम्पन्ना।**
> **पेशलमधुरस्निग्धानुनादिकलचित्रकण्ठा च।।**
> **हेलाभावविशेषज्ञाः सत्वेनाभिनयेन च।**
> **माधुर्येण च सम्पन्ना ह्यातोधकुशलास्तथा।।**
> **स्वरतालयतिज्ञाश्च तथा चार्योपसेविकाः।**
> **चतुरा नाट्यकुशलाश्चोहापोह विचक्षणाः।।**
> **रूपयौवनसम्पन्ना नाटकीयाः प्रकीर्तितताः। (N.S.)**

जो शरीर-सौन्दर्य एवं आकर्षण से पूर्ण हो, उत्तम गुणों—औदार्य, सौभाग्य, धैर्य, शील आदि से युक्त हो, जिसकी कोमल, मधुर और सुरीली आवाज हो, जिसके गले से निकलने वाला स्वर विचित्र या अचरजकारी हो, जो हेला तथा भावों के अभिनय प्रस्तुत करने में सक्षम हो, मृदु व्यवहार करने वाली, वाद्यवादन में कुशल, स्वर, ताल और यति का ठीक से ज्ञान रखने वाली, संगीत तथा नाट्य के आचार्य की सुश्रूषा करने वाली चतुर, नाट्यप्रयोग में कुशल, अच्छे और बुरे का ठीक तरह से विचार करने वाली तथा रूप-यौवन शालिनी स्त्री हो तो यह **'नाटकीया'** या **'अभिनेत्री'** कहलाती है।

**नर्तकी (Nartaki)**

> **अङ्गप्रत्यङ्गसम्पन्नाश्चतुष्टिकलान्विताः।**
> **चतुराः प्रश्रयोपेताः स्त्रीदोषैश्च विवर्जिताः।।**
> **सदा प्रागल्भ्ययुक्ताश्च त्यक्तालस्या जितश्रमाः।**
> **नाना शिल्पप्रयोगज्ञा नृतगीतविचक्षणाः।।**
> **समागतासु नारीषु रूपयौवनकान्तिभिः।**
> **न दृश्यते गुणैस्तुल्या यस्याः सा नर्तकी स्मृता।। (N.S.)**

जिसके अंग-प्रत्यंग में अतिशय सुन्दरता हो, जो चौंसठ कलाओं में निपुण हो, चतुर एवं विनीत व्यवहार करने वाली, स्त्री रोगों से रहित, सदा प्रगल्भ, आलस्यहीन, थकावट न मानने वाली या परिश्रमी, अनेक शिल्पकलाओं के प्रयोग की विज्ञाता, नृत्त और गीत में चतुर, (अपने) सामने स्थित होने वाली दूसरी स्त्रियाँ रूप, यौवन और कान्ति के गुणों में सदा जिसकी बराबरी न कर पाएँ उसे **'नर्तकी'** समझना चाहिए।

**अनुचारिका (Anucharika)**

> **सर्वावस्थोपचरैषु या न मुश्चति पार्थिवम्।।**
> **विज्ञेया नामतः सा तु नृपतेरनुचारिका। (N.S.)**

जो सभी अवस्थाओं में राजा के साथ रहती हो तथा सेवा में लीन रहे, उसे राजा की **'अनुचारिका'** समझना चाहिए।

**परिचारिका (Paricharika)**

> **छत्रशय्यासने युक्ता तथा व्यजनकर्मणि।।**
> **संवाहने च गन्धे च तथा चैव प्रसाधने।**

**तथाभरणसंयोगे माल्यसङ्ग्रहणेषु च।।**
**विज्ञेया नामतः सा तु नृपतेः परिचारिका। (N.S.)**

जो सेविका शय्या, आसन, छत्र लेने तथा चँवर डुलाने के कार्य के लिए नियुक्त की गई हो, जो पैर दबाने, सुगन्धित पदार्थ का लेपन करने तथा शरीर को सजाने और अलंकार तथा पुष्पमाला आदि पहनाने का कार्य करती हो उसे **'परिचारिका'** समझना चाहिए।

### संचारिका (Sancharika)

**नानाकक्ष्याविचारिण्यस्तथोपवनसञ्चराः।।**
**देवतायतनक्रीडाप्रसादपरिसश्चराः।**
**यामकिन्यस्तथा चैव याश्चैवलक्षणाः स्त्रियः।।**
**विज्ञेया नाट्यज्ञैर्भोगवारिता। (N.S.)**

जो राजभवन के अनेक कक्षों में, उपवन, मन्दिर, क्रीड़ाभवन और राजप्रसाद में आती-जाती हो, समय की या प्रहर की सूचना के लिए जो घड़ियाल आदि बजाती हो या इसी प्रकार के अन्य कार्य करती हो उसे **'संचारिका'** कहते हैं। नाट्य-वेत्ता इसमें किसी भी प्रकार का प्रणय व्यवहार नहीं दिखलाते हैं।

प्रकृति के अनुसार भरतमुनि ने अन्य नायिकाओं (राजा के सम्पर्क में रहने वाली सेविकाएँ) का वर्णन इस प्रकार किया है :

*1. प्रेषण-चारिका (Preshana-Charika)*—जो राजा के लिए गुप्त-प्रणय व्यापार के सन्देश तथा दौत्य आदि के कार्य के लिए नियुक्त की जाती है।

*2. महलरिका (Mahalrika)*—जो अन्तःपुर की संरक्षिका, स्तुति और मंगल गीतों तथा मंगल कार्यों को सम्पादित करती है।

*3. प्रतिहारी (Pratihari)*—जो राजा के सन्धि विग्रह आदि की सूचना देती हो।

*4. कुमारिका (Kumarika)*—जिन्हें रति और प्रीति का कोई ज्ञान न हो जो भ्रान्तहीन तथा उत्तेजनाहीन, विनम्र तथा लज्जाशील हों।

*5. वृद्धा (Vriddha)*—जो पिछले राजा के व्यवहार तथा नीतियों की जानकारी रखती हों तथा राजाओं से सम्मान पाती रही हों।

*6. आयुक्तिका (Ayuktika)*—जिनके अधिकार में राज्य भंडार तथा शस्त्र हो, तथा जो फल, फूल, औषधि और राजा के लिए पकाए गए अन्न की परीक्षा या देखरेख करती हों।

कथक नृत्य में नृत्य-नाटिका के अन्तर्गत उपर्युक्त सभी स्त्री के प्रकार प्रयोग में लाए जा सकते हैं।

## नायिकाओं के अभिसरण प्रकार (Abhisarana Prakar of Nayeeka)

**वेश्यायाः कुलजायाश्च प्रेष्यायाश्च प्रयोक्तृभिः।**
**एभिर्भावविशेषैस्तु कर्त्तव्यमभिसारणम्।। (N.S.)**

इन नायिकाओं में सामान्य, कुलजा या प्रेष्या द्वारा अभिसरण बतलाना हो तो उसे आगे बतलाई गई विधि के अनुसार प्रदर्शित करें।

### सामान्या (वेश्या) नायिका का अभिसरण प्रकार (Abhisarana of Samanya Nayeeka)

**समदा मृदुचेष्टा च तथा परिजनावृता।**
**नानाभरणचित्राङ्गी गच्छेद्वेश्याङ्गना शनैः।। (N.S.)**

प्रिय का अभिसरण करने में **'वेश्या'** अपने शरीर को अनेक अलंकारों से सजा कर तथा अपने परिजन परिवार को साथ लेकर मद तथा कोमल चेष्टाओं से युक्त होकर धीरे-धीरे अभिसरण करे।

### कुलजा का अभिसरण प्रकार (Abhisarana of Kulaja)

**संलीना स्वेषु गात्रेषु त्रस्ता विनमितानना।**
**अवगुण्ठनशंवीता गच्छेत्तु कुलजाङ्गना।। (N.S.)**

प्रिय का अभिसरण करने में **'कुलजा'** अपने शरीर तथा मुँह को ढक कर चकित एवं त्रस्त नयनों से चारों ओर देखते हुए चले।

### प्रेष्या का अभिसरण (Abhisarana of Preshya)

**मदस्खलितसंलापा विभ्रमोत्फुहुल्ललोचना।**
**आविद्धगतिसंचारा गच्छेत् प्रेष्या समुद्धतम्।। (N.S.)**

इसी (अभिसरण) को **'प्रेष्या'** लड़खड़ाती चाल में आँखों को विलासपूर्ण आमोद से फैलाते हुए तथा मद के कारण स्खलित या हकलाती हुई वाणी में सम्भाषण करती हुई जाए।

## नायक
## (NAYAK)

नायक का लक्षण इस प्रकार बताया गया है—**दानी, कृतज्ञ, पण्डित, कुलीन, लक्ष्मीवान, नायिकाओं के अनुराग का पात्र, रूप-यौवन** व **उत्साह युक्त, चतुर, तेजस्वी** तथा **सुशील** पुरुष को **'नायक'** कहते हैं।

### भरतमुनि के अनुसार

**व्यसनी प्राप्य दुःख वा युज्यतेऽभ्युदयेन यः।**
**तथा पुरुषबाहुल्ये प्रधानी नायकः समृतः।। (N.S.)**

जो आपत्ति या किसी और कष्ट को पाकर पुनः अभ्युदय प्राप्त करता हो तथा जिसकी अनेक पुरुषों की तुलना में मुख्यता हो उसे **'नायक'** समझना चाहिए।

**यत्रानेकस्य भवतो व्यसनाभ्युदयौ पुनः।**
**तथा पुरुषबाहुल्ये प्रधानी नायकः स्मृतः।। (N.S.)**

परन्तु जहाँ पर अनेक पुरुषों में यही बात मिलती हो तो उसमें जो सर्वोत्कृष्ट हो उसे **'नायक'** समझना चाहिए।

## नायक-भेद
## (NAYAK-BHEDA)

**पात्रों के तीन प्रकार**

**अत ऊर्ध्वं प्रवक्ष्यामि प्रकृतीनान्तु लक्षणम्।**
**नायकानाञ्च सर्वेषां चतुर्णामपि तत्त्वतः।। (N.S.)**

अब मैं पात्रों के स्वरूप को बतलाता हूँ तथा इसी में तीन प्रकार के नायकों का तात्त्विक विवेचन भी करता हूँ।

**समासवस्तु प्रकृतिस्त्रिविधा परिकीर्तिता।**
**स्त्रीणाञ्च पुरुषाणाञ्च उत्तमा मध्यमाधामाः।। (N.S.)**

## स्वभाव के अनुसार
## (ACCORDING TO NATURE)

सामान्यतः पुरुष तथा स्त्री पात्रों के **प्रकृतिगत** (स्वभावतः) तीन भेद होते हैं। यथा–(1) उत्तम (Uttam), (2) मध्यम (Madhyam), तथा (3) अधम (Adham)।

**उत्तम-प्रकृति (पुरुष) (Uttam Prakriti)**

**जितेन्द्रिया ज्ञानवती नानाशिल्पविचक्षण।**
**दक्षिणा भोगदक्षाऽय दीनानां परिसान्त्विनी।।**
**नानाशास्त्रार्थसम्पन्ना गम्भीर्यौदार्यशालिनी।**
**धैर्यत्यागगुणोपेता ज्ञेया प्रकृतिरुत्तमा।। (N.S.)**

जो इन्द्रियों को नियन्त्रित रखता हो, चतुर हो, विविध कला और शिल्प का विज्ञाता हो, ईमानदार हो, विहारादि में चतुर हो, दीनों को सान्त्वना देता हो, विविध-शास्त्रों का विज्ञाता हो और गाम्भीर्य, औदार्य, धैर्य आदि गुणों से युक्त हो तो उसे **'उत्तम प्रकृति'** का पात्र समझना चाहिए।

**मध्यम प्रकृति (पुरुष) (Madhyama Prakriti)**

**लोकोपचारचतुरा शिल्पशास्त्रविशारदा।**
**विज्ञानमाधुर्ययुता मध्यमा प्रकृतिः समृता।। (N.S.)**

जो लौकिक व्यवहार में दक्ष, विविध कला और शिल्प में चतुर, शास्त्रज्ञाता उच्चाभिलाषी और मधुर स्वभाव वाला हो तो उसे **'मध्यम-प्रकृति'** का पात्र समझना चाहिए।

**अधम प्रकृति (पुरुष) (Adhama Prakriti)**

**रुक्षा रचसि दुःशीलाः कुसत्वा शल्यबुद्धिकाः।**
**क्रोधना घातकाश्चैव मित्रघ्नाश्चित्रघातकाः।।**
**वृथारम्भप्रसक्काश्च यत्किञ्चिद्धादिनोऽल्पकाः।**
**पशुना उद्धता वाक्यैरकृवज्ञास्तथालसाः।।**

**मान्यामान्यविशेषज्ञा स्त्रीलालाः कलहप्रियाः ।**
**सुचकाः पापकमणिः परद्रव्यापहारिणः ।।**
**एभिर्दोषैस्तु सम्बद्धा भविन्त ह्यधमा नराः ।**
**एवञ्च शालत्तो नृणां प्रकृतिस्त्रिविधा स्मृता ।। (N.S.)**

जो मनुष्य संभाषण में कठोर, दुष्ट स्वभाव, नीच वृत्ति वाले, अपराधी स्वभाव वाले (शल्यबुद्धिक), क्रोधी, घातक, मित्रों पर प्रहार करने वाले, बहाने या धोखे से जान लेने वाले (चित्रघातक), क्रूर, उद्धतवाक्यों के प्रयोक्ता, उपकार को न मानने वाले, आलसी, मान्य तथा अमात्य की परीक्षा में असमर्थ, स्त्रियों को देखकर चंचल हो उठने वाले, कलहप्रिय, चुगलखोर नीच कर्म करने वाले व दूसरों का धन अपहरण करने वाले, दोष से युक्त प्रकृति के हों उन्हें **'अधम प्रकृति'** का पात्र समझना चाहिए।

## मध्यम, उत्तम पुरुषों में लक्षण सम्पन्न नायकों के चार प्रकार (FOUR TYPES OF NAYAKA ACCORDING TO TEMPERAMENT)

### नायक के चार विभेद

**तत्र चत्वार एवं स्युनयिकाः परिकीर्तिताः ।।**
**मध्यमोत्तम प्रकृतौ नानालक्षणलक्षिता ।**
**धीरोद्धता धीरललिता धीरोदात्तास्थथैव च ।।**
**धीरप्रज्ञान्तकाश्चैव नायकाः परिकीर्तिताः**
**देवाः धीरोद्धता क्षेयाः स्युर्धीरललिता नृपाः ।।**
**सेनापतिरमात्यश्च धीरोदात्ती प्रकीर्तितौ ।**
**धीरप्रज्ञान्ना विज्ञेया ब्राह्मणा वणिजस्तथा ।। (N.S.)**

मध्यम और उत्तम प्रकृति के पुरुषों में अनेक लक्षण सम्पन्न नायकों के चार प्रकार किए गए हैं। ये हैं–(1) धीरोद्धत, (2) धीरललित, (3) धीरोदात्त, तथा (4) धीर प्रशान्त।

***(1) धिरोद्धत्त (Dheeroddhatta)***–ईर्ष्यालु, छली, मायावी, प्रचण्ड, घमण्डी, दुर्दान्त, आत्मश्लाघी नायक **'धीरोद्धत्त'** कहलाता है। रावण (Ravana), कुम्भकर्ण (Kumbhakaran) तथा कंस (Kansa) आदि इसी श्रेणी के नायक हैं।

***(2) धीरललित (Dheeralalita)***–निश्चिन्त, मृदु स्वभाव, विनोद प्रिय सदा नृत्य-गीतादि कलाओं में निरत रहने वाला नायक **'धीरललित'** होता है। प्राचीन साहित्य में राजा उदयन तथा भगवान् कृष्ण (Lord Krishna) को **'धीरललित'** नायक का उदाहरण माना गया है।

***(3) धीरोदात्त (Dheerodatta)***–जो आत्मश्लाघा के दोष से मुक्त, क्षमायुक्त, अतिगम्भीर स्वभाव वाला, हर्ष, शोकादि में समानभाव प्रकट करने वाला, दृढ़, विनम्र, स्थिर, स्वाभिमानी और उदार हृदय होता है उसे **'धीरोदात्त'** कहते हैं। इस नायक के सर्वोत्कृष्ट उदाहरण भगवान् राम और बुद्ध हैं (Lord Rama and Buddha)।

***(4) धीर प्रशान्त (Dheera Prashanta)***–दातृत्व, कृतज्ञता आदि नायक के सामान्य गुणों में से अधिकांश गुणों से युक्त विद्वान्, ब्राह्मण, तपस्वी आदि को **'धीर प्रशान्त'** नायक कहा जाता है।

## कर्मानुसार नायक-भेद
## (NAYAK-BHEDA ACCORDING TO DEED)

### पति (Pati)

***(i) अनभिज्ञ (Anbhigya)***—जिस नायक को शृंगार की सरस क्रियाओं का कतई ज्ञान न हो उसे **'अनभिज्ञ'** पति कहते हैं।

***(ii) अनुकूल (Anukul)***—जो नायक अपनी विवाहिता स्त्री से पूर्ण प्रेम रखता हुआ किसी अन्य स्त्री का कभी विचार भी नहीं करता उसे **'अनुकूल पति'** कहते हैं।

***(iii) दक्षिण (Dakshina)***—अनेक पत्नियाँ होते हुए भी सबके प्रति समान अनुराग रखने वाला नायक **'दक्षिण पति'** कहा जाता है। ऐसे नायक को सभी नायिकाएँ अपना ही प्यारा समझती हैं और कभी उससे मान नहीं करतीं।

***(iv) शठ (Shatha)***—जो नायक किसी अन्य स्त्री में अनुरक्त होकर अपनी विवाहिता स्त्री को छल-पूर्वक भुलावे में डालकर अपना अपराध छिपाए रखता है तथा अपनी कार्यसिद्धि के लिए पत्नी से मीठी-मीठी बातें बनाकर उसके प्रति अनुकूलता-सी दिखाता रहता है उसे **'शठ पति'** कहते हैं।

***(v) धृष्ट (Dhrashta)***—जो नायक बार-बार अपराध करने पर भी निःशंक रहे और अनेक झिड़कियाँ खाने पर भी लज्जित न हो किन्तु नम्र और निश्चल बना रहे तथा झूठ बोलने में जो तनिक भी संकोच न करता हो वह नायक **'धृष्ट पति'** कहलाता है।

### उपपति (Upapati)

परस्त्री में अनुरक्त रहने वाले पुरुष को **'उपपति'** कहते हैं। वह जहाँ भी सौन्दर्य-सुधा को देखता है वहीं उसका पान करने के लिए लालायित हो उठता है। मधुमत्त भ्रमर की भाँति इसकी वृत्ति होती है।

***(i) वचन चतुर (Vachan Chatur)***—जो उपपति वाक्‌चातुरी से अपना कार्य सिद्ध करता है उसे **'वचन चतुर'** कहते हैं।

***(ii) क्रिया चतुर (Kriya Chatur)***—छल-छिद्र द्वारा अपना मतलब निकालने वाला नायक **'क्रिया चतुर'** कहा जाता है।

### वैशिक (Vaishik)

जो नायक वेश्यानुरागी, निःशंक और निर्लज्ज होता है उसे **'वैशिक'** कहते हैं।

## अवस्थानुसार नायक-भेद
## (NAYAK-BHEDA ACCORDING TO AGE)

### मानी (Mani)

प्रियतमा द्वारा किए गए अपमान से अप्रसन्न होकर मान करने वाला नायक **'मानी'** कहलाता है।

**प्रोषित (Proshit)**

प्रवास में जाकर प्रियतमा के विरह से व्याकुल नायक **'प्रोषित'** कहलाता है।

**नपुंसक (Sexless)**

**यत् स्यान्नपुंसकं नाम तृतीया प्रकृतिः स्मृता। (N.S.)**

भरत मुनि ने (सेवक) नपुंसक को पुरुषों की तृतीया प्रकृति की श्रेणी में रखा है। इसके अन्तर्गत स्नातक तथा अन्तःपुर अधिकृत दो प्रकार आते हैं।

*(i) स्नातक*–जो आचार से युक्त हो तथा द्वारपाल के स्थान पर नियुक्त हो (विश्वसनीय हो क्योंकि कौटिल्य के अर्थशास्त्र के आधार पर यह पद महत्त्वपूर्ण माना गया है।)

*(ii) अन्तःपुर-अधिकृत*–जो ब्राह्मण, कुशल, वृद्ध तथा कामदोष से रहित हो, ऐसे पुरुषों को महारानी तथा देवियों के कार्यों के लिए रनिवास में नियुक्त किया जाता है।

## स्वरूप के अनुसार नायक-भेद (ACCORDING TO SWAROOP)

**'नन्दिकेश्वर' जी ने नाट्यशास्त्र की व्यवस्था द्वारा नायक के (शृंगार रस के आधार पर)** निम्नलिखित भेद बताएं हैं।

**चतुर (Chatur)**

**समदुःश्वक्लेशसहः प्रणयक्रोधप्रसादेन कुशलः।**
**रत्युपचारे निपुणो दक्षश्चतुरः स बोद्धण्यः।। (N.S.)**

जो पुरुष सुख और दुःख समान रूप से सहन करने वाला हो, स्त्रियों के प्रणयजन्य क्रोध का प्रसादन करने में कुशल हो, मधुर वचन वाला तथा रति के उपचार में कुशल हो, उसे **'चतुर'** पुरुष समझना चाहिए।

**उत्तम (Uttama)**

**यो विप्रियं न कुरुते नार्याः किञ्चिद्विरागसंज्ञातम्।**
**अज्ञातेप्सित ह्रदयः समृतिमान् धृतिमान् स तु ज्येष्ठः।।**
**मधुरस्त्यागी राग न याति मदनस्य चापि वशमेति।**
**अवमानितश्व नार्या विरज्यते योत्तमः स पुमान्।। (N.S.)**

जो पुरुष स्त्रियों का कुछ भी अप्रिय नहीं करता है, जो धीर प्रकृति तथा उदात्तभावों वाला हो, जो मिष्टभाषी, आत्मसम्मान रखनेवाला तथा हृदय के अज्ञात भावों का ज्ञाता हो तथा जो मधुर (आचारवाला) हो, त्यागी हो, आसक्तिरहित हो, काम के वश में न होने वाला हो तथा स्त्रियों के द्वारा अवमानित होने पर विरक्त हो जाने वाला हो तो उसे **'उत्तम'** पुरुष समझना चाहिए।

**मध्यम (Madhyama)**

**सर्वार्थैर्मध्यस्थो भावग्रहणं करोति यो नार्याः।**
**किञ्चिछोषं दृष्टा विरज्येत् मध्यमः स भवेत्।। (N.S.)**

जो पुरुष सभी अवस्थाओं में स्त्रियों के प्रति मध्यस्थभाव (समान रूप) से ग्रहण करता हो तथा जो स्त्री के किसी दोष का ज्ञान हो जाने पर उससे विरक्त हो जाए तो उसे (भी) **'मध्यम'** पुरुष समझना चाहिए।

**काले दाता हावमानितोऽपिन क्रोधमतितरामेति।**
**दृष्टवा व्यलीकमात्र विरज्यते मध्यमोऽयमिति।। (N.S.)**

जो पुरुष उचित समय पर अर्थादि पुरस्कार देता हो, अपमान हो जाने पर भी अधिक क्रोध न करे परन्तु किसी दोषपूर्ण (व्यलोक) कार्य का पता चलने पर उससे विरक्त हो जाए तो उसे (भी) **'मध्यम'** पुरुष समझना चाहिए।

## अधम (Adhama)

**अवमानितोऽपि नार्या निर्लज्जयताऽभ्युपैत्यविकृतात्यः।**
**अन्यतर सऽकान्तां स्नेहपरावृत-भावश्च।।**
**अभिनवकृते वयलीके प्रत्यक्षं रज्यते दृढ़तरं यः।**
**मित्रोर्निवार्यमाणे विज्ञेयः सोऽधमः पुरुषः।। (N.S.)**

जो पुरुष बार-बार स्त्रियों से अपमानित होने पर भी निर्लज्ज होकर उसी के पास जाता है और अपने मित्र के आग्रहपूर्वक मना करने पर उस स्त्री से जो अन्यत्र अनुरक्त हो उससे और भी अधिक (बदले में) प्रेम करने लगता है, जबकि वह प्रत्यक्ष रूप में उसका अपने प्रति विरक्ति का भाव जान चुका होता है तो उसे **'अधम'** प्रकृति का पुरुष समझना चाहिए।

## सम्प्रवृद्धक (संप्रवृत्तक) (Sampravraddhaka)

**अविगणितमयामर्षो मुखप्रकृति प्रसक्तहासश्च।**
**एकान्तदृढ़ग्राही निर्लज्जः कामतन्त्रेषु।**
**रतिकलहसम्प्रहारेष्वकर्कशः क्रीऽनीयकः स्त्रीणाम्।**
**एवंविधस्तु तज्ज्ञैर्विज्ञेयः सम्प्रवृद्वस्तु।। (N.S.)**

जो स्त्रियों के भय या क्रोध की परवाह नहीं करता हो, मूर्ख प्रकृति का हो, स्त्रियों को अपने मोहक रूप द्वारा हँसाने वाला या उनकी हँसी का बार-बार पीछे पड़ने पर भी निर्लज्ज होकर आसक्ति को न छोड़ने वाला, रतिप्रहार में अकर्कश, शिथिल मन वाला मनुष्य हो तो उसे **'सम्प्रवृद्धक'** समझना चाहिए।

## कामदेव (Lord for Love) के अस्त्र-शस्त्र

## (नृत्य में प्रयोग करने के अनुसार)

The deity for Love Manmatha (cupid)

| अस्त्र शस्त्र | द्वारा बनाया या दिखाया जाना |
|---|---|
| 1. धनुष (Bow) | गन्ना (Sugarcane) द्वारा |
| 2. तीर (Arrow) | पाँच प्रकार के फूलों द्वारा—कमल, चमेली, नील-कमल, आम का फूल तथा अशोक का फूल (पंच-बाण द्वारा) Five kinds of Flowers—Lotus, Jasmine, |

| | |
|---|---|
| | Neelotpalam, Mango Flower and Ashoka Flower (Panch Bana—Five Arrows) |
| 3. तंत्री (String) | मधुमक्खी (Bee) |
| 4. घोड़ा (Horse) | तोता (Parrot) |
| 5. दो पहियों की घोड़ागाड़ी (Chariot) | (हल्की हवा) (Breeze) |
| 6. ढोल (Drum) | समुद्र (Sea) |
| 7. हाथी (Elephant) | अन्धकार (Darkness) |
| 8. संगीत-वाद्य (Musical Instrument) | पक्षी (Nightingale) |
| 9. झण्डा (Flag) | मगरमच्छ (Crocodile) |
| 10. थल सेना (Army) | युवती (Young Woman) |
| 11. पंखा (Fan) | सुपारी की पत्तियाँ (Leaves of Betel) |
| 12. कलौंजी (Kalaunji) | चमेली (Jasmine) |
| 13. हार (Garland) | अदरक की एक जाति (Turmeric) |
| 14. रहने का स्थान (Residing Place) | बाग-बगीचा (Gardens and Orchards) |

## विरह में नायक-नायिका की भावनाएँ

## (NAYAKA-NAYIKA'S FEELINGS DURING THE SEPARATION)

| **वस्तुएँ (Articles)** | **उत्पन्न हुई भावनाएँ (Feelings Generated)** |
|---|---|
| 1. चन्दन लेप, सुगन्धित गुलाब जल (Sandalpaste, Scented Rose Water) | गर्मी (Heat) |
| 2. फूल (Flowers) | सूई (Needle) |
| 3. स्वादिष्ट भोजन (Delicious Food) | ज़हर (Poison) |
| 4. शैया (Bed) | काँटे (Thorn) |
| 5. चन्द्रमा (Moon) | सूर्य की तरह गर्म (Hot as Sun) |
| 6. हवा के झोंके (Breeze) | चुभन (Pierce) |
| 7. चिड़ियों का चहचहाना, समुद, संगीत, प्रातः, शाम (Sweet Chirping of Birds, Sea, Music, Dawn and Dusk) | भयभीत या सहमा हुआ (Scary) |
| 8. वर्षा ऋतु (Rainy Season) | दुःख (Sadness) |
| 9. जीवन (Life) | भारी (Heavy) |
| 10. बादल व बिजली (Clouds and Thunder) | डर (Fear) |

## रंगमंच पर निषिद्ध कार्य
## (PROHIBITED ACTIONS ON THE STAGE)

कुछ कार्यकलाप रंगमंच पर वर्जित बताए गए हैं जिन्हें **नाट्यशास्त्र** में नायक व नायिकाओं अर्थात् नर्तक व नर्तकी द्वारा नहीं किए जाने के निर्देश हैं।

आधुनिक युग में, रंगमंच की प्रतिष्ठा का उल्लंघन कर अनेक युवा कलाकार उसकी (रंगमंच) गरिमा को खण्डित करते हैं जो शास्त्रीय नृत्य व कलाओं में वर्जित है।

भारतीय नाट्यकला या शास्त्रीय नृत्य कलाओं का उच्चतम आदर्श प्रस्तुत करने में रंगमंच पर ऐसे कार्यों का उल्लेख महत्त्वपूर्ण स्थान रखता है।

**''न कार्यं शयनं रङ्गे नाट्यधर्म विज्ञानता।'' (N.S.)**

नाट्य धर्म को जानकर रंगमंच पर 'शयन' न किया जाए तथा इससे सम्बन्धित (रति से) किसी भी प्रकार की क्रियाएँ नहीं करनी चाहिए।

**''भोजनं सलिलक्रीड़ा तथा लज्जाकरञ्च यत्।**
**एवं विधं भवेद्यद्यत्तत्तद्रङ्गे न कारयेत्।।'' (N.S.)**

भोजन, जलविहार तथा अन्य लज्जा के उत्पादक कार्य भी रंगमंच पर प्रदर्शित न किए जाएँ।

**''नाम्बरग्रहणं रङ्गे न स्नानं न विलेपनम्।**
**नाञ्जनं नाङ्गरागश्च केशसंयमनन्वथा।।'' (N.S.)**

*(स्त्रियों की विभिन्न अवस्थाएँ तथा कार्य का अभिनय प्रस्तुत करते समय)*

उनके (नायक या नायिकाओं या नर्तक व नर्तकियों) द्वारा वस्त्रों को धारण करना, स्नान, चन्दन लेपन, अंजन, अंगराग तथा अधर राग का धारण और केशों का बाँधना आदि रंगमंच पर नहीं बतलाया जाए।

**''नाप्रावृता नैकवस्त्रा न रागमध्यरस्य तु।**
**उत्तमा मध्यमा वापि कुर्वीत प्रमदा कचित्।'' (N.S.)**

(मुख्य नायिका तथा इसी प्रकार) उत्तम तथा मध्यम प्रकृति की स्त्रियों के अंग बिना ढके हुए या एक ही वस्त्र धारण किए हुए न रखे जाएँ और उनके होठों को (श्रेष्ठ राग के अतिरिक्त रंगों से) नहीं रंगा जाए।

**''अधमानां भवदेष सर्व एक विधिः सदा।**
**तासामपि हासभ्यं यन्न तत्कार्ये प्रयोक्तृभिः'' (N.S.)**

मंच पर ये कार्य अधम प्रकृति की स्त्रियों द्वारा उनके स्वभाव के कारण बतलाए जा सकते हैं, किन्तु असभ्य या अश्लील कार्य इनके द्वारा भी न बतलाए जाएँ।

# 20

# रस एवं भाव
# RASA AND BHAVA

**रस तत्त्व या रस के अङ्ग**
**(Rasa ke Anga or Elements of Rasa)**

- भाव Bhava (Expressions)
- विभाव Vibhava (Cause)
  - आलम्बन Alamban
  - उद्दीपन Uddipan
    - आलम्बन की चेष्टाएँ (Activities of Characters)
    - वातावरण (Atmosphere or Surrounding)
- अनुभाव Anubhava (Presentation) or (Expositions)
  - (Five Types of Anubhava)
- संचारी Sanchari or Vyabhichari (Transitory Bhava)
  - (Thirty Three Types of Vyabhichari Bhava)
- स्थायी भाव Sthayee Bhava (Permanent Emotions Reasons)
  - (Ten Types of Sthayee Bhava)
- रस Rasa (Experience)
  - (Ten Types of Rasa)

## अनुभाव
## (ANUBHAVA)
(Presentation or Exposition)

- कायिक Kayika (Physical)
- वाचिक Vachika (Verbal)
- मानसिक Manasika (Mental)
- आहार्य Aharya (Ornamental)
- सात्त्विक Satvika (Psychical)
  - (Eight Types of Satvika Anubhava)

## सात्त्विक अनुभाव
## (SATVIKA ANUBHAVA)
(Psychical Presentation)

- स्तम्भ Stambha (Stun)
- स्वेद Sweda (Perspire)
- रोमांच Romanch (Sensation)
- स्वरभंग Swara Bhanga (Change of Voice)
- वेपथु (कम्पन) Vepathu (Tremble)
- वैवर्ण्य Vaivarnya (Change of Colour)
- अश्रु Ashru (Tears)
- प्रलय Pralaya (Faint)

## संचारी भाव या व्यभिचारी भाव
## (SANCHARI BHAVA OR VYABHICHARI BHAVA)
(Transitory Expression or Emotions)

| | |
|---|---|
| 1. निर्वेद (Nirveda) | निरुत्साह (Discouragement) |
| 2. आवेग (Avega) | व्याकुलता (Agitation) |
| 3. दैन्य (Dainya) | उदासी (Depression) |
| 4. श्रम (Shrama) | थकावट (Weariness) |
| 5. मद (Mada) | नशा (Drunkenness) |
| 6. जड़ता (Jadta) | मूर्खता (Stupidity) |
| 7. उग्रता (Ugrata) | क्रूरता (Cruelty) |
| 8. मोह (Moha) | ध्यान फिरना (Distraction) |

| | |
|---|---|
| 9. विबोध (Vibodha) | जागृति (Awakening) |
| 10. सुप्त (Supta) | स्वप्न (Dreaming) |
| 11. अपस्मार (Apasmara) | मिरगी (Epilepcy) |
| 12. गर्व (Garva) | अहंकार (Pride) |
| 13. मरण (Marana) | मृत्यु (Death) |
| 14. आलस्य (Alasya) | सुस्ती (Indolence) |
| 15. आमर्ष (Amarsha) | क्रोध या रोष (Indignation) |
| 16. निद्रा (Nidra) | नींद (Sleep) |
| 17. अवहित्था (Avahittha) | बहाना (Dissimulation or Pretend) |
| 18. औत्सुक्य (Autsukya) | उत्सुकता (Eagerness) |
| 19. उन्माद (Unmada) | पागलपन (Insanity) |
| 20. शंका (Shanka) | समझ या आशंका (Apprehension) |
| 21. स्मृति (Smriti) | स्मरण (Recollection) |
| 22. मति (Mati) | विश्वास (Assurance) |
| 23. व्याधि (Vyadhi) | बीमारी (Sickness) |
| 24. त्रास (Trasa) | डर (Fear) |
| 25. व्रीड़ा (Vreeda) | शर्म (Shame) |
| 26. हर्ष (Harsha) | आनन्द (Joy) |
| 27. विषाद (Vishada) | निराशा (Despair) |
| 28. असूया (Asuya) | ईर्ष्या (Envy) |
| 29. धृति (Dhriti) | सन्तोष (Contentment) |
| 30. चपलता (Chapalta) | अस्थिर (Inconsistancy) |
| 31. ग्लानि (Glani) | कमजोरी (Weakness) |
| 32. चिन्ता (Chinta) | व्यग्रता (Anxiety) |
| 33. वितर्क (Vitarka) | सोच-विचार (Deliberation) |

| **स्थायी-भाव**<br>**Sthayee Bhava**<br>(Permanent Emotions<br>or Expressions) | **रस**<br>**Ras**<br>Experience |
|---|---|
| **स्थायी-भाव** | **रस** |
| 1. रति Rati (Love) | श्रृंगार (Shringara) |
| 2. हास Hasa (Laughter) | हास्य (Hasya) |
| 3. शोक Shoka (Sorrow) | करुण (Karuna) |

4. क्रोध Krodha (Anger) — रौद्र (Raudra)
5. उत्साह Utsaaha (Enthusiasm) — वीर (Veera)
6. भय Bhaya (Fear) — भयानक (Bhayanaka)
7. जुगुप्सा Jugupsa (Disgust) — वीभत्स (Veebhatsa)
8. विस्मय Vismaya (Astonishment) — अद्भुत (Adbhuta)
9. शम Shama (Tranquillity) — शान्त (Shanta)
10. वत्सलता Vatsalta (Love for Children) — वात्सल्य (Vatsalya)
11. इष्टदेवानुराग (Love for Divnity) — भक्ति या मधुर (Bhakti or Madhura)

(गौड़ीय सम्प्रदाय के प्रतिष्ठित **आचार्य रूप गोस्वामी** ने ग्यारहवाँ रस **'मधुर रस'** या **'भक्ति रस'** माना है।)

भरतमुनि ने नाट्यशास्त्र के छठे अध्याय में रस तथा सातवें अध्याय में भाव का वर्णन किया है। रंगमंच पर जब कोई नर्तक या नर्तकी किसी भी वस्तु विशेष, स्थानक या चरित्र का भाव प्रस्तुत करते हैं तो उसे देखकर दर्शक के मन में जो अनुभूति होती है उसे **'रस'** कहते हैं।

**रसभावत्यउ-जनादियुक्तं नृत्यमितीर्यते। (A.D.)**

**अर्थात्**– नृत्य **रस** (Experience) और **भाव** (Expression) से जुड़ा हुआ है।
जो भाव सीधा हृदय द्वारा संचारित होता है वह **'रस'** कहलाता है।

**(नोट** – जो वस्तु या पदार्थ हृदयस्पर्शी हो उसका (हृदयस्पर्शी होने में) रस से उत्पन्न होने वाला कारण **'भाव'** है। यह (भाव) सम्पूर्ण शरीर में (तत्काल) उसी प्रकारव्याप्त हो जाता है जैसे सूखी लकड़ियों में अग्नि।)

प्रायः लोग भिन्न परिस्थितियों और समय पर अलग-अलग भावनाएँ प्रकट करते हैं। इसी आवेग या भावना को **'रस'** कहा गया है जो **'शांत रस'** मिलाकर नौ प्रकार के हैं।

**शृङ्गारहास्यकरुणा-रौद्रवीरभयानकाः।**
**वीभत्साद्भुतसंज्ञौ चेत्यष्टौ नाट्ये रसाः स्मृताः।।**

**नाट्यशास्त्र के अनुसार** आठ **प्रकार** के रस माने गए हैं तथा उनके **स्थायीभाव** आठ हैं। जबकि **अभिनय दर्पण के अनुसार नौ प्रकार के रस** माने गए हैं उनके स्थायी भाव भी नौ हैं।

| रस<br>**(Rasa)** | **स्थायी भाव<br>(Sthayeebhava)** |
|---|---|
| 1. शृंगार : Sringar (love or romance) | रति : Rati |
| 2. हास्य : Hasya (humour, happiness, fun) | हास्य : Hasya |
| 3. करुण : Karuna (kindness, tenderness, sadness) | शोक : Shoka |
| 4. रौद्र : Raudra (anger, fury) | क्रोध : Krodha |
| 5. वीर : Veera (valour, heroism, bravery) | उत्साह : Utsaha |
| 6. भयानक : Bhayanak (tear, terror) | भय : Bhaya |
| 7. बीभत्स : Beebhatsa (disgust, hatred, dislike) | जुगुप्सा : Jugupsa |
| 8. अद्भुत : Adbhuta (wonder, surprise, astonishment) | विस्मय : Vismaya |
| 9. शान्त : Shanta (contentment, devotion) | निर्वेद : Nirveda |

## मुखराग
## (MUKHARAGA)
## (Facial Colour or Varna)

विभिन्न प्रकार के रसों को दर्शाने के लिए भिन्न-भिन्न प्रकार के मुखराग के प्रयोग होते हैं।

**अथातो मुखरागस्तु चतुर्धा संप्रकीर्तितः।**
**स्वाभाविकः प्रसन्नश्च रक्तः श्यामोऽर्थसंश्रयः।।** (N.S.)

**चार प्रकार के चेहरे के रंग होते हैं–**

***(1) स्वाभाविक (Swabhavika)***–स्वाभाविक रंग (प्राकृतिक स्वभाव) **शान्त रस** को प्रकट करता है।

***(2) प्रसन्न (Prasanna)***–प्रसन्न रंग–**शृंगार, करुण, हास्य और अद्भुत रसों** (प्रेम, दयालुता, हँसी-मजाक, आश्चर्य) को प्रकट करता है।

***(3) रक्त (Rakta)***–रक्त रंग–**करुण, वीर, रौद्र, रसों** (दुःख, गर्वपूर्ण उत्साह, क्रोध) को दर्शाता है।

***(4) श्याम (Shyama)***–श्याम रंग–**वीभत्स और भयानक रसों** (घृणा व डर) को प्रकट करता है।

## भाव
## (BHAVA)

**भाव** हृदय से निकाले हुए आवेग का भाव है। ये एक प्रकार का संचार-साधन है जिसे नर्तक या नर्तकी उस आवेग के दौर से गुजरे बिना प्रस्तुत करते हैं। लेकिन उस भाव की प्रस्तुति इस प्रकार से की जाती है कि दर्शक उस अमुक चरित्र के (Wavelength) को महसूस कर पाता है।

**नानाभिनयसंबद्धान्भावयन्ति रसानिमान।**
**यस्मात्तस्मादमी भावा विज्ञेयानाट्ययोकृभिः।** (A.D.)

**भाव** का वर्गीकरण दो भागों में किया गया है।

(1) स्थायी भाव, (2) संचारी भाव।

***(1) स्थायी भाव (Permanent)***–मनुष्य के हृदय में सदैव स्थायी रूप से रहने वाली मूल भावना या आवेग **'स्थायी भाव'** कहलाता है।

***(2) संचारी भाव (Transitory)***–जो **स्थायी भाव** अन्य रसों को उद्दीप्त करते हुए प्रवृत्त हों, उन्हें **'संचारी'** (Transit) समझना चाहिए।

सौन्दर्य-शास्त्र में भाव एक तकनीकी रूप से प्रयोग होता है और भरत-मुनि, जो एक ज्ञाता और विद्वान् हुए, ने भी इसके व्युत्पत्ति-विज्ञान (Etymological Meaning) को स्वीकारा है।

**'भू'** धातु से भाव शब्द की उत्पत्ति हुई जिसका अर्थ है (कुछ घटित होना) या कुछ होना या उत्पन्न होना। कुछ विद्वानों का ये भी मानना है कि **भाव** का अर्थ किसी घटित घटना को याद करके उसे अभिनय द्वारा प्रस्तुत करना है।

भरतमुनि के पश्चात् कुछ सौन्दर्यशास्त्रियों ने विस्तृत अध्ययन करके भाव के स्वरूप को स्पष्ट बताया है।

जैसे आपके घर में कस्तूरी का खंड (Lump) है, घर से बाहर जाते समय आप अपने रूमाल पर उसे रगड़ते हैं और जहाँ कस्तूरी खंड (Kasturi Lump) रखा हुआ है वहाँ से दूर चले जाते हैं। जब आप उस रूमाल

को नाक के पास ले जाते हैं और सूँघते हैं तो ऐसा लगता है कि वह हमारे पास है जबकि असलियत में कस्तूरी खंड घर पर रखा हुआ है और हम उस खंड की मात्र खुशबू लेते हैं अर्थात् वह सुगन्धित रूमाल कस्तूरी नहीं अपितु उस कस्तूरी का **'भाव'** है। सुगन्धित रूमाल तुरन्त कस्तूरी की याद दिला देता है।

इस तरह सौन्दर्यशास्त्र में भाव सौन्दर्य उत्पत्ति (Aesthetic Evocation) का प्रकार है। कहा जा सकता है कि भाव एक विधि (Enactment) है जो किसी चित्रवृत्ति (Moody), वस्तु (Thing), परिस्थिति (Embiance) को जागृत करता है।

प्रस्तुतीकरण के क्षेत्र में चाहे वह रंगमंच हो या रंगभूमि (Arena) हो नर्तक या कलाकार किसी चीज का भाव प्रस्तुत करता है। उदाहरणार्थ किसी नाट्य या कथावस्तु में जब कोई कलाकार (नर्तक या नर्तकी) यह दिखाता है कि देवी दुर्गा महिषासुर का वध करती हैं, तो नर्तकी (दुर्गा का भाव) हकीकत में नर्तक (महिषासुर का भाव) को नहीं मारती अपितु मारने का भाव करती है।

प्रस्तुतीकरण का क्षेत्र भाव-जगत् (World of Bhavas) को दर्शाता है।

**''विभावानुभावव्यचभिचारिसंयोगाद्रसनिष्पत्ति'' (N.S.)**

अर्थात् जब **विभाव, अनुभाव** और **व्यभिचारी भाव** का संयोग होता है तब रस की **'निष्पत्ति'** होती है। उपर्युक्त कथन या (श्लोक) को समझने के लिए तीन प्रकार के भावों को स्पष्ट रूप से समझना अत्यन्त आवश्यक है।

रस-निष्पत्ति में विभाव और अनुभाव दो पक्ष होते हैं। **'आश्रय'** की चेष्टाओं को **'अनुभाव'** कहते हैं। **'आश्रय'** के हृदय के रस को निष्पन्न कराने वाले कारण **'विभाव'** कहलाते हैं।

लोक में रति (आदि रूप) स्थायी भाव के जो कारण हैं वे नाट्य या कला में **'विभाव'** कहलाते हैं। **और** उन विभाव (आलम्बन या उद्दीपन) आदि रूप कारण से व्यक्त वह (रति आदि रूप) स्थायी भाव **'रस' कहलाता** है।

विभाव के दो भेद होते हैं–(1) आलम्बन विभाव, (2) उद्दीपन विभाव।

रस का आधार **'आलम्बन'** होता है तथा रस को उद्दीप्त करने वाले कारण **'उद्दीपन'** होते हैं।

**आलम्बन विभाव** उसे कहते हैं, जिसके द्वारा रस-निष्पत्ति हो तथा जिसके हृदय में रस-निष्पत्ति हो, उसे **'आश्रय'** कहा जाता है।

**आलम्बन** का अर्थ है एक विशेष प्रकार का चरित्र जो पौराणिक या अमुक भावना (Feeling) को जागृत करने में उपयुक्त हो अर्थात् **वह कलाकार या नर्तक जो उस चरित्र को अपने अन्दर आत्मसात् कर सके।** भारतीय नृत्य व नाट्य के क्षेत्र में जिस चरित्र को दर्शाया जा रहा है उसे **'पात्र (Vessels)'** कहते हैं।

दूसरा विभाव **उद्दीपन विभाव** है जिसका अर्थ है सौन्दर्य भाव को और बढ़ाना। कभी-कभार भावना को उभारने के लिए विशेष प्रकार के वातावरण (Atmosphere) की आवश्यकता होती है।

**उदाहरणार्थ**–प्रेम (Shringarik Feeling) के भाव को प्रकट करने के लिए यदि नर्तक या नर्तकी सुन्दर हस्तकों का प्रयोग कर वसन्त-ऋतु, फूलों का खिलना, चाँदनी रात इत्यादि दर्शाए तो ये सब उस अमुक (Particular) भाव को बढ़ा देती हैं। उपर्युक्त वातावरण ही **'उद्दीपन विभाव'** होते हैं।

## अनुभाव
## (ANUBHAVA)

**'अनुभाव'** का शाब्दिक अर्थ है **'अनुसरण'** करना। जब पात्र रंगमंच पर होता है तो उसे सौन्दर्य-भाव को जागृत करने के लिए कुछ क्रियाएँ करनी पड़ती हैं। **उदाहरणार्थ**–करुण (दुख) रस को दर्शाने के लिए नर्तक या नर्तकी यदि 'रति' के चरित्र को आत्मसात् करते हैं, रति (जो **कामदेव** की पत्नी थी जिन्हें (कामदेव) भगवान् शिव ने क्रोधित होकर भस्म कर दिया था) जो अपने पति की मृत्यु के कारण **'आलम्बन विभाव'** है और वह (रति) शोकाकुल है। इस शोक (दुःख) के भाव को जागृत करने के लिए नर्तक या नर्तकी को निम्न क्रियाएँ करनी चाहिए–आँखों को छोटा करना, भृकुटि को सिकोड़ना (कुंचित भ्रू), आँखों में आँसू लाना।

ये सब नाटकीय मुखाकृति और हस्तक ही **'अनुभाव'** है।

**नाट्य शास्त्र के अनुसार**–

किसी भी भाव के परिस्फुटन के लिए कुछ अभिनयात्मक कार्य करना जरूरी है। **जैसे**–शोकभाव प्रकट करने के लिए आँसू बहाना, दीर्घ श्वास लेना इत्यादि कार्य किया जाता है। इन्हीं सब क्रियाओं को 'अनुभाव' कहा जाता है। क्योंकि यह दर्शकों को, **वाणी** तथा **अंग** के अभिनय के द्वारा, अनुभूति (या ज्ञान) को सम्पन्न कराता है। अतः शाखा अंग एवं उपांग से संयुक्त यह **'अनुभाव'** कहलाता है या इसे इस प्रकार कहा गया है कि वाचिक, आंगिक तथा सात्विक क्रियाएँ अभिनय को अनुभूति योग्य बनाती हैं।

## व्यभिचारी-भाव
## (VYABHICHARI)

इसमें 'बि' तथा 'अभि' उपसर्ग है और 'चर' धातु है जिसका अर्थ है जाना, हिलना। 'व्यभिचारी' का शाब्दिक अर्थ है आगन्तुक (Visitant) अतः **व्यभिचारी-भाव** (संचारी-भाव भी कहलाते हैं) **अनुभाव का एक प्रकार है** जो स्वाभाविक रूप से उस अमुक अनुभव से जुड़ा हुआ नहीं है। इस अमुक परिस्थिति में (थोड़ी देर के लिए) झलक देते हैं।

**उदाहरणार्थ–राधा** के मन में सदैव कृष्ण के लिए अत्यधिक प्रेम रहा है। जब **श्रीकृष्ण** राधा के पास आते हैं तो उनका (राधा) चेहरा प्रेम के कारण चमकने लगता है लेकिन एक दिन जब श्रीकृष्ण राधा के पास न आकर किसी दूसरी **गोपी** के पास चले जाते हैं और राधा के पास बहुत देर से पहुँचते हैं तो राधा उनके (श्रीकृष्ण) हाव-भाव देखकर जान जाती है कि श्रीकृष्ण दूसरी गोपी के संग थे जिस कारण वह इतनी देर से आए। इसलिए राधा क्रोधित होकर समीप नहीं जाती है लेकिन यह क्रोध सामान्य क्रोध नहीं है, जैसाकि देवी दुर्गा महिषासुर का वध करते समय क्रोधित होती है। राधा का यह क्रोध, ईर्ष्या (Jealousy) से उत्पन्न होता है जो **व्यभिचारी-भाव** का प्रकार है।

ये भाव-पूर्व संग्रह में 33 प्रकार के बताए गए हैं।

तब व्यभिचारी शब्द का अर्थ हुआ वे जो रसों की ओर विभिन्न प्रकार से आगे बढ़ते हैं तथा इन्हें ऐसे भी कह सकते हैं कि वे **(वाचिक) शब्दों, (आंगिक) शारीरिक मुद्राओं तथा सात्त्विक आदि भावों से युक्त होकर रसों तक पहुँचने के कारण व्यभिचारी भाव हैं। यह प्रयोग को आगे बढ़ाने या ले जाने के** (या रसास्वादन बढ़ाने) **कारण व्यभिचारी-भाव कहलाता है।**

**औचित्य के अनुसार जब तीन प्रकार के भावों का संयोग होता है तब स्थायी-भाव का निर्माण होता है।**

**जब दर्शकगण स्थायी-भाव का आस्वादन करते हैं तब उस 'अमुक अनुभूति' को रस कहा गया है। स्थायी-भाव स्थायी रूप से मानसिक स्थिति का (Inepty) अनुवाद माना गया है।** यहाँ पर 'स्थायी' शब्द का अर्थ 'स्थायी' न होकर परिणाम है।

**भरतमुनि ने इसे व्यंजना (Curry) का नाम दिया है।** व्यंजना (Curry) की तरह ही 'स्थायी-भाव' विभिन्न प्रकार की सामग्री का मिश्रण है।

जिस तरह Curry (तरी) में कच्ची सब्जियाँ अपना 'लौकिक स्वाद' छोड़कर मसालों के साथ मिश्रित होकर 'अलौकिक स्वाद' में परिवर्तित हो जाती हैं उसी प्रकार **स्थायी-भाव** में विभिन्न प्रकार के भाव जो जागृत होते हैं वे अपना लौकिक चरित्र (Natural Character) भूलकर 'अलौकिक चरित्र' (Alokika Character) में परिवर्तित (Transform) हो जाते हैं। सब्जी (Curry) की तरह 'स्थायी भाव' न तो कम (Under Cooked) पका हुआ होना चाहिए न तो ज्यादा पका हुआ होना चाहिए।

यदि पात्र अपने लौकिक चरित्र (Lokika Character) में रहते हुए उस अमुक भाव को दर्शाता है तो वह 'स्थायी-भाव' अधपके 'Curry' (तरी) की तरह स्वादहीन रह जाता है। 'Curry' की तरह 'स्थायी-भाव' का भी एक नियमित स्वाद होता है।

**उदाहरणार्थ**–'Curry' में जो **'मसाले'** प्रयोग किए जाते हैं उनमें से कुछ का स्वाद थोड़ा कड़वा (Bitter) भी हो सकता है लेकिन प्रमुख स्वाद या तो नमकीन या खट्टा या फिर मीठा होगा। उसी प्रकार से 'स्थायी-भाव' में नौ प्रकार के नियमित स्वाद होते हैं ताकि दर्शक गण उसके 'समतुल्य' (अनुरूप) 'रस' का आस्वादन कर सकें।

**तथा नराणां नृपतिः शिष्याणाञ्च यथा गुरुः।**
**एव हि सर्वभावानां भावः स्थायी महानिह।। (N.S.)**

जैसे मनुष्यों में राजा तथा शिष्यों में गुरु मुख्य होते हैं वैसे ही सब भावों में स्थायी-भाव मुख्य माना गया है।

जिस प्रकार एक जैसे लक्षण वाले हाथ, पैर, उदर तथा शरीर के समान होने पर और अङ्ग-प्रत्यङ्ग के समान रहने पर भी (कुछ) पुरुष अपने कुल, शील, विद्या, कर्म तथा शिल्पगत विलक्षणता के कारण आधिपत्य प्राप्त करते हैं और शेष अपनी बौद्धिक (या) अन्य न्यूनता के कारण (वहीं) सेवक रह जाते हैं, वैसे ही विभाव, अनुभाव तथा संचारीभाव स्थायी-भाव के आश्रित होकर रहते हैं। (क्योंकि स्थायी-भाव अनेक भावों द्वारा आश्रित रहने के कारण मुख्य है।)

## स्थायी-भाव के लक्षण

### (1) रति (Rati)–(यह शृंगार-रस का स्थायी-भाव है।)

**तव रतिर्नाम प्रमोदात्मिका ऋतुमाल्यानुलेपनाभरण भोजनवरभवनानुभवनाप्रातिकूल्यादिभिर्विभावैः समुत्पद्यते। तामभिनयेत स्मितवदनमधुरकथनभ्रूखेपकटाक्षादिभिरनुभावैः।। (N.S.)**

आमोदात्मकभाव **'रति'** कहलाता है। यह ऋतु, माल्य, चन्द्रलेपन, अलंकार धारण, (प्रियजन सेवन) इष्ट भोजन, सुन्दर भवन का उपभोग तथा प्रतिकूल आचरण न करने आदि विभावों द्वारा उद्भूत होता है। इसका मुस्कराते मुँह, मधुर वाक्य, भ्रूविक्षेप और कटाक्षपात आदि अनुभावों से अभिनय किया जाता है।

(रति का व्यापक अर्थ है–अनुराग या प्रेम, किन्तु यहाँ पर **भरतमुनि** ने उसका नाट्य प्रसंग में शृंगार

के साथ सीमित अर्थ ही ग्रहण किया है।)

इसका अभिनय सौम्यता, वाणी के माधुर्य तथा उपयुक्त आंगिक चेष्टाओं द्वारा किया जाना चाहिए।

## (2) हास (Hasa)–(यह हास्य-रस का स्थायी-भाव है)

**अथ हासो नाम–परचेष्टानुकरणकुहकासम्बद्ध प्रलाप-पौरोभाग्र्यामौर्ख्यादिभिर्विभावैः समुत्पद्यते।**

**(N.S.)**

**'हास'** (नामक स्थायीभाव) अन्य व्यक्तियों की चेष्टाओं के अनुकरण, आँख या गर्दन का स्पर्श (बेसिर-पैर की) बकवास, (असम्बद्ध प्रलाप), दोषोद्भावन (पौरोभाग्य), मूर्खता के प्रदर्शन आदि अनुभावों से उद्भूत (अभिव्यक्त) होता है।

इसे स्मित, हसित तथा अतिहसित (भेदों) के द्वारा अभिनीत करना चाहिए।

## (3) शोक (Shoka)–(यह करुण-रस का स्थायी-भाव है)

**शोको नाम–इष्टजनवियोगविभवनाश-वधबन्धदुःखानुभवनदिभिर्विभावैः समुत्पद्यते। तस्याश्रुपातपरिदेवित विलपति वैवर्ण्यस्वरभेदस्त्रस्तगात्रताभूमिपतनसस्वनरुदिताक्रान्दितदीर्घनिःश्वसित जड़तोन्मादमोहमरणादिभिरनुभावैरभिनयः प्रयोक्तव्यः।। (N.S.)**

**'शोक'** (नामक स्थायी-भाव) का उद्भव प्रियजन के वियोग (नाश), सम्पत्तिनाश (प्रिय या) इष्ट व्यक्ति के वध, बन्धन तथा दुःख के अनुभव करने आदि विभावों से उत्पन्न होता है।

इसका अभिनय अश्रुपात, विलाप, पश्चात्ताप (परिवेदित) विवर्ण (मुँह के उतरने), स्वरभेद (कंठ के रुँध जाने), अंग शैथिल्य, भूमि-पतन, विलाप, दीर्घ-निःश्वास आदि अनुभावों द्वारा तथा जड़ता, उन्माद, मोह तथा मरण आदि व्यभिचारी भावों के द्वारा किया जाता है।

## (4) क्रोध (Krodha)–(यह रौद्र-रस का स्थायी-भाव है।)

**क्रोधो नाम–आधर्षणाकुष्टकलहविवाद प्रतिकूलादिभिर्विभावैः समुत्पद्यते। अस्य विकृष्टनासापुटोद्वृत्तनयन-सन्दष्टोष्ठपुटगण्डस्फुरणादिभिरनुभावैरभिनयः प्रयोक्तव्यः।। (N.S.)**

**'क्रोध'** (शत्रु) पकड़ने, गाली देने, लड़ने या झगड़ने तथा विरोध करने आदि विभावों से उत्पन्न होता है।

इसका अभिनय नथनों के फूलने, त्यौरी चढ़ने, आँखों के घुमाने, होंठों के चबाने तथा गालों के फड़कने आदि अनुभावों के द्वारा किया जाता है।

## (5) उत्साह (Utsaha)–(यह वीर-रस का स्थायी-भाव है।)

**उत्साहो नाम–उत्तमप्रकृतिः। स चाविषादशक्ति-धैर्यशौर्यादिभिर्विभावैरुत्पद्यते। तस्य स्थैर्यधैर्यत्याग-वैशारद्यादिभिरनुभावैशभिनयः प्रयोक्तव्यः। (N.S.)**

**'उत्साह'** उत्तम प्रकृति के पात्रों में होता है। यह विषादहीनता, शक्ति, धैर्य, शौर्य आदि विभावों से उत्पन्न होता है। इसका अभिनय स्थिरता, धैर्य (धारण) तथा चातुर्य (अथवा अङ्गीकृत निर्वाह) आदि अनुभावों के द्वारा किया जाता है।

### (6) भय (Bhaya)–(यह भयानक-रस का स्थायी-भाव है।)

**भयं नाम–स्त्रीनीचप्रकृतिकम्। गुरुराजापराधश्वापद शून्यागाराटवीपर्वतगहनगजाहि दर्शननिर्भर्त्सनकान्तार-दुर्दिननिशान्धकारोलूकनक्त उचरारावश्रवणादिभिर्विभावैः समुत्पद्यते।।**

**तस्य प्रकम्पितकरचरण हृदयकम्पनस्तम्भमुखशोषजिह्वा-परिलेह नस्वेदवेपथुत्रान्सपरित्राणान्वेषण-धावनोत्क्रुष्टादिभिरनुभावैरभिनयः प्रयोक्तत्यः।।**

**'भय'** स्त्री तथा नीच प्रकृति के पात्रों में होता है। यह गुरुजन तथा राजा के अपराध करने, हिंसक जन्तुदर्शन, शून्यग्रह, अरण्य तथा पर्वत में भ्रमण, हाथी तथा सर्प के दर्शन, धौंस, डपट, दुर्गम मार्ग, मेघों तथा रात्रि के अन्धकार, उल्लू तथा राक्षसों की ध्वनियों के श्रवण आदि विभावों के द्वारा उत्पन्न होता है। इसका अभिनय काँपते हुए हाथ तथा पैर, हृदय के धड़कने, स्तम्भ, मुँह के सूखने, जीभ के चाटने, पसीना पोंछने, रक्षकजन की तलाश, भागना, रोना आदि अनुभावों द्वारा तथा त्रास व्यभिचारी भाव द्वारा किया जाता है।

### (7) जुगुप्सा (Jugupsa)–(यह बीभत्स-रस का स्थायी-भाव है)

**जुगुप्सा नाम–स्त्रीनीचप्रकृतिका। सा चाहृधदर्शनश्रवणपरिकीर्तनादिभिर्विभावैः समुत्पद्यते। तस्याः सर्वाङ्गसंकोच-निष्ठीवनमुखविकूर्णनहल्लेखादिभिरनुभावैरभिनयः प्रयोक्तव्यः।। (N.S.)**

**'जुगुप्सा'** नीच–पुरुष तथा स्त्री (पात्रों) में उत्पन्न होती है। यह घिनौनी वस्तुओं के दर्शन, श्रवण तथा कथन आदि विभावों के द्वारा उत्पन्न होती है। इसका अभिनय शरीर के सभी अवयवों के सिकुड़ाने, थूकने, मुँह घुमाने तथा हृदय के धड़कने या दुखने आदि अनुभावों के द्वारा किया जाता है।

### (8) विस्मय (Vismaya)–(यह अद्भुत-रस का स्थायी-भाव है।)

**विस्मयो नाम–मायेन्द्रजालमानुषकर्मातिशय-चित्रपुस्तशिल्प विद्यातिशयादिभिर्विभावै समुत्पद्यते। तस्य नयनविस्तारानिमेष प्रेक्षित भ्रूक्षेपरोमहर्षणशिरः कम्प-साधुवादादिभिरनुभावैरभिनयः प्रयोक्तव्यः।।**

**'विस्मय'** की उत्पत्ति नासा, इन्द्रजाल, मनुष्यों के द्वारा विहित असाधारण (विचित्र) कार्य, महान् आश्चर्यकारिणी चित्रकला, शिल्पकला तथा पुस्तविद्या की अतिशयत आदि विभावों द्वारा उत्पन्न होती है। इसका आँखों को फैलाने, एकटक देखने, भौंहें घुमाने (भ्रू विक्षेपण), रोमांचित होने, मस्तक कँपाने, प्रशंसा करने आदि अनुभावों द्वारा अभिनय करना चाहिए।

### (9) शम (Shama)–(यह शान्त-रस का स्थायी-भाव है।)

**स तु तत्त्वज्ञानवैराग्याशयशुद्धयादिभिर्विभावैः समुत्पद्यते। तस्य यमनियमाध्यात्मध्यान- धारणोपासन सर्वभूतदयालिङ्ग ग्रहणादि भिरनुभावैरभिनयः प्रयोक्तव्यः। (N.S.)**

यह तत्त्वज्ञान, वैराग्य, चित्तशुद्धि आदि विभावों द्वारा उत्पन्न होता है। इसका यम, नियम, अध्यात्मज्ञान, ध्यान, धारणा, उपासना, सभी प्राणियों पर दया, यति-वेश ग्रहण आदि अनुभावों द्वारा अभिनय करना चाहिए।

## संचारी-भाव (व्यभिचारी-भाव)
## (SANCHARI OR VYABHICHARI-BHAVA)

**दीपयनतः प्रवर्तन्ते ये पुनः स्थायनिं रसम्।**
**ते तु सञ्चारिणे ज्ञेयास्ते हि स्थायित्वमागताः।। (N.S.)**

जो **स्थायी-भाव** अन्य भाव को उद्दीपित करते हुए प्रवृत्त हों उन्हें **'संचारी'** समझना चाहिए (पर) ये अपने प्रकृतरस के प्रसंग में स्थायी होते हैं।

**संचारी-भाव की अन्य संज्ञा है–व्यभिचारी-भाव।**

**'भरत मुनि'** ने व्यभिचारी-भाव की व्युत्पत्ति दी है।

**''विशेषात् आभि मुख्येन चरन्तीति व्यभिचारिणः''।**

अर्थात् ये व्यभिचारी-भाव इसलिए कहलाते हैं क्योंकि ये विविध स्वरूपों या विषयों की ओर अभिमुख रसों के सम्बन्ध में या रसों में संचार करते हैं। अर्थात् ये विविध अनुभावों के अभिनय के द्वारा भाव को रसोद्बोध तक पहुँचा देते हैं। ये व्यभिचारी-भाव तैंतीस हैं।

| | |
|---|---|
| **1. निर्वेद–Discouragement** | (संसार के प्रति वैराग्य या अनास्था) |
| **2. ग्लानि–Weakness** | (मानसिक कष्ट तथा रोग आदि से उत्पन्न शारीरिक दुर्बलता) |
| **3. शंका–Apprehension** | (सन्देह) |
| **4. असूया–Envy** | (द्वेषादि से किसी के सद्गुण को सहन न करना) |
| **5. मद–Drunkenness** | (मद्यपान आदि के सेवन से मद उत्पन्न होता है। सम्मोहन और आनन्द की दशा में भी मद होता है।) |
| **6. श्रम–Weariness** | (शारीरिक अयासों से उत्पन्न थकावट) |
| **7. आलस्य–Indolence** | (खेदादि के कारण चित्त का कार्यविमुख हो जाना) |
| **8. दैन्य–Depression** | (दुःख, दरिद्रता तथा अपराधादि से दैन्य उत्पन्न होता है।) |
| **9. चिन्ता–Anxiety** | (वांछित वस्तु के प्राप्त न होने तथा अनिष्ट वस्तु के प्राप्त होने पर बनने वाली चित्तवृत्ति 'चिन्ता' है।) |
| **10. मोह–Distraction** | (चित्त का दैवोपघातादि कारणों से अस्तव्यस्त हो जाना) |
| **11. स्मृति–Recollection** | (पहले किसी ज्ञात वस्तु का पुनः ज्ञान होना।) |
| **12. धृतिः–Contentment** | (शोक, भय और लोभ से होने वाले उपद्रव ज्ञान, शक्ति और सन्तोष से शान्त कर दिए जाएँ तो वह धृति कहलाती है।) |
| **13. व्रीडा–Shame** | (अपने द्वारा किए गए दुराचरण से व्रीडा उत्पन्न होती है।) |
| **14. चपलता–Inconsistancy** | (राग, द्वेष, क्रोध, ईर्ष्या तथा विरोध या प्रतिकूलता आदि विभावों के द्वारा उत्पन्न होती है। बिना सोचे-विचारे काम करने वाली वृत्ति होती है।) |
| **15. हर्ष–Joy** | (इष्ट वस्तु की प्राप्ति आदि से चित्त में जो एक प्रसन्नता या विकास का भाव होता है वही चित्तवृत्ति हर्ष कहलाती है।) |
| **16. आवेग–Agitation** | (उत्पात, हवा, अग्नि, वर्षा, हाथी का उत्पात, प्रिय या अप्रिय वृत्त का श्रवण, विपत्ति तथा प्रहार आदि विभावों से आवेग की उत्पत्ति होती है।) |

17. **जड़ता–Stupidity** (मन के शिथिल हो जाने पर योग्य कार्यों में प्रवृत्ति न होना जड़ता कहलाता है।)

18. **गर्व–Pride** (ऐश्वर्य, उच्चकुल, रूप, यौवन, विद्या, बल तथा (आकस्मिक) धन-लाभ आदि विभावों से गर्व उत्पन्न होता है।)

19. **विषाद–Despair** (वांछित सिद्धि के न होने से चित्त में जो एक अनुत्साह का प्रसार हो जाता है वही खिन्नता 'विषाद' है।)

20. **औत्सुक्य–Eagerness** (इष्टजन के विरह से उत्पन्न होने वाला और प्रियजन की स्मृति से उद्दीप्त होने वाला भाव 'औत्सुक्य' है।)

21. **निद्रा–Sleep** (दुर्बलता, श्रम, मद, आलस्य (अतिशय) चिन्ता, अति आहार तथा स्वभाव आदि विभावों से निद्रा उत्पन्न होती है।)

22. **अपस्मार–Epilepsy** (यह एक व्याधि के रूप में होता है जिसे मिर्गी कहते हैं। देव, यक्ष, नाग, ब्रह्मराक्षस, भूत-प्रेत तथा पिशाच के लगने तथा उनके स्मरण हो जाने से अपवित्र एवं दुर्गम मार्ग पर चलने आदि से 'अपस्मार' उत्पन्न होता है)

23. **सुप्त–Dreaming** (यह भाव निद्रा से उत्पन्न ज्ञान है अर्थात् प्रबल निद्रा का आना 'सुप्त' है। 'निद्रा' में मन की अवधानता वृत्ति विद्यमान रहती है परन्तु 'सुप्त' में बिलकुल अवरुद्ध हो जाती है। निद्रा के सभी विभाव 'सुप्त' के कारण रूप में समझना चाहिए।)

24. **विबोध–Awakeming** (निद्रा के भंग होने पर जो बोध होता है अर्थात् शब्दादि से होने वाला निद्रा भंग या आरम्भिक रूप में जाग उठना 'विबोध' है।)

25. **अमर्ष–Indignation** (अपमानित होने पर प्रतिकार की भावना जागृत होना 'अमर्ष' है।)

26. **अवहित्थ–Dissimulation** (हर्ष आदि को लज्जादि के कारण छिपाने के लिए जिस चित्तवृत्ति का निर्माण करना होता है वह है 'अवहित्थ')

27. **उग्रता–Cruelty** (यह भाव निर्दयता स्वरूप होता है। अपराध के कारण दुष्ट पुरुष के प्रति वध, बन्धादि द्वारा जो निर्दयता का प्रकाशन है वही 'उग्रता' है।)

28. **मति–Assurance** (यह केवल विचार मात्र न होकर एक संगत एवं निश्चित विचार को (निर्णयस्वरूप विचारों को) लेकर प्रवृत्त होता है। अनेक शास्त्रों के अर्थबोध द्वारा मनुष्यों में 'मति' उत्पन्न होती है।)

29. **व्याधि–Sickness** (रोग या वियोग से उत्पन्न मानसिक या शारीरिक ताप ही व्याधि है। वात, पित्त तथा कफ में से किसी एक विकृति के कारण व्याधि उत्पन्न होती है।)

30. **उन्माद–Insanity** (दोषादि के कारण मन का पथभ्रष्ट हो जाना अथवा विवेकहीन कार्य करना उन्माद है।)

(प्रियजन के बिछुड़ने, वैभव नाश होने, चोट लगने, वात, पित्त एवं कफ का प्रकोप होने के कारण उन्माद होता है।)

**31. मरण–Death** (रोग तथा आकस्मिक दुर्घटना-जन्य चोट के द्वारा 'मरण' होता है।)

**32. त्रास–Fear** (किसी भयंकर वस्तु को देखने पर जो चकित या क्षुब्ध मनोवृत्ति हो जाती हैं वही त्रास है। जैसे बिजली, उल्का, वज्र, मेघध्वनि तथा हिंसक पशु के शब्दों आदि द्वारा)

**33. वितर्क–Deliberation** (सन्देह आदि के अनन्तर उत्पन्न होने वाली तर्कना वितर्क कहलाती है। आशंका, विमर्श तथा ऊहापोह द्वारा वितर्क उत्पन्न होता है)

## सात्त्विक भाव
## (SATVIKA BHAVA)

मन की एकाग्रता से 'सत्त्व' आदि की उत्पत्ति होती है।

**अवहितं मनः सत्त्वं तत्प्रयोजनं हेतुरस्येति सात्त्विकः**

अर्थात् एकाग्रमन का नाम सत्त्व है, यह सत्त्व जिसका प्रयोजन अर्थात् हेतु हो वह **'सात्त्विक'** कहलाता है। **एकाग्र मन से स्वरभेदादि का प्रदर्शन करना सात्त्विक अभिनय है जो सात्त्विक भावों का आश्रय लेकर किया जाता है। यद्यपि ये अनुभाव हैं किन्तु सत्त्व से उद्भूत होने के कारण इनकी पृथक् गणना की गई है।**

इन सात्त्विक भावों की संख्या आठ हैं।

(1) स्तम्भ–Stambha (Stun)
(2) स्वेद–Sweda (Perspire)
(3) रोमांच–Romancha (Sensation)
(4) स्वरभंग–Swarbhanga (Change of Voice)
(5) वेपथु–Vepathu (Tremble)
(6) वैवर्ण्य–Vaivarnya (Change of Colour)
(7) अश्रु–Ashru (Tears)
(8) प्रलय–Pralaya (Faint)

### 1. स्तम्भ (Stun)

**'स्तम्भ'** का अभिनय संज्ञाहीन, चेष्टाहीन, गतिहीन (शून्य) जड़-आकृति के संबंध और संज्ञाहीन अंगों से प्रयुक्त करें।

### 2. स्वेद (Perspire)

**'स्वेद'** का अभिनय पंखा उठा लेने, पसीना पोंछने तथा वायु की अभिलाषा रखने आदि अनुभावों के द्वारा करना चाहिए।

### 3. रोमांच (Sensation)

**'रोमांच'** का अभिनय रोएँ खड़े हो जाने, पुलक की आवृत्ति (या बार-बार रोंगटे खड़े होने) द्वारा किया जाता है।

**4. स्वरभंग (Change of Voice)**

**'स्वरभंग'** का अभिनय भिन्न तथा गद्गद स्वरों से करना चाहिए।

**5. वेपथु (Tremble)**

**'वेपथु'** का अभिनय अंगों के काँपने, फड़कने, हिलने आदि अनुभावों से किया जाय।

**6. वैवर्ण्य (Change of Colour)**

**'वैवर्ण्य'** का अभिनय चेहरे के रंग के परिवर्तन और नाड़ी दबाने के द्वारा किया जाना चाहिए।

**7. अश्रु (Tears)**

**'अश्रु'** का अभिनय नेत्रों को आँसुओं से भरने, आँखें पोंछने तथा बार-बार आँसुओं को गिराने आदि अनुभावों द्वारा करना चाहिए।

**8. प्रलय (Faint)**

**'प्रलय'** का अभिनय चेष्टाहीन, निष्कम्प, श्वास के बन्द करने और पृथ्वी पर गिरने आदि द्वारा किया जाना चाहिए।

## संचारी (आदि) भावों की रसों में विनियोजना (USE OF SANCHARI BHAVA IN RASAS)

**1. शृङ्गार-रस–(Shringar-Rasa)**

**आलस्यौग्रयजुगुप्सारख्यैरेवं भावैस्तु वर्जिताः।**
**उद्भावयन्ति शृंगार सर्वे भावाः स्वसंज्ञया।।**

आलस्य, उग्रता तथा जुगुप्सा को छोड़कर शेष सभी भाव **'शृङ्गार-रस'** को उत्पन्न करते हैं।

**2. हास्य-रस–(Hasya-Rasa)**

**ग्लानिः शङ्का ह्मसूया च श्रमश्चपलता तथा।**
**सुपतं निद्रावहित्यं च हास्ये भावाः प्रकीर्तिताः।।**

ग्लानि, शोक, असूया, श्रम, चपलता, सुप्त, निद्रा तथा अवहित्थ नामक भाव **'हास्य-रस'** में होते हैं।

**3. करुण-रस–(Karuna-Rasa)**

**निर्वेदश्चैव चिन्ता च दैन्यं ग्लानस्त्रमेव च।**
**जड़ता मरणं चैव व्याधिश्च करुणे स्मृताः।।**

निर्वेद, चिन्ता, दैन्य, ग्लानि, अस्त्र, जड़ता, मरण तथा व्याधि नामक भाव **'करुण-रस'** में होते हैं।

**4. रौद्र-रस–(Roudra-Rasa)**

**गर्वोऽसूया मदोत्साहावावेगोऽमर्ष एव च।**
**क्रोधश्चवलतोग्रयं च विज्ञेया रौद्रसम्भवाः।।**

गर्व, असूया, उत्साह, आवेग, मद, क्रोध, चपलता, हर्ष तथा उग्रता नामक भाव **'रौद्र-रस'** में होते हैं।

**5. वीर-रस–(Veera-Rasa)**

**असम्भोहस्तथोत्साह आवेगो हर्ष एव च।**
**मतिश्चैव तथोग्रत्वममर्षो मद एव च।**
**रोमाञ्चः स्वरभेदश्च क्रोधोऽसूया धृतिस्तथा।**
**गर्वश्चैव वितर्कश्च वीरे भावा भवन्ति हि।।**

सम्मोह, उत्साह, आवेग, हर्ष, मति, उग्रता, अमर्ष, मद, रोमांच, स्वरभेद, क्रोध, असूया, धृति, गर्व तथा वितर्क **'वीर-रस'** में होते हैं।

**6. भयानक-रस–(Bhayanaka-Rasa)**

**वेपथुः स्वरभेदश्च रोमांचो गद्गदस्तथा।**
**स्तमभश्च मरणं स्वेदो वैवर्ण्य च भयानके।।**

वेपथु, स्वरभेद, रोमांच, गदगद्, स्तम्भ, मरण, स्वेद तथा वैवर्ण्य नामक भाव **'भयानक-रस'** में होते हैं।

**7. वीभत्स-रस–(Veebhatsa-Rasa)**

**अपस्मारस्तथोन्मादो विषादो मद एव् च।**
**मृत्युर्व्याधिर्मयं चैव भावा वीभत्ससंश्रयाः।।**

अपस्मार, उन्माद, विषाद, मद, मरण, व्याधि तथा भय नामक भाव **'वीभत्स-रस'** में होते हैं।

**8. अद्भुत-रस–(Adbhuta-Rasa)**

**स्तम्भः स्वेदश्च मोहश्च रोमाञ्चो विस्मयस्तथा।**
**आवेगो जड़ता हर्षो मूर्च्छा चैवाद्भुते रसे।।**

स्तम्भ, स्वेद, मोह, रोमांच, विस्मय, आवेग, जड़ता, हर्ष तथा मूर्च्छा नामक भाव **'अद्भुत-रस'** में होते हैं।

(According to A.D. there are 9 Rasa)

**9. शान्त-रस–(Shanta-Rasa)**

**निर्वेद-स्मृति-धृति-सर्वाश्रम-शौचस्तम्भरोमाञ्चादयः।**

इसमें निर्वेद, स्मृति, धृति, पवित्रता, स्तम्भ, रोमांच इत्यादि भाव होते हैं।

**शृंगार-रस के अन्तर्गत आने वाले रसों का उदाहरण–**

## 1. शृंगार-रस (Shringar-Rasa)

'शृंगार' शब्द 'शृंग' और 'आर' दो शब्दों से मिलकर बना है। **'शृंग'** का अर्थ 'कामोद्रेक' और 'आर' (ऋ धातु से बना है) का अर्थ **'गमन'** (प्राप्ति) है। अतः शृंगार का अर्थ काम की वृद्धि है। **शृंगार-रस को सर्वोपरि माना गया है। यह एक ऐसा रस है जिसमें तैंतीस 33 संचारी-भाव या व्यभिचारी-भाव** आते हैं।

### *शृंगार-रस के अंग (Anga of Shrinagar-Rasa)*

**स्थायी-भाव** – रति अर्थात् नायक-नायिका के हृदय में एक दूसरे के प्रति प्रेम।

**आश्रय** – नायक अथवा नायिका

**आलम्बन विभाव** – नायक अथवा नायिका

**उद्दीपन विभाव** – चाँदनी, उपवन, शीतल-मन्द समीर, पक्षियों का चहचहाना, हाव-भाव, सुन्दर-शृंगार, मनमोहक बस्त्राभूषण, सुन्दर मुखाकृति, मधुरवाणी, एकान्त स्थान, बसन्त, काली-काली घटाएँ इत्यादि।

**अनुभाव (आलम्बन की चेष्टाएँ)** – मधुर वाणी का संचार, कटाक्ष करना, परिहास करना, प्रेम दृष्टि डालना, नेत्र-संचालन, प्रेमालाप, भृकुटि भंग, आलिंगन इत्यादि तथा सात्त्विक अनुभाव के अन्तर्गत अश्रुपात होना, पसीना आ जाना, पुलकायमान हो जाना, रोमांच आदि आते हैं।

**संचारी भाव** – मोह, मद, विषाद, उत्सुकता इत्यादि सभी तैंतीस भाव आ जाते हैं।

शृंगार-रस के दो भेद होते हैं–

(1) संयोग (सम्भोग) शृंगार, (2) वियोग (विप्रलम्भ) शृंगार।

### *(1) संयोग-शृंगार (Samyoga-Shringar)*

"नायक-नायिका के परस्पर अवलोकन, मिलना, आलिंगन तथा रति-क्रीड़ाओं को **'संयोग-शृंगार'** कहते हैं।"

*उदाहरण* (1)–

**दूलह श्री रघुनाथ बने, दुलही सिय सुन्दर मन्दिर माहीं।**
**गावति गीत सबै मिलि सुन्दर, बेद जुवा जुरि विप्र पढ़हीं।।**
**राम को रूप निहरित जानकी, कंकन के नग की परछाहीं।**
**यातै सबै सुधि भूल गई, कर टेकि रही पल टारति नाहीं।।**

*–तुलसीदास*

**स्थायी-भाव** – रति

**आश्रय** – सीताजी

**आलम्बन विभाव** – रामजी

**उद्दीपन विभाव** – कंकन के नग में रामचन्द्रजी की परछाईं देखना।

**अनुभाव** – हाथ इधर-उधर हिलाना, प्रतिबिम्ब को टकटकी लगाकार देखना, इत्यादि।
**संचारी-भाव** – हर्ष, सुधि भूल जाना।
*उदाहरण* (2)–

**''खेलत हरि निकसे ब्रज होरी।**
**गए श्याम रवितनया के तट, अंग लसति चंदन की खोरी।।**
**औचक ही देखी तहँ राधा, नैन बिसाल, भाल दिए रोरी।**
**सूर स्याम देखत ही रीझे, नैन नैन मिलि परि ठगोरी।।''**

*–सूरदास*

## *(2) विप्रलम्भ शृंगार–(Vipralamba Shringar)*

''प्रिय की वियुक्तावस्था में प्रेमी या प्रेमिका के हृदय की विह्वलता-जनित स्थिति को **'विप्रलम्भ शृंगार'** कहते हैं।''

इसके चार भेद हैं–(1) **पूर्वराग,** (2) **मान,** (3) **प्रवास,** (4) **करुण**। **'मान'** के अन्तर्गत वियोग की स्थिति नहीं आती। मान क्षणिक होता है। **'करुण'** में मृत्यु नहीं आती लेकिन नायिका या नायक की दशा विरह में क्षीण होती-होती मृत्यु की दशा तक पहुँच जाती है। **'पूर्वराग'** में नायक और नायिका में गुण-श्रवण, चित्र-दर्शन या प्रत्यक्ष-दर्शन से प्रणय उत्पन्न होता है। **'प्रवास'** में ही विप्रलम्भ का रंग गाढ़ा होता है अतः **प्रवासजनित वियोग को ही मुख्यरूप से स्वीकारा गया है।**

*उदाहरण* (1)–**नायक पक्षीय विप्रलम्भ शृंगार**

**''प्रेम-विवस मन, कम्प पुलक तनु, नीरज नयन नीर भरे पिय के।**
**सकुचत कहत सुमिरि उर उमंगत सील सनेह सगुन-गनतियके।।''**

**आश्रय** – राम
**आलम्बन** – सीता
**उद्दीपन** – सीता के भूषण
**सात्विक अनुभाव** – कम्प, पुलक, अश्रु
**संचारी-भाव** – व्रीड़ा, स्मृति

*उदाहरण* (2)– **नागरि मन गई अरुझाई।**
**अति विरह तनु भई व्याकुल, धरू न नैक सुहाई।।**
**चित्त चंचल कुँवरि राधा, खान पान भुलाई।**
**कबहुँ विहँसति, कबहुँ बिलखति, सकुचि रहत लजाई।।**

*उदाहरण* (3)– **अति मलीन वृषभान कुमारी।**
**हरि स्त्रम-जल भीज्यौ उर अंचल, तेहि लालच न धुवावनि सारी।**
**अध-मुख रहत अनत नहि चितवति ज्यों गति हारे थकित जुआरी।।**
**छुटे चिकुर वदन कुम्हलाने ज्यों नलिनी हिमकर की मारी।**
**हरि सन्देश सुनि सहज मृतक भई, एक विरीहीन दुजे अलिजारी।।**

*–सूरदास*

*उदाहरण* (4)– ''कहा करो उह मूरति मेरे जिय तें न टरई।
सुंदर नंद कुँवर के बिछुरे निसि दिन नींद पर परई।।
बहुविधि मिलन प्रान प्यारे की सु एक निमिख न विसराई।
वे गुन समुझि-समुझि चित्ता नैननु नीर निरंतर ठरई।
कछु न सुहाई तलाबेली मन, तिरह अनल तन जरई।।
कुंभनदास लाल गिरिधर बिनु समाधान को करई।''

*–कुंभनदास*

**विप्रलम्भ शृंगार–'मान' का एक उदाहरण।**

**राधा और कृष्ण का चित्रण–**

**हरि उर मुकुर बिलोकि अपुनपो विभ्रप विकल मान जुत मोरी।**
**चिबुक सुचार प्रलोय प्रबोधित प्रति प्रतिबिम्ब जनाय निहोरी।**
**नेति-नेति वचनामृत सुनि-सुनि ललितादिक देखन दुरि चोरी।**
**जै श्री हित हरिवंश करत कर छुनन घुणय कोप मालाबलि तोरी।।**

*–हित चतुरासी*

## 2. हास्य-रस (Hasya-Rasa)

''विकृत वेश-भूषा, क्रिया-कलाप, चेष्टा या वाणी को सुनकर हृदय में विनोदजन्य उल्लास **'हास्य-रस'** कहलाता है।'' हास्य के विषय को देखने से उत्पन्न हास्य **'आत्मस्य'** और दूसरे को हँसता देखकर उत्पन्न हास्य **'परस्य'** कहलाता है।

हास्य छः प्रकार का होता है–(1) स्मित, (2) हसित, (3) विहसित, (4) अवहसित, (5) अपहसित, (6) अतिहसित।

### *हास्य-रस के अंग (Anga of Hasya-Rasa)*

| | |
|---|---|
| **स्थायी भाव** | – हास |
| **आश्रय** | – पाठक, दर्शक या हँसने वाला व्यक्ति। |
| **आलम्बन** | – विकृत वेश-भूषा, आकार, निर्लज्जता, रहस्य-गर्भित बातें इत्यादि। |
| **उद्दीपन** | – आलम्बन की चेष्टाएँ, हास्यजनक बातचीत। |
| **अनुभाव** | – ओष्ठ, नासिक और कपोल का स्फुरण, नेत्रों का मिचकाना, मुख का विकसित होना, व्यंग्य-गर्भित बात कहना, मुस्कराना आदि। |
| **संचारी-भाव** | – आलस्य, निद्रा, अवहित्था, स्मृति, चपलता। |

*उदाहरण* (1)– **काहुं न लख सो चरित बिसेषा। सो सरूप नृप कन्या देखा।।**
**मर्कट बदन भयंकर देहि। देखत हृदयं क्रोध मा तेही।।**
**जेही दिसि बैठे नारद फूली। सो दिसि तेंहि न बिलोकी भूली।।**
**पुनि-पुनि मुनि उकसहिं अकुलाहीं। देखि दसा हर गन मुसकाहीं।।**

*–रामचरितमानस*

| | |
|---|---|
| **स्थायी-भाव** | – हास |
| **आश्रय** | – नारद मुनि |
| **उद्दीपन** | – बार-बार उकसाना व अकुलाना |
| **अनुभाव** | – हर गणों का मुस्काना। |
| **संचारी** | – हर्ष, उद्वेग, चपलता। |

*उदाहरण* (2)–

**हँसि-हँसि भाजै देखि दूलह दिगम्बर को,**
**पाहुनो जे आवै हिमाचल के उछाह मैं।**
**कहै 'पद्माकर' सू काहू को कहै को कहा,**
**जोई जहाँ देखै सो हँसोई तहाँ राह मैं।**
**मगन भएई हँसै नगन महेस ठाढ़े,**
**और हँसे वेऊ हँसि-हँसिके उमाह मैं।**
**सीस पर गंगा हँसे, भुजनि भृजंगा हँसै,**
**हास ही को दंगा भयो नगाके विवाह मैं।।**

यहाँ महादेव के विवाह का प्रसंग है।

| | |
|---|---|
| **स्थायी-भाव** | – हास |
| **आश्रय** | – पार्वतीजी की सखियाँ |
| **आलम्बन** | – महादेव |
| **उद्दीपन** | – नंगा रूप |
| **अनुभाव** | – गंगा और साँपों का हँसना। |
| **संचारी-भाव** | – इस दृश्य को देखने के लिए लोगों की उत्सुकता। |

## 3. करुण-रस (Karun-Rasa)

"द्रष्ट के विनाश, धर्म के आघात, द्रव्य नाश से हृदय में उत्पन्न क्षोभ को **'करुण-रस'** कहते हैं।"

### *करुण-रस के अंग (Anga of Karun-Rasa)*

| | |
|---|---|
| **स्थायी-भाव** | – शोक |
| **आलम्बन** | – विनष्ट प्रियतम, यज्ञ नाश, पराजय। |
| **उद्दीपन** | – मृतक शरीर को देख लेना, उसकी बातों को स्मरण करना, उसकी फोटो देख लेना। |
| **अनुभाव** | – रुदन करना, होंठ सूख जाना, निःश्वास भरना, पछाड़े खाना, भाग्य को दोष देना, स्तम्भित हो जाना, दैव-निन्दा करना, विवर्णता, उच्छ्वास, कम्प, मुख-सूखना, प्रलाप आदि। |
| **संचारी-भाव** | – निर्वेद, ग्लानि, चिन्ता, उन्माद, स्मृति, व्याधि, मोह, अपस्मार, दैन्य, जड़ता, विषाद, भ्रम। |

*उदाहरण* (1)– "मेरो सब पुरुषारथ थाको।"
विपत्ति बंटावन बंधु-बाहू बिनु करौं भरोसो काको।।
सुन सुग्रीव साँच हूँ मो तन फेरयौं बदन बिधाता।
ऐसे समय समर सकट हौं तज्यौं लखन सो भ्राता।।
गिरि कानन जैहैं साखा मृग हौं पुनि अनुज संघाती।
हैं हैं कहा विभीषण की गति, रहि सोच भरी छाती।।
तुलसी सुनि प्रभु वचन भालु कपि सकल विकल हिय हारे।
जामवंत हनुमन्त बोलि तब, औसर जानि प्रचारे।।

*–तुलसीदास*

**स्थायी-भाव** – शोक
**आश्रय** – राम
**आलम्बन** – लक्ष्मण
**उद्दीपन** – लक्ष्मणजी का मूर्च्छित शरीर और विभीषण की चिन्ता।
**अनुभाव** – राम का विलाप करना, सुग्रीव से शोकभरी बातें कहना।
**संचारी-भाव** – ग्लानि, विषाद, चिन्ता, दैन्य।

*उदाहरण* (2)– **लक्ष्मणजी को शक्ति बाण लगने पर रामचन्द्रजी के विलाप का प्रसङ्ग–**
**मातु को मोह, न द्रोह विमातु को, सोच न तात के गात दहे को।**
**प्रान को छोभ न, बन्धु बिछोह न, राज को लोभ न, मोद रहे को।।**
**एते तै नैक न मानत 'श्रीपति', एते मैं सीय वियोग सहे को।**
**ता रनभूमि मैं राम कह्यो, मोहि सोच विभीषण भूप कहे को।।**

*–श्रीपति*

**स्थायी-भाव** – (लक्ष्मण के लिए विलाप करने से) **शोक**
**आश्रय** – रामचन्द्रजी
**आलम्बन** – लक्ष्मण
**उद्दीपन** – लक्ष्मण का निश्चेष्ट शरीर तथा उनका विपुल पराक्रम।
**अनुभाव** – राम का विलाप करना।
**संचारी-भाव** – ऐसी दशा में भी विभीषण को राजा बनाने का ध्यान होने से मति, स्मृति, वितर्क, विषादादि।

## 4. भक्ति-रस (Bhakti-Rasa)

'गीता' में भक्त को चार भागों में विभाजित किया गया है–

### *(1) आर्त (Aarta)*

जो दुःख में भगवान् का ध्यान करते हैं वे भगवान् के पास (मन्दिर में) जाते हैं।

### *(2) अर्थार्थी (Artharthi)*

जो भक्त भगवान् से अपने स्वार्थ के लिए (जैसे–पैसा, गाड़ी, बँगला) प्रार्थना करता है।

### *(3) जिज्ञासु (Jigyasu)*

जिस भक्त में यह जानने की जिज्ञासा है कि मैं कौन हूँ ? या मैं कहाँ से आया हूँ। वह जड़ ढूँढ़ते हैं (अर्थात् वैज्ञानिक रूप से खोज करना)।

### *(4) ज्ञानी (Gyani)*

जो भक्त जानते हैं कि भगवान् हैं और भगवान् कोई मनुष्य नहीं हैं। उन्हें केवल अनुभव किया जा सकता है।

"**भक्ति** का दूसरा नाम है–**'प्रेम'**। "

इन्हें चार भागों में बाँटा गया है–

***(1) दास्य-प्रेम (Dasya-Prem)***

भक्त भगवान् को दास बनकर देखता है जैसे–मीरा का कृष्ण के प्रति प्रेम।

***(2) सख्य-प्रेम (Sakhya-Prem) (मित्रता)***

जो भगवान् के साथ सख्य-भाव रखता हो जैसे–द्रौपदी का कृष्ण के प्रति प्रेम।

***(3) वात्सल्य-प्रेम (Vatsalya-Prem)***

जो पुत्र-रूप में भगवान् को देखते हैं जैसे–देवकी और यशोदा का कृष्ण के प्रति प्रेम।

***(4) माधुर्य-प्रेम (Madhurya-Prem)***

जो प्रेमिका बनकर भगवान् को देखता हो जैसे–राधा का कृष्ण के प्रति प्रेम।

कृष्ण सभी रस के आधार हैं। शृंगार-रस ही 'आदि रस' माना गया है अर्थात् हरि एक रस हैं। या **हम कह सकते हैं कि कृष्ण शृंगार-रस के प्रतीक हैं।**

शृंगार तीन प्रकार का होता है। इस शृंगार का अर्थ है **'इच्छा'** (यह **शृंगार** रस नहीं है।)

*(1) अर्थ-शृंगार (Artha-Shringar)*–किसी उद्देश्य के लिए **'इच्छा रखना'** या प्रेम करना, **'अर्थ-शृंगार'** होगा। जैसे–वेश्या।

*(2) काम-शृंगार (Kama-Shringar)*–बिना उद्देश्य के प्रेम करना जैसे पति-पत्नी या प्रेमी-प्रेमिका (जिनके बीच सच्चा प्रेम होता है।)

*(3) धर्म-शृंगार (Dharma-Shringar)*–मन्दिर में जाने की इच्छा या पूजा करने की इच्छा रखना **'धर्म-शृंगार'** कहलाएगा। जैसे राधा में कृष्ण के प्रति धर्म-शृंगार था।

*(4) मोक्ष-शृंगार (Moksha Shringar)*–मोक्ष-प्राप्ति की इच्छा रखना **'मोक्ष-शृंगार'** है। परन्तु भरतमुनि ने इसे स्वीकार नहीं किया है।

संयोग श्रृंगार (Sanyog Sringar)

वियोग श्रृंगार (Viyog (Sringar)

हास्य रस (Hasya Ras)

हास्य रस (Hasya Ras)

करुण रस (Karun Ras)

रौद्र रस (Rodra Ras)

वीर रस (Veer Ras}

भयानक रस (Bhayanak Ras)

वीभत्स रस (Vibhats Ras)

अद्‌भुत रस (Adbut Ras)

अद्‌भुत रस (Adbut Ras)

शान्त रस (Shant Ras)

भक्ति रस (Bhakti Ras)

वात्सल्य रस (Vatsalya Ras)

# 21

# लोकधर्मी तथा नाट्यधर्मी
# LOKDHARMI AND NATYADHARMI

अभिनय अर्थात् नाट्य प्रयोग का जो अपना धर्म या स्वभाव है उसके अनुकूल कार्य **'धर्मी'** होता है। धर्म शब्द की उत्पत्ति भी 'ध्रियते अनेन', 'धरति इति वा'। इस प्रकार 'धृ' धातु से मनृ प्रत्यय निष्पन्न 'धर्म' शब्द है। अतः धर्मी का अर्थ हुआ जिसमें धर्म हो या जो धर्म का अनुगमन करता हो। इसी कारण नाट्य में दो प्रकार के धर्मी निरूपित किए गए—(1) लोकधर्मी, (2) नाट्यधर्मी।

लोक में प्रचलित कार्य, आचार एवं व्यवहारों का शुद्ध अनुकरणात्मक प्रस्तुतीकरण **'लोकधर्मी'** होगा, जिसमें अपने सहज या प्रकृत भाग में स्वरूप प्रस्तुत होता है।

नाट्यधर्मी में शास्त्रीय उक्तियाँ या साङ्केतिक वाक्य, स्वगत या आकाश भाषिक आदि तथा रङ्गमञ्च पर प्रयोज्य वस्तु तथा भावों का सङ्केत करने वाली असंख्य विधियाँ तथा निर्देश आते हैं। इसके अतिरिक्त लोकदृष्ट सुख, दुःखादि के आङ्गिक अभिनयादि से प्रस्तुत नाट्य तथा अभिनयविधान एवं उनका प्रतिपादक यह नाट्यशास्त्र—ये सभी **'नाट्यधर्मी'** कहलाते हैं।

## 1. लोकधर्मी (Lokdharmi)

**स्वभावभावोपगतं शुद्धन्त्वविकृतं तथा।**
**लोकवार्ताक्रियोपेतमङ्गलीलाविवर्जितम्।**
**स्वभावाभिनयोपेतं नाना स्त्रीपुरुषाश्रयम्।**
**यदीदृशं भवेन्नाट्यं लोकधर्मी, तु सा स्मृता।।** (N.S.)

यदि कोई रूपक लोक स्वभाव के अनुसार भाव प्रदर्शित करने वाला, सादगी तथा बिना बाहरी दिखावट वाला हो। जो अपनी सामान्य प्रजानन के आचार तथा क्रियाएँ प्रदर्शित करने वाला तथा आंगिक प्रदर्शन जो—लीला तथा वर्तना आदि के अभिनय-से रहित सादे एवं सहज भाव-प्रदर्शन करता हो जिसमें विभिन्न पुरुष तथा स्त्री पात्र हों तो उसे **'लोकधर्मी'** नाट्य प्रकार समझना चाहिए।

## 2. नाट्यधर्मी (Natyadharmi)

**अतिवाक्यक्रियोपेतमतिसत्वाति भावकम्।**
**लीलाङ्गहाराभिनयं नाट्यलक्षणलक्षितम्।।**

**स्वरालङ्कारसंयुक्तमस्वरस्थपुरुषाश्रयम् ।**
**यदीदृशं भवेन्नाट्यं नाट्यधर्मी तु सा स्मृता ।। (N.S.)**

यदि किसी रूपक में वाक्यावली, क्रियाएँ, प्राणी-वर्ग (पुरुष या दिव्य जाति के पात्र) तथा भाव असामान्य हों, जिसमें लीला (मनोहर चेष्टाओं) से युक्त अङ्गहारों तथा लक्षण सम्पन्न नृत्य का प्रदर्शन हो, स्वर तथा अलङ्कारों की (काव्य-रचना तथा संगीत में) सुव्यवस्थित योजना हो, जिसमें (भूमिका धारण करने वाले) अदिव्य पुरुषों के भाव तथा चरित्र कुशलतापूर्वक वहन किए जाएँ तो उसे **'नाट्यधर्मी'** प्रकार जानिए।

**लोके यदभियोज्यश्च पदमत्रोपयुज्यते ।**
**मूर्तिमत्साभिभाषञ्च नाट्यधर्मी तु सा स्मृता ।।**

जिसमें लोक प्रसिद्ध वस्तु का मूर्त रूप में वैसी ही कुशलता से संवाद सहित प्रयोग किया जाए तो उसे भी **'नाट्यधर्मी'** जानो।

**ललितैरङ्ग विन्यासैस्तथोत्क्षिप्तपदक्रमैः ।**
**नृत्यते गम्यते चापि नाट्यधर्मी तु सा स्मृता ।।**

(किसी नाटक में पात्रों की) गति ललित अंगों की हलचल के साथ पैरों की डग भरते हुए प्रदर्शित की जाने पर सामान्य गति होने पर भी (सुन्दरता के कारण) नृत्य की गति के समान असामान्य लगे तो उसे भी **'नाट्यधर्मी'** समझना चाहिए।

**योऽयं स्वभावो लोकस्य सुखदुःखक्रियात्मकः ।**
**सोङ्गाभिपनयसंयुक्तो नाट्यधर्मी प्रकीर्तितः ।।**

जब प्रतिदिन होने वाले स्वाभाविक सुख-दुःखों की क्रियाओं का (अभिनेताओं द्वारा) अंगादि अभिनयों से युक्त हू-ब-हू प्रदर्शन किया जाता हो, तो उसे भी **'नाट्यधर्मी'** समझना चाहिए।

**सर्वस्य सहजो भावः ह्यभिनयोऽर्थतः ।**
**अङ्गालङ्कारचेष्टा तु नाट्यधर्मी प्रकीर्तिता ।।**

मनुष्यों में विद्यमान सभी सहज भाव जब आंगिक अभिनय, अलंकार तथा चेष्टाओं के साथ आवश्यकतानुसार (अर्थतः) प्रदर्शित किए जाते हैं तो वे सभी अन्ततोगत्वा **'नाट्यधर्मी'** ही कहलाते हैं।

(कथक-नृत्य नाट्यधर्मी के अंतर्गत आता है)।

# 22

# अप्रचलित तालों के ठेके
# APRACHALIT TAALON KE THEKE

## तबले पर बजने वाले अप्रचलित ठेके

**(1) चित्र (Chitra)**

**मात्रा—2**

| | | |
|---|---|---|
| ताली—1 | धा | तिटकत |
| खाली—1 | x | 0 |

**(2) पट (Pata)**

**मात्रा—2**

| | | |
|---|---|---|
| ताली—1 | धातिट | तकिट |
| खाली—1 | x | 0 |

**(1) एक या सदानन्द (Sadanand)**

| | | | |
|---|---|---|---|
| **मात्रा—3** | धा | दिं | ता |
| ताली—1 | x | | |

**(2) मदन (Madan)**

**मात्रा—3**

| | | | |
|---|---|---|---|
| ताली—2 | धा | तिट | कत |
| खाली—1 | x | 2 | 0 |

**(3) मोहिनी (Mohini)**

| | | | |
|---|---|---|---|
| **मात्रा—3** | धागे | तिटकत | गदिगन |
| ताली—2 | x | 2 | |

**(1) नट (Nata)**

**मात्रा—4**

| | | | | |
|---|---|---|---|---|
| ताली—3 | धा | तिट | कत | गदिगन |
| खाली—1 | x | 2 | 3 | 0 |

(2) **एकताल (Ektaal)**

| **मात्रा–4** | धा | किट | धा | दिन। |
|---|---|---|---|---|
| ताली–1 | x | | | |

(1) **एकताल (Ektaal)**

**मात्रा–5**

| ताली–1 | धा | धेत् | \| | ता | तिड़ | किट |
|---|---|---|---|---|---|---|
| खाली–1 | x | | \| | 0 | | |

(2) **चक्र (Chakra)**

| **मात्रा–5** | धी | ऽन | \| | ध | कि | ट |
|---|---|---|---|---|---|---|
| ताली–2 | x | | \| | 2 | | |

(3) **रूपक या निर्दोष (Roopak)**

| **मात्रा–5** | धा | किट | \| | ता | तिट | ता |
|---|---|---|---|---|---|---|
| ताली–2 | x | | \| | 2 | | |

(4) **लघुशेखर (Laghushekhar)**

**मात्रा–5**

| ताली–1 | धा | गे | धिट | कता | \| | कत |
|---|---|---|---|---|---|---|
| खाली–1 | x | | | | \| | 0 |

(5) **हंसलील (Hansaleel)**

| **मात्रा–5** | धा | धि | \| | ट | धि | टि |
|---|---|---|---|---|---|---|
| ताली–2 | x | | \| | 2 | | |

(1) **रूपक (Roopak)**

| **मात्रा–6** | धा | तिट | \| | धा | दिं | ता | तिट |
|---|---|---|---|---|---|---|---|
| ताली–2 | x | | \| | 2 | | | |

(2) **यतिलग्न (Yatilagna)**

| **मात्रा–6** | धा | तिट | \| | धा | तिट | कत | गदिगिन |
|---|---|---|---|---|---|---|---|
| ताली–2 | x | | \| | 2 | | | |

(3) **भड़ौआ दादरा (Baraua Dadra)**

| **मात्रा–6** | तक | धिन | नक | \| | तक | तिन | नक |
|---|---|---|---|---|---|---|---|
| ताली–2 | x | | | \| | 2 | | |

(4) **झंपा या सार (Jhampa)**

**मात्रा–6**

| ताली–3 | धा | किट | \| | गेन | \| | किट | \| | तक | ता |
|---|---|---|---|---|---|---|---|---|---|
| खाली–1 | x | | \| | 0 | \| | 2 | \| | 3 | |

**(5) खेमटा (Khemta)** (यह दादरा का ही एक प्रकार है।)

**मात्रा–6**

| | | | | | | | |
|---|---|---|---|---|---|---|---|
| ताली–1 | धा | धिं | तक | \| | ता | तिं | तक |
| खाली–1 | x | | | \| | 0 | | |

अथवा

| | | | | | | |
|---|---|---|---|---|---|---|
| धागे | धिन | गिन | \| | तागे | तिन | किन |
| x | | | \| | 0 | | |

**(1) अंतरक्रीड़ा (Antarkreeda)**

| | | | | | | | | |
|---|---|---|---|---|---|---|---|---|
| **मात्रा–7** | धा | गे | \| | धा | गे | \| | तिट | गदि | गन। |
| ताली–3 | x | | \| | 2 | | \| | 3 | | |

**(2) एकताल (Ektaal)**

**मात्रा–7**

| | | | | | | | | |
|---|---|---|---|---|---|---|---|---|
| ताली–1 | धा | तिट | धा | \| | दिं | ता | तिट | कत। |
| खाली–1 | x | | | \| | 0 | | | |

**(3) कोकिल (Kokila)**

| | | | | | | | | | |
|---|---|---|---|---|---|---|---|---|---|
| **मात्रा–7** | धा | दिं | ता | \| | तिट | कत | \| | गदि | गन |
| ताली–3 | x | | | \| | 2 | | \| | 3 | |

**(4) धुमाली (Dhumali)**

| | | | | | | | | | | |
|---|---|---|---|---|---|---|---|---|---|---|
| **मात्रा–7** | धा | \| | धि | \| | न | त | \| | क | धि | न |
| ताली–4 | x | \| | 2 | \| | 3 | | \| | 4 | | |

**(5) पश्तो (Pashto)** यह ठीक रूपक की भाँति है।

| | | | | | | | | | |
|---|---|---|---|---|---|---|---|---|---|
| **मात्रा–7** | तिं | ऽ | त्रक | \| | धिं | ऽ | \| | धा | गे |
| ताली–3 | x | | | \| | 2 | | \| | 3 | |

**(6) लघुशेखर (Laghushekher)**

| | | | | | | | | |
|---|---|---|---|---|---|---|---|---|
| **मात्रा–7** | धा | धि | ट | धु | \| | म | कि | ट |
| ताली–2 | x | | | | \| | 2 | | |

**(7) शवार्णी (Shavarnee)**

| | | | | | | | | |
|---|---|---|---|---|---|---|---|---|
| **मात्रा–7** | धा | धा | \| | धा | देत | ता | तिट | कत |
| ताली–2 | x | | \| | 2 | | | | |

**(1) सार (Saar)**

| | | | | | | | | | | |
|---|---|---|---|---|---|---|---|---|---|---|
| **मात्रा–8** | धा | कि | ट | \| | त | क | \| | धा | कि | ट |
| ताली–3 | x | | | \| | 2 | | \| | 3 | | |

(2) **वर्ण भिन्न (Varna Bhinna)**

| **मात्रा–8** | धा | गे | धा | गे | धि | न | न | क |
|---|---|---|---|---|---|---|---|---|
| ताली–3 | x | | 2 | | 3 | | | |

(3) **वर्ण (Varna)**

| **मात्रा–8** | धा | गे | तिट | कत | दिं | ता | गदि | गन |
|---|---|---|---|---|---|---|---|---|
| ताली–3 | x | | 2 | | | 3 | | |

(4) **लावनी (Lavni)**

**मात्रा–8**

| ताली–3 | धिंधी | नाधी | नातिं | नागेतिरकिट | तिंती | नाधी |
|---|---|---|---|---|---|---|
| खाली–1 | x | | 2 | | 0 | |
| | नातिं | नागेतिरकिट | | | | |
| | 3 | | | | | |

(5) **मठ्य (Mathya)** 8 इसे महाव्रज भी कहते हैं।

| **मात्रा–8** | धा | दिं | ता | तिट | कत | तिट | तक | दिन |
|---|---|---|---|---|---|---|---|---|
| ताली–3 | x | | | 2 | | 3 | | |

(6) **प्रति (Prati)**

| **मात्रा–8** | धा | किट | तक | धुम | किट | तक | गदि | गन |
|---|---|---|---|---|---|---|---|---|
| ताली–3 | x | | | | 2 | | 3 | |

(7) **झंपा (Jhampa)**

**मात्रा–8**

| ताली–3 | धा | ता | किट | तक | गदि | गन | ता | किट |
|---|---|---|---|---|---|---|---|---|
| खाली–1 | x | | | 0 | | 2 | 3 | |

(8) **छपका (Chapka)**

**मात्रा–8**

| ताली–3 | धिन् | तधिन् | ऽतिन् | नग | नग | ततिन | ऽतिं | तक |
|---|---|---|---|---|---|---|---|---|
| खाली–1 | x | | 2 | | 0 | | 3 | |

(9) **चंग (Changa)** इसे खयाल का ठेका भी कहते हैं।

**मात्रा–8**

| ताली–3 | ता | धिन | नग | धिन | ता | तिन | ऽ | धिन |
|---|---|---|---|---|---|---|---|---|
| खाली–1 | x | | 2 | | 0 | | 3 | |

(10) **घट (Ghat)**

| **मात्रा–8** | धा | ऽ | ति | ट | क | त | धे | त्ता |
|---|---|---|---|---|---|---|---|---|
| ताली–6 | x | 2 | 3 | | 4 | | 5 | 6 |

**(11) खमसा (Khamsa)**

मात्रा–8

| | | | | | | | |
|---|---|---|---|---|---|---|---|
| ताली–6 | धाधा | धिंधा | कद्धागे | धिंधा | ऽतिरकिट | तूना | |
| खाली–1 | x | | 2 | 3 | 4 | | |
| | कद्धागे | नधागेन | | | | | |
| | 6 | 0 | | | | | |

**(1) अंक (Anka)**

| | | | | | | | | | |
|---|---|---|---|---|---|---|---|---|---|
| मात्रा–9 | धा | ऽ | धि | न | न | क | धे | ऽ | त्ता। |
| ताली–3 | x | | 2 | | | | 3 | | |

**(2) एकताल (Ektaal)**

मात्रा–9

| | | | | | | | | | |
|---|---|---|---|---|---|---|---|---|---|
| ताली–1 | धा | तिट | धा | दिं | ता | ता | गे | धा | दिन् |
| खाली–1 | x | | | | 0 | | | | |

**(3) ग्रह (Graha)**

| | | | | | | | |
|---|---|---|---|---|---|---|---|
| मात्रा–9 | धा | दिंदिं | ता | तिटकत | गादिगन | तकाथुंगा | धा |
| ताली–4 | x | | 2 | 3 | | | |
| | तिटकत | गादिगन | | | | | |
| | 4 | | | | | | |

**(4) ग्रह (Graha)**

| | | | | | | | | | |
|---|---|---|---|---|---|---|---|---|---|
| मात्रा–9 | धी | ऽन | ता | गि | न | ति | ट | कि | ट |
| ताली–2 | x | | 2 | | | | | | |

**(5) गारुगी (Garugi)**

| | | | | | | | | | |
|---|---|---|---|---|---|---|---|---|---|
| मात्रा–9 | धा | ऽ | धिड़ | नग | धिड़ | गन | धे | ऽ | ता |
| ताली–4 | x | | 2 | | 3 | | 4 | | |

**(6) चतुर्पुट (Chaturput)**

| | | | | | | | | | |
|---|---|---|---|---|---|---|---|---|---|
| मात्रा–9 | धा | धिन | तिट | तक | किड़धा | केटे | धागे | तिट | किट |
| ताली–4 | x | | | 2 | | 3 | | 4 | |

**(7) चंद्रक्रीड़ा (Chandrakreeda)**

मात्रा–9

| | | | | | | | | | |
|---|---|---|---|---|---|---|---|---|---|
| ताली–3 | धिं | ना | तिट | कत | कत | तिं | ना | तिट | कत |
| खाली–1 | x | | 2 | | 0 | | | 3 | |

**(8) ताम्रकर्णी (Taamrakarni)**

मात्रा–9

| | | | | | | | | | |
|---|---|---|---|---|---|---|---|---|---|
| ताली–4 | धा | कत | धीं | ता | ता | धा | धिं | ता | तिट |
| खाली–1 | x | 0 | 2 | | | 3 | 4 | | |

**(9) दामोदर (Damodar)**

**मात्रा–9**

| ताली–3 | धिं | तिर | किट | धिंधिं | धिं | त्रक | धी | धी | ना |
|---|---|---|---|---|---|---|---|---|---|
| खाली–1 | x | 2 | | | 0 | | 3 | | |

**(10) निशोरुक (Nishoruk)**

| **मात्रा–9** | धिं | ना | किट | तक | धुम | किट | तकि | टत | का |
|---|---|---|---|---|---|---|---|---|---|
| ताली–3 | x | | | | 2 | | | | 3 |

**(11) महेश (Mahesh)**

| **मात्रा–9** | धा | तिट | तिट | धा | तिट | कत | गदि | गन | ता |
|---|---|---|---|---|---|---|---|---|---|
| ताली–3 | x | | | | 2 | | 3 | | |

**(12) रूपक (Roopak)**

| **मात्रा–9** | धा | तक | धा | तिट | धा | किट | तक | धा | दिं |
|---|---|---|---|---|---|---|---|---|---|
| ताली–2 | x | | 2 | | | | | | |

**(13) त्रिपुट (Triput)**

**मात्रा–9**

| ताली–3 | धा | तिट | किट | तक | दिन् | ता | तिट | किट | तक |
|---|---|---|---|---|---|---|---|---|---|
| खाली–1 | x | | | 0 | | 2 | | 3 | |

**(1) शंख (Shankha)**

| **मात्रा–10** | धा | धिन | धिन | धा | तिट | कत | गदि | गिन | धेट | ता |
|---|---|---|---|---|---|---|---|---|---|---|
| ताली–5 | x | 2 | 3 | | | | 4 | 5 | | |

**(2) शक्ति (Shakti)**

| **मात्रा–10** | धा | धा | दिं | कत | किट | तक | तिट | किट | थुं | थुं |
|---|---|---|---|---|---|---|---|---|---|---|
| ताली–7 | x | | 2 | 3 | | 4 | 5 | 6 | 7 | |

**(3) मठय (Mathya)**

| **मात्रा–10** | धा | किट | धा | गे | दिन | ता | तिट | कत | गदि | गन |
|---|---|---|---|---|---|---|---|---|---|---|
| ताली–3 | x | | | | 2 | | 3 | | | |

**(4) निसारु (Nisaru)**

| **मात्रा–10** | धा | धि | ट | धि | ट | धा | ति | ट | ति | ट |
|---|---|---|---|---|---|---|---|---|---|---|
| ताली–2 | x | | | | | 2 | | | | |

**(5) तुरंगलीला (Turangaleela)**

| **मात्रा–10** | धा | दिं | ता | धिं | धिं | ता | तिट | कत | गदि | गन |
|---|---|---|---|---|---|---|---|---|---|---|
| ताली–4 | x | | | 2 | | | 3 | | 4 | |

(6) **झंपा (Jhampa)**

**मात्रा–10**

ताली–3

खाली–1

| धा | ऽ | दिन् | ता | ऽ | तिट | धा | तिट | कत | गदि |
|---|---|---|---|---|---|---|---|---|---|
| x | | | | | 0 | | 2 | 3 | |

(7) **चत्रुस्ताल (Chatrustaal)**

**मात्रा–10**

ताली–4

| धा | धे | ट | धे | ट | ग | दि | न | दि | न |
|---|---|---|---|---|---|---|---|---|---|
| x | | | | 2 | | 3 | | 4 | |

(8) **करालमंच (Karalmancha)**

**मात्रा–10**

ताली–3

खाली–1

| धा | तिट | किट | तक | दिन | ता | किट | कत | गदि | गन |
|---|---|---|---|---|---|---|---|---|---|
| x | | 2 | | | | 3 | | 0 | |

(9) **कपाल भृत (Kapaal Bhrita)**

**मात्रा–10**

ताली–3

खाली–2

| धा | किट | किटतक | धा | धा | तिटकत | धा | धा | तिटकत | गदिगन |
|---|---|---|---|---|---|---|---|---|---|
| x | 0 | | 2 | | 0 | 3 | | | |

(10) **उक्षव (Ukshava)**

**मात्रा–10**

ताली–4

खाली–1

| धागे | तिट | तागे | तिट | धा | त्रक | क | त्ता | गदि | गन |
|---|---|---|---|---|---|---|---|---|---|
| x | | 0 | | 2 | | 3 | | 4 | |

(11) **अट या आवर्त (Ata)**

**मात्रा–10**

ताली–3

खाली–1

| धा | धेत् | ता | तिंट | गेन | ता | किट | धिट | किट | कत |
|---|---|---|---|---|---|---|---|---|---|
| x | | | 2 | | | 3 | | 0 | |

(1) **इकताली (Iktaali)**

**मात्रा–11**

ताली–3

| धा | धि | ट | धि | ट | धा | ध | दि | ग | न | ता |
|---|---|---|---|---|---|---|---|---|---|---|
| x | | | | 2 | | 3 | | | | |

(2) **कुम्भ (Kumbha)**

**मात्रा–11**

ताली–2

खाली–3

| धा | धिं | तिट | कत | धा | धिं | नक | तिट | कत | गदि | गिन |
|---|---|---|---|---|---|---|---|---|---|---|
| x | 0 | 2 | 3 | 4 | 0 | 5 | 6 | 7 | 8 | 0 |

(3) **कुंभ (Kumbha)**

**मात्रा–11**

ताली–7

खाली–4

| धा | धिन | तक | तिट | धा | धिड़ | नक | तिट | कत | गदि | गन |
|---|---|---|---|---|---|---|---|---|---|---|
| x | 0 | 2 | 3 | 0 | 4 | 0 | 5 | 6 | 7 | 0 |

**(4) चंद्रमणि (Chandramani)**

| मात्रा–11 | धिं | ना | तिं | ना | तिट | धी | धी | त्रक | तूना | किटतक | धा |
|---|---|---|---|---|---|---|---|---|---|---|---|
| ताली–4 | x | | 2 | | | 3 | | | | | 4 |

**(5) इन्द्रलीन (Indraleena)**

मात्रा–11

| ताली–4 | धा | दिन | ता | धेत् | ता | दिन् | तिट | किट | धा | क | द्धा |
|---|---|---|---|---|---|---|---|---|---|---|---|
| खाली–1 | x | 0 | | 2 | | 3 | | | 4 | | |

**(6) जगपाल (Jagapal)**

मात्रा–11

| ताली–3 | धा | धिन | नक | थुं | ना | धुग | किट | क्रिट | तक | गदि | गन |
|---|---|---|---|---|---|---|---|---|---|---|---|
| खाली–1 | x | | | | | 0 | | 2 | | 3 | |

**(7) झंपक (Jhampak)**

| मात्रा–11 | धा | ऽ | धि | न | न | क | धे | ऽ | धिन | न | क |
|---|---|---|---|---|---|---|---|---|---|---|---|
| ताली–4 | x | | 2 | | | | 3 | | 4 | | |

**(8) प्रभात किरण (Prabhat Kiran)**

| मात्रा–11 | धा | धी | ना | धी | ना | त्रक | ती | ना | धी | धी | ना |
|---|---|---|---|---|---|---|---|---|---|---|---|
| ताली–5 | x | 2 | | 3 | | | | | 4 | 5 | |

**(9) भानुमती (Bhanumati)**

| मात्रा–11 | धा | तिट | धिन | नक | धिट | धिट | धागे | तिट | तिन | गदि | गन |
|---|---|---|---|---|---|---|---|---|---|---|---|
| ताली–4 | x | | | | 2 | | | 3 | 4 | | |

**(10) मणि (Mani)**

| मात्रा–11 | धा | धि | ट | कि | ट | ध | कि | ट | त | कि | ट |
|---|---|---|---|---|---|---|---|---|---|---|---|
| ताली–4 | x | | | 2 | | 3 | | | 4 | | |

**(11) रूपक (Roopak)**

| मात्रा–11 | धा | कत | किट | तक | दिं | ता | तिट | किट | कत | किट | ता |
|---|---|---|---|---|---|---|---|---|---|---|---|
| ताली–2 | x | | 2 | | | | | | | | |

**(12) शंकर (Shankar)**

| मात्रा–11 | धाकिट | तकथुन | किटतक | धादिन | धाकिट | तादेत् | ताधा |
|---|---|---|---|---|---|---|---|
| ताली–9 | x | 2 | | 3 | 4 | 5 | |

| तिटकिट | धादिन | कतधा | दिनता |
|---|---|---|---|
| 6 | 7 | 8 | 9 |

**(13) त्रिपुट (Triput)**

मात्रा–11

| ताली–3 | धा | गेन | तिट | कत | गेन | किट | तक | धा | तिं | धा | तिट |
|---|---|---|---|---|---|---|---|---|---|---|---|
| खाली–1 | x | | | | 0 | | | 2 | | 3 | |

(1) **षड्ताल (Shadatal)**

**मात्रा–12** धा गे | धा गे | धिन नक | धेत धिन | नक धेत | धिन नक
ताली–6 x | 2 | 3 | 4 | 5 | 6

(2) **शिखिरवाहन (Shikharvahan)**

**मात्रा–12**
ताली–3 ध दिं ता | धा दिं ता | क त्ता | तिट कत गदि गिन
खाली–1 x | 2 | 0 | 3

(3) **सरोज (Saroj)**

**मात्रा–12** त किट तक किट | तिट गदि गन किड़ नग | तक थुं ना
ताली–3 x | 2 | 3

(4) **महाव्रज (Mahavrija)**

**मात्रा–12** धा धा दिं दिं ता | ऽ तिट | कत गेन तिट किट तक
ताली–3 x | 2 | 3

(5) **मदन (Madan)**

**मात्रा–12** धा ऽ | धि दि | ग न धु म कि ट त क
ताली–3 x | 2 | 3

(6) **मोहन (Mohan)**

**मात्रा–12** धा | धा तागे | तिट तत् ता | तिट् कत | गदि गन | तग धेत्
ताली–6 x | 2 | 3 | 4 | 5 | 6

(7) **पर्ण (Parna)** मात्रा-12 आजकल इसका नाम चारताल है।

(8) **देवगुना (Devguna)**

**मात्रा–12**
ताली–5 धा धिं नाना | कत | ता कत | ता | धा तिट् | कता गदि गन
खाली–1 x | 2 | 0 | 3 | 4 | 5

(9) **झंपा (Jhampa)**

**मात्रा–12** धा धा तिट धा दिन् ता तिट कत गेन | तिट | कत गदि
ताली–3 x | 2 | 3

(10) **चट (Chata)**

**मात्रा–12** धा | कि | ट ध | दि | ग | न ता | त | क | धदि गन
ताली–9 x | 2 | 3 | 4 | 5 | 6 | 7 | 8 | 9

(11) **उदय (Udaya)**

**मात्रा–12** धा कि ट धी ना | त क | ता कि ट धी ना
ताली–3 x | 2 | 3

**(1) अणिमा (Anima)**

**मात्रा–13**

| ताली–4 | धी त्रक | धी ना क त्ता | त्रक ता त्रक | धी ना |
|---|---|---|---|---|
| खाली–1 | x | 2 | 0 | 4 |

**(2) चंद्रचौताला (Chandrachautala)**

| **मात्रा–13** | धा ऽ धा तिट | कत धा तिट कत | धागे दिं ता | गदि गिन |
|---|---|---|---|---|
| ताली–4 | x | 2 | 3 | 4 |

**(3) जयमंगल (Jayamangala)**

| **मात्रा–13** | धा धा | किड़ धा | तिट कत | गेना | गेता | गेन किड़ | धा | दिन | ता |
|---|---|---|---|---|---|---|---|---|---|
| ताली–9 | x | 2 | 3 | 4 | 5 | 6 | 7 | 8 | 9 |

**(4) दो बहार (Do Bahar)**

**मात्रा–13**

| ताली–10 | धादिन | धाकिट | किटतक | थुंथुं | गदिगन | तादेन् | कद्धा | दिंता |
|---|---|---|---|---|---|---|---|---|
| खाली–3 | x | 2 | 0 | 3 | 4 | 5 | 6 | 0 |
| | तिटकत | गदिगन | धाती | द्धा | दिंता | | | |
| | 7 | 8 | 9 | 10 | 0 | | | |

**(5) नीलांबुज (Neelambuja)**

**मात्रा–13**

| ताली–4 | धा तेत् | धा तिट | धा | धा थुं थुं तिट तिट | कत गदि गन |
|---|---|---|---|---|---|
| खाली–1 | x | 2 | 3 | 0 | 4 |

**(6) प्रतापशिखर (Pratapshikahar)**

| **मात्रा–13** | धा किट तक धुम किट तक धेत् | ता | धा तिट कत गदि गन |
|---|---|---|---|
| ताली–3 | x | 2 | 3 |

**(7) मत्तविजय (Mattavijaya)**

| **मात्रा–13** | धा धिन धेत् | धिन नक ता | धा कत | धा तिट तक गदि गन |
|---|---|---|---|---|
| ताली–4 | x | 2 | 3 | 4 |

**(8) मंठिका (Manthika)**

| **मात्रा–13** | धा धि ट धि | ट धु म कि | ट ध दि | ग न |
|---|---|---|---|---|
| ताली–4 | x | 2 | 3 | 4 |

**(9) लीलावती (Leelawati)**

| **मात्रा–13** | धिं धिं धा त्रक | धिं ऽ तिं तिं | ता त्रक धिं | धिं ऽ |
|---|---|---|---|---|
| ताली–4 | x | 2 | 3 | 4 |

**(10) विमोही (Vimohi)**

| मात्रा–13 | धिं | ना | तिट | किट | धी | धी | ना | नग | तिर | किट | तक | तेटे | कत |
|---|---|---|---|---|---|---|---|---|---|---|---|---|---|
| ताली–4 | x | | | | 2 | | | 3 | | | | 4 | |

**(11) विश्व (Vishwa)**

| मात्रा–13 | धा | ऽ | धि | न | न | क | धे | ऽ | धि | न | न | क | ता |
|---|---|---|---|---|---|---|---|---|---|---|---|---|---|
| ताली–9 | x | | 2 | | 3 | 4 | 5 | | 6 | 7 | 8 | 9 | |

**(12) शंख (Shankah)**

| मात्रा–13 | धीं | त्रक | धिं | ना | ता | तुं | ना | किट | धा | गदि | गन | तुं | ना |
|---|---|---|---|---|---|---|---|---|---|---|---|---|---|
| ताली–4 | x | | | | 2 | | | | 3 | | | 4 | |

**(13) त्रिपुट (Triputa)**

मात्रा–13

| ताली–2 | धा | धेत् | ता | धेत् | ता | किट | तिट | कत | धेत् | ता | किट | तक | ता |
|---|---|---|---|---|---|---|---|---|---|---|---|---|---|
| खाली–1 | x | | | | | | 0 | | | 2 | | | |

**(1) संघलीला (Sanghaleela)**

| मात्रा–14 | धी | त्रक | धिं | ना | तुं | ना | धी | धी | ना | धी | धी | ना | क | त्ता |
|---|---|---|---|---|---|---|---|---|---|---|---|---|---|---|
| ताली–5 | x | | | | 2 | | 3 | | 4 | | 5 | | | |

**(2) सवारी (Sawari)**

| मात्रा–14 | धिं | ना | धिं | धिं | धा | धा | तिं | ना | क | त्ता | दिंना | कत्ता | किटतक | तिरकिट |
|---|---|---|---|---|---|---|---|---|---|---|---|---|---|---|
| ताली–4 | x | | | | 2 | | | | 3 | | | | 4 | |

**(3) राजमंडित (Rajmandita)**

| मात्रा–14 | धा | ऽ | धिट | तक | तक | धुम | किट | तक | धदि | गन | तिट | कत | गदि | गन |
|---|---|---|---|---|---|---|---|---|---|---|---|---|---|---|
| ताली–3 | x | | | | | | | | 2 | | | | 3 | |

**(4) रविनंदिनी (Ravinandini)**

| मात्रा–14 | किट | तक | धुम | किट | तक | किट | तक | थुं | ना | कत | गदि | गिन | तिं | ना |
|---|---|---|---|---|---|---|---|---|---|---|---|---|---|---|
| ताली–4 | x | | | | | 2 | | | | 3 | | | 4 | |

**(5) महानट (Mahanut)**

| मात्रा–14 | धा | क्ड़ा | ऽन | धा | क्ड़ा | ऽन | धा | धा | कृधा | तिट | तिट | कत | गदि | गन |
|---|---|---|---|---|---|---|---|---|---|---|---|---|---|---|
| ताली–4 | x | | | 2 | | | 3 | 4 | | | | | | |

**(6) ब्रह्म (Brahma)**

मात्रा–14

| ताली–11 | धा | तत् | धेत् | धिन | नक | धेत् | धेत् | धिन | नक | धागे | तिट | कत | गदि | गिन |
|---|---|---|---|---|---|---|---|---|---|---|---|---|---|---|
| खाली–3 | x | 0 | 2 | 3 | 0 | 4 | 5 | 6 | 0 | 7 | 8 | 9 | 10 | 11 |

**(7) ध्रुव (Dhruva)**

**मात्रा–14**

| ताली–4 | धा तिट | धा दिन | ता धा | तिट किट | दिं ता | धेत् तिट गदि गन |
|---|---|---|---|---|---|---|
| खाली–2 | x | 0 | 2 | 3 | 0 | 4 |

**(8) तिमिर (Timir)**

**मात्रा–14**

| ताली–4 | धा धेत् | धा कत थुं थुं | ना ना | धे | धे तिट ता तिट कत। |
|---|---|---|---|---|---|
| खाली–1 | x | 2 | 0 | 3 | 4 |

**(9) जयमंगल (Jayamangala)** अन्य प्रकार

| मात्रा–14 | धि त्ता तिट कत | ता दित् थुं ना | किट तक | तुं ना गदि गन |
|---|---|---|---|---|
| ताली–4 | x | 2 | 3 | 4 |

**(10) अट (Ata)**

**मात्रा–14**

| ताली–4 | धा ऽ द्धा | गे तिं | ता तिट धा | दिं ता | किट तक | गदि गन |
|---|---|---|---|---|---|---|
| खाली–2 | x | 0 | 2 | 0 | 3 | 4 |

**(1) आड़ापन्न (Adapanna)**

**मात्रा–15**

| ताली–5 | धिन् तिरकिट | धिं ना | धिं धिं | धा धा तुं ना। |
|---|---|---|---|---|
| खाली–1 | x | 2 | 0 | 3 |
| | कत्त ती धिंधी | नाधी धीना | | |
| | 4 | 5 | | |

**(2) इन्द्र (Indra)**

| मात्रा–15 | धागे तिट धुम किट | धदि गन धिन नक | तिट कत | गदि गन | किट तक ता |
|---|---|---|---|---|---|
| ताली–5 | x | 2 | 3 | 4 | 5 |

**(3) गारुगी पंचक (Garugi Panchak)**

| मात्रा–15 | धी धी ना तुं ना कत्त | धुम किट | तिट कत | धा त्रक | धदि गन |
|---|---|---|---|---|---|
| ताली–5 | x | 2 | 3 | 4 | 5 |

**(4) चतुर (Chatur)**

**मात्रा–15**

| ताली–5 | धी ना | धी धी ना | ती ना | क त्ता | धी धी ना | धी धी ना |
|---|---|---|---|---|---|---|
| खाली–1 | x | 2 | 0 | 3 | 4 | 5 |

**(5) चंद्रकला (Chandrakala)**

| मात्रा–15 | धा दिं | ता देत् | देत् तिट | कता थुं थुं | थुं क्ड़ा ऽन | तिट गदि गिन |
|---|---|---|---|---|---|---|
| ताली–6 | x | 2 | 3 | 4 | 5 | 6 |

**(6) चित्र (Chitra)**

**मात्रा–15**

| | | | | | | | | | | | | | | | |
|---|---|---|---|---|---|---|---|---|---|---|---|---|---|---|---|
| ताली–3 | धिं | ना | धिं | धिं | ना | तू | ना | क | त्ता | त्रक | धी | ना | धी | धी | ना |
| खाली–2 | x | | 2 | | | 0 | | | | 3 | | | | 0 | |

**(7) छोटी सवारी (Choti Sawari)**

| | | | | | | | | | | | | | | | |
|---|---|---|---|---|---|---|---|---|---|---|---|---|---|---|---|
| **मात्रा–15** | धा | ऽ | ध | दि | ग | न | धु | म | कि | ट | त | क | धि | न | ता |
| ताली–4 | x | | | | 2 | | | | 3 | | | | 4 | | |

**(8) जगझंप (Jagjhampa)**

| | | | | | | | | | | | | | | | |
|---|---|---|---|---|---|---|---|---|---|---|---|---|---|---|---|
| **मात्रा–15** | धा | ऽ | धा | गे | ध | दि | ग | न | धु | म | कि | ट | दि | ग | न |
| ताली–4 | x | | | | | | | | 2 | | 3 | | 4 | | |

**(9) नीलकुसुम (Neelkusum)**

| | | | | | | | | | | | | | | | |
|---|---|---|---|---|---|---|---|---|---|---|---|---|---|---|---|
| **मात्रा–15** | देत | देतु | थुं | थुं | तिट | कत | धा | दितु | थुं | ताना | तिट | धागे | नाधा | तिटकत | गदिगन |
| ताली–4 | x | | | 2 | | | 3 | | | | | | 4 | | |

**(10) भृङ्ग (Bhringa)**

| | | | | | | | | | | | | | | | |
|---|---|---|---|---|---|---|---|---|---|---|---|---|---|---|---|
| **मात्रा–15** | धी | त्रक | धी | धी | ना | तू | ना | कत | गदि | गिन | धागे | तिट | किट | धी | ना |
| ताली–4 | x | | 2 | | | | | 3 | | | 4 | | | | |

**(11) यतिशेखर (Yatishekhar)**

| | | | | | | | | | | | | | | | |
|---|---|---|---|---|---|---|---|---|---|---|---|---|---|---|---|
| **मात्रा–15** | धा | ततु | धिं | ना | त्रक | धिं | धिं | ना | ततु | धागे | नधा | त्रक | धिना | गदि | गिन |
| ताली–10 | x | 2 | | 3 | | 4 | 5 | 6 | | 7 | 8 | 9 | 10 | | |

**(12) रुद्र (Rudra)**

| | | | | | | | | | | | | | | | |
|---|---|---|---|---|---|---|---|---|---|---|---|---|---|---|---|
| **मात्रा–15** | धा | दिं | ता | तिट | कत | गदि | गन | धा | धा | दिं | ता | तिट | किट | तिट | गदि |
| ताली–11 | x | | 2 | 3 | | 4 | 5 | 6 | | 7 | 8 | 9 | 10 | 11 | |

**(13) शरजन्मा (Sherjanma)**

| | | | | | | | | | | | | | | | |
|---|---|---|---|---|---|---|---|---|---|---|---|---|---|---|---|
| **मात्रा–15** | धा | धुम | किट | धेतु | धुम | किट | तक | धे | त्ता | तिट | कत | तिट | कत | गदि | गन |
| ताली–3 | x | | | 2 | | | | 3 | | | | | | | |

**(14) हिमांशु (Himanshu)**

| | | | | | | | | | | | | | | | |
|---|---|---|---|---|---|---|---|---|---|---|---|---|---|---|---|
| **मात्रा–15** | धागे | तिट | धुम | किट | धा | तिर | किट | धिं | धिं | तिर | किट | तिं | तिं | ना | थुं |
| ताली–4 | x | | | | | 2 | | | | 3 | | | 4 | | |

**(1) शंभु (Shambhu)**

**मात्रा–16**

| | | | | | | | | | | | | | | | | |
|---|---|---|---|---|---|---|---|---|---|---|---|---|---|---|---|---|
| ताली–4 | धा | त्रक | धिं | ना | धा | गदि | गन | किट | तक | धा | क | त | तिट | कत | तिं | ना |
| खाली–1 | x | | | | 2 | | | 3 | | 0 | | | 4 | | | |

**(2) सवारी बड़ी (Sawari Badi) (ध्रुवपद की)**

| मात्रा–16 | धा ऽ कि ट | धु म कि ट | त कि ट त | का ऽ | कि ट |
|---|---|---|---|---|---|
| ताली–5 | x | 2 | 3 | 4 | 5 |

**(3) सवारी बड़ी (Sawari Badi)**

मात्रा–16

| ताली–5 | धी ना | धी ना | धीधी धीना | धीधी धीना | ताऽत्रक तूना |
|---|---|---|---|---|---|
| खाली–3 | x | 0 | 2 | 0 | 3 |
| | ताऽत्रक तूना | कत्ता त्रकधिन | गिनधागे नधातिरकिट | | |
| | 4 | 5 | 0 | | |

**(4) वर्णभिन्न (Varnabhinna)**

| मात्रा–16 | धा धिट | धिट धा | धा तिट कत धा |
|---|---|---|---|
| ताली–4 | x | 2 | 3 |
| | तिट कत गदि गिन धा ऽ गदि गिन | | |
| | 4 | | |

**(5) रुद्र (Rudra)**

| मात्रा–16 | धा ऽ | कि ट | त | क धु | म | कि | ट त | क | त | क धा | ता |
|---|---|---|---|---|---|---|---|---|---|---|---|
| ताली–11 | x | 2 | 3 | 4 | 5 | 6 | 7 | 8 | 9 | 10 | 11 |

**(6) मल्लिकटमोद (Mallikatmod)**

| मात्रा–16 | धा ऽ दिं ता | धिं धिं ता ऽ | तिट किट | तक धुम | किट तक | धा गन |
|---|---|---|---|---|---|---|
| ताली–6 | x | 2 | 3 | 4 | 5 | 6 |

**(7) महानट (Mahanut)**

| मात्रा–16 | धा धेतु धेतु धा | धा धेत धेत | धा धागे नधा तिट |
|---|---|---|---|
| ताली–4 | x | 2 | 3 |
| | धागे तिट कत गदि गिन | | |
| | 4 | | |

**(8) मधुमालती (Madhumalti)**

| मात्रा–16 | धीं धीं नग धागे तिर किट धीना | धा गे तिट कता | धी धी ना | धी ना |
|---|---|---|---|---|
| ताली–4 | x | 2 | 3 | 4 |

**(9) मठ्य (Matthya)**

| मात्रा–16 | धा तिट तिट कत | गेन धागे तिट | किट धिट | तागे तक किट तक | दिन ता तिट |
|---|---|---|---|---|---|
| ताली–4 | x | 0 | 2 | 3 | 4 |
| खाली–1 | | | | | |

**(10) पंचम (Pancham)**

| मात्रा–16 | धा ऽ कि ट | त क | धु म कि ट | त क | ध दि गि न |
|---|---|---|---|---|---|
| ताली–5 | x | 2 | 3 | 4 | 5 |

**(11) खंडपूर्ण (Khandpoorna)**

मात्रा–16

| | | | | | |
|---|---|---|---|---|---|
| ताली–5 | धिन तक धेत् | धेत् धिन नक | तिट कत | धागे तिट | कत तिट तिट कत | गदि गन |
| खाली–1 | x | 2 | 0 | 3 | 4 | 5 |

**(12) ऊषाकिरण (Ushakiran)**

मात्रा–16

| | | | | |
|---|---|---|---|---|
| ताली–3 | धा त्रक धीं त्रक धीं धीं | धागे त्रक तिं तिं | तागे त्रक धिं धागे | नधा त्रक |
| खाली–1 | x | 2 | 3 | 0 |

**(13) उदीर्ण (Udeerna)**

| | | | |
|---|---|---|---|
| मात्रा–16 | धा ऽ कि ट कि ट धिं | ति ट | ता ऽ कि ट त क ति |
| ताली–3 | x | 2 | 3 |

**(14) आर्या (Arya)**

| | | | | | |
|---|---|---|---|---|---|
| मात्रा–16 | धागे तिट | धुम किट तक तक | धुम किट तक | धुम किट तक | तिट कत गदि गन |
| ताली–5 | x | 2 | 3 | 4 | 5 |

**(1) इन्द्रलीन (Indraleena)**

मात्रा–17

| | | | | | |
|---|---|---|---|---|---|
| ताली–3 | धा धा धा | क द्धा ता तिट | किट धा कत किट तिट | कत दिमॣ ता | तिट धा |
| खाली–2 | x | 0 | 2 | 3 | 0 |

**(2) कोकिला (Kokila)**

मात्रा–17

| | | | | | | | | |
|---|---|---|---|---|---|---|---|---|
| ताली–6 | धा धिने | नग धे | घेने नग | घेन् नग | तेने नग | तिट किट | तक गदि | गन धा दिन् |
| खाली–2 | x | 0 | 2 | 3 | 0 | 4 | 5 | 6 |

**(3) गजलील (Gajleela)**

| | | | | |
|---|---|---|---|---|
| मात्रा–17 | धा किट धे त्ता | ता तिट धिन् नक | गदि कत तिट कत | धुम किट तक धदि गन |
| ताली–4 | x | 2 | 3 | 4 |

**(4) गंडकी (Gandki)**

| | | | | | | | |
|---|---|---|---|---|---|---|---|
| मात्रा–17 | देत्देत् | थुंथुं | धाकत दिं ता | किटतक | देत्देत् | थुंथुं | धाकत |
| ताली–14 | x | 2 | 3 | 4 | 5 | 6 | 7 |
| | दिंता | क्डान धा | तिरकिट | तका | थुंगा | गदिगिन | नगदेत् तिटकत |
| | 8 | 9 | 10 | 11 | 12 | 13 | 14 |

**(5) चूड़ामणि (Choodamani)**

| | | | | | |
|---|---|---|---|---|---|
| मात्रा–17 | धा क त | तुं ना | धी धी ना त्रक | ना धी धी ना | धी त्रक धी ना |
| ताली–5 | x | 2 | 3 | 4 | 5 |

(6) **देवध्वनि (Devdhwani)**

| मात्रा–17 | धीधी तृक तूना किड़ नक धा | कत गदि गिन | तिट गदि गिन | धुम किट तक गदि गन |
|---|---|---|---|---|
| ताली–4 | x | 2 | 3 | 4 |

(7) **प्रतापशिखर (Pratapshikhar)**

| मात्रा–17 | धा धिन नक धेत् धिन नक धेत् धिन तक धेत् धेत् धिन | नक तिट | कत गदि गन |
|---|---|---|---|
| ताली–3 | x | 2 | 3 |

(8) **प्रमाण (Pramana)**

| मात्रा–17 | धा ऽन धा कि ट | कि ड़ | ता कि ट त क | धी ना धी ना त्रक |
|---|---|---|---|---|
| ताली–4 | x | 2 | 3 | 4 |

(9) **मकरंदकीर्ति (Makarandakeerti)**

मात्रा–17

| ताली–4 | दिं दिं ता धा | दिं दिं ता | धा धा | दिं ता | दिं ता तिट कत गदि गन |
|---|---|---|---|---|---|
| खाली–1 | x | 2 | 0 | 3 | 4 |

(10) **मयूर (Mayura)**

| मात्रा–17 | धा धा | धिन नक धे धे | धिन नक कि ट त क | ग दि ग न ता |
|---|---|---|---|---|
| ताली–4 | x | 2 | 3 | 4 |

(11) **रुद्र (Rudra)**

| मात्रा–17 | धा धिड़ | नक | धिड़ नक | धुम | किट | धिड़ नक | तक | धुम | किट | तक धुम | किट गदि गन |
|---|---|---|---|---|---|---|---|---|---|---|---|
| ताली–11 | x | 2 | 3 | 4 | 5 | 6 | 7 | 8 | 9 | 10 | 11 |

(12) **विष्णु (Vishnu)**

| मात्रा–17 | धा ऽ कि ट | त क | धु म कि ट | त क | धे ऽ | धि न ता |
|---|---|---|---|---|---|---|
| ताली–6 | x | 2 | 3 | 4 | 5 | 6 |

(13) **सागर (Sagar)**

| मात्रा–17 | धा धु म धे त्ता | त क धु म क | धा क तिट कत गदि गन ता |
|---|---|---|---|
| ताली–3 | x | 2 | 3 |

(1) **सरस्वती (Saraswati)**

| मात्रा–18 | धा ऽ धिं ना | धे न | कि ट घे न | धा गे ति ट | धा गे तुं ना |
|---|---|---|---|---|---|
| ताली–5 | x | 2 | 3 | 4 | 5 |

(2) **विषम (Visham)**

| मात्रा–18 | धा धा | दिं ता | किट धा | धिं ता ऽ | किट तक | गदि गिन | धुम किट | तक धदि गन |
|---|---|---|---|---|---|---|---|---|
| ताली–8 | x | 2 | 3 | 4 | 5 | 6 | 7 | 8 |

**(3) लक्ष्मी (Laxmi)**

| | | | | | | | |
|---|---|---|---|---|---|---|---|
| मात्रा–18 | धिंना | धिंधा | तिरकिट धिंना | धिंधा | तिरकिट | धाधा तिरकिट | धाधा |
| ताली–15 | x | 2 | 3 | 4 | 5 | 6 | 7 |
| | तिरकिट | धिंना | धिंधा | तिरकिट | तूना | किड़नग | तागे | ता तिरकिट |
| | 8 | 9 | 10 | 11 | 12 | 13 | 14 | 15 |

**(4) ब्रह्मयोग (Brahmayog)**

| | | | | | |
|---|---|---|---|---|---|
| मात्रा–18 | धाधित् ताधित् | धाधा | धेड़नग तिरकिट | | थुंथु |
| ताली–12 | x | 2 | 3 | | 4 |
| | गदिगन कत्तिटि | ताधा | थुं | धुमकिट | क्ड़ाऽन। |
| | 5 | 6 | 7 | 8 | 9 |
| | धाकत गदिगन | धेनान ताकत | | धाकत कताकत | |
| | 10 | 11 | | 12 | |

**(5) पुराण (Purana)**

| | | | | | | |
|---|---|---|---|---|---|---|
| मात्रा–18 | धा ऽ धि न | न क | धे ऽ धि न | न क | धा गे | ध दि ग न |
| ताली–6 | x | 2 | 3 | 4 | 5 | 6 |

**(6) चन्द्रावल (Chandrawal)**

| | | | |
|---|---|---|---|
| मात्रा–18 | ता देत् थुं ना कत | तुं ना गदि गन तुं ना | धा गदि गिन ता दित थुं ना |
| ताली–3 | x | 2 | 3 |

**(7) चन्द्र (Chandra)**

| | | | | |
|---|---|---|---|---|
| मात्रा–18 | ता ऽ धेतु धिन | धा ऽ | धा ऽ | तिट कत |
| ताली–6 | x | 2 | 3 | 4 |
| | धेतु धिन नक धेतु | धा गे तिटकत गदिगन | | |
| | 5 | 6 | | |

**(8) गणेश (Ganesh)**

| | | | | | |
|---|---|---|---|---|---|
| मात्रा–18 | धा ऽ धि ट | धि ट धा ऽ | धा ऽ कि ट | त क | ध दि गि न |
| ताली–5 | x | 2 | 3 | 4 | 5 |

**(9) गजलील (Gajleel)**

| | | | |
|---|---|---|---|
| मात्रा–18 | धा किट धे त्ता | ता तिट धिन नग | गिदि कत घेघे तिट |
| ताली–5 | x | 2 | 3 |
| | धुम किट गदि गिन | तिट कत | |
| | 4 | 5 | |

**(10) कौशिक (Kaushik)**

| | | | |
|---|---|---|---|
| मात्रा–18 | धा ऽ त क धु म कि ट | धे ऽ त्ता ऽ ध दि ग न | धदि गन |
| ताली–3 | x | 2 | 3 |

(11) **अट (Ata)**

**मात्रा–18**

| ताली–4 | धा | धा | तिट | धा | तिट | कत | धेत् | ता | किट | तक |
|---|---|---|---|---|---|---|---|---|---|---|
| खाली–2 | x | | | | 0 | | | 2 | | |
| | गदि | गिन | तिट | ता | गेन | तिट | धिट | ता | | |
| | 0 | | | | 3 | | 4 | | | |

(1) **कैदफरोदस्त (Quidafarodasta)**

**मात्रा–19**

| ताली–7 | धिं | ता | कत | तिं | ता | तिरकिट | धिन् | ता | क | त्ता |
|---|---|---|---|---|---|---|---|---|---|---|
| खाली–1 | x | | | 0 | | | 2 | | 3 | |
| | तिरकिट | तूना | धीधी | नग | धीधी | नग | धी | धिंता | कत | |
| | 4 | | 5 | | | 6 | | 7 | | |

(2) **जगदम्बा (Jagdamba)**

**मात्रा–19**

| ताली–4 | धि | त्ता | तिट | तिट | कत | कत | गदि | गन | न | क |
|---|---|---|---|---|---|---|---|---|---|---|
| खाली–1 | x | | | | | 2 | | | 0 | |
| | धिं | धिं | धागे | त्रक | धा | धुम | किट | धुम | किट | |
| | 3 | | | | 4 | | | | | |

(3) **पूर्ण (Poorna)**

| मात्रा–19 | धा | ऽ | धा | कि | ट | कि | ड़ | धि | ट | ता | धे | ऽ | त्ता | ऽ |
|---|---|---|---|---|---|---|---|---|---|---|---|---|---|---|
| ताली–4 | x | | | | | | | 2 | | 3 | | | | |
| | त | कि | ट | ता | ऽ | | | | | | | | | |
| | 4 | | | | | | | | | | | | | |

(4) **लोकमाता (Lokmata)**

| मात्रा–19 | धा | कि | ट | धा | धा | कि | ट | क्ड़ | धा | कि | ट | ति |
|---|---|---|---|---|---|---|---|---|---|---|---|---|
| ताली–5 | x | | | | 2 | | | | 3 | | | |
| | ट | क | त | ग | दि | ग | न | | | | | |
| | 4 | | | | 5 | | | | | | | |

(5) **वर्धन (Vardhan)**

| मात्रा–19 | धा | ऽग | धा | गे | तिट | ता | ऽग | ता | | | | | |
|---|---|---|---|---|---|---|---|---|---|---|---|---|---|
| ताली–5 | x | | 2 | | 3 | | | | | | | | |
| | गे | तिट | धा | गे | तिट | कत | गदि | गिन | नग | द्धे | ऽ | | |
| | 4 | | | | | | | | | | | | |

### (6) शरभक्रीड़ा (Sharabhkreeda)

**मात्रा–19**

| | | | | | | | | | | | | |
|---|---|---|---|---|---|---|---|---|---|---|---|---|
| ताली–6 | धा | त्रक | थु | ना | ना | क | ता | धिन | नक | धेत् | धिन | नक | तिट |
| खाली–1 | x | | | | | 0 | | 2 | | | | | |
| | धागे | नधा | धिट | कत | गदि | गन | | | | | | | |
| | 3 | | 4 | 5 | 6 | | | | | | | | |

### (7) शेष (Shesha)

| | | | | | | | | | | | | |
|---|---|---|---|---|---|---|---|---|---|---|---|---|
| **मात्रा–19** | धा | ऽ | कि | ट | त | क | धु | म | कि | ट | त | क |
| ताली–7 | x | | | | 2 | | | | 3 | | 4 | |
| | धा | ऽ | ता | ऽ | धा | गे | ता | | | | | |
| | 5 | | | | 6 | 7 | | | | | | |

### (8) त्रिवेणी (Triveni)

**मात्रा–19**

| | | | | | | | | | | |
|---|---|---|---|---|---|---|---|---|---|---|
| ताली–12 | धा | धा | धि | ट | धि | ट | धु | म | कि | |
| खाली–2 | x | 0 | 2 | 3 | 0 | 4 | | 5 | | |
| | ट | त | क | धा | ति | ट | क | त | धे | त्ता |
| | 6 | | 7 | 8 | 9 | 10 | | 11 | 12 | |

### (1) सुदर्शन (Sudarshan)

| | | | | | | | | | | | | |
|---|---|---|---|---|---|---|---|---|---|---|---|---|
| **मात्रा–20** | धा | ऽ | कि | ट | त | क | धु | म | कि | ट | त | क |
| ताली–7 | x | | 2 | | 3 | | 4 | | 5 | | 6 | |
| | धे | ऽ | त्ता | ऽ | ध | दि | गि | न | | | | |
| | 7 | | | | | | | | | | | |

### (2) वीरपंच (Veerpanch)

**मात्रा–20**

| | | | | | | | | | | |
|---|---|---|---|---|---|---|---|---|---|---|
| ताली–5 | धा | ऽ | दिं | ता | तिट | धा | तिट | कत | गदि | गिन |
| खाली–3 | x | | 0 | | 2 | | | | 3 | |
| | दिन | ता | किट | तक | धिट | तिट | गेन | किट | तक | दिन |
| | 0 | | 4 | | | | 5 | | 0 | |

### (3) विजय (Vijay)

| | | | | | | | | | | | | |
|---|---|---|---|---|---|---|---|---|---|---|---|---|
| **मात्रा–20** | धा | ऽ | धि | न | न | क | धे | ऽ | धि | न | न | क |
| ताली–4 | x | | | | | | | | 2 | | 3 | |
| | धे | ऽ | त्ता | ऽ | ध | दि | ग | न | | | | |
| | 4 | | | | | | | | | | | |

**(4) वर्णमंठिका (Varnamanthika)**

| मात्रा–20 | धा ऽ धा ऽ | ति ट क त | ग दि | क त |
|---|---|---|---|---|
| ताली–7 | x | 2 | 3 | 4 |
| | ति ट क त | ग दि | ग न | |
| | 5 | 6 | 7 | |

**(5) मिथिलेश (Mithilesh)**

| मात्रा–20 | धा धिं तक तक | धा धिं तक धा क त्ता |
|---|---|---|
| ताली–4 | x | 2 |
| | धिन तक तक किट क त्ता धी | धी धी ना |
| | 3 | 4 |

**(6) महासेन (Mahasen)**

| मात्रा–20 | धात्र कधि नक धात्र कधि नक | दी ना क त्ता त्रक |
|---|---|---|
| ताली–4 | x | 2 |
| | धी ना | धी धी ना तिट कत गदि गन |
| | 3 | 4 |

**(7) महाव्रज (Mahavrij)**

| मात्रा–20 | धा ऽ तिट धा दिं ता तिट कत दिग | नागे तागे |
|---|---|---|
| ताली–3 | x | 2 |
| | धागे नागे किट ता तिट गेन धिट किट तक | |
| | 3 | |

**(8) मन्मथ (Manmath)**

| मात्रा–20 | धा ऽ घेघे नग धिन | धा ऽ घेघे नग धिन |
|---|---|---|
| ताली–4 | x | 2 |
| | धा ऽ घेघे नग धिन | धा ऽ धे ऽ त्ता |
| | 3 | 4 |

**(9) ग्रहाग्रह (Grahagrih)**

| मात्रा–20 | धा कि | ट त क धा | धा धा कि | ट धा कि |
|---|---|---|---|---|
| ताली–5 | x | 2 | 3 | 0 |
| खाली–1 | ट त क धा | तिट कत गदि गिन | | |
| | 4 | 5 | | |

**(10) गणेश (Ganesh)**

| मात्रा–20 | धा दिन | ता ता | धेत् धेत् | घेन | नग | धेत् धा | |
|---|---|---|---|---|---|---|---|
| ताली–9 | x | 0 | 2 | 3 | | 4 | |
| खाली–3 | किट तग | किड़ धा | किट तक | तिट | कत | गदि | गन |
| | 0 | 5 | 0 | 6 | 7 | 8 | 9 |

## (11) गजारिश्च (Gajarishcha)

**मात्रा–20**

| ताली–3 | धा | धा | ता | धेत् | तक | धा | दिं | ता | धा |
|---|---|---|---|---|---|---|---|---|---|
| खाली–2 | x | | 0 | | | 2 | | | |

| | धा | दिं | ता | दिं | दिं | ता | त्रक | तिट | कत | गदि | गिन |
|---|---|---|---|---|---|---|---|---|---|---|---|
| | 3 | | | | | | | 0 | | | |

## (12) कृष्ण (Krishna)

| **मात्रा–20** | धा | ऽ | धा | ऽ | कि | ट | त | क | धु | म | कि |
|---|---|---|---|---|---|---|---|---|---|---|---|
| ताली–12 | x | 2 | 3 | 4 | 5 | | | | 6 | 7 | 8 |

| | ट | त | क | द्धे | ऽ | ध | दि | ग | न |
|---|---|---|---|---|---|---|---|---|---|
| | 9 | | | | 10 | 11 | 12 | | |

## (13) अभिनन्दन (Abhinandana)

| **मात्रा–20** | धा | ऽ | धि | न | न | क | घे | ऽ | धि | न |
|---|---|---|---|---|---|---|---|---|---|---|
| ताली–7 | x | | | | 2 | | 3 | | | |

| | न | क | घे | ऽ | धा | ऽ | धि | न | न | क |
|---|---|---|---|---|---|---|---|---|---|---|
| | 4 | | 5 | | 6 | | | | 7 | |

## (1) गणेश (Ganesh)

| **मात्रा–21** | धा | ऽ | कि | ट | त | धा | ऽ | कि | ट | त | क |
|---|---|---|---|---|---|---|---|---|---|---|---|
| ताली–10 | x | | | | 2 | 3 | | | | 4 | 5 |

| | ध | दि | ग | न | धि | धा | त | का | धा | ता |
|---|---|---|---|---|---|---|---|---|---|---|
| | 6 | | | | 7 | 8 | 9 | 10 | | |

## (2) दाक्षामण (Dakshamana)

**मात्रा–21**

| ताली–5 | धाग | धाग | दीं | कत | धा | धी | दीं | ता | धग | तिट | कत | धग |
|---|---|---|---|---|---|---|---|---|---|---|---|---|
| खाली–1 | x | | | | 2 | | | | 3 | | | |

| | धागे | धा | धा | दीं | ता | तिट | कत | गदि | गन |
|---|---|---|---|---|---|---|---|---|---|
| | 4 | | 5 | | 0 | | | | |

## (3) ध्रुव (Dhruva)(अन्य प्रकार)

| **मात्रा–21** | धा | ऽ | ति | ट | क | त | ग | दि | ग | न | धु |
|---|---|---|---|---|---|---|---|---|---|---|---|
| ताली–9 | x | 2 | | | 3 | | | 4 | 5 | | |

| | म | ति | ट | क | त | ग | दि | ग | न | ता |
|---|---|---|---|---|---|---|---|---|---|---|
| | 6 | | | 7 | 8 | | | 9 | | |

**(4) मनसिज (Mansij)**

| | | | | | | | | | | | | |
|---|---|---|---|---|---|---|---|---|---|---|---|---|
| **मात्रा–21** | ती | ती | नक | धागे | तिर | किट | धीना | न | देतु | थुं | ना | कत |
| ताली–4 | x | | | | | | | 2 | | | | |
| | किट | तक | धि | त्ता | धुम | किट | तक | तिं | ना | | | |
| | 3 | | | | 4 | | | | | | | |

**(5) मल्ल (Malla)**

| | | | | | | | | | | | | |
|---|---|---|---|---|---|---|---|---|---|---|---|---|
| **मात्रा–21** | धा | ऽ | दिं | ता | धिं | धिं | ता | ऽ | धा | ऽ | दिं | ता |
| ताली–6 | x | | | | 2 | | | | 3 | | | |
| | धिं | धिं | ता | धिं | धिं | ता | तिट | गदि | गिन | | | |
| | 4 | | | | 5 | | 6 | | | | | |

**(6) शरभलीला (Sharabhleela)**

| | | | | | | | | | | | | | |
|---|---|---|---|---|---|---|---|---|---|---|---|---|---|
| **मात्रा–21** | धा | गे | दिं | ता | ता | किट | धागे | दिं | ता | दिं | दिं | ता | तिट |
| ताली–4 | x | | | | | | 2 | | | | | | |
| | कत | गिन | धग | तग | दीं | ता | गदि | गिन | | | | | |
| | 3 | | | | | 4 | | | | | | | |

**(7) श्रवणनील (Shravananeel)**

| | | | | | | | | | | | |
|---|---|---|---|---|---|---|---|---|---|---|---|
| **मात्रा–21** | धा | कड़धा | ऽन | धे | त्ता | त्ता | ध | दि | गि | न | |
| ताली–5 | x | | | 2 | | | 3 | | | | |
| | कड़धा | ऽन | तिट | कत | तक | ता | ऽ | तिट | कत | गदि | गिन |
| | 4 | | | | | | | | | 5 | |

**(8) हेमवती (Hemwati)**

| | | | | | | | | | | |
|---|---|---|---|---|---|---|---|---|---|---|
| **मात्रा–21** | धा | गे | धा | गे | धा | ऽ | धिट | धा | कत | धिन | ता |
| ताली–5 | x | | 2 | | | | | 3 | | | |
| | धा | गे | धिन | ता | क | त्ता | तिट | कत | गदि | गन | |
| | 4 | | | | | 5 | | | | | |

**(1) हनुमान (Hanuman)**

| | | | | | | | | | | | | | | |
|---|---|---|---|---|---|---|---|---|---|---|---|---|---|---|
| **मात्रा–22** | धा | ऽ | कि | ट | त | क | धु | म | कि | ट | त | क | धे | ऽ |
| ताली–8 | x | | | | 2 | | | | 3 | | 4 | | | |
| | त्ता | ऽ | त | क | धे | ऽ | त्ता | ऽ | | | | | | |
| | 5 | | 6 | | 7 | | 8 | | | | | | | |

**(2) श्रुति (Shruti)**

| | | | | | | | | | | | | | |
|---|---|---|---|---|---|---|---|---|---|---|---|---|---|
| **मात्रा–22** | धा | ऽ | धि | न | न | क | धे | ऽ | धि | न | न | क |
| ताली–8 | x | | | | 2 | | 3 | | 4 | | | |
| | धे | ऽ | धि | ऽ | धि | न | न | क | ता | ऽ | | |
| | 5 | | 6 | | 7 | | 8 | | | | | |

**(3) शोभाधाम (Shobhadham)**

**मात्रा–22** धा त्रक धी ना | धा किट तक धुम तक | तिट कत
ताली–6 x | 2 | 3
धदि गिन गिन गिन | किट तक धुम | किट तक | थुं ना
| 4 | 5 | 6

**(4) भरव (Bharav)**

**मात्रा–22** धा ऽ धि न | न क धे ऽ | धि न | न क धि न |
ताली–7 x | 2 | 3 | 4 |
न क | त क | ध दि गि न
5 | 6 | 7

**(5) भार्गवी (Bhargawi)**

**मात्रा–22** धा ऽ दिं | धा किट तक | धुम किट तक तकि टत |
ताली–6 x | 2 | 3 |
का किट धुम | धुम किट तिट कत | धागे नधा तिट कत
4 | 5 | 6

**(6) अट (Ata)**

**मात्रा–22**
ताली–4 धा धा गे तिट ता धा | गे तिट किट | तक धिट तिट गेन
खाली–2 x | 0 | 2
तिट किट तक | धेतु ता | तिट कत | गदि गिन
| 0 | 3 | 4

**(1) देवगांधार (Devgandhara)**

**मात्रा–23**
ताली–4 धा दिं ता धा | दिं ता किट | धा धा दिं ता धा |
खाली–2 x | 0 | 2 |
तिट कत धा | धा गे दीं ता किट | धा दिं ता
0 | 3 | 4

**(2) ध्रुव (Dhruva)**(अन्य प्रकार)

**मात्रा–23**
ताली–5 धा किट धा दिं | ता क द्धा | दिं ता | तिट कत गदि गिन |
खाली–2 x | 0 | 2 | 3 |
दिं ता तिट | कत किट तागे नागे | तिट दिं ता
0 | 4 | 5

(3) **पंचशर (Panchsher)**

**मात्रा–23**

ताली–5   धा धिं ना त्र क | धी ना क त्ता | त्रक धिं ना धिं ना |
खाली–1   x | 2 | 0 |
तिं ना तिर किट | तक गदि गिन | थुं ना
3 | 4 | 5

(4) **भग्न (Bhagna)**

**मात्रा–23**   धा ऽ | ति ट | क त | धु म | ति ट क त ग |
ताली–7   x | 2 | 3 | 4 | 5 |
दि ग न धु म | धि न न क ता
6 | 7

(5) **मगध (Magadha)**

**मात्रा–23**   धा ऽ धि न | न क घे ऽ धि न न क |
ताली–6   x | 2 |
घे ऽ धे ऽ | धि न धा | क त | धा ऽ
3 | 4 | 5 | 6

(1) **समदर्शन (Samdarshan)**

**मात्रा–24**   धा ऽ धि ट | धा धा धि ट ति ट ता ऽ तिट
ताली–3   x | 2
ता ऽ ति ट | के तिट के धि ट त
| 3

(2) **रायबंक (Raibank)**

**मात्रा–24**   धा ऽ कि ट धु म कि ट | धि न धा ऽ |
ताली–5   x | 2 |
धु म कि ट त क धा ऽ | ध दि | ग न
3 | 4 | 5

(3) **नन्दी (Nandi)**

**मात्रा–24**   धा ऽ क त्त | ते टे | दि ग | गि दी क त |
ताली–5   x | 2 | 3 | 4 |
धी धी ना त्रक ता ऽ तु ना त्रक धी धी ना
5

**(4) कंदर्प (Kandarp)**

**मात्रा–24**

ताली–5 धा ऽ | धा ऽ | ति ट क ता | गि दि कत |
खाली–2 x | 2 | 3 | 4

ता दी थुं ना | ति ट क त | ग दि गि न
0 | 5 | 0

**(5) अर्य्युन (Aryuna)**

**मात्रा–24** धिं ना | धिं त्रक धिं ना | ती ना | ती त्रक ती ना |
ताली–9 x | 2 | 3 | 4

तिट कत | गदि गिन | धा त्रक | धिं ना तिट कत | तुं ना
5 | 6 | 7 | 8 | 9

**(6) अभिराम (Abhiram)**

**मात्रा–24** धा त्रक धिन धिन तक धिन | तिर किट धिन |
ताली–5 x | 2

ता गे तागे केटे | धा गदि गन तुं ना |
3 | 4

ता तिन धिन धिन त्रक धिन
5

**(7) अट (Ata)**

**मात्रा–24** धा ऽ | कि ड़ा | ऽ न धु म | कि ट | त क धे ऽ |
ताली–8 x | 2 | 3 | 4 | 5

त्ता ऽ कि ट | तक क | ध दि ग न
6 | 7 | 8

**(1) कलानिधि (Kalanidhi)**

**मात्रा–25**

ताली–3 धी धी नक धागे तिर किट धीना | त्रक धागे तिट धुम किट धा |
खाली–2 x | 2

तिं ना ता तिर | क त्ता धिंधिं तिट धा त्रक | तिट कतु
0 | 3 | 0

**(1) सालवंठ (Salvantha)**

**मात्रा–26** धा ऽ गे ऽ | धा ऽ गे ऽ | धि न न क | धे ऽ |
ताली–8 x | 2 | 3 | 4 |

ता ऽ धि न | न क त क | धा ऽ | धि न
5 | 6 | 7 | 8

**(2) मरीची (Mareechi)**

**मात्रा–26** धा ऽ धिं ना धि न | धुम किट गदि गिन तक |
ताली–6 x | 2 |

तुं ना क त्ता धुम किट | तिट किट धा गदि गन |
3 | 4 |

धुम किट तक | ता
5 | 6

**(3) बसन्तशिखिर (Basantshikhar)**

**मात्रा–26**
ताली–6 धा त्रक धिन नक | थुं गा धिन नक तिट कत |
खाली–3 x | 2 |

धा | धग तिट | कत गदि गन | धग तिट |
3 | 4 | 0 | 5 |

कत गदि गिन | धग तिट | कत गदि गिन
0 | 6 | 0

**(4) पशुपति (Pashupati)**

**मात्रा–26** धा कि ट त क | धा कि ट त क धे ऽ |
ताली–4 x | 2 |

त्ता कि ट त क धि न धे | त्ता धा ध दि गि न
3 | 4

**(1) अर्घ्य (Ardhya)**

**मात्रा–27** धा गे ता धा | दिं ऽ | दिं ऽ | ता धा दिं ता तिट |
ताली–12 x | 2 | 3 | 4 |

कत गदि गिन | धा ऽ ता ऽ ता | धा | दिं | ता | धा | गढि | गन
5 | 6 | 7 | 8 | 9 | 10 | 11 | 12

**(2) कुसुमाकर (Kusumakar)**

मात्रा–27

ताली–5

खाली–1

| धिं | धिं | ना | धा | धा | त्रक | धिन | तक | थुं | गा |
|---|---|---|---|---|---|---|---|---|---|
| x | | | 2 | | | | | | |
| ति | ति | ट | धिन | तक | धुम | किट | तक | धिन | |
| 0 | | | 3 | | | | | | |
| तक | गदि | गिन | तु | न्ना | कत | गदि | गिन | | |
| 4 | | | 5 | | | | | | |

**(3) नक्षत्र (Nakshatra)**

मात्रा–27

ताली–9

| धा | धिं | नक | तक | धिं | नग | धा | किट | तक | धुम | किट | तक |
|---|---|---|---|---|---|---|---|---|---|---|---|
| x | | | 2 | | | 3 | | | 4 | | |
| नग | धिं | नग | तग | धिं | ना | कड़धा | तक | नग | तकि | टध | किट |
| 5 | | | 6 | | | 7 | | | 8 | | |
| कड़ाऽ | नक्ड़ा | ऽ न | | | | | | | | | |
| 9 | | | | | | | | | | | |

**(1) राजनारायण (Rajnarayan)**

मात्रा–28

ताली–6

| धा | ऽ | धि | न | न | क | धे | ऽ | धि | न | न | धि | न | न | त | क |
|---|---|---|---|---|---|---|---|---|---|---|---|---|---|---|---|
| x | | 2 | | 3 | | | | 4 | | | | | | | |
| ध | दि | ग | न | धि | न | न | धि | न | न | त | क | | | | |
| 5 | | | | 6 | | | | | | | | | | | |

**(2) ब्रह्म (Brahma)**

मात्रा–28

ताली–10

खाली–4

| धा | धिं | धिं | धा | त्रक | धिं | धिं | धा | त्रक | धिं | धिं | धा | ती | ती |
|---|---|---|---|---|---|---|---|---|---|---|---|---|---|
| x | | 0 | | 2 | | 3 | | 0 | | 4 | | 5 | |
| ता | ती | ती | ना | तू | ना | क | ता | धागे | नधा | त्रक | धिन | गदि | गिन |
| 6 | | 0 | | 7 | | 8 | | 9 | | 10 | | 0 | |

**(1) ध्रुव (Dhruva)**

मात्रा–29

ताली–4

खाली–3

| धा | तिद्धा | धा | दिं | तिट | धा | किट | तक | दिं | ता |
|---|---|---|---|---|---|---|---|---|---|
| x | | | | | | | 0 | | |
| तिट | धागे | नागे | दिग | तागे | तिट | कत | गेन | तिट | ता |
| 2 | 3 | | | | | | 0 | | |
| धा | गे | तिट | ता | गे | तिट | दिं | तागे | धागे | |
| 4 | | | | | | 0 | | | |

**(2) सवारी (Sawari)**

| | | | | | | | | | | | | | | | | | |
|---|---|---|---|---|---|---|---|---|---|---|---|---|---|---|---|---|---|
| **मात्रा–30** | धी | ता | क | धी | ता | क | धीं | धीं | ता | क | धीं | धीं | ता | क | ती | ना | |
| ताली–4 | x | | | | | | | | 2 | | | | | | | | |
| | ती | ना | त्रि | किट | धी | ना | धी | धी | ना | धी | धी | ना | धी | ना | | | |
| | 3 | | | | | | | | 4 | | | | | | | | |

**(3) चक्र (Chakra)**

| | | | | | | | | | | | | | | | | |
|---|---|---|---|---|---|---|---|---|---|---|---|---|---|---|---|---|
| **मात्रा–30** | धा | ऽ | कि | ट | त | क | धु | म | कि | ट | त | क | धा | गे | ते | |
| ताली–4 | x | | | | | | | | 2 | | | | 3 | | | |
| | टे | क | त | त | क | ता | ऽ | ध | दि | ग | न | धि | न | न | क | |
| | | | | | | | | 4 | | | | | | | | |

**(1) सवारी (Sawari)**

| | | | | | | | | | | | | |
|---|---|---|---|---|---|---|---|---|---|---|---|---|
| **मात्रा–32** | धी | ऽ | ना | ऽ | धी | ऽ | धी | ऽ | ना | ऽ | धी | धी |
| ताली–4 | x | | | | | | | 2 | | | | |
| | ना | धी | धी | ना | तिन | तिरकिट | तिन | तिन | ना | ना | तू | |
| | | | | | 3 | | | | | | | |
| | ना | कत् | ता | तिरकिट | धी | ना | धी | धी | ना | | | |
| | 4 | | | | | | | | | | | |

**(2) नांदी (Nandi)**

| | | | | | | | | | | | | |
|---|---|---|---|---|---|---|---|---|---|---|---|---|
| **मात्रा–32** | ता | धिन | नक | धिन | नक | धेत् | धेत् | धिन | नक | तक | धिग | नक |
| ताली–7 | x | | | | 2 | | 3 | | 4 | | | |
| | किट | तक | धिन | नक | तक | धेत् | धागे | धिन | नक | धेत् | धा | ऽ |
| | 5 | | | | 6 | | | | | | | |
| | दीं | ऽ | ता | ऽ | तिट | कत | गदि | गिन | | | | |
| | 7 | | | | | | | | | | | |

**(3) चूड़ामणि (Chooramani)**

| | | | | | | | | | | | |
|---|---|---|---|---|---|---|---|---|---|---|---|
| **मात्रा–32** | धा | गे | धा | गे | दिं | ता | धा | गे | धि | न | न |
| ताली–9 | x | | 2 | | 3 | | 4 | | | | |
| | क | दिं | ऽ | ता | ऽ | धा | गे | ध | दि | ग | न |
| | 5 | | | | | 6 | | 7 | | | |
| | धि | न | न | धि | न | न | त | का | ता | ऽ | |
| | 8 | | | | | 9 | | | | | |

### (1) विष्णु (Vishnu)

| | | | | | | | | | | | | | | |
|---|---|---|---|---|---|---|---|---|---|---|---|---|---|---|
| **मात्रा–36** | धा | ऽ | धि | ट | धि | ट | धा | ऽ | ता | ऽ | कि | ट | धि | ट |
| ताली–12 | x | | | | 2 | | | | 3 | | | | 4 | |
| | धा | ऽ | दि | न | धि | ट | धि | ट | धा | ऽ | कि | ट | त | क |
| | 5 | | | | 6 | | | | 7 | | 8 | | 9 | |
| | ध | दि | ग | न | धा | ऽ | दि | न | | | | | | |
| | 10 | | 11 | | 12 | | | | | | | | | |

### (2) लक्ष्मी (Laxmi)

| | | | | | | | | | | | | | | |
|---|---|---|---|---|---|---|---|---|---|---|---|---|---|---|
| **मात्रा–36** | धा | ऽ | कि | ट | त | क | धु | म | कि | ट | त | क | धे | ऽ |
| ताली–15 | x | | | | 2 | | 3 | | 4 | | | | 5 | |
| | त्ता | ऽ | कि | ट | त | क | धि | न | न | क | धे | ऽ | त्ता | ऽ |
| | 6 | | 7 | | | | 8 | | 9 | | 10 | 11 | 12 | |
| | कि | ट | त | क | ध | दि | ग | न | | | | | | |
| | | | 13 | | 14 | | 15 | | | | | | | |

### (1) राजसिंह (Rajsingh)

| | | | | | | | | | | | | | | |
|---|---|---|---|---|---|---|---|---|---|---|---|---|---|---|
| **मात्रा–40** | धा | ऽ | धि | न | न | क | धा | ऽ | धा | गे | धि | न | क | ता |
| ताली–10 | x | | | | | | 2 | | 3 | | 4 | | | |
| | धा | गे | धा | धे | त्ता | ऽ | धि | न | न | क | ता | ऽ | | |
| | 5 | | 6 | 7 | | | 8 | | | | | | | |
| | धि | न | न | क | त | क | ति | ट | क | त | ग | दि | ग | न |
| | 9 | | | | | | | | 10 | | | | | |

### (2) सिंहनाद (Singhnada)

| | | | | | | | | | | | | | | |
|---|---|---|---|---|---|---|---|---|---|---|---|---|---|---|
| **मात्रा–40** | धा | ऽ | कि | ट | धु | म | कि | ट | त | कि | ट | त | का | ऽ |
| ताली–6 | x | | | | 2 | | | | | | | | 3 | |
| | कि | ट | धु | म | कि | ट | धा | गे | धे | ट | त | क | धा | ऽ |
| | | | | | | | 4 | | | | | | | |
| | धि | न | न | क | धा | गे | ते | टे | ध | दी | ग | न | | |
| | 5 | | | | 6 | | | | | | | | | |

(1) **संगविक्रम (Sangavikram)**

**मात्रा–64**

ताली–8
खाली–6

| धी | त्रक | धी | ना | धी | धी | ना | कत्त | ति | ट | क | ता |
|---|---|---|---|---|---|---|---|---|---|---|---|
| x | | | | 0 | | | | 2 | | | |
| ग | दि | ग | न | ता | दि | थुं | ना | धा | गे | ति | ट |
| 0 | | | | 3 | | | | 0 | | | |
| ग | दि | ग | न | धे | दा | ऽ | न | कि | ट | क | त |
| 4 | | | | 5 | | | | | | | |
| ता | ड़ी | थुं | थुं | कि | ट | त | ग | दिं | ऽ | ग | ड़ |
| 0 | | | | 6 | | | | 0 | | | |
| धु | म | कि | ट | धु | म | कि | ट | ग | दि | ग | न |
| 7 | | | | 0 | | | | | | | |
| ता | गे | ते | टे | | | | | | | | |
| 8 | | | | | | | | | | | |

*————*

## पखावज पर बजने वाले तालों के ठेके

## पखावज पर बजने वाले ताल

(1) **प्रतिमंठ (Pratimantha)**

| मात्रा–4 | धा | त्रक | धेन | नक |
|---|---|---|---|---|
| ताली–2 | x | | 2 | |

(2) **पट (Pata)**

**मात्रा–4**

| ताली–1 | धाकि | टधा | गदि | गन |
|---|---|---|---|---|
| खाली–1 | x | | 0 | |

(1) **रुचिरमंठ (Ruchirmantha)**

| मात्रा–6 | धा | दिन | ता | धा | धेन | नक |
|---|---|---|---|---|---|---|
| ताली–2 | x | | | 2 | | |

(2) **गरुड़ (Garuda)**

**मात्रा–6**

| ताली–4 | धा | किट | धा | आ | गदि | गन |
|---|---|---|---|---|---|---|
| खाली–2 | x | 0 | 2 | 3 | 4 | 0 |

(3) **कैद (Quida)**

**मात्रा–6**

| | | | | | | |
|---|---|---|---|---|---|---|
| ताली–1 | धागे | धा | दिन् | ता | घेन | नक् |
| खाली–1 | x | | | 0 | | |

(4) **दर्पण (Darpan)**

**मात्रा–6**

| | | | | | | |
|---|---|---|---|---|---|---|
| ताली–2 | धा | दिन् | धा | धा | घेन | नक |
| खाली–1 | x | | 2 | | 0 | |

(5) **मनोज (Manoj)**

**मात्रा–6**

| | | | | | | |
|---|---|---|---|---|---|---|
| ताली–2 | धा | धेट | धा | धा | तेट | कत |
| खाली–1 | x | | 0 | | 2 | |

(1) **समीर (Sameer)**

**मात्रा–7**

| | | | | | | | |
|---|---|---|---|---|---|---|---|
| ताली–3 | धा | ता | धा | ता | कत | तेटकत | गदिगन् |
| खाली–3 | x | 0 | 2 | 0 | 3 | 0 | |

(2) **लघुशेखर (Laghushekhar)**

**मात्रा–7**

| | | | | | | | |
|---|---|---|---|---|---|---|---|
| ताली–2 | धा | ऽदिं | ऽता | तेट | कत | गदि | गन् |
| खाली–1 | x | | 0 | | 2 | | |

(3) **अन्तरक्रीड़ा (Antarkreeda)**

**मात्रा–7**

| | | | | | | | |
|---|---|---|---|---|---|---|---|
| ताली–3 | धा | किट | धा | धे | त्ता | गदि | गन |
| खाली–1 | x | | 2 | 3 | | 0 | |

## अप्रकाशित-ताल

(1) **चित्र (Chitra)**

**मात्रा–9**

| | | | | | | | | | |
|---|---|---|---|---|---|---|---|---|---|
| ताली–2 | धा | घे | घेन | नक | धा | ता | धा | गदि | गन |
| खाली–2 | x | | | 0 | | 2 | | 0 | |

(2) **चन्द्रक्रीड़ा (Chandrakreeda)**

**मात्रा–9**

| | | | | | | | | | |
|---|---|---|---|---|---|---|---|---|---|
| ताली–3 | धा | दिन् | ता | कत् | धा | तेट | कत | गदि | गन |
| खाली–1 | x | | 2 | | 0 | | | 3 | |

**(3) बसन्त (Basant)**

| मात्रा–9 | धा | धेः | धेः | घेन | नक | तेट | कत | गदि | गन |
|---|---|---|---|---|---|---|---|---|---|
| ताली–6 | x | 2 | 3 | 4 | | 5 | | 6 | |

**(4) मत्तषणमुख (Mattakshanamukh)**

मात्रा–9

| ताली–6 | धा | ऽग | धा | गे | दिन् | ता | कत | गदि | गन |
|---|---|---|---|---|---|---|---|---|---|
| खाली–3 | x | 2 | 0 | 3 | 4 | 5 | 0 | 6 | 0 |

**(5) गारुगी (Garugee)**

मात्रा–9

| ताली–4 | धा | धि | कि | ट | धा | कत् | धा | तेटकत | गदिगन् |
|---|---|---|---|---|---|---|---|---|---|
| खाली–1 | x | | 2 | | 0 | | 3 | 4 | |

**(6) पंचताली (Panchtali)**

मात्रा–9

| ताली–5 | धा | किट | धा | दिन् | ता | तेट | कत | गदि | गन |
|---|---|---|---|---|---|---|---|---|---|
| खाली–1 | x | 2 | | 0 | | 3 | 4 | | 5 |

**(1) शक्ति (Shakti)**

मात्रा–10

| ताली–7 | धागे | धाधि | किट | धागे | दिन्ता | धागे | तेट | कत | गदि | गन |
|---|---|---|---|---|---|---|---|---|---|---|
| खाली–3 | x | 0 | 2 | 3 | 0 | 4 | 5 | 6 | 7 | 0 |

**(2) षणमुख (Shanamukh)**

मात्रा–10

| ताली–6 | धाकि | टधि | नग | धागे | दिन | ता | कत | धा | तेटकत | गदिगन |
|---|---|---|---|---|---|---|---|---|---|---|
| खाली–4 | x | 0 | 2 | 0 | 3 | 0 | 4 | 5 | 6 | 0 |

**(3) सुदर्शन (Sudarshan)**

मात्रा–10

| ताली–7 | धा | दिन् | ता | कत् | तेट | धा | तेट | कत | गदि | गन |
|---|---|---|---|---|---|---|---|---|---|---|
| खाली–1 | x | 2 | 3 | 4 | 5 | 6 | 7 | 0 | | |

**(4) दसस्पन्दन (Dasaspandan)**

मात्रा–10

| ताली–4 | धा | किट | धा | दिन् | ता | धा | कत् | धा | गदि | गन |
|---|---|---|---|---|---|---|---|---|---|---|
| खाली–3 | x | 0 | | 2 | 0 | | 3 | | 0 | 4 |

**(5) शूल (Shool)**

मात्रा–10

| ताली–3 | धा | ऽ | दिन | दिन् | ता | ऽ | तेट | कत | गदि | गन |
|---|---|---|---|---|---|---|---|---|---|---|
| खाली–2 | x | | 0 | | 2 | | 3 | | 0 | |

**(6) झप (Jhup)**

मात्रा—10

| ताली—3 | धा | दिन | ता | तेट | दिन् | ता | तेट | कत | गदि | गन |
|---|---|---|---|---|---|---|---|---|---|---|
| खाली—1 | x | | 2 | | | 0 | | | 3 | |

**(1) श्रीजानकी (Shrijanaki)**

मात्रा—11

| ताली—4 | धा | त्रक | धेन | नक | धा | दिन् | ता | तेट | कत | गदि | गन |
|---|---|---|---|---|---|---|---|---|---|---|---|
| खाली—1 | x | | 2 | | | 0 | | 3 | | 4 | |

**(2) भानुमती (Bhanumati)**

मात्रा—11

| ताली—4 | धा | किट | धा | दिन् | ता | कत | धा | तेट | कत | गदि | गन |
|---|---|---|---|---|---|---|---|---|---|---|---|
| खाली—1 | x | | 2 | | 0 | | 3 | | 4 | | |

**(3) शंकर (Shankar)**

मात्रा—11

| ताली—8 | धाकि | टधे | नक | धेः | धेः | धेन | नक | तेट | कत | गदि | गन |
|---|---|---|---|---|---|---|---|---|---|---|---|
| खाली—3 | x | 2 | 0 | 3 | 4 | 5 | 0 | 6 | 7 | 8 | 0 |

**(4) अश्विनी (Ashwini)**

मात्रा—11

| ताली—3 | धेन | नक | धेन | नक | धा | त्रक | धेन | नक | धा | गदि | गन |
|---|---|---|---|---|---|---|---|---|---|---|---|
| खाली—2 | x | 2 | | | 0 | | | 3 | | 0 | |

**(5) हनुमान (Hanumana)**

मात्रा—11

| ताली—8 | धेट | धेट | धाकि | टधा | किड़धा | केट | धागे | तेट | धागे | तेटकत | गदिगन |
|---|---|---|---|---|---|---|---|---|---|---|---|
| खाली—3 | x | 0 | 2 | 3 | 4 | 0 | 5 | 6 | 7 | 8 | 0 |

**(6) अष्टमंगल (Ashtamangala)**

| मात्रा—11 | धाकि | टधा | किड़धा | केट | धा | दिन | ता | तेट | कत | गदि | गन |
|---|---|---|---|---|---|---|---|---|---|---|---|
| ताली—8 | x | | 2 | 3 | | 4 | 5 | | 6 | 7 | 8 |

**(7) श्रुति ताल (Shrutitaal)**

मात्रा—22

| ताली—8 | धा | त्रक | धेन | नक | धा | दिन् | ता | धा | किट | धा |
|---|---|---|---|---|---|---|---|---|---|---|
| खाली—3 | x | | 0 | | 2 | | 3 | | 4 | |
| | दिं | ता | धा | धेन | नक | धा | कन् | धा | तेट | कत |
| | 0 | | 5 | | 6 | | 7 | | 8 | |
| | गढि | गन | | | | | | | | |
| | 0 | | | | | | | | | |

**(8) भैरवताल (Bhairavtaal)**

मात्रा—22

ताली—7
खाली—4

| धा ता | दिन् ता | किट धा | आ दिन् | ता धा | त्रक धा |
|---|---|---|---|---|---|
| x | 0 | 2 | 0 | 3 | 4 |
| धेन नक | तिर किट | तक ता | तेट कत | गदि गन | |
| 0 | 5 | 6 | 7 | 0 | |

**(9) शूल चौताल (Shool Chotaal)**

मात्रा—22

ताली—7
खाली—4

| धा आ | दिन् दिन् | ता आ | तेट केत | गदि गन |
|---|---|---|---|---|
| x | 0 | 2 | 3 | 0 |
| धा त्रक | धेन नक | कत् धा | दिन् ता | तेट कत |
| 4 | 0 | 5 | 0 | 6 |
| गदि गन | | | | |
| 7 | | | | |

**(1) मोहन (Mohan)**

मात्रा—12
ताली—7

| धा | दिन ता | धा ऽ | धा दिन् | ता | तेट कत | गदि गन |
|---|---|---|---|---|---|---|
| x | 2 | 3 | 4 | 5 | 6 | 7 |

**(2) मदन (Madan)**

मात्रा—12

ताली—3
खाली—1

| धा किट धा | दिन् ता गदि | गन धागे तेट | कत गदि गन |
|---|---|---|---|
| x | 2 | 0 | 3 |

**(3) शनिताल (Shanitaal)**

मात्रा—12

ताली—4
खाली—2

| धा धि | कि ट | धा गे | धा दिन् | ता कत | गदि गन |
|---|---|---|---|---|---|
| x | 2 | 3 | 0 | 4 | 0 |

**(4) रति (Rati)**

मात्रा—12

ताली—2
खाली—1

| धा गे धा गे | दिन् ता क धा | तेट कत गदि गन |
|---|---|---|
| x | 2 | 0 |

**(5) पर्णताल (Parnataal)**

मात्रा—12

ताली—4
खाली—2

| धा त्रक | धेन नक | धेः धेः | धेन नक | तेट कत | गदि गन |
|---|---|---|---|---|---|
| x | 2 | 0 | 3 | 0 | 4 |

**(6) बनमाली (Banmali)**

मात्रा—24

| | | | | | |
|---|---|---|---|---|---|
| ताली—8 | धा त्रक | धेन नक | धेः धेः | धेन क | धा किट |
| खाली—4 | x | 2 | 0 | 3 | 0 |
| | तक धे | ता धा | धेन नक | आ धा | दिन् ता |
| | 4 | 5 | 0 | 6 | 7 |
| | तेट कत | गदि गन | | | |
| | 8 | 0 | | | |

**(7) राजाराम ताल (Rajaram taal)**

मात्रा—24

| | | | | |
|---|---|---|---|---|
| ताली—5 | धा ऽ गे | धा ऽ गे | दिन् ता किट | धा दिन् ता |
| खाली—3 | x | 0 | 2 | 0 |
| | किट तक धेन | नक धा किट | धा दिन् ता | धा गदि गन |
| | 3 | 0 | 4 | 5 |

**(1) द्वितीय मंठका (Dwiteeya Manthaka)**

| | | | | |
|---|---|---|---|---|
| मात्रा—13 | धा कि ट धा | दिनु ता धा गे | तागे तेट कत | गदि गन |
| ताली—4 | x | 2 | 3 | 4 |

**(2) विश्व (Vishwa)**

| | | | | | | | | | |
|---|---|---|---|---|---|---|---|---|---|
| मात्रा—13 | धा दिनु | ता धा | कि | ट | धा | धा | दिनु | ता | कत गदि गन |
| ताली—9 | x | 2 | 3 | 4 | 5 | 6 | 7 | 8 | 9 |

**(3) रास (Raas)**

| | | | | | | | | |
|---|---|---|---|---|---|---|---|---|
| मात्रा—13 | धा दिन | ता | किट | धा दिन | ता धेः | ता | तेट | कत गदि गन |
| ताली—8 | x | 2 | 3 | 4 | 5 | 6 | 7 | 8 |

**(4) दोबहार (Dobahar)**

मात्रा—13

| | | | | | | | | | | |
|---|---|---|---|---|---|---|---|---|---|---|
| ताली—6 | धा | किट | धेन नक | धागे | त्रक | धेन | नक | धा तेट | कत | गदि गन |
| खाली—4 | x | 0 | 2 | 3 | 0 | 4 | 0 | 5 | 0 | 6 |

**(5) चन्द्रचार (Chandrachar)**

मात्रा—13

| | | | | |
|---|---|---|---|---|
| ताली—3 | धा दिनु ता तेट | कतु धा दिनु ता | धागे तेट कत | गदि गन |
| खाली—1 | x | 2 | 0 | 3 |

**(6) पंच (Panch)**

**मात्रा—13**

| ताली—5 | धा ता धा | दिनु ता | किट धा | क | ता तेट कत | गदि गन |
|---|---|---|---|---|---|---|
| खाली—1 | x | 2 | 0 | 3 | 4 | 5 |

**(7) देवी ताल (Devi taal)**

**मात्रा—26**

| ताली—8 | धा गे | धा दिन | ता गे | कि ट | किड़ धा | किट् तक | ता गे |
|---|---|---|---|---|---|---|---|
| खाली—5 | x | 2 | 0 | 3 | 4 | 5 | 0 |
| | धेन कधे | नक धा | दिनु ता | धा धागे | तेट कत | गदि गन | |
| | 6 | 0 | 7 | 0 | 8 | 0 | |

**(1) हंस (Hansa)**

**मात्रा—14**

| ताली—4 | धा धा | दिनु ता | ऽ धा दिनु | ता किट | धा दिनु | तागे तेटकत गदिगन |
|---|---|---|---|---|---|---|
| खाली—2 | x | 0 | 2 | 3 | 0 | 4 |

**(2) राजमार्तण्ड (Rajmartanda)**

**मात्रा—14**

| ताली—3 | धा ऽ धिट धिट | धा ऽ दिनु ता | किट धागे तेट कत | गदि गन |
|---|---|---|---|---|
| खाली—1 | x | 0 | 2 | 3 |

**(3) चतुस्त्रव ताल (Chatusrava taal)**

**मात्रा—14**

| ताली—4 | धा धि कि | ट धा गे | दिनु ता धा | दिनु ता कत | गदि गन |
|---|---|---|---|---|---|
| खाली—1 | x | 2 | 0 | 3 | 4 |

**(4) चम्पक ताल (Champak taal)**

| मात्रा—14 | धा त्रक | धा दिन ता धा | धेन नक ऽ धा | तेटे कत गदि गन |
|---|---|---|---|---|
| ताली—4 | x | 2 | 3 | 4 |

**(5) ब्रह्मयोग ताल (Brahmayog taal)**

**मात्रा—28**

| ताली—10 | धा ऽग | धा गे | धा दिनु | ता किट | धा दिनु | ता धा | धेन नक |
|---|---|---|---|---|---|---|---|
| खाली—4 | x | 0 | 2 | 0 | 3 | 4 | 5 |
| | धा त | धेन तक | धा धेन | नक धा | दिन ता | तेट कत | गदि गन |
| | 0 | 6 | 7 | 8 | 0 | 9 | 10 |

**(6) ब्रह्मकपाल ताल (Brahmakapal taal)**

मात्रा—28

ताली—5

खाली—2

| धा धा दिनु ता | किट धा दिनु ता | धा किट धा दिनु |
|---|---|---|
| x | 0 | 2 |
| ता धा दिनु ता | कत कधि किट धा | दिनु ता कत धा |
| 3 | 0 | 4 |
| तेट कत गदि गन | | |
| 5 | | |

**(1) कपालमंठिका ताल (Kapalmanthika taal)**

मात्रा—15

ताली—3

खाली—3

| धा त्रक धे | ता त्रक | धेः धेन नक | धा दिनु |
|---|---|---|---|
| x | 0 | 2 | 0 |
| ता तेट | कत गदि गन | | |
| 3 | 0 | | |

**(2) चन्द्रकला ताल (Chandrakala taal)**

मात्रा—15

ताली—6

खाली—1

| धा दिनु | ता धे | ता धे | धे धे ता | धेन नक | तेट कत | गदि गन |
|---|---|---|---|---|---|---|
| x | 2 | 3 | 0 | 4 | 5 | 6 |

**(3) गजझंपा ताल (Gajjhampa taal)**

मात्रा—15

ताली—3

खाली—1

| धा त्रक धेन नक | धे धे धेन नक | धे धेन नक तेट | कत गदि गन |
|---|---|---|---|
| x | 2 | 0 | 3 |

**(4) गजलीला (Gajleela)**

मात्रा—15

ताली—4

खाली—3

| धा धेट | धेट धा | ऽ धेट | धेट धा | धेन नक धागे | तिट कत | गदि गन |
|---|---|---|---|---|---|---|
| x | 0 | 2 | 0 | 3 | 4 | 0 |

**(5) शुद्धसवारी (Shuddhasawari)**

मात्रा—15

ताली—4

खाली—3

| धा ता धा | दिनु ता | धा धेन | नक धे | धेन नक | तेट कत | गदि गन |
|---|---|---|---|---|---|---|
| x | 2 | 0 | 3 | 0 | 4 | 0 |

**(6) आडापंच (Adapanch)**

मात्रा—15

ताली—5

खाली—2

| धा ऽग | धा दिनु | ता तेट धा | दिनु ता | धे ता | तेट कत | गदि गन |
|---|---|---|---|---|---|---|
| x | 2 | 0 | 3 | 0 | 4 | 5 |

### (7) सुदर्शनचक्र (Sudarshanchakra)

मात्रा—30

| | | | | | | | | | | | | | | | |
|---|---|---|---|---|---|---|---|---|---|---|---|---|---|---|---|
| ताली—4 | धा | धा | गे | ता | दिनु | ता | गे | धा | कि | ट | धा | दिनु | ता | कतु | धा |
| खाली—2 | | | | | | 0 | | | | | 2 | | | | |
| | किट | तक | धा | तः | धेन | नक | धा | दिनु | ता | कतु | धा | तेट | कत | गदि | गन |
| | 0 | | | | | 3 | | | | | 4 | | | | |

### (1) पंचम ताल (Pancham taal)

मात्रा—16

| | | | | | | | | | | | | |
|---|---|---|---|---|---|---|---|---|---|---|---|---|
| ताली—5 | धा | त्रक | धेन | नक | धेन | नक | धेः | धेः | धेन | कधे | नक | धागे |
| खाली—3 | x | | 2 | | 0 | | 3 | | 4 | | 0 | |
| | तेट | कत | गदि | गन | | | | | | | | |
| | 5 | | 0 | | | | | | | | | |

### (2) मल्लिकामोद ताल (Mallikamod taal)

मात्रा—16

| | | | | | | | | | | | | |
|---|---|---|---|---|---|---|---|---|---|---|---|---|
| ताली—6 | धा | गे | धा | दिनु | ता | क | तेट | धा | क | ता | धा | गे |
| खाली—2 | x | | 2 | | 0 | | 3 | | 0 | | 4 | |
| | तेट | कत | गदि | गन | | | | | | | | |
| | 5 | | 6 | | | | | | | | | |

### (3) नन्दन ताल (Nandan taal)

मात्रा—16

| | | | | | | | | | | | | |
|---|---|---|---|---|---|---|---|---|---|---|---|---|
| ताली—4 | धा | दिनु | ता | धे | ता | धा | किट | धा | ऽ | ऽत | गिन | धागे |
| खाली—2 | x | | 0 | | 2 | | 3 | | | 4 | | |
| | तेट | कत | गदि | गन | | | | | | | | |
| | 0 | | | | | | | | | | | |

### (4) शंकर ताल (Shankar taal)

| | | | | | | | | | | | |
|---|---|---|---|---|---|---|---|---|---|---|---|
| मात्रा—16 | धा | दिं | ता | धा | दिं | ता | तिट | धा | ऽ | धागे | दिं |
| ताली—11 | x | | 2 | 3 | | 4 | 5 | 6 | | 7 | |
| | ता | तेट | कत | गति | गन | | | | | | |
| | 8 | 9 | 10 | 11 | | | | | | | |

(शंकर ताल 11 मात्रा की भी होती है।

**(5) जयमंठ ताल (Jaimantha taal)**

मात्रा–16

| | | | | | | | | | | | | |
|---|---|---|---|---|---|---|---|---|---|---|---|---|
| ताली–3 | धा | ऽ | दिनु | ता | क | त्था | दिनु | ता | के | ट | धा | गे |
| खाली–3 | x | | 0 | | 2 | | | | 0 | | | |
| | तेट | कत | गदि | गन | | | | | | | | |
| | 3 | | 0 | | | | | | | | | |

**(6) सरस्वती ताल (Saraswati taal)**

मात्रा–16

| | | | | | | | | | | |
|---|---|---|---|---|---|---|---|---|---|---|
| ताली–5 | धा | त्रक | धेन | कधा | कतु | धागे | दिनु | ता | किट | धा |
| खाली–3 | x | | 0 | | 2 | | 0 | | 3 | |
| | गे | धागे | तेट | कत | गदि | गन | | | | |
| | 4 | | 0 | | 5 | | | | | |

**(7) पंचमुखी ताल (Panchmukhi taal)**

मात्रा–16

| | | | | | | | | | | | | |
|---|---|---|---|---|---|---|---|---|---|---|---|---|
| ताली–5 | धा | किट | धा | दिं | ता | किट | धा | ऽ | किट | धा | दिनु | ता |
| खाली–3 | x | | 0 | | 2 | | 0 | | 3 | | 0 | |
| | तेट | केत | गदि | गन | | | | | | | | |
| | 4 | | 5 | | | | | | | | | |

**(8) ललिता ताल (Lalita taal)**

मात्रा–16

| | | | | | | | | | | | | |
|---|---|---|---|---|---|---|---|---|---|---|---|---|
| ताली–4 | धा | दिं | ता | किट | धा | धा | दिं | ता | क | धा | किट | धा |
| खाली–4 | x | | 0 | | 2 | | 0 | | 3 | | 0 | |
| | तेट | कत | गदि | गन | | | | | | | | |
| | 4 | | 0 | | | | | | | | | |

**(9) त्रिताल (आदि ताल) (Trital)**

मात्रा–16

| | | | | | | | | | | | | |
|---|---|---|---|---|---|---|---|---|---|---|---|---|
| ताली–3 | धा | धेट | धेट | धा | ऽ | धेट | धेट | धा | क | ते | टे | धा |
| खाली–1 | x | | | | 2 | | | | 3 | | | |
| | तेट | कत | गदि | गन | | | | | | | | |
| | 0 | | | | | | | | | | | |

## (10) श्रीरंग ताल (Shreerang taal)

मात्रा—32

| | | | | | | | | | | | | |
|---|---|---|---|---|---|---|---|---|---|---|---|---|
| ताली—5 | धा | धा | दिन् | ता | धा | कि | ट | धा | दिन् | ना | कत् | धागे |
| खाली—3 | x | | | | 0 | | | | 2 | | | |
| | दिन | ता | किट | तक | धे | ता | धेन | कधा | दिन् | ता | धा | दिन् |
| | 0 | | | | 3 | | | | 0 | | | |
| | ता | गे | किट | धा | तेट | कत | गदि | गन | | | | |
| | 4 | | | | 5 | | | | | | | |

## (1) शिखर ताल (Shikhar taal)

मात्रा—17

| | | | | | | | | | | | |
|---|---|---|---|---|---|---|---|---|---|---|---|
| ताली—4 | धा | त्रक | धा | दिन् | ता | धा | धेन | नक | धे | धे | धेन |
| खाली—2 | x | | | 0 | | | 2 | | | 0 | |
| | नक | धागे | तेट | कत | गदि | गन | | | | | |
| | 3 | | | 4 | | | | | | | |

## (2) प्रतापशेखर ताल (Pratapshekhar taal)

मात्रा—17

| | | | | | | | | | | | | |
|---|---|---|---|---|---|---|---|---|---|---|---|---|
| ताली—3 | धा | कि | ट | धा | कि | ट | धा | गे | ति | ट | ऽ | धे |
| खाली—2 | x | | | | 0 | | | 2 | | | | |
| | ता | तेट | कत | गदि | गन | | | | | | | |
| | 0 | | 3 | | | | | | | | | |

## (3) विष्णु ताल (Vishnu taal)

मात्रा—17

| | | | | | | | | | | | |
|---|---|---|---|---|---|---|---|---|---|---|---|
| ताली—6 | धा | त्रक | धेन | नक | धेः | धेः | धेन | नक | त्रक | धेः | धेन | नक |
| खाली—2 | x | | 0 | | | 2 | | | 3 | | 0 | |
| | धा | तेट | कत | गदि | गन | | | | | | | |
| | 4 | | 5 | | 6 | | | | | | | |

## (4) अद्धाचित्रा ताल (Addhachitra taal)

मात्रा—17

| | | | | | | | | | | | |
|---|---|---|---|---|---|---|---|---|---|---|---|
| ताली—5 | धा | दिन् | ता | धा | तेट | कत | गदि | गन | धा | धे | धेन |
| खाली—3 | x | | 2 | | 0 | | 3 | | 4 | | |
| | नक | धा | ता | धा | गदि | गन | | | | | |
| | 0 | | 5 | | 0 | | | | | | |

(उक्त ताल में दो तालों का मिश्रण है)

**(5) भगवान् ताल (Bhagwan taal)**

**मात्रा—17**

| ताली—4 | धा | किट | धा | दिन् | ता | धा | धेन् | नक | धुम | किट | तक | धा |
|---|---|---|---|---|---|---|---|---|---|---|---|---|
| खाली—3 | x | | | 0 | | | 2 | | | 0 | | |
| | धागे | तेट | कत | गदि | गन | | | | | | | |
| | 3 | | 4 | | | | | | | | | |

**(6) सप्तऋषि ताल (Saptarishi taal)**

**मात्रा—17**

| ताली—7 | धा | किट | धा | धुम | किट | तक | धेन् | नक | धेः | धेन् | नक | धा |
|---|---|---|---|---|---|---|---|---|---|---|---|---|
| खाली—2 | x | | | 2 | | 0 | | | 3 | | 4 | |
| | गे | तेट | कत | गदि | गन | | | | | | | |
| | 0 | | 5 | 6 | 7 | | | | | | | |

**(7) मुचुकुन्द ताल (Muchukunda taal)**

**मात्रा—34**

| ताली—13 | धा | दिन् | ता | धा | धा | दिन् | ता | त्रक | धा | दिन् | ता | धा |
|---|---|---|---|---|---|---|---|---|---|---|---|---|
| खाली—4 | x | | 2 | | 3 | | 0 | | 4 | | 5 | |
| | कि | ट | धा | क | धि | ट | धा | गे | ता | गे | दि | ग |
| | 6 | | 0 | | 7 | | 8 | | 9 | | 0 | |
| | ता | गे | तिर | किट | तक | ता | तेट | कत | गदि | गन | | |
| | 10 | | 11 | | 12 | | 13 | | 0 | | | |

**(1) मत्त ताल (Matta taal)**

**मात्रा—18**

| ताली—4 | धा | धा | दिन् | ता | ऽ | धा | दिन् | ता | क | ते | टे |
|---|---|---|---|---|---|---|---|---|---|---|---|
| खाली—3 | x | | | 0 | | 2 | | 3 | | 0 | |
| | धा | ऽ | धागे | तेट | कत | गदि | गन | | | | |
| | 4 | | | | 0 | | | | | | |

**(2) लक्ष्मी ताल (षट्ताल) (Laxmi taal)**

**मात्रा—18**

| ताली—6 | धा | कि | ट | त | क | धु | म | कि | ट | त | क | धे |
|---|---|---|---|---|---|---|---|---|---|---|---|---|
| खाली—3 | x | | 0 | | 2 | | 3 | | 0 | | 4 | |
| | ता | धागे | तेट | कत | गदि | गन | | | | | | |
| | 5 | | 6 | | 0 | | | | | | | |

### (3) पुराण ताल (Purana taal)

मात्रा—18

| | | | | | | | | | | |
|---|---|---|---|---|---|---|---|---|---|---|
| ताली—6 | धा | धा | दिनु | ता | धेन | नक | धेः | धेः | धेन | नक |
| खाली—3 | x | | 2 | | 3 | | 0 | | 4 | |
| | धा | धागे | तेट | तागे | तेट | कत | गदि | गन | | |
| | 5 | | 0 | | 6 | | 0 | | | |

### (4) करुणा ताल (Karuna taal)

मात्रा—18

| | | | | | | | | | | |
|---|---|---|---|---|---|---|---|---|---|---|
| ताली—6 | धा | धेन | नक | धेः | धेन | नक | धेन | नक | धा | त्रक |
| खाली—3 | x | | 0 | | 2 | | 0 | | 3 | |
| | धे | ता | धेन | नक | तेट | कत | गदि | गन | | |
| | 4 | | 0 | | 5 | | 6 | | | |

### (5) मंगल ताल (Mangal taal)

मात्रा—18

| | | | | | | | | | | | |
|---|---|---|---|---|---|---|---|---|---|---|---|
| ताली—6 | धा | धेट | धेट | धा | धि | ता | दिनु | ता | कत | गदि | गन |
| खाली—2 | x | | 0 | | 2 | | 0 | | 3 | | |
| | धा | कतु | धागे | तेट | कत | गदि | गन | | | | |
| | 4 | | 5 | | 6 | | | | | | |

### (6) मत्तकेशरी ताल (Mattakeshari taal)

मात्रा—18

| | | | | | | | | | | |
|---|---|---|---|---|---|---|---|---|---|---|
| ताली—6 | धा | धिट | धिट | धा | ऽ | धा | दिन | ता | क | ति |
| खाली—3 | x | | 2 | | 0 | | 3 | | 4 | |
| | ट | धा | दिनु | ता | तेट | कत | गदि | गन | | |
| | 0 | | 5 | | 6 | | 0 | | | |

### (7) प्रभाकर ताल (Prabhakar taal)

मात्रा—36

| | | | | | | | | | | | | |
|---|---|---|---|---|---|---|---|---|---|---|---|---|
| ताली—6 | धा | किट | तक | धा | दिनु | ता | धा | किट | धा | धुम | किट | तक |
| खाली—3 | x | | | | 0 | | | | 2 | | | |
| | क | धा | किट | धा | धा | ऽ | दि | न | ता | ऽ | तेट | कत |
| | 3 | | | | 0 | | | | 4 | | | |
| | तेट | कत | धा | दिन | ता | धा | दिनु | ता | तेट | कत | गदि | गन |
| | 5 | | | | 6 | | | | 0 | | | |

## (1) अवध ताल (Avadh taal)

मात्रा—19

| ताली—7 | धा | धा | त्रक | धे | धे | त्ता | किट | धा | दिनु | ता | धे | धे |
|---|---|---|---|---|---|---|---|---|---|---|---|---|
| खाली—2 | x | | | | | 2 | 3 | | 0 | | 4 | 5 |

| | धेन | नक | धागे | तेट | कत | गदि | गन |
|---|---|---|---|---|---|---|---|
| | 6 | | 7 | | 0 | | |

## (2) वरुण ताल (Varuna taal)

मात्रा—19

| ताली—6 | धा | गे | ते | ट | क | त् | धा | ऽ | दिनु | ता | ऽ | कत् |
|---|---|---|---|---|---|---|---|---|---|---|---|---|
| खाली—2 | x | | | | 0 | | | 2 | | | 0 | |

| | धा | ऽ | धागे | तेट | कत | गदि | गन |
|---|---|---|---|---|---|---|---|
| | 3 | | 4 | | 5 | 6 | |

## (3) शेष ताल (Shesh taal)

मात्रा—19

| ताली—7 | धा | धा | दिनु | ता | तेट | धा | दिनु | ता | धा | दिनु |
|---|---|---|---|---|---|---|---|---|---|---|
| खाली—3 | x | | 0 | | 2 | | 0 | | 3 | |

| | ता | धे | ता | ऽ | धागे | तेट | कत | गदि | गन |
|---|---|---|---|---|---|---|---|---|---|
| | 4 | | 5 | | 0 | | 6 | 7 | |

## (4) श्रीमस्तरंजन ताल (Shreemastranjan taal)

मात्रा—19

| ताली—4 | धा | दिनु | ता | धा | धेन | नक | धा | त्रक | धे | धे | धेन | नक | धे | धेन |
|---|---|---|---|---|---|---|---|---|---|---|---|---|---|---|
| खाली—2 | x | | 0 | | | 2 | | | | 3 | | | | |

| | नक | तेट | कत | गदि | गन |
|---|---|---|---|---|---|
| | 0 | | | 4 | |

## (1) गौरी ताल (Gauri taal)

मात्रा—20

| ताली—5 | धा | धा | कि | ट | धा | दिनु | ता | धे | न | न |
|---|---|---|---|---|---|---|---|---|---|---|
| खाली—5 | x | | 0 | | 2 | | 0 | | 3 | |

| | क | धा | गे | ते | ट | कत् | तेट | कत् | गदि | गन |
|---|---|---|---|---|---|---|---|---|---|---|
| | 0 | 4 | | 0 | | 5 | | 0 | | |

## (2) अर्जुन ताल (Arjun taal)

| मात्रा—20 | धा | धे | न | न | क | धे | धे | न | न | क | धे | न |
|---|---|---|---|---|---|---|---|---|---|---|---|---|
| ताली—7 | x | | 0 | | 2 | | 3 | | | 0 | | 4 |
| खाली—3 | क | धे | न | क | धा | ऽ | तिटकत | गदिगन | | | | |
| | 5 | | 6 | | 0 | | 7 | | | | | |

## (1) गणेश ताल (Ganesh taal)

मात्रा—21

ताली—10

खाली—3

| धा दिनु | ता | गे | धा | दिनु ता | धे | ता | किट धा |
|---|---|---|---|---|---|---|---|
| x | 0 | 2 | 3 | 0 | 4 | 5 | 6 |

| दिन ता | धा दिनु | ता | तेट कत | गदि गन |
|---|---|---|---|---|
| 0 | 7 | 8 | 9 | 10 |

## (2) मल्ल ताल (Malla taal)

मात्रा—21

ताली—6

खाली—4

| धा धा | किट धा | दिनु ता | कतु धा | तकि टधि |
|---|---|---|---|---|
| x | 0 | 2 | 0 | 3 |

| किट धा | दिनु ता | कतु धा | तेट कत | गदि गन ता |
|---|---|---|---|---|
| 0 | 4 | 0 | 5 | 6 |

## (3) ठाकुर ताल (Thakur taal)

मात्रा—21

ताली—7

खाली—3

| धा ऽग | धा गे | दिनु ता | कतु धागे | दिनु ता | तेट कत |
|---|---|---|---|---|---|
| x | 2 | 0 | 3 | 0 | 4 |

| धा गे | धा दिनु ता | कतु धागे | गदि गन |
|---|---|---|---|
| 0 | 5 | 6 | 7 |

## (4) सिंह सवारी ताल (Singh Sawari taal)

मात्रा—21

ताली—5

खाली—3

| धा दिनु | ता धा किट | धा दिनु | ता धे धेन नक | धा त्रक |
|---|---|---|---|---|
| x | 0 | 2 | 3 | 4 |

| धे धे धेन | नक तेट कत | गदि गन |
|---|---|---|
| 0 | 5 | 0 |

## (1) मागध ताल (Magadha taal)

मात्रा—23

ताली—6

खाली—4

| धा कि | ट धा | दिं ता केट तक | ऽ धा दिं ता |
|---|---|---|---|
| x | 0 | 2 | 0 |

| धा किट | धा दिं | ता क | धा | तेट कत | गदि गन |
|---|---|---|---|---|---|
| 3 | 0 | 4 | 0 | 5 | 6 |

**(2) धनंजयमंठ ताल (Dhananjaymantha taal)**

मात्रा—23

ताली—5

खाली—4

| धा | कि | ट | धि | कि | ट | धा | गे | ते | ट | क | त | ऽ |
|---|---|---|---|---|---|---|---|---|---|---|---|---|
| x | | | 0 | | | 2 | | | 0 | | | |

| धा | दिं | ता | धा | धेन | नक | तेट | कत | गदि | गन |
|---|---|---|---|---|---|---|---|---|---|
| 3 | | 0 | 4 | | 5 | | | 0 | |

**(3) मोहिनी ताल (Mohini taal)**

मात्रा—23

ताली—9

खाली—2

| धा | त्रक | धेन | नक | धे | धे | धेक | नक | धा | किट | धा | दिं |
|---|---|---|---|---|---|---|---|---|---|---|---|
| x | | 2 | | 0 | | 3 | | 4 | | 5 | |

| ता | धा | क | धे | ता | तेट | कत | धिकि | टधा | ऽन | तेट |
|---|---|---|---|---|---|---|---|---|---|---|
| 0 | | | | 6 | | 7 | | 8 | 9 | |

**(1) पद्म ताल (Padma taal)**

मात्रा—25

ताली—19

| धा | त्रक | धेन | नक | धेः | धेः | धेन | नक | धा |
|---|---|---|---|---|---|---|---|---|
| x | | 2 | | 3 | 4 | 5 | 6 | |

| दिनु | ता | धा | त्रक | धेन | नक | तेट | कत | धा |
|---|---|---|---|---|---|---|---|---|
| 7 | 8 | 9 | 10 | 11 | | 12 | | 13 |

| दिनु | ता | धागे | तेट | कत | गदि | गन |
|---|---|---|---|---|---|---|
| 14 | | 15 | 16 | 17 | 18 | 19 |

**(2) इन्दिरा ताल (Indira taal)**

मात्रा—25

ताली—17

| धा | त्रक | धेन | नक | धेः | धेः | धेन | नक | धेः | धेः | धेन |
|---|---|---|---|---|---|---|---|---|---|---|
| x | 2 | | | 3 | 4 | 5 | 6 | | 7 | |

| नक | त्रक | धिकि | टधा | ऽन | धा | दिनु | ता | कतु | धागे |
|---|---|---|---|---|---|---|---|---|---|
| 8 | 9 | 10 | | 11 | 12 | 13 | 14 | | 15 |

| तेट | कत | गदि | गन |
|---|---|---|---|
| 16 | | 17 | |

**(3) मतंगक्रीड़ा ताल (Matangkreeda taal)**

मात्रा—25

ताली—6

खाली—2

| धा | त्रक | धेन | नक | धेः | धेः | धेन | नक | धेः | धेन |
|---|---|---|---|---|---|---|---|---|---|
| x | | | 2 | | | 3 | | | |

| नक | धा | किट | तक | धुम | किट | धा | दिनु | ता |
|---|---|---|---|---|---|---|---|---|
| 0 | | 4 | | | | 5 | | |

| धे | ता | तेट | कत | गदि | गन |
|---|---|---|---|---|---|
| 6 | | | 0 | | |

**(1) नटवर ताल (Natwar taal)**

मात्रा—27

ताली—9 धा दिन् | ता तेट दिन् | ता तेट | कत् धेन नक |
खाली—3 x | 2 | 0 | 3 |

धा दिन् ता | त्रक धिकि | टधा ऽन | धा ऽ |
4 | 5 | 6 | 7 |

दिन् ता | धा गे | तेट कत | गदि गन
0 | 8 | 9 | 0

**(2) नागझंपा चौताल (Nagjhampa Chautal)**

मात्रा—27

ताली—7 धा त्रक | धेन नक | ऽ धा | दिन् ता धेः धेः |
खाली—3 x | 0 | 2 | 0 3 |

धेन नक | तेट धा दिन् ता | धेः धेन नक तिर |
0 | 4 | 5 |

किट तक ता तेट | कत गदि गन
6 | 7

**(3) नक्षत्र ताल (Nakshatra taal)**

मात्रा—27

ताली—7 धा किट तक | धुम किट तक | धे ता धेः |
खाली—2 x | 2 | 3 |

धेन नक धेः | धेः धेन नक | धा किट धा |
0 | 4 | 5 |

दिन् ता धा | धे ता तेट | कत गदि गन
6 | 7 | 0

**(4) परमानन्द ताल (Parmanand taal)**

मात्रा—29

ताली—9 धा कि | ट धे | न क | धे न | न क | धा गे |
खाली—6 x | 0 | 2 | 0 | 3 | 0 |

ते ट | धा ऽ | धा ऽ | दि न | ता ऽ | धा गे |
4 | 5 | 0 | 6 | 7 | 0 |

ऽ | तेट | कत गदि गन
8 | 0 | 9

**(5) मदनमोहन ताल (Madanmohan taal)**

मात्रा—29

ताली—7 धा धा | दिन् ता धेः | ता धा | किट धा धेः |
खाली—6 x | 0 | 2 | 0 |

धेन नक | धा धेः धेः | धेन नक | धा दिन् ता |
3 | 0 | 4 | 0 |

गदि गन | धा दिन् ता | तेट | कत गदि | गन
5 | 0 | 6 | 7 | 0